乳源泽桥山
六朝隋唐墓

广东省文物考古研究所

文物出版社

封面设计　周小玮

责任编辑　谷艳雪

责任印制　陆　联

图书在版编目（CIP）数据

乳源泽桥山六朝隋唐墓 / 广东省文物考古研究所编著.

北京：文物出版社，2006.6

ISBN 7-5010-1877-4

Ⅰ.乳…　Ⅱ.广…　Ⅲ.①墓葬（考古）- 发掘报告 - 乳源瑶族自治县 - 六朝时代②墓葬（考古）- 发掘报告 - 乳源瑶族自治县 - 隋唐时代　Ⅳ. K878.85

中国版本图书馆 CIP 数据核字（2006）第 056615 号

乳源泽桥山六朝隋唐墓

广东省文物考古研究所　编著

*

文物出版社出版发行

（北京五四大街 29 号）

http://www.wenwu.com

E-mail:web@wenwu.com

北京安泰印刷厂印刷

新　华　书　店　经　销

889×1194　1/16　印张：25　插页：4

2006 年 6 月第一版　2006 年 6 月第一次印刷

ISBN 7-5010-1877-4/K·983　定价：320.00 元

Burials of the Six-Dynasties and the Sui and Tang Dynasties at Zeqiaoshan, Ruyuan

(With an English Abstract)

by

Guangdong Provincial Institute of Cultural Relics and Archaeology

Cultural Relics Publishing House

目　录

第一章　前　言 1

　　第一节　发现和发掘背景 1

　　第二节　地理环境 3

　　第三节　建置沿革 6

　　第四节　发掘经过 7

第二章　墓葬综述 11

　　第一节　墓葬分布及层位关系 11

　　第二节　墓葬形制和结构 12

　　第三节　填土、葬具、尸骨和随葬品 16

　　第四节　典型器物型式划分 17

　　第五节　墓葬分期 20

第三章　墓葬分述 37

　　第一节　第一时期 38

　　　　一　第一期墓葬 38

　　　　　（一）"凸"字形单室墓 38

　　　　　（二）长方形单室墓 42

　　　　　（三）长方形双室合葬墓 51

　　　　二　第二期墓葬 59

　　　　　（一）"凸"字形单室墓 59

　　　　　（二）长方形单室墓 62

　　　　三　第三期墓葬 64

　　　　　（一）"凸"字形单室墓 64

　　　　　（二）长方形单室墓 66

　　　　　（三）长方形双室合葬墓 87

四　第四期墓葬 99
　（一）长方形单室墓 99
　（二）长方形双室合葬墓 109
五　其他 115
　（一）长方形单室墓 115
　（二）长方形双室合葬墓 118
第二节　第二时期 121
一　第五期墓葬 121
　（一）长方形单室墓 121
　（二）长方形双室合葬墓 125
　（三）长方形三室合葬墓 125
二　第六期墓葬 130
　（一）长方形双室合葬墓 130
　（二）长方形三室合葬墓 136
三　第七期墓葬 140
　（一）长方形单室墓 140
　（二）长方形双室合葬墓 152
四　第八期墓葬 156
五　其他 159
　（一）长方形单室墓 159
　（二）长方形双室合葬墓 161
　（三）残墓 162

第四章　结　语 163
第一节　随葬品特征与墓葬年代 163
第二节　墓葬平面分布规律 166
第三节　墓葬形制的嬗变 170
第四节　墓葬特征概率分析 173
第五节　相关问题探讨 174
一　墓地属性 174
二　家族墓葬的墓上标志 176
三　泽桥山六朝墓与流民南迁及线路 177
四　侯公渡与侯安都——泽桥山六朝墓葬族属考 178

附 泽桥山北宋墓 187

附 表 墓葬登记表 190

附录一 泽桥山六朝隋唐墓出土瓷片物理化学测试报告 203

附录二 广东六朝墓葬历史背景考略 211

附录三 乳源泽桥山东汉墓和隋墓发掘简报 244

后 记 251

英文提要 253

插 图 目 录

图一　乳源泽桥山墓地位置示意图 ……………………………………………………………… 1

图二　乳源泽桥山墓地发掘前墓葬残毁状况及被抛弃的随葬器物 ……………………………… 2

图三　乳源泽桥山墓地地形图 …………………………………………………………………… 3

图四　粤北山地丘陵区地貌分区图——乐昌韶关盆地台地丘陵亚区 ……………………………… 4

图五　乳源泽桥山墓地Ⅰ、Ⅱ区探方位置示意图 …………………………………………………… 8

图六　乳源泽桥山墓地Ⅲ区探方位置示意图 ……………………………………………………… 9

图七　乳源泽桥山墓地发掘工作场景 …………………………………………………………… 10

图八　乳源泽桥山墓地Ⅰ区总平面图 ………………………………………………………… 插页

图九　乳源泽桥山墓地Ⅱ区总平面图 ………………………………………………………… 插页

图十　乳源泽桥山墓地Ⅲ区总平面图 ………………………………………………………… 插页

图一一A　墓砖纹饰拓片 ………………………………………………………………………… 14

图一一B　墓砖纹饰、文字拓片 ………………………………………………………………… 15

图一二　Ⅰ M5平、剖面图及其出土青瓷碗 …………………………………………………… 39

图一三　Ⅰ M12平、剖面图及其出土青瓷碗、四耳罐 ………………………………………… 40

图一四　Ⅱ M2平、剖面图及其出土滑石猪、陶釜 …………………………………………… 43

图一五　Ⅰ M14平、剖面图及其出土青瓷四耳罐、碗 ………………………………………… 44

图一六　Ⅰ M50平、剖面图及其出土青瓷碗、四耳罐 ………………………………………… 45

图一七　Ⅰ M52平、剖面图及其出土青瓷四耳罐、托盘、碗,银钗、手镯、指环,金珠饰及绿松石珠饰 …… 47

图一八　Ⅱ M3平、剖面图及其出土铜镜,青瓷四耳罐、碗,陶罐和铁剪刀 …………………… 49

图一九　Ⅱ M19平、剖面图及其出土青瓷四耳罐、碗 ………………………………………… 51

图二〇　Ⅰ M16平、剖面图及其出土青瓷四耳罐、碗 ………………………………………… 52

图二一　Ⅱ M1平、剖面图及其出土青瓷四耳罐、碗,陶釜和滑石猪 ………………………… 55

图二二　Ⅱ M15平、剖面图及其出土青瓷四耳罐、碗、钵和滑石猪 ………………………… 57

图二三　Ⅱ M14平、剖面图及其出土青瓷四耳罐、碗,陶釜和铁镜、铁剪刀 ……………… 61

图二四　Ⅰ M53平、剖面图及其出土青瓷盖钵、碗 …………………………………………… 62

图二五　Ⅱ M22平、剖面图及其出土青瓷四耳罐、碗 ………………………………………… 63

图二六　Ⅰ M30平、剖面图及其出土滑石猪和青瓷砚、碗、四耳罐 ………………………… 65

图二七　Ⅰ M13平、剖面图及其出土青瓷碗 …………………………………………………… 67

图二八　Ⅰ M20平、剖面图及其出土青瓷碗、四耳罐 ………………………………………… 68

图二九　Ⅰ M27 平、剖面图及其出土青瓷碗 …………………………………………………… 69

图三〇　Ⅰ M28 平、剖面图及其出土青瓷碗 …………………………………………………… 70

图三一　Ⅰ M39 平、剖面图及其出土青瓷碗、碟、四耳罐 ……………………………………… 72

图三二　Ⅰ M51 平、剖面图及其出土青瓷四耳罐、盆、碗 ……………………………………… 74

图三三　Ⅰ M56 平、剖面图及其出土滑石猪和青瓷碗、四耳罐 ………………………………… 76

图三四　Ⅰ M57 平、剖面图及其出土青瓷四耳罐、碗和滑石猪、木狮子 ……………………… 78

图三五　Ⅱ M18 平、剖面图及其出土滑石猪，青瓷碗、四耳罐和铜镜 ………………………… 80

图三六　Ⅲ M2 平、剖面图及其出土青瓷四耳罐、碗和铁剪刀 ………………………………… 81

图三七　Ⅲ M8 平、剖面图及其出土青瓷四耳罐、碗、托盘和滑石猪 ………………………… 83

图三八　Ⅲ M11 平、剖面图及其出土青瓷碗 …………………………………………………… 85

图三九　Ⅲ M12 平、剖面图及其出土青瓷碗 …………………………………………………… 85

图四〇　Ⅲ M13 平、剖面图及其出土青瓷碗、四耳罐、盆和滑石猪 …………………………… 86

图四一　Ⅰ M1 平、剖面图及其出土青瓷碗、碟和滑石猪 ……………………………………… 88

图四二　Ⅰ M2 平、剖面图及其出土青瓷碟、碗 ………………………………………………… 90

图四三　Ⅰ M7 平、剖面图及其出土陶四耳罐和青瓷碗、四耳罐 ……………………………… 91

图四四　Ⅰ M9 平、剖面图及其出土青瓷砚、盆、碗、四耳罐和滑石猪 ……………………… 93

图四五　Ⅰ M22 平、剖面图及其出土青瓷碗、四耳罐、盆、壶 ………………………………… 95

图四六　Ⅰ M23 平、剖面图及其出土滑石猪和青瓷碗 ………………………………………… 97

图四七　Ⅰ M38 平、剖面图 ……………………………………………………………………… 98

图四八　Ⅰ M21 平、剖面图及其出土青瓷碗 …………………………………………………… 99

图四九　Ⅰ M29 平、剖面图及其出土青瓷碗、碟和残陶器 …………………………………… 100

图五〇　Ⅰ M41 平、剖面图及其出土青瓷碟、碗、罐 ………………………………………… 102

图五一　Ⅰ M55 平、剖面图及其出土青瓷碗、四耳罐和滑石猪 ……………………………… 104

图五二　Ⅰ M58 平、剖面图及其出土青瓷四耳罐、碟、碗和滑石猪、银指环 ……………… 106

图五三　Ⅱ M6 平、剖面图及其出土青瓷碗和滑石猪 ………………………………………… 107

图五四　Ⅲ M1 平、剖面图及其出土青瓷碗和滑石猪 ………………………………………… 108

图五五　Ⅲ M3 平、剖面图及其出土青瓷碗 …………………………………………………… 109

图五六　Ⅰ M3 平、剖面图及其出土青瓷罐、碗、碟和滑石猪 ……………………………… 110

图五七　Ⅰ M4 平、剖面图及其出土青瓷碗 …………………………………………………… 112

图五八　Ⅰ M11 平、剖面图及其出土青瓷碗 ………………………………………………… 113

图五九　Ⅰ M47 平、剖面图及其出土青瓷四耳罐、碗、碟和陶罐 …………………………… 114

图六〇　Ⅰ M15 平、剖面图 …………………………………………………………………… 115

图六一　Ⅰ M32 平、剖面图 …………………………………………………………………… 116

图六二　Ⅰ M54 平、剖面图 …………………………………………………………………… 116

图六三　Ⅲ M6 平、平面图 …………………………………………………………………… 117

图六四　Ⅰ M17 平、剖面图 …………………………………………………………………… 118

图六五　Ⅰ M40 平、剖面图 …………………………………………………………………… 119

图六六　Ⅱ M4 平、剖面图 120

图六七　Ⅱ M7 平、剖面图及其出土青瓷钵形碗和滑石猪 121

图六八　Ⅱ M12 平、剖面图及其出土青瓷碗 122

图六九　Ⅲ M17 平、剖面图及其出土青瓷碗、六耳罐、壶，铜盖豆、镶斗，铁剪刀和铜钱 124

图七〇　Ⅰ M42 平、剖面图及其出土青瓷钵形碗和滑石猪 126

图七一　Ⅱ M11 平、剖面图及其出土滑石猪、青瓷碗和银指环 129

图七二　Ⅰ M6 平、剖面图及其出土青瓷假圈足碗、罐、盆 131

图七三　Ⅰ M8 平、剖面图及其出土青瓷宽耳罐、钵形碗 133

图七四　Ⅰ M10 平、剖面图及其出土青瓷钵形碗、宽耳罐 135

图七五　Ⅰ M18 平、剖面图及其出土青瓷碗、盆、六耳梭腹罐 139

图七六　Ⅰ M19 平、剖面图及其出土青瓷盘 140

图七七　Ⅰ M34 平、剖面图及其出土青瓷宽耳罐 141

图七八　Ⅰ M37 平、剖面图及其出土青瓷大敞口碗、盘 142

图七九　Ⅰ M43 平、剖面图及其出土青瓷大敞口碗 142

图八〇　Ⅰ M46 平、剖面图及其出土青瓷大敞口碗 144

图八一　Ⅰ M48 平、剖面图及其出土青瓷盘、大敞口碗、宽耳罐 145

图八二　Ⅱ M9 平、剖面图及其出土青瓷宽耳罐、大敞口碗 146

图八三　Ⅱ M13 平、剖面图及其出土青瓷盘、大敞口碗、宽耳罐 147

图八四　Ⅱ M21 平、剖面图及其出土青瓷大敞口碗、宽耳罐 149

图八五　Ⅱ M24 平、剖面图及其出土青瓷宽耳罐、大敞口碗 150

图八六　Ⅲ M14 平、剖面图及其出土青瓷碗、宽耳罐和铜镜、残铜器 151

图八七　Ⅰ M45 平、剖面图及其出土青瓷宽耳罐、大敞口碗、盘 153

图八八　Ⅱ M10 平、剖面图及其出土青瓷宽耳罐、大敞口碗、盘 155

图八九　Ⅱ M16 平、剖面图及其出土青瓷大敞口碗、四耳梭腹罐 156

图九〇　Ⅱ M17 平、剖面图及其出土青瓷大敞口碗、灯盏、盖罐 158

图九一　Ⅱ M23 平、剖面图及其出土青瓷盘、大敞口碗 159

图九二　Ⅰ M44 平、剖面图 160

图九三　Ⅲ M15 平、剖面图 160

图九四　Ⅲ M16 平、剖面图 161

图九五　Ⅱ M5 平、剖面图 162

图九六　Ⅱ M20 平、剖面图 162

图九七　乳源泽桥山六朝隋唐墓出土典型器物型式图 .... 插页

图九八　乳源泽桥山六朝隋唐墓地Ⅰ、Ⅱ区各期墓葬平面位置示意图 167

图九九　乳源泽桥山六朝隋唐墓地Ⅲ区各期墓葬平面位置示意图 168

插 表 目 录

表一　侯公渡地貌类型面积统计表

表二　墓葬分区统计表

表三　四（六）耳罐尺寸统计表及关联图

表四　碗尺寸统计表及关联图

表五　随葬品型式统计表

表六　六朝隋唐墓葬分期分布统计表

表七　六朝隋唐墓葬分期特征表

表八　六朝隋唐墓葬墓向分布概率表

表九　六朝隋唐墓葬特征概率表

附表　墓葬登记表

彩 版 目 录

彩版一　乳源瑶族自治县及泽桥山墓地全景

彩版二　乳源泽桥山墓地Ⅰ、Ⅱ、Ⅲ区全景

彩版三　Ⅰ M5、Ⅰ M12 及其出土器物（第一期）

彩版四　Ⅰ M12 出土青瓷四耳罐（第一期）

彩版五　Ⅰ M12 出土青瓷碗（第一期）

彩版六　Ⅱ M2 出土陶釜、滑石猪及Ⅰ M14 发掘中全景（第一期）

彩版七　Ⅰ M14 出土青瓷四耳罐、碗（第一期）

彩版八　Ⅰ M14 出土Ⅱ式青瓷碗（第一期）

彩版九　Ⅰ M50、Ⅰ M52 出土青瓷四耳罐、碗、托盘（第一期）

彩版一〇　Ⅰ M52 出土Ⅱ式青瓷碗（第一期）

彩版一一　Ⅰ M52 出土银钗、手镯、指环，金指环、珠饰及绿松石珠饰（第一期）

彩版一二　Ⅱ M3 出土青瓷四耳罐（第一期）

彩版一三　Ⅱ M3 出土Ⅱ式青瓷碗（第一期）

彩版一四　Ⅱ M3 出土青瓷碗、陶罐、铁剪刀（第一期）

彩版一五　铜镜Ⅱ M3：1（第一期）

彩版一六　Ⅱ M19 出土 A 型Ⅰ式青瓷四耳罐（第一期）

彩版一七　Ⅱ M19 出土Ⅱ式青瓷碗（第一期）

彩版一八　Ⅰ M16 及其出土青瓷碗（第一期）

彩版一九　Ⅰ M16 出土 A 型青瓷四耳罐（第一期）

彩版二〇　Ⅱ M1 出土 A 型Ⅰ式青瓷四耳罐（第一期）

彩版二一　Ⅱ M1 出土青瓷四耳罐、陶釜（第一期）

彩版二二　Ⅱ M1 出土青瓷碗（第一期）

彩版二三　Ⅱ M1 出土青瓷碗、滑石猪（第一期）

彩版二四　Ⅱ M15 出土青瓷四耳罐、钵及滑石猪（第一期）

彩版二五　Ⅱ M15 出土青瓷碗（第一期）

彩版二六　Ⅱ M15 出土Ⅱ式青瓷碗（第一期）

彩版二七　Ⅱ M14 出土青瓷四耳罐、碗（第二期）

彩版二八　Ⅱ M14 出土Ⅱ式青瓷碗（第二期）

彩版二九　Ⅱ M14 出土青瓷碗、陶釜、铁镜（第二期）

彩版三〇　Ⅰ M53 发掘前全景及发掘中局部器物出土情况（第二期）

彩版三一　Ⅰ M53 出土青瓷碗、盖钵（第二期）

彩版三二　Ⅱ M22 出土青瓷四耳罐、碗（第二期）

彩版三三　Ⅱ M22 出土青瓷碗（第二期）

彩版三四　Ⅰ M30 及其出土青瓷碗（第三期）

彩版三五　Ⅰ M30 出土青瓷四耳罐、砚及滑石猪（第三期）

彩版三六　Ⅰ M13 及其出土青瓷碗（第三期）

彩版三七　Ⅰ M20 出土青瓷四耳罐（第三期）

彩版三八　Ⅰ M20 出土青瓷碗（第三期）

彩版三九　Ⅰ M27 及Ⅰ M27、Ⅰ M28 出土青瓷碗（第三期）

彩版四〇　Ⅰ M39 出土青瓷四耳罐、碟（第三期）

彩版四一　Ⅰ M39 出土青瓷碗（第三期）

彩版四二　Ⅰ M51 结构全景及器物出土情况（第三期）

彩版四三　Ⅰ M51 侧壁纪年砖和叶脉纹砖（第三期）

彩版四四　Ⅰ M51 出土青瓷四耳罐、碗（第三期）

彩版四五　Ⅰ M51 出土青瓷碗、盆及陶四耳罐（第三期）

彩版四六　Ⅰ M56 出土青瓷四耳罐、碗及滑石猪（第三期）

彩版四七　Ⅰ M56 出土Ⅲ式青瓷碗（第三期）

彩版四八　Ⅰ M57 出土青瓷四耳罐、碗（第三期）

彩版四九　Ⅰ M57 出土青瓷碗、滑石猪、木狮子（第三期）

彩版五〇　Ⅱ M18 出土青瓷四耳罐、碗及滑石猪（第三期）

彩版五一　铜镜Ⅱ M18：4（第三期）

彩版五二　Ⅲ M2 及其出土青瓷四耳罐（第三期）

彩版五三　Ⅲ M2 出土Ⅲ式青瓷碗（第三期）

彩版五四　Ⅲ M8 出土青瓷四耳罐、滑石猪（第三期）

彩版五五　Ⅲ M8 出土青瓷碗、托盘（第三期）

彩版五六　Ⅲ M11 纪年砖及Ⅲ M11、Ⅲ M12 出土青瓷碗（第三期）

彩版五七　Ⅲ M13 出土青瓷四耳罐、碗、盆及滑石猪（第三期）

彩版五八　Ⅰ M1 及其出土青瓷碟、滑石猪（第三期）

彩版五九　Ⅰ M1 出土青瓷碗（第三期）

彩版六〇　Ⅰ M2 出土青瓷碗、碟（第三期）

彩版六一　Ⅰ M7 出土青瓷四耳罐、陶四耳罐（第三期）

彩版六二　Ⅰ M7 出土Ⅲ式青瓷碗（第三期）

彩版六三　Ⅰ M7 出土青瓷碗（第三期）

彩版六四　Ⅰ M9 及其出土青瓷四耳罐、砚、盆及滑石猪（第三期）

彩版六五　Ⅰ M9 出土青瓷碗（第三期）

彩版六六　Ⅰ M22 及其出土青瓷碗、盆（第三期）

彩版六七　Ⅰ M22 出土青瓷四耳罐（第三期）

彩版六八　Ⅰ M23 及Ⅰ M22、Ⅰ M23 出土青瓷碗、滑石猪（第三期）

彩版六九　Ⅰ M21 及其出土青瓷碗（第四期）

彩版七〇　Ⅰ M29 出土青瓷碗、碟（第四期）

彩版七一　Ⅰ M41 出土青瓷罐、碗（第四期）

彩版七二　Ⅰ M41 出土 A 型青瓷碟（第四期）

彩版七三　Ⅰ M55 出土青瓷四耳罐、碗及滑石猪（第四期）

彩版七四　Ⅰ M55 出土Ⅳ式青瓷碗（第四期）

彩版七五　Ⅰ M58 出土青瓷四耳罐、滑石猪（第四期）

彩版七六　Ⅰ M58 出土青瓷碗、碟（第四期）

彩版七七　Ⅱ M6 出土青瓷碗、滑石猪（第四期）

彩版七八　Ⅲ M1、Ⅲ M3 出土青瓷碗、滑石猪（第四期）

彩版七九　Ⅰ M3 发掘后全景、封门及左室局部器物出土情况（第四期）

彩版八〇　Ⅰ M3 出土青瓷罐、滑石猪（第四期）

彩版八一　Ⅰ M3 出土青瓷碗、碟（第四期）

彩版八二　Ⅰ M4 结构全景及右室器物出土情况（第四期）

彩版八三　Ⅰ M4 出土Ⅳ式青瓷碗（第四期）

彩版八四　Ⅰ M11 及其出土青瓷碗（第四期）

彩版八五　Ⅰ M47 出土青瓷四耳罐、碗、碟及陶罐（第四期）

彩版八六　Ⅰ M15、Ⅰ M32、Ⅰ M17 发掘后全景（第一时期）

彩版八七　Ⅱ M7、Ⅱ M12 出土青瓷碗、滑石猪（第五期）

彩版八八　Ⅲ M17 出土青瓷六耳罐、碗、壶（第五期）

彩版八九　Ⅲ M17 出土铜镳斗、盖豆及Ⅰ M42 出土青瓷钵形碗、滑石猪（第五期）

彩版九〇　Ⅱ M11 及其出土滑石猪、银指环（第五期）

彩版九一　Ⅱ M11 出土Ⅵ式青瓷碗（第五期）

彩版九二　Ⅰ M6 及其出土青瓷罐、碗、盆（第六期）

彩版九三　Ⅰ M8 墓室结构全景及右室天井、排水孔（第六期）

彩版九四　Ⅰ M8 门、窗、文字砖及天井、天井台面器物出土情况（第六期）

彩版九五　Ⅰ M8 出土青瓷宽耳罐、钵形碗（第六期）

彩版九六　Ⅰ M10 发掘后全景及右室器物出土情况（第六期）

彩版九七　Ⅰ M10 出土青瓷宽耳罐、钵形碗（第六期）

彩版九八　Ⅰ M10 出土Ⅱ式青瓷钵形碗（第六期）

彩版九九　Ⅰ M18 器物出土情况及其出土青瓷六耳梭腹罐、碗、盆（第六期）

彩版一〇〇　Ⅰ M19、Ⅰ M34、Ⅰ M37、Ⅰ M43、Ⅰ M46 出土青瓷盘、罐、碗（第七期）

彩版一〇一　Ⅰ M48 出土青瓷宽耳罐、大敞口碗、盘（第七期）

彩版一〇二　Ⅱ M9 出土青瓷宽耳罐、大敞口碗（第七期）

彩版一〇三　Ⅱ M13 出土青瓷宽耳罐、大敞口碗、盘（第七期）

彩版一〇四　　Ⅱ M21 出土青瓷宽耳罐、大敞口碗（第七期）

彩版一〇五　　Ⅱ M24 出土青瓷宽耳罐、大敞口碗（第七期）

彩版一〇六　　Ⅲ M14 出土青瓷宽耳罐、碗及残铜器（第七期）

彩版一〇七　　铜镜Ⅲ M14∶4（第七期）

彩版一〇八　　Ⅰ M45 出土青瓷宽耳罐、盘（第七期）

彩版一〇九　　Ⅰ M45 出土Ⅰ式青瓷大敞口碗（第七期）

彩版一一〇　　Ⅱ M10 出土Ⅱ式青瓷宽耳罐（第七期）

彩版一一一　　Ⅱ M10 出土青瓷大敞口碗、盘（第七期）

彩版一一二　　Ⅱ M16 出土青瓷四耳梭腹罐、大敞口碗（第八期）

彩版一一三　　Ⅱ M17 出土青瓷盖罐、大敞口碗、灯盏（第八期）

彩版一一四　　Ⅱ M23 出土青瓷大敞口碗、盘（第八期）

彩版一一五　　Ⅰ M33 出土酱褐釉四耳罐、青白釉盘（北宋）

彩版一一六　　Ⅰ M33 出土青白釉高圈足碗（北宋）

彩版一一七　　青白釉六耳罐Ⅰ M36∶016（北宋）

彩版一一八　　Ⅰ M36 出土青白釉高圈足碗（北宋）

彩版一一九　　测试样品外观

彩版一二〇　　测试样品外观

彩版一二一　　98M1 出土陶罐（东汉）

彩版一二二　　98M1 出土釉陶卮、石纺轮及 2000M1 出土陶罐（东汉）

彩版一二三　　2000M1 出土陶壶、盆、灯、熏炉（东汉）

彩版一二四　　2000M1 出土陶灶、器盖（东汉）

彩版一二五　　2000M1 出土陶屋、仓（东汉）

彩版一二六　　98M2 出土青瓷罐、碗（隋代）

第一章 前言

第一节 发现和发掘背景

乳源瑶族自治县位于广东省韶关市辖区西部，北邻乐昌市，东为韶关市曲江区，南接英德市，西南连阳山县，西北毗邻湖南省，处北纬 24°28′~25°07′，东经 112°52′~113°27′ 之间，县城乳城镇坐落于北纬 24°46′12″，东经 113°16′48″ 处。泽桥山墓地位于乳源瑶族自治县侯公渡镇泽桥山、墟赴岭和林屋背，西距乳城镇 4 公里。（图一；彩版一，1、2）

1984 年 12 月，乳源瑶族自治县民族博物馆（以下简称为县博物馆）在泽桥山进行文物普查时，采集到一批六朝时期陶瓷片、墓砖和其他遗物，初步确定泽桥山是一处以砖室墓为主的大型墓地。1985 年，韶关市文物管理委员会办公室与县博物馆对泽桥山进行了复查。1998 年，因山体滑坡和其他自然因素的破坏，泽桥山部分墓葬垮塌，墓室裸露于地表，市文管办与县博物馆对濒临残毁的 5 座砖室墓和 2 座土坑墓进行了抢救发掘。[1]

图一 乳源泽桥山墓地位置示意图

1）1998 年以前在泽桥山进行的文物工作，详见乳源瑶族自治县民族博物馆文物档案和乳源瑶族自治县文化局泽桥山墓地申报第四批广东省文物保护单位的推荐材料。1984 年 12 月，在当时的侯公渡区公所管辖的泽桥山采集遗物包括六朝时期的叶脉纹墓砖、陶片以及少量新石器时代晚期遗物——石锛、石环等。1985 年的复查情况同上。1998 年抢救发掘的 7 座墓葬分别为东汉土坑墓 2 座、东晋砖室墓 1 座、南朝砖室墓 3 座和隋代砖室墓 1 座。上述采集和出土文物现均藏乳源瑶族自治县民族博物馆。部分墓葬的发掘简报已收入本书附录三。

图二
乳源泽桥山墓地发掘前墓
葬残毁状况及被抛弃的随
葬器物

2000年8月，由于塌方及取土、种植等人工作业，泽桥山墓地局部区域的埋藏条件趋于恶化，一些墓葬露出地表，随葬器物被盗（图二）。县博物馆得知情况后，对现场采取了保护措施，并向乳源瑶族自治县人民政府、韶关市和广东省文物行政主管部门进行了汇报。同月，乳源瑶族自治县人民政府将泽桥山墓地公布为第三批县级文物保护单位[1]。9～12月，广东省文物考古研究所在韶关市文化局、乳源瑶族自治县文化局、县博物馆的配合下，对泽桥山墓地进行了抢救发掘。发掘期间，乳源县有关部门对盗掘、哄抢泽桥山墓地文物的有关人员依法进行了严肃处理，散失文物被全部追回。

―――――――――

1）相关文件分别为乳源瑶族自治县人民政府乳府（2000）56号《关于颁布侯公渡镇泽桥山、中心岭、墟赴岭古墓葬群为第三批文物保护单位的决定》和乳府（2000）57号《乳源瑶族自治县人民政府关于颁布第三批文物保护单位的布告》。

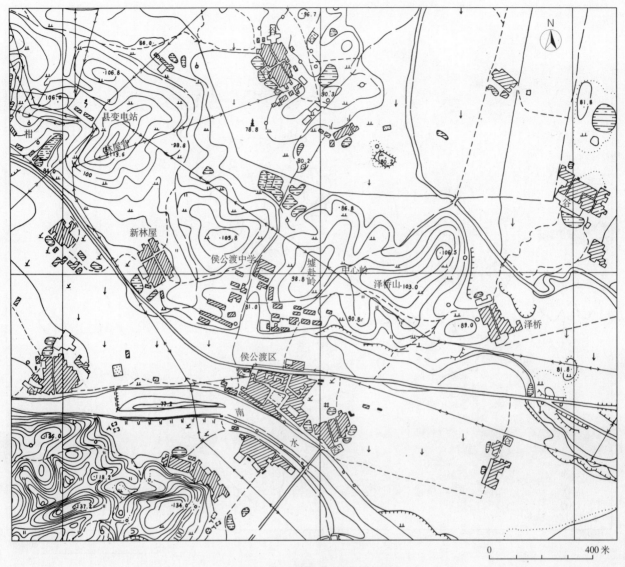

图三　乳源泽桥山墓地地形图

第二节　地理环境

　　泽桥山、墟赴岭和林屋背均为海拔100~120、比高（地貌、地物由所在地面起算的高度）30米左右的低缓岗丘，自东向西依次分布于北江中游的一级支流——南水[1]北岸，近距南水约700米。泽桥山与墟赴岭相连，山鞍部位又称中心岭；林屋背在泽桥山以西偏北约1.3公里（图三）。因泽桥山墓葬分布最为密集，故称泽桥山墓地。

　　侯公渡镇至乳源县城一带的南水流域，在广东山区地貌分区中，位居乐昌韶关盆地台地丘

　　1）南水发源于乳源安墩头，干流长104公里，集水面积1489平方公里（集水面积超过1000平方公里的为一级支流），曲向东南，于曲江县（今韶关市曲江区）孟洲坝注入北江。参看曾昭璇等主编《广东自然地理》（广东人民出版社，2001年）第四章一（一）2"北江"。

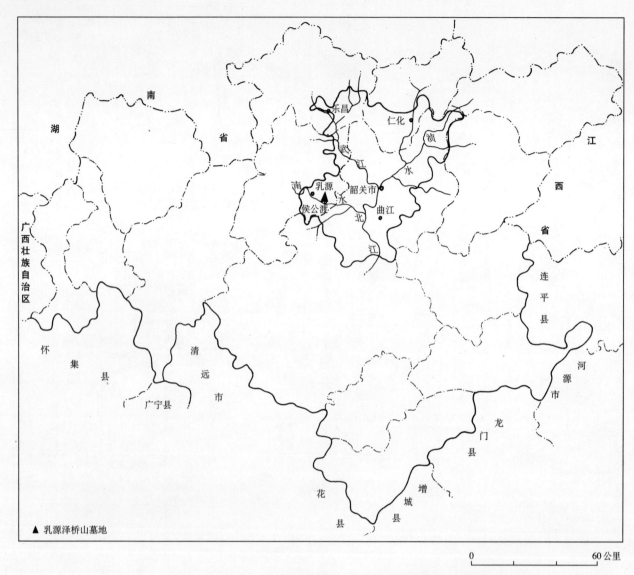

图四　粤北山地丘陵区地貌分区图——乐昌韶关盆地台地丘陵亚区

陵亚区中的韶关盆地西南部，冲积平原和岩溶地貌连片分布（图四）[1]。侯公渡镇具有流水地貌和岩溶地貌各占一半的地貌特征，地貌类型复杂多样，丘陵、低山为主，面积约占7成，其余部分除极少量水面外，分别为平原、阶地和台地（表一）。

泽桥山墓地的小地理环境比较优越。泽桥山、墟赴岭、林屋背的岗丘形态，实际上是南水北岸河流冲积平原与江北丘陵之间的过渡地貌——台地经流水侵蚀发育而成。这三处岗丘均位于南水中游一个东西向条带状的小型河谷盆地东部。若以西起南水电站，东至龙船湾电站计，该盆地东西长约8、南北宽约3.5公里，现行政区划包括乳源县乳城镇、附城镇和侯公渡镇。盆地四周分布海拔300~400米的雷公岭、天德寨、云岗岭、架天燕等低丘陵、高丘陵和低山；盆地内虽南水以南距丘陵、低山较近，开阔地少，但泽桥山所在的南水以北，有发育良好的冲积

1）广东省科学院丘陵山区综合科学考察队主编：《广东山区地貌》第六章第二节"广东山区地貌分区"、第八章第九节"乐昌、韶关盆地台地丘陵亚区"，广东科技出版社，1991年。上面图四亦源自此书。

表一 A

侯公渡地貌类型面积统计图表

地貌类型	平原	阶地	低台地	高台地	低丘陵	高丘陵	低山	岩溶地貌					水面	总计
								平原洼地	低台地	低丘陵	高丘陵	低山		
面积(公里²)	19.39	8.18	5.29	3.5	9.76	8.49	10.82	3.03	1.3	3.08	15.94	39.25	1.56	129.62
比例（%）	14.96	6.31	4.08	2.7	7.53	6.55	8.35	2.34	1	2.38	12.3	30.28	1.2	99.98
比例（%）	50.48							48.3					1.2	99.98

表一 B

地貌类型	平原	阶地	台地	丘陵	山地	水面	总计
面积(公里²)	22.42	8.18	10.09	37.27	50.07	1.56	129.59
比例（%）	17.3	6.31	7.79	28.76	38.64	1.2	100

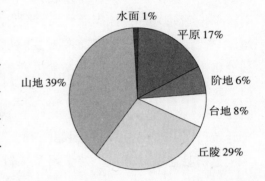

说明:

表一 A 据广东省科学院丘陵山区综合科学考察队主编《广东山区地貌》（广东科技出版社，1991 年）表 8~20 整理得出。其中平原包括冲积平原和河谷平原，阶地包括洪积冲积阶地和洪积坡积阶地，低台地指砂页岩低台地，高台地指砂页岩高台地，低丘陵指红色岩系低丘陵，高丘陵指砂页岩高丘陵，低山包括花岗岩低山和砂页岩低山；岩溶地貌中平原洼地指溶蚀冲积平原和溶蚀洼地，低台地指溶蚀侵蚀低台地，低丘陵包括溶蚀低丘陵和溶蚀侵蚀低丘陵，高丘陵指溶蚀侵蚀高丘陵，低山指溶蚀侵蚀低山。表一 B 据表一 A 整理得出。两表总计面积不同，表一 A 总计数据源自原表，表一 B 总计数据乃各分项之和，差异由何而来不详。

平原、台地和山前平原，地形相对平坦开阔[1]。在岭南，与南水河谷盆地类似的"成形河谷"，常借便捷的河道运输，充足的光照和肥沃的土壤萌发繁荣的农业和商业，成为历史上开发较早的地区[2]。

韶关盆地属中亚热带季风气候带的粤北北部半湿润气候区，年降水量较潮湿和湿润气候区虽然偏少，但因"气候偏低，河谷两岸山地林木茂盛，其湿润程度不亚于粤北南部地区"[3]。泽桥山墓地除经取土作业和遭乱掘的中心岭南北两侧水土流失严重、林木稀少、部分缓坡已成悬崖峭壁外，多数地方在阳光普照和雨露滋润下，土壤养分含量较好，松林高耸，植被茂密，对墓地的保存和保护起到了积极作用。

1）台地是介于丘陵和平原之间的过渡地貌类型，比高小于 30 米为低台地，30~80 米为高台地。低丘陵海拔低于 250 米，比高 80~150 米，坡度 15~20°。高丘陵海拔 250~400 米，比高 100~300 米，坡度 20~30°。低山海拔 400~800 米，比高 300~700 米，坡度 25~35°。依岩性不同，台地、丘陵和山地又可分别划分成 5 类。参看广东省科学院丘陵山区综合科学考察队主编《广东山区地貌》（广东科技出版社，1991 年）第五章《地貌类型》。本报告所述地貌类型名称及采用的地貌分类原则和地貌分类系统，皆依据该章的相关论述。

2）曾昭璇等主编：《广东自然地理》第八章二"粤北亚热带常绿林红壤山丘谷地区"："由于河谷多为'成形河谷'，即由古盆地演化而来，谷地在宽广丘陵间，日照充足，不少成小盆地地形（如两河相汇流处）。两侧有山前洪积扇形地裙（即山前平原）、台地、阶地发育。故历史上开发较早。连州、阳山、曲江、浛洸（今英德）、浈阳（今翁源）都是 2000 多年前西汉时期立县的。始兴也属南野县（今大庾）一部分。都是因河岸平原广大或更成盆地地貌所致，大河流经，水运畅通之外，农业发达，商业兴盛。"广东人民出版社，2001 年。

3）曾昭璇等主编：《广东自然地理》第三章三"气候带和气候区"，广东人民出版社，2001 年。

第三节　建置沿革

"乳源，古曲江县地。唐虞迄周为荒服，属扬州之境。秦属南海郡"；西汉初，属南粤王辖地；武帝元鼎五年（公元前112年），"以曲江、浈阳、洤浰三县属桂阳地，隶荆州"；三国属吴，黄武五年（226年）"析合浦以北为广州，以曲江、浈阳属之"；甘露元年（265年）"复析桂阳、南海郡地置始兴郡，地属始兴"；西晋初，"仍隶曲江"；"永嘉元年（307年）置湘州，地属湘州。（东晋）咸和三年（328年）复属荆州"；南朝梁时，分曲江县北部置梁化县，后又从梁化县分出平石县，隋代省平石入梁化更名乐昌；"唐武德四年（621年）分广州之曲江、始兴、乐昌、翁源始置韶州。贞观二年（628年）改韶州为东衡州，六年（632年）复名韶州，县地俱隶曲江、乐昌之间"；"宋乾道三年（1167年）分曲江县西境、乐昌县南境立乳源县于虞塘，县治自此始"；元属韶州路；明属韶州府，"徙虞塘旧县于洲头，即今治"[1]。

上引县志所述乳源的建置沿革虽较清楚，但有两点尚需补充：其一，乳源建县另有一说，"乳源。乾道二年（1166年），析曲江之崇信、乐昌依化乡，于洲头津置"[2]。置县的具体年代已不易考辨。县志记载明初县城从始置的虞塘迁至洲头，两处地方今已基本明确：明清县治洲头，在今县城——乳城镇一带；宋元时期县治虞塘，则在今侯公渡镇新林屋与罗屋之间[3]。故置县情况，当以县志的记载较为准确。值得注意的是，虞塘旧址，正好位于泽桥山与南水之间的冲积平原上。

其二，乳源置县以前，特别是六朝时期，其县地归属因与泽桥山墓地相关且变化复杂，故加说明。从两汉时期的荆州桂阳郡曲江县地[4]，到"后汉置始兴都尉"，吴甘露元年辖于始兴郡[5]，再到唐武德时归入韶州的三百余年间，乳源虽基本为曲江县或曲江、梁化（乐昌）两县旧地，鲜有变迁，但州、郡两级尤其是始兴郡则是《宋书》卷三十五《州郡志一》所言"地理参差，其详难举"、"寻校推求，未易精悉"的典型。三国吴时，始兴郡属荆州；西晋属广州，东晋还属

1)《（康熙二年）乳源县志》（1984年重刻本）卷之一《舆地志·沿革》。笔者所见的《乳源县志》有上述版本（后称甲本）和《（康熙二十六年）乳源县志》（1983年重刻本，后称乙本）两种。据甲本"重印康熙二年乳源县志序"言，乳源修志从明万历十九年（1591年）至清康熙二十六年（1687年）共有四次，现仅甲、乙两本留存。甲本的孤本现存乳源瑶族自治县档案馆，1957年广东省中山图书馆复制了此本，1984年又据复制本重刻刊行。乙本之"重印康熙二十六年乳源县志序"言，乙本国内无存，广东省中山图书馆通过北京图书馆从日本内阁文库将其影印，1983年据影印本重刻刊行。由于甲乙两本均为重刻本，谬误缺漏难免，两本相校，尚可正本清源，且甲本明显较乙本为好，故引甲本。

2)《宋史》志第四十三《地理志六》，中华书局点校本。下引纪传体正史皆此本。

3)《（康熙二年）乳源县志》（1984年重刻本）和《（康熙二十六年）乳源县志》（1983年重刻本）之城池图。其中，《（康熙二年）乳源县志》所绘双峰寺、文昌阁，《（康熙二十六年）乳源县志》所绘观音庙，旧址在乳城镇附近皆已找到，现分别为双峰寺遗址、文昌塔和观音堂（民国重修）。虞塘旧址，现为乳源县故城遗址。参看国家文物局主编《中国文物地图集·广东分册》，广东省地图出版社，1989年。

4)《汉书》卷二十八上《地理志第八上》："桂阳郡，……属荆州。……县十一：郴，……曲江……"

5)《元和郡县图志》（贺次君点校本）卷第三十四《岭南道一》，中华书局，1983年。

荆州。[1] 南朝刘宋中期，始兴郡改属广州，旋回湘州，宋末改称广兴郡。[2] 萧齐复名始兴，仍属湘州。[3] 南朝梁、陈之时，又于始兴郡地置衡州、东衡州。[4] 隋开皇九年（589 年）平陈，始兴郡废，改东衡州为韶州，归扬州南海郡。[5] 朝令夕改的行政区划看似朝代频繁更迭的产物，实则因始兴乃"交广之咽喉，湖湘之唇齿"，而"羊城濒海，地形稍下，若失上游之险，则水陆皆有建瓴之惧"，凡"守者先故其外，取者先夺其内"，故统治阶层往往在这一要冲之地的建置归属方面很下功夫，以"筹度"岭南之"胜势"，确保岭南的安然无虞。[6]

第四节　发掘经过

泽桥山墓地分布面积相当宽广，泽桥山、墟赴岭和林屋背三处岗丘的平面投影面积达 50 万平方米左右。发掘前，已塌毁或被盗的墓葬数量较多，位置分散，抢救任务繁重。根据这些情况，我们首先在 1/2000 和 1/2500 地形图上分别对三处岗丘进行工作区的划分，确定各区测量基点和探方基点；然后在现场核实分区情况和基点位置，埋桩标识探方基点，开始实际的布方和田野工作。

墓地据地形划为 3 区：泽桥山为 I 区，墟赴岭和中心岭为 II 区，林屋背为 III 区。I、II 两区分区界线为中心岭南北两侧山谷谷底连线，谷地经乱掘成陡崖处，分区界线较原谷底略东移，以保证位于中心岭的墓葬不被拆分为两个区。I、II 区的测量基点皆为墟赴岭变电站围墙东南角，III 区测量基点为林屋背油站冈（岗）楼南角。探方基点位于各发掘区西南角，绝对位置据测量基点而定。I 区布方 64 个，发掘 47 个；II 区布方 34 个，发掘 22 个；III 区布方并发掘 13 个。探方皆 10×10 米，正南北方向，探方按数学直角坐标系编号（图五、六；彩版二，1、2）。

1）《晋书》卷十五《地理志下》："（东吴孙皓时期）荆州统南郡、……始兴、始安十五郡，……及（西晋）武帝平吴，……又以始兴、始安、临贺三郡属广州"，"（西晋）怀帝又分长沙、……桂阳及广州之始安、始兴、临贺九郡置湘州。……（东晋）穆帝时，……又以广州之临贺、始兴、始安三郡及江州之桂阳，益州之巴东，合五郡来属（荆州）。"两晋时始兴、始安及临贺三郡属广州管辖的时期，始于平定东吴的西晋武帝太康元年（280 年）实无疑问，截止的年代却颇难推定。据《晋书》卷五《孝怀帝纪》载，永嘉元年（307 年）八月"分荆州、江州八郡为湘州"，《资治通鉴》（上海古籍出版社重印世界书局缩印胡克家覆刻本，上海古籍出版社，1987 年）卷八十六《晋纪八·孝怀皇帝上》的记载从之，《通鉴》胡注引沈约曰："分荆州之长沙、衡阳、湘东、邵陵、零陵、云阳、建昌，江州之桂阳八郡立湘州"，晋书怀帝时期的记载概误。晋志"广州"条又言"……（东晋成帝时）以始兴、临贺二郡还属荆州"，与前引记载自相抵牾。《宋书》卷三十七《州郡志三》"湘州刺史"条载始兴（广兴）、临庆（临贺）、始建（始安）三郡在东晋成帝时（326～342 年）"度荆州"。看来两晋时期始兴三郡属广州管辖的时间，宜定于西晋武帝太康元年（280 年）至东晋成帝咸康八年（342 年）间。

2）《宋书》卷三十七《州郡志三》："宋文帝元嘉二十九年（452 年），（始兴郡）又度广州，三十年，复度湘州。……泰豫元年（472 年）……改始兴曰广兴，领县七……"

3）《南齐书》卷十五《州郡志下》。

4）《梁书》卷二《武帝纪中》载，武帝天监六年（507 年）"分湘广二州置衡州"。《梁书》卷二十四《萧景传》载，武帝天监九年（510 年）"分湘州置衡州"。《陈书》卷九《欧阳颁传》："……梁元帝承制以始兴郡为东衡州"。《隋书》卷三十一《地理志下》："曲江旧置始兴郡。……始兴齐曰正阶，梁改名焉，又置安远郡，置东衡州。……含洭，梁置衡州，阳山郡。"据《（光绪）曲江县志》卷一《表一历代沿革》，梁、陈之时，曲江县均属始兴郡东衡州。贺次君考证，东衡州之置，当在陈世祖、文帝之时［参看《元和郡县图志》（贺次君点校本）卷第三十四《岭南道一》，中华书局，1983 年］。《陈书》卷三《世祖纪》载，文帝天嘉元年（560 年）"分衡州之始兴、安远二郡置东衡州"。《陈书》卷五《宣帝纪》载，宣帝太建十三年（581 年）"分衡州始兴郡为东衡州，衡州为西衡州"。

5）《（光绪）曲江县志》卷一《表一历代沿革》。

6）引文见《（光绪）韶州府志》卷十《舆地略·形势》。《（康熙二年）乳源县志》（1984 年重刻本）卷之一《舆地志·沿革》编撰者引"东汉卫飒传"（见《后汉书》卷七十六《循吏列传第六十六》）注曰："……先是含洭、浈阳、曲江三县尚隶南海，为粤之故地，武帝平之，内属桂阳，所以撤粤之门户也"，亦是写照。

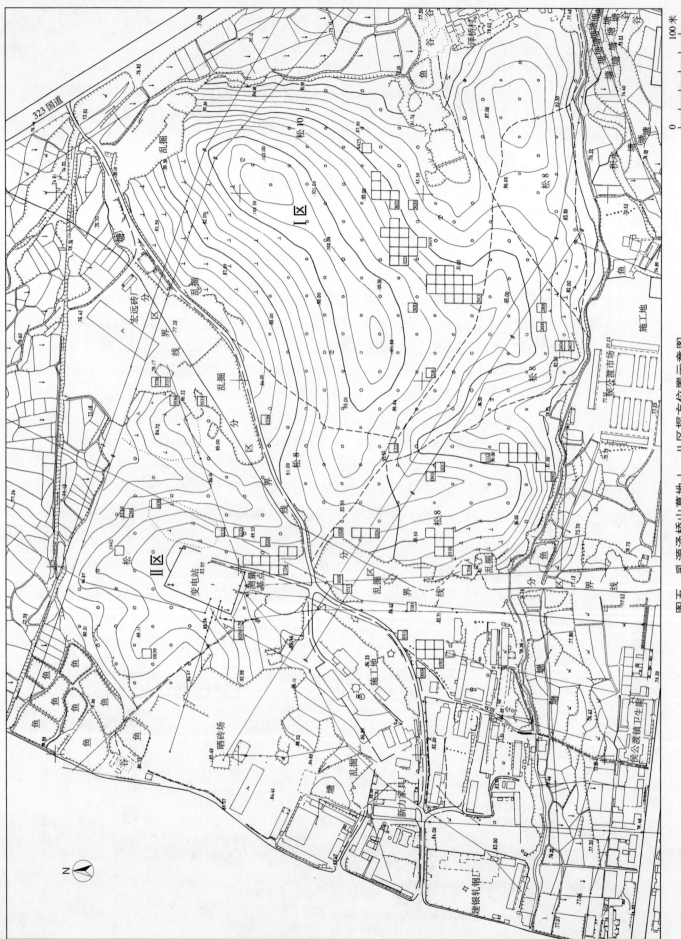

图五 乳源泽桥山墓地Ⅰ、Ⅱ区探方位置示意图

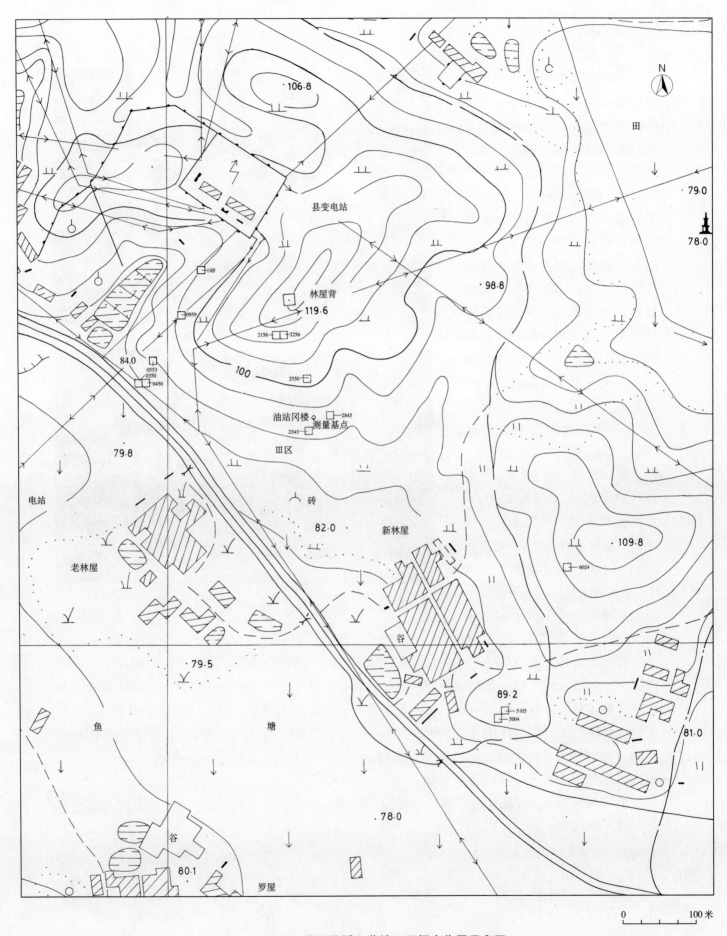

图六 乳源泽桥山墓地Ⅲ区探方位置示意图

田野工作由发掘和调查勘探两部分组成。发掘分三个阶段：第一阶段，发掘被盗毁墓葬。第二阶段，发掘露头迹象明显的墓葬，这部分墓葬常常埋藏较浅，墓顶大多塌落，有的早年被盗。第三阶段，选择性发掘经勘探确认，埋藏状况较好的墓葬。墓葬发掘从探方的发掘开始，经勘探确认而未发掘的墓葬，其所在位置标示于各区总平面图上。墓地调查勘探与墓地发掘同步进行，采用地面踏查、考古普探和局部区域考古重探等方式，该项工作是第二、三阶段考古发掘的基础（图七）。

图七　乳源泽桥山墓地发掘工作场景

第一阶段历时40天，发掘墓葬33座。第二阶段历时60天，发掘墓葬59座。第三阶段历时10天，发掘墓葬7座。田野工作时间110天，共计发掘墓葬99座。墓葬皆分区编号。勘探确认而未发掘的墓葬26座，墓号前加"MK"，亦各区单独编号。

为减少发掘工作对生态环境的破坏，对位于墓葬上方的树木，在确保安全的前提下尽量予以保留。砖室墓的发掘一般在绘图、摄影和记录后采用局部揭顶的方式进行。拆除的墓砖除收集部分标本外，皆整齐码放，发掘完毕后逐墓放回。由于随葬品中的金、银饰件相当细小，墓底填土皆用手铲、竹签仔细剥离，而后清除；各墓填土分别堆放，并按距墓底垂直距离的高低不同，分别用大、小网筛过滤。墓葬发掘后，视情况对墓底进行全部或局部解剖，止于生土。田野工作完毕，墓葬、探孔皆予回填。

值得注意的是，对墓葬所在探方的发掘是准确揭露砖室墓土建部分如墓圹、墓道等的有效途径，不能忽略。

于墓室侧壁和墓顶之内；或砌于侧壁之外，较墓室宽、高，厚度倍于或数倍于墓壁。墓壁皆长方形砖错缝平铺叠砌。墓底多用长方形砖铺成"人"字形，有 51 座；其次为"两纵两横"铺法，有 31 座；铺砌其他形状仅见 5 座，另有 10 座墓底残。墓顶除完全塌毁外（其中 1 座估计为叠涩顶），均用长方形砖夹砌刀形砖[1]构筑券顶。1 座双隅重券，余皆单隅单券单层墓底。

砖室墓墓室有在前端或后端砌置承券的做法。承券为墓内局部加砌的一道券，多靠近封门或后壁，砌法与墓壁和墓顶相同，一般为单重，也有双重甚至三重，有的下部加宽成券座。由于承券的设置，使原本为单券的墓顶在局部变成了重券或多重券[2]。有的墓外加置一券，加券与承券砌法相同，但置于墓壁及墓顶外侧。此类加券多位于墓室前端，与封门相接，一重为主。承券具有结构功能，可加固券顶；加券具有视觉功能，可使墓葬显得高大。

砖室墓后壁中部用一块砖向墓内伸出半个砖位构成"砖托"以置灯盏之类器皿的做法常见，砖托亦有置于侧壁前端者。砖室墓的其他附属设施还有壁龛、排水沟（孔）、立砖、砖柱、直棂窗（见于合葬墓）、天井等。墓葬规模较大的合葬墓一般结构复杂，附属设施齐全。

为保存墓葬结构的原貌，只要发掘安全能够保证，墓顶、墓壁可不拆者就不拆，故一些墓砖规格的测定、墓砖纹饰和文字的拓片均需在发掘现场进行，加上墓砖胎质松软，部分拓片质量也差强人意。砖以灰色为主，亦见红色，有的色泽不一。有长方形和刀形两种。纹饰、文字或纪年多印于墓砖的长侧边上。纹饰常见叶脉纹，另有直棂条纹、"⊗"、"⊗"和"⊛"形纹（后面结语和附表中将此类纹样径称为车轮纹）等，有的墓砖平面饰网状菱格纹。文字砖有"吉"、"王十"、"大吉羊道"等。7 座墓有纪年砖，分别为东晋泰和三年（368 年）、泰元十八年（393 年）和刘宋元嘉、元嘉九年（432 年）、元嘉十年（433 年，2 座）和大明三年（459 年）（图一一）。同一墓葬刀形砖与长方形砖常见规格相仿，唯刀形砖一长侧边的厚度减薄 1/5、1/4、1/3 或 2/5。长方形砖宽度一般为长度的一半，厚度多为 4~5 厘米，仅有 1 座墓葬的墓砖厚 3 厘米、2 座厚 6 厘米、2 座厚 7 厘米，厚度变化相对迟缓。提取长方形砖常见长度为墓砖规格的统计指标，该长度的变化区间为 25~34 厘米，长 30 厘米最多，约占 4 成；其次为 31、32 和 28 厘米，均在 1 成以上；其他相对较少。

三区墓葬形制、结构有如下差别：

"凸"字形单室墓见于Ⅰ区和Ⅱ区，土坑墓见于Ⅰ区，故Ⅰ区墓葬类型最为齐全。

砖室墓中单室及合葬墓墓室长度 6~7 米者均在Ⅰ区，Ⅱ区单室墓墓室长度 5~6 米者比例较Ⅰ区明显要高。Ⅲ区墓葬数量少，墓室长度变化区间较Ⅰ、Ⅱ区窄。合葬墓墓室长宽比大于 4 的狭长形墓在Ⅰ区略显偏高。

1）广东六朝隋唐砖室墓常用刀形砖和楔形砖构筑券顶。这两种砖平面均为长方形，一边厚，一边薄。刀形砖厚薄变化体现在砖的两个长侧边上，楔形砖则体现在两个短侧边上。泽桥山墓地砖室墓券顶只见刀形砖一种。

2）承券的设置，在广东六朝砖室墓中比较常见，并有不同的表述：其一，直接描述结构，如广东省博物馆《广东曲江南华寺古墓发掘简报》，《考古》1983 年第 7 期。其二，称"衬券"，如广州市文物考古研究所《广州市先烈南路晋南朝墓发掘简报》，广州市文物考古研究所编《广州文物考古集》，文物出版社，1998 年。其三，称"承券"，如广东省博物馆《广东韶关市郊古墓发掘报告》，《考古》1961 年第 8 期；广州市文物考古研究所《广州东山梅花村南朝墓发掘简报》，广州市文物考古研究所编《广州文物考古集》，文物出版社，1998 年等。亦有学者把包括承券在内的墓内附属柱形结构统称为"砖柱"，参看罗宗真等《六朝文物》第四章第二节"散布于各地的一般墓葬"，南京出版社，2004 年。笔者认为，墓室内设置承券，除具有间隔作用如可形成券门外，加固券顶亦是其重要的功能，故以"承券"名之为妥。如是，支撑墓顶的砖柱即为"承柱"，如高要东晋墓，参看广东省博物馆《广东高要晋墓和博罗唐墓》，《考古》1961 年第 9 期；未及墓顶者则为"砖柱"，如梅县南朝梅畬 M2，参看广东省博物馆《广东梅县古墓葬和古窑址调查、发掘简报》，《考古》1987 年第 3 期。

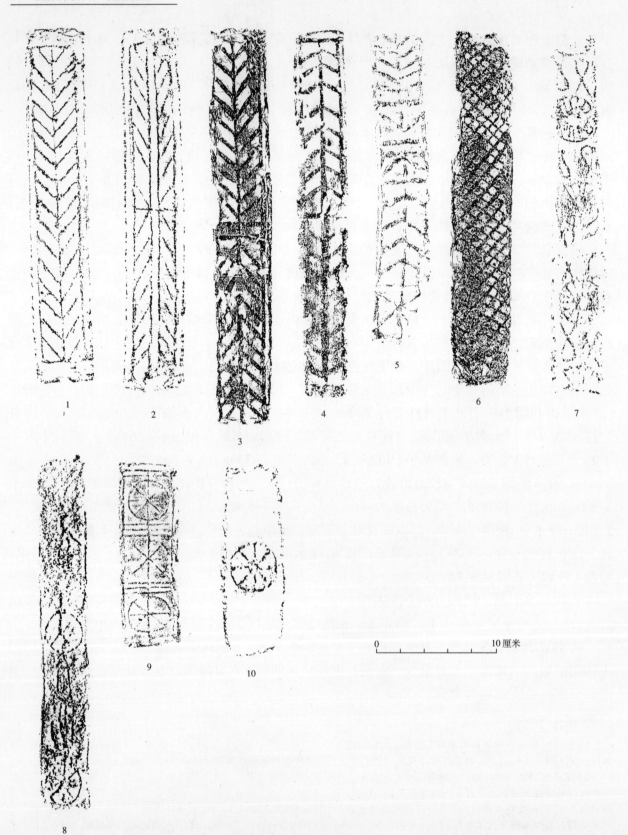

图——A　墓砖纹饰拓片

1. 叶脉纹（ⅠM12）　2. 叶脉纹（ⅠM12）　3. 叶脉纹（ⅠM42）　4. 叶脉纹（ⅠM39）　5. "米"字＋叶脉组合纹（ⅠM3）　6. 网格纹（ⅠM39）　7. 组合纹（ⅠM12）　8. 泰和三年⊗…（ⅠM2 ）　9. ⊗组合纹（ⅠM42）10. ⊛纹（ⅠM42）

图一一B　墓砖纹饰、文字拓片

1. 泰元十八年十月□□□□十日（ⅠM16）　2. □年□月十三日（ⅠM53）　3. 元嘉九年八月十日（ⅠM51）　4. 元嘉
十年⊕（反）（ⅠM56）　5. 元嘉十年八月一日（ⅠM38）　6. 元嘉年十月十日（ⅢM11）　7. 大明三年十月（ⅠM39）
8. 大吉羊道（ⅠM30）　9. 大吉羊圝（ⅠM1）　10. 大吉羊□（ⅠM29）　11. 吉-⊗（ⅠM28）　12. □□王十（ⅠM8）
13. 吉-⊗（ⅠM10）　14. 大（阴）吉（阳）（ⅠM3）

Ⅰ、Ⅱ两区墓葬的墓向虽皆有6成以上为90~135°、2成左右为135~180°，但Ⅱ区墓向区间较Ⅰ区广。由于位置相邻的墓葬其墓向一般相仿，故Ⅱ区墓葬分布较Ⅰ区分散。两区墓葬大多集中在东南山坡和西侧谷坡，90~180°自然成为主要的墓向区间。Ⅲ区墓向较Ⅰ、Ⅱ两区差异显著，该区墓向在135~315°之间，并无占绝对优势的区间范围，墓向规律不明显，Ⅰ、Ⅱ两区主要墓向区间90~135°在该区没有分布。

Ⅱ区合葬墓墓室间设通门相通者稍多，Ⅰ区则以墓室互不相通者为主，Ⅲ区合葬墓墓室均不相通。Ⅰ、Ⅲ两区砖室墓墓底铺"人"字形为主，Ⅱ区砖室墓墓底"人"字形和"两纵两横"铺法各约占一半。

Ⅲ区砖室墓少有附属设施，Ⅱ区砖室墓设置立砖的做法较其他两区普遍。

Ⅰ区长方形砖常见长度的变化区间最大，Ⅱ、Ⅲ区长方形砖常见长度27~28厘米者比例较高。除墓向受地理位置影响直接外，其他差别多与墓葬时代不同、葬俗发生变化有关。

以上情况详见表二、附表。

勘探所见墓葬皆砖室墓。经探孔卡位者，以虚线表示于各区总平面图上。

泽桥山墓地ⅠM24、ⅠM25、ⅢM4和ⅢM10为广东地区习见的明代砖室墓，ⅠM31、ⅠM49、ⅡM8、ⅢM5、ⅢM7和ⅢM9仅存残痕，ⅠM26、ⅠM35完全残毁，上述12座墓皆无随葬品出土，其情况详见附表，不再赘述。ⅠM33和ⅠM36为北宋长方形竖穴土坑墓，详情见附文《泽桥山北宋墓》。以下章节报道其余85座砖室墓的情况。

第三节　填土、葬具、尸骨和随葬品

墓圹内填土土质松软，有一定黏性；土色褐黄，有的色度偏深，略显斑驳。墓室内填土堆积情况视墓顶保存状况而显著不同：券顶保存较好的地方，填土与券顶间多有空隙，更有土层极薄、依稀可见墓底处；券顶已坍塌者，填土大多将墓室完全覆盖。室内填土一般可分上、下两层。接近墓底的下层一般厚约20厘米，土质较上层细腻，基本无包含物，有显著水积特征。上层比较粗松，常杂墓砖及陶瓷残片。下层填土为墓顶未坍塌时，淤泥经流水冲刷，顺砖缝渗入墓室并沉积于墓底，形成时间较长。上层填土大多是墓顶垮塌时或垮塌后堆积而成，可以短期内形成。经盗掘的地方（盗洞），填土的自然堆积状况已被破坏。

未见葬具和尸骨。

被盗扰墓葬的随葬品支离破碎，组合情况及其原始位置无法全部复原。为最大限度确保随葬器物组合的完整性，我们对出土和采集器物采取了三种标注方式：经发掘出土者，按随葬品编号登记；采集于墓室填土、盗洞中，或被敲碎、抛弃于盗洞口，经分析比对，确属该墓随葬品者，与随葬品一起按顺序编号，编号前加"0"，此类器物位置已被扰动，在墓葬平面图上不予绘录，器物的型式分析、统计则与随葬品一并进行；其他采集器物单独编号，序号前加注"混"。

随葬品多置于墓室前部，多者23件，少者仅存1件；13座墓葬的随葬品完全散失。随葬品中青瓷器占9成，另有陶器、铁器、铜器、石质及木质明器、金银器和铜钱等共590件（组）[1]。

1）本报告将出土位置相同的铜钱编为1组，不逐枚编号。

青瓷器皆灰胎，有的灰色偏深；釉层一般较薄，内外满釉、半釉或内施满釉，外施半釉；釉色青绿或青黄，少量酱黄；釉玻化较好，光泽强，常见冰裂；胎釉结合不好，釉多脱落；有的积釉、流釉情况明显；釉下或施弦纹，偶见印花。器类有四（六）耳罐、宽耳罐、带耳梭腹罐、碗、钵形碗、大敞口碗、碟、盘、托盘、钵、灯盏、盆、壶和砚台等。以下器物描述中未注明质地者皆瓷器。

其他器类有陶四耳罐、陶釜、铁剪刀、铜镜、铜豆、铜镳斗、滑石猪、木狮子、金珠饰、金指环、银手镯、银指环、银钗、绿松石珠饰等。铜钱仅辨识"开元通宝"一种。

第四节　典型器物型式划分

典型器物是指出土数量多，出现频率高，器形变化明显并有一定规律的器物。器物型式序列的建立，在参考韶关地区相关纪年墓出土器物及有关研究文章的基础上[1]，以纪年墓（出土纪年砖或钱币）随葬品为核心展开。

泽桥山墓地随葬品比较丰富的纪年墓有东晋泰元十八年墓ⅠM16、刘宋元嘉九年墓ⅠM51、元嘉十年墓ⅠM56、大明三年墓ⅠM39和唐开元墓ⅡM21（该墓出土唐"开元通宝"铜钱，亦按纪年墓计），随葬品稀少的有东晋泰和三年墓ⅡM2和刘宋元嘉年墓ⅢM11，这些墓葬出土随葬品成为器物型式划分的标尺。

泽桥山墓地出土青瓷罐、碗、盘和碟种类多样，形态复杂，非单一型式序列可以涵盖全部变化特征，故类型学分析必须建立在器物合理分类基础之上。在广东其他地区六朝隋唐墓葬发掘报告或简报中，因墓葬时代跨度相对较窄，出土器物种类比较单纯，青瓷罐常以耳的数量直接命名为"四耳罐"或"六耳罐"；碗一般没有分类，有的与钵相混；盘亦称碟，没有实际区分意义。

根据泽桥山墓地出土器物的造型特征、演变规律及器物组合与共存关系，我们对不同型式序列的器物，在名称上直接加以区分并赋予特定内涵。泽桥山墓地出土的带耳青瓷罐以四耳为主，也有六耳，有三组不同的型式序列，分别称为"四（六）耳罐"、"宽耳罐"和"带耳梭腹罐"。碗也有三组序列，分别称为"碗"、"钵形碗"和"大敞口碗"。

泽桥山墓地的典型器物为四（六）耳罐、宽耳罐、碗、钵形碗、大敞口碗和碟。

器物名称的界定和典型器物的型式划分如下：

四（六）耳罐

耳作亚腰形泥条耳或桥形耳，耳腹连接处明显变宽，连接方法一般是将耳的两端压扁与腹相接。个体有大、中、小三种[2]，根据腹部特征分3型。

A型　桶形腹[3]。圆唇、尖圆唇或方圆唇为主，直口、直口略敞（侈口）或敞口，平底内凹较多、亦有平底、泥条耳常见、桥形耳较少，外沿、耳间有的饰弦纹。据腹部变化规律分5式。

1）邓宏文：《广东六朝墓葬出土瓷器研究》，《华夏考古》2000年第3期。另可参看赵善德等《广东六朝墓葬综合研究之一：典型随葬品形态的演变》，《广东文博》1988年第1、2期。

2）大型口径约12、高18厘米以上，中型口径约10、高约15厘米，小型口径约8、高约10厘米。参看邓宏文《广东六朝墓葬出土瓷器研究》，《华夏考古》2000年第3期。

3）器身较长似桶而名。器物腹高比值（最大腹外径与通高的比值）介于0.8~1.11之间并以0.9~1.0为多。参看邓宏文《广东六朝墓葬出土瓷器研究》，《华夏考古》2000年第3期。

Ⅰ式　下腹基本不内收，在Ａ型四耳罐中器体最为肥胖。本式多直口或直口略敞，外沿、耳间一般都饰有弦纹。

Ⅱ式　下腹斜直，略向内收。本式口沿、纹饰特征与Ａ型Ⅰ式相仿，但外沿所饰弦纹开始变得浅细。

Ⅲ式　下腹内收呈弧形，器体较Ⅱ式略有增高的趋势。口沿、纹饰特征同Ａ型Ⅱ式。

Ⅳ式　上腹稍鼓，下腹呈明显弧形内收。本式开始出现六耳，皆为横置的四桥形耳间加竖置的两个桥形耳。典型者器体较前式增高，器腹与器高的比值在0.9左右。本式基本都是敞口或直口略敞，耳间无弦纹者增多。

Ⅴ式　丰肩，上腹外鼓，下腹明显弧形内收。六耳，耳置法同Ａ型Ⅳ式六耳罐。

Ｂ型　球形腹[1]。圆唇、溜肩、平底内凹为主，平底数量亦较多，皆泥条耳，耳间常饰弦纹，据口沿特征分2个亚型。

Ｂa型　敞口或敞口略直。据腹部变化规律分2式。

Ⅰ式　下腹短矮。本式作平底者数量较少，耳间大都饰有弦纹。

Ⅱ式　最大腹径上移，下腹斜直内收。和Ｂa型Ⅰ式相比，平底、耳间无弦纹者增多。

Ｂb型　直口。与相同高度的其他各型四耳罐相比口径偏大，肩部较耸。

Ｃ型　扁圆腹[2]。

为验证并准确识别Ａ、Ｂ、Ｃ三型四耳罐在形态方面的差异，本报告按上述型式划分对四（六）耳罐尺寸进行了统计，详细结果参看表三及其关联图。据表三，分型所依据的腹部特征，在器物最大腹外径与器高的比值（简称"腹高比值"）上有着清楚的反应。一般地，腹高比值越小，器物形体越显瘦长；腹高比值越大，器物形体越显矮胖。Ａ型四耳罐腹高比值区间为0.86~1.11，各式的平均比值依次为1、1.04、1.03、0.95和1.04；Ｂ型四耳罐腹高比值区间为1~1.29，Ｂa型的两式和Ｂb型的平均比值依次为1.16、1.13和1.15；Ｃ型四耳罐仅见1件，腹高比值为1.86。虽然Ａ、Ｂ两型的腹高比值区间有部分重合，但平均比值的显著不同说明了类型划分的合理性。就个体而言，泽桥山墓地出土的绝大多数Ａ型四耳罐腹高比值均低于1.07，Ｂ型则大于或等于1.07。从式别的平均比值中可以看到，Ａ型Ⅳ式在Ａ型中最为瘦长，Ｂa型Ⅱ式较Ｂa型Ⅰ式则略有增高。

宽耳罐

肩部横置四泥条宽耳，耳腹连接处未明显变宽，连接方法是将耳的两端与腹粘贴，粘贴处抹平，器外施釉一般不及下腹和外底。据口、腹形态的变化分2式。

Ⅰ式　敞口，口沿较薄，肩较丰，腹较鼓，耳与腹近似垂直，有的底部外放。

Ⅱ式　直口，有的直口略敞，多方唇，平沿，口沿变厚，领部增高，溜肩，腹外鼓不明显，耳斜向上。个别器耳呈亚腰型。

从器形演变的趋势观察，Ⅰ式宽耳罐中外放的底部，可能为Ａ型Ⅴ式六耳罐弧形内收的下

1）器身浑圆似球而名。器物腹高比值介于1.10~1.20之间，多数大于1.15，较Ａ型矮胖。参看邓宏文《广东六朝墓葬出土瓷器研究》，《华夏考古》2000年第3期。

2）此类罐最大腹径居中，器身扁矮，腹高比值大于1.5。参看邓宏文《广东六朝墓葬出土瓷器研究》，《华夏考古》2000年第3期。

腹逐渐收窄并最终消失而来。因未见中间的过渡形态，两者耳部特征又有明显差异，故以"宽耳罐"名之并另建序列。

碗

圆唇、尖圆唇或尖唇，直口或直口略敞，少量敞口，直腹或弧腹，个体有大、小两种[1]。具有规律性的变化特征有：腹部由浅及深，底由平底到宽、矮饼足或假圈足再到窄、高饼足，口沿外弦纹由深、粗到浅、细再到消失，施釉从满釉到半釉。综合上述变化规律分7式。

Ⅰ式　浅腹[2]，平底为主，有的平底略凸，口沿外常饰粗、深弦纹一道，内底常下压一圈，满釉。

Ⅱ式　浅腹，饼足宽矮或呈假圈足状，有的口沿外弦纹比较浅细，余同Ⅰ式。

Ⅲ式　深腹[3]，饼足宽矮，有极少量假圈足，口沿外侧弦纹一般较为浅细，满釉。

Ⅳ式　深腹，饼足小而高，口沿外弦纹多极浅细或完全消失，满釉。Ⅲ式与Ⅳ式碗饼足的宽窄，在足径与口径的比值上有明显的区分，下详述。

Ⅴ式　深腹，饼足小而高，足壁外撇，有的外底旋削内凹，满釉。

Ⅵ式　器形与Ⅳ式或Ⅴ式相似，但胎厚质粗，口沿外无弦纹，器内施满釉或半釉，器外皆施半釉，釉不及下腹和足。

Ⅶ式　饼足宽矮，有的呈假圈足状，有的腹较浅，余同Ⅵ式。

为验证并准确识别从浅腹到深腹、饼足从宽矮到窄高的变化规律，本报告依式别不同对碗的尺寸进行了统计，详见表四及其关联图。

碗腹部的变化体现在高度与1/2口径的平均比值上：Ⅰ、Ⅱ式碗该均值分别为0.82和0.86，即高度明显小于口径的一半，故视为浅腹；Ⅲ、Ⅳ、Ⅴ式碗该均值分别为1.08、1.03和1.1，即高度明显大于口径的一半，故视为深腹。

碗饼足的宽窄可从底径与口径的平均比值上得到验证，该数值越大足越宽，数值越小则足越窄。从Ⅱ式到Ⅴ式该均值依次为0.59、0.52、0.41和0.39，故在上述各式碗中足规律性地变窄。根据数值差异的大小，将饼足宽窄的质变确定在Ⅲ式和Ⅳ式之间较为恰当。就具体个体而言，Ⅲ式碗底径与口径的比值一般大于或等于0.47，典型者更大于0.5；Ⅳ式碗则一般小于0.47，典型者均在0.4左右，故饼足宽窄变化的临界值宜定为0.47。

钵形碗

圆唇（尖圆唇）或方唇（斜方唇），敞口、敛口或直口，腹浅似钵，据施釉方式的变化分2式。

Ⅰ式　器物内外皆施满釉。多敞口、弧腹，平底或平底略圜，外底常饰凹旋纹。

Ⅱ式　器内施满釉或半釉，器外施半釉，釉不及下腹和外底。多敛口，平底或平底内凹，有的内壁饰弦纹或釉下印花。

大敞口碗

敞口，斜弧腹或斜直腹，器内施满釉或半釉，外施釉至口沿或上腹部，下腹及外底素胎，

1）大碗口径多大于12、高5厘米以上，小碗口径多小于10、高约4厘米。参看邓宏文《广东六朝墓葬出土瓷器研究》，《华夏考古》2000年第3期。

2）浅腹，指器高明显小于口径的一半。参看邓宏文《广东六朝墓葬出土瓷器研究》，《华夏考古》2000年第3期。

3）深腹，指器高大于或略等于口径的一半。参看邓宏文《广东六朝墓葬出土瓷器研究》，《华夏考古》2000年第3期。

有的内壁见托珠支烧痕。据底部形态的演进分 3 式。

　Ⅰ式　外腹底旋削一周成饼足状。典型者足与腹底相平或仅略高，若正置器物，饼足不易发现。

　Ⅱ式　饼足，足较Ⅰ式高。

　Ⅲ式　玉璧底。

碟

据底部特征的不同分 2 型。

A 型　饼足，有的饼足内凹，有的呈假圈足状。

B 型　平底或平底内凹。

其他需说明的器类

带耳梭腹罐　肩附四耳或六耳，耳的特征与四（六）耳罐相同，腹部为梭形，个别腹部有瓦棱状轮制旋痕。

特殊碗　碗形特殊、单一，如莲瓣碗等。

盘　本报告专指与大敞口碗相似而腹较浅，底为小平底或平底略圜者，其施釉特征与大敞口碗相同，与大敞口碗共存。

钵　本报告专指器形似碗而呈敛口者，有的带盖。

托盘　有的报告中又称"碟"，器形与揭阳南朝墓出土灯盏的盘形底座相同[1]，故名。

以上叙述，参看置于结语部分的器物型式图（图九七）。

第五节　墓葬分期

墓葬纪年、随葬器物组合及典型器物型式特征是墓葬分期的主要依据。分期反映的墓葬形制特征，则为既无纪年又无随葬品的墓葬时代判别提供了比照对象。

泽桥山墓地 85 座砖室墓中有泰和三年墓ⅡM2、泰元十八年墓ⅠM16、元嘉九年墓ⅠM51、元嘉十年墓ⅠM38（该墓未见随葬品）、元嘉十年墓ⅠM56、元嘉年墓ⅢM11、大明三年墓ⅠM39 和唐开元墓ⅡM21 等 8 座时代明确，65 座无纪年但有随葬品出土。根据随葬品流行的早晚两套组合和墓葬纪年，上述 73 座墓可划分为两个时期；根据典型器物的型式特征，每个时期各分四期。其余 12 座墓葬无纪年和随葬品，根据墓葬形制划分时期，单列描述。

第一时期

随葬品流行四（六）耳罐、碗的组合，碟、托盘、砚台、陶釜、滑石猪、铁剪刀等也是该时期或该时期中某一时段比较典型的器物。第一时期的四期分别是：

第一期，A 型四耳罐流行Ⅰ式、Ⅱ式并以Ⅰ式为多；Ba 型四耳罐以Ⅰ式为主，偶见Ⅱ式。碗多Ⅱ式，Ⅰ式也有不少。另可见 Bb 型、C 型四耳罐，托盘、滑石猪等。本期有"凸"字形单室墓ⅠM5、ⅠM12 和ⅡM2，长方形单室墓ⅠM14、ⅠM50、ⅠM52、ⅡM3 和ⅡM19，长

1）广东省博物馆：《广东曲江南华寺古墓发掘简报》，《考古》1983 年第 7 期；广东省博物馆等：《广东揭阳东晋、南朝、唐墓发掘简报》，《考古》1984 年第 10 期。

方形双室合葬墓Ⅰ M16、Ⅱ M1 和Ⅱ M15 等 11 座墓葬。

第二期，A 型四耳罐Ⅰ式、Ⅱ式数量相等。碗以Ⅱ式为主，Ⅰ式少见，开始出现Ⅲ式。另有 Ba 型Ⅰ式和 Bb 型四耳罐等。本期有"凸"字形单室墓Ⅱ M14，长方形单室墓Ⅰ M53 和Ⅱ M22 等 3 座墓葬。

第三期，A 型四耳罐流行Ⅲ式，Ⅰ式罕见，Ⅱ式尚存零星，出现极少量Ⅳ式；Ba 型四耳罐皆Ⅱ式。碗以Ⅲ式为主，Ⅱ式少见，有零星Ⅳ式出现，不见Ⅰ式。碟仅见 A 型，另有托盘、滑石猪等。本期有"凸"字形单室墓Ⅰ M30，长方形单室墓Ⅰ M13、Ⅰ M20、Ⅰ M27、Ⅰ M28、Ⅰ M39、Ⅰ M51、Ⅰ M56、Ⅰ M57、Ⅱ M18、Ⅲ M2、Ⅲ M8、Ⅲ M11、Ⅲ M12 和Ⅲ M13，长方形双室合葬墓Ⅰ M1、Ⅰ M2、Ⅰ M7、Ⅰ M9、Ⅰ M22、Ⅰ M23 和Ⅰ M38 等 22 座墓葬。

第四期，A 型四（六）耳罐皆Ⅳ式。碗以Ⅳ式为主，Ⅲ式少见，有Ⅴ式出现。钵形碗均为Ⅰ式。另见 A、B 型碟和滑石猪等。本期有长方形单室墓Ⅰ M21、Ⅰ M29、Ⅰ M41、Ⅰ M55、Ⅰ M58、Ⅱ M6、Ⅲ M1 和Ⅲ M3，长方形双室合葬墓Ⅰ M3、Ⅰ M4、Ⅰ M11 和Ⅰ M47 等 12 座墓葬。

属于第一时期无纪年和随葬品保存的有长方形单室墓Ⅰ M15、Ⅰ M32、Ⅰ M54 和Ⅲ M6，长方形双室合葬墓Ⅰ M17、Ⅰ M40 和Ⅱ M4 等 7 座墓葬（时代判断见结语）。

第二时期

随葬品流行宽耳罐、钵形碗或宽耳罐、大敞口碗与盘的组合，带耳梭腹罐流行于该时期部分时段。第二时期的第一期与第一时期的第四期有明显的关联和衔接因素，第二时期期别与第一时期顺序相接。第二时期的四期分别是：

第五期，A 型四（六）耳罐仅见Ⅴ式。碗皆Ⅵ式、Ⅶ式。钵形碗皆Ⅱ式，大敞口碗皆Ⅰ式，另有滑石猪等。本期有长方形单室墓Ⅱ M7、Ⅱ M12 和Ⅲ M17，长方形双室合葬墓Ⅰ M42，长方形三室合葬墓Ⅱ M11 等 5 座墓葬。

第六期，宽耳罐皆Ⅰ式，钵形碗皆Ⅱ式，另有带耳梭腹罐等。本期有长方形双室合葬墓Ⅰ M6、Ⅰ M8 和Ⅰ M10，长方形三室合葬墓Ⅰ M18 等 4 座墓葬。

第七期，宽耳罐以Ⅱ式为主，Ⅰ式罕见。大敞口碗均为Ⅰ式，另有盘等。本期有长方形单室墓Ⅰ M19、Ⅰ M34、Ⅰ M37、Ⅰ M43、Ⅰ M46、Ⅰ M48、Ⅱ M9、Ⅱ M13、Ⅱ M21、Ⅱ M24 和Ⅲ M14，长方形双室合葬墓Ⅰ M45 和Ⅱ M10 等 13 座墓葬。

第八期，大敞口碗流行Ⅱ式，不见Ⅰ式，有少量Ⅲ式。另见带耳梭腹罐、盘等。本期有长方形单室墓Ⅱ M16、Ⅱ M17 和Ⅱ M23 等 3 座墓葬。

属于第二时期无纪年和随葬品保存的有长方形单室墓Ⅰ M44、Ⅲ M15 和Ⅲ M16，长方形双室合葬墓Ⅱ M5，残存局部，结构不详的Ⅱ M20 等 5 座墓葬（时代判断见结语）。

本节论述参看器物型式图（图九七）和型式统计表（表五）。

表二 墓葬分区统计表

分区			I区		II区		III区		合计	
总数			58		24		17		99	
项目			墓数	比例	墓数	比例	墓数	比例	墓数	比例
墓向(°)	0~45		1	1.8					1	1
	45~90		4	7.1	2	8.3			6	6.1
	90~135		34	60.7	15	62.5			49	50.5
	135~180		12	21.4	4	16.7	3	17.6	19	19.6
	180~225		1	1.8	1	4.2	6	35.3	8	8.2
	225~270		4	7.1	1	4.2	5	29.4	10	10.3
	270~315						3	17.6	3	3.1
	315~360				1	4.2			1	1
	残		2						2	
墓室结构形状	砖室单室	凸字形	3	5.4	2	8.7			5	5.2
		长方形	30	53.6	15	65.2	13	76.5	58	60.4
	砖室合葬	双室	20	35.7	5	21.7	2	11.8	27	28.1
		三室	1	1.8	1	4.3	2	11.8	4	4.2
	土坑墓		2	3.6					2	2.1
	残		2		1				3	
砖室墓墓底	人字形		33	66	11	47.8	7	50	51	58.6
	两纵两横		15	30	11	47.8	5	35.7	31	35.6
	其他		2	4	1	4.3	2	14.3	5	5.7
	残		6		1		3		10	
砖室墓墓室长度(m)	单室	小于3	5	17.2	3	18.8			8	16
		3~4	16	55.2	7	43.8	3	60	26	52
		4~5	6	20.7	3	18.8	2	40	11	22
		5~6	1	3.4	3	18.8			4	8
		6~7	1	3.4					1	2
	合葬	小于3	1	4.8			1	33.3	2	6.7
		3~4	1	4.8	2	33.3	1	33.3	4	13.3
		4~5	11	52.4	3	50			14	46.7
		5~6	7	33.3	1	16.7	1	33.3	9	30
		6~7	1	4.8					1	3.3
	残		6		2		9		17	
砖室墓墓室长宽比	凸字形单室	小于3	1	50	1	50			2	50
		3~4	1	50	1	50			2	50
	长方形单室	小于3	7	26.9					7	15.6
		3~4	13	50	12	85.7	4	80	29	64.4
		大于4	6	23.1	2	14.3	1	20	9	20
	长方形合葬	小于3					1	33.3	1	3.3
		3~4	5	23.8	3	50	1	33.3	9	30
		大于4	16	76.2	3	50	1	33.3	20	66.7
	残		7		2		9		18	

续表二

分区		I区		II区		III区		合计	
总数		58		24		17		99	
项目		墓数	比例	墓数	比例	墓数	比例	墓数	比例
砖室墓附属设施	壁龛	7	13.5			3	21.4	10	11.2
	砖托	19	36.5	11	47.8	2	14.3	33	37.1
	承券重券	12	23.1	3	13			15	16.9
	排水设施	7	13.5	3	13	2	14.3	12	13.5
	砖柱	1	1.9					1	1.1
	护砖			2	8.7			2	2.2
	立砖	2	3.8	8	34.8	1	7.1	11	12.4
	台阶	7	13.5	2	8.7			9	10.1
	直棂窗	5	9.6	1	4.3			6	6.7
	天井	4	7.7	1	4.3			5	5.6
	垫砖	1	1.9	1	4.3			3	3.4
	残	4		1		3		8	
合葬墓墓室关系	相通	6	30	3	60			9	33.3
	不通	14	70	2	40	2	100	18	66.7
	残	1		1		2		4	
砖室墓长方形砖常见长度（cm）	25	3	5.8					3	3.4
	26	1	1.9	2	8.7	1	7.1	4	4.5
	27	2	3.8	4	17.4	1	7.1	7	7.9
	28	3	5.8	5	21.7	4	28.6	12	13.5
	29	5	9.6			1	7.1	6	6.7
	30	21	40.1	8	34.8	5	35.8	34	38.2
	31	12	23.1	5	21.8			17	19.1
	32	11	21.2	1	4.3	2	14.3	14	15.7
	33	3	5.8					3	3.4
	34	3	5.8					3	3.4
	残	4		1		3		8	

说明:
1)项目统计中有"残"项者,计算比例时皆除外。
2)因 90~135°为主要墓向分布区间,凡墓向等于 90°或 135°者,皆计入此区间;其他与分界刻度相等者,统一计入较低的区间。
3)砖室墓墓室长度、砖室墓墓室长宽比皆分类统计和计算。墓室长度皆不包括墓道、墓圹,双室墓长度不一者,计长者。
4)墓砖尺寸精确到厘米,凡常见尺寸有多种者,皆做统计。

表三　　　　　　　　　　　　　　　　四(六)耳罐尺寸统计表

型式	器物号	口径	腹径	底径	高	腹高比值	比值区间	平均比值	备注
AI	IM12：012	10.8	18.8	16.4	18	1.04	0.87~1.11	1	
	IM14：1	13	20.6	18.2	23.8	0.87			
	IM50：03	12.8	19	16.4	18	1.06			
	IM52：1	13.1	19.4	15	21.8~21	0.91			
	IM52：3	11	16.8	12.6	16.6~16	1.03			
	IIM3：7	12.4	19	16.6	19.2	0.99			
	IIM19：2	12.9	20	17.6	19	1.05			
	IIM19：1	12	19.4	17	18.8	1.03			
	IM16：04	11	15.8	12.2	15.4	1.03			
	IM16：02	12.6	20	17.6	20.4	0.98			
	IM16：01	12.2	20.4	18.2	20.7	0.99			
	IIM1：1	13.8	22.4	18.6	23.2	0.97			
	IIM1：2	13.2	22.4	19	22.6	0.99			
	IIM1：3	13.6	22.2	19	22.8	0.97			
	IIM1：015	12.4	20	17.6	19.8	1.01			
	IIM1：016	12.8	20	18	20	1			
	IIM1：023	13.3	22.8	19.2	22	1.04			
	IIM15：1	13.4	22.4	18.4	25.4	0.88			
	IIM15：15	13	21.4	19.2	22.2	0.96			
	IIM14：1	12.4	20	16.4	18	1.11			
	IM51：1	12.6	19	18	18.2	1.04			
AII	IM52：2	12	17.2	12	15.7	1.1	0.93~1.1	1.04	
	IM16：03	10.2	15.6	12.2	14.6	1.07			
	IIM1：010	10.6	15.8	11.2	15.4~14.6	1.05			
	IIM1：012	11.4	17.2	11.6	16	1.08			
	IIM15：2	9.6	15.6	10	15.6	1			
	IIM15：16	9.4	15	10.6	14.8	1.01			
	IIM22：1	12.2	20	17.6	18.4	1.09			
	IM20：2	12.4	18.8	16	20.2	0.93			
	IM56：6	12	18.8	16	18.8	1			
	IM57：1	12.5	19.7	16.5	18.6	1.06			
AIII	IM30：6	13	19.2	17.2	19.6	0.98	0.94~1.09	1.03	
	IM30：011	12.8	19.6	16.8	19.6	1			
	IM30：012	12.8	19.6	16.6	19.2	1.02			
	IM30：7	10.4	14.8	11.2	14.8	1			
	IM39：9	12.8	18.5	15.9	19.6	0.94			
	IM51：2	13.2	20.2	16.8	18.6	1.09			
	IM56：7	13	19.2	16.8	18.4	1.04			
	IM57：2	12.6	19.6	16.8	19.5	1.01			
	IIM18：6	11.6	17.6	16.4	16.4	1.07			
	IIM18：5	11.6	17.6	16	16.5	1.07			
	IIIM2：1	12	19	15.6	17.8	1.07			
	IIIM2：2	11.6	19.2	16	19.6	0.98			
	IIIM8：1	12.4	18.8	16.4	17.8	1.06			
	IIIM13：5	12.3	20.8	17.8	20.2	1.03			

续表三

型式	器物号	口径	腹径	底径	高	腹高比值	比值区间	平均比值	备注
AIII	IIIM13：4	12.2	20.8	16.8	19.7	1.06	0.94~1.09	1.03	
	IM7：014	12	18.4	16.4	18.1	1.02			
	IM7：015	11.6	19.6	17.2	18.2	1.08			
	IM22：2	13	19.4	16.8	18.6	1.04			
	IM22：5	12.8	18.6	15.6	18	1.03			
	IM22：013	11.8	18.8	16.8	18.3	1.03			
AIV	IM39：10	11	18.6	14	18.4	1.01	0.86~1.06	0.95	
	IM22：014	12.4	20.2	16.8	19	1.06			
	IM41：014	11	17.5	14.4	17.2	1.02			
	IM41：012	11.7	16.8	14	16.4	1.02			
	IM41：013	10.4	16	11.5	18.2	0.88			六耳
	IM55：2	11.4	16.3	12.6	17.3	0.94			
	IM58：3	11.4	16.4	13	18.4	0.89			
	IM58：1	11.2	16.2	13.6	18.8	0.86			
	IM58：2	10.4	14.6	11.8	16	0.91			
	IM3：4	12	15.2	12	16.4	0.93			
	IM3：1	8.8	14.8	10.8	16.2	0.91			六耳
	IM3：2	8.7	15.1	10.9	16	0.94			六耳
	IM47：01	10.9	16	11.3	17.4	0.92			
AV	IIIM17：4	11.7	25.2	17.7	24.3	1.04	1.04	1.04	六耳
BaI	IM12：04	8.6	12.6	8.6	10.4	1.21	1.07~1.24	1.16	
	IM12：09	8.6	13.2	8.2	11	1.2			
	IM12：08	9.2	15.6	10	14.6	1.07			
	IM12：010	7.6	12.4	7.6	10	1.24			
	IIM1：7	8.5	12	8.4	11.2	1.07			
	IIM14：2	10.2	15.8	11	13.7	1.15			
BaII	IIM3：17	8.1	12.8	8.2	10.1	1.27	1~1.27	1.13	
	IIM3：8	9.2	13.6	8.2	12.3	1.11			
	IM56：10	10	13	7.8	10.8	1.2			
	IIIM2：3	9.4	12.8	7.6	10.6	1.21			
	IIIM8：3	7.2	11.2	7.2	11.1	1.01			
	IIIM8：4	7.2	11	7	11	1			
	IM9：09	8.6	14	9.4	11.5	1.22			
	IM22：3	10.6	13.4	8.6	12	1.12			
	IM22：6	8.6	12.4	7.2	11.6	1.07			
Bb	IM14：9	11.2	18.3	10.7	15.6	1.17	1.05~1.29	1.15	
	IIM14：12	8.9	12.6	7.4	11	1.15			
	IIM22：2	10.4	16	10.8	14.4	1.11			
	IM20：3	10.4	17.2	11.6	16.4	1.05			
	IIIM8：2	5.6	9.4	5.8	7.3	1.29			
C	IIM3：2	5.5	11.9	6.9	6.4	1.86	1.86	1.86	

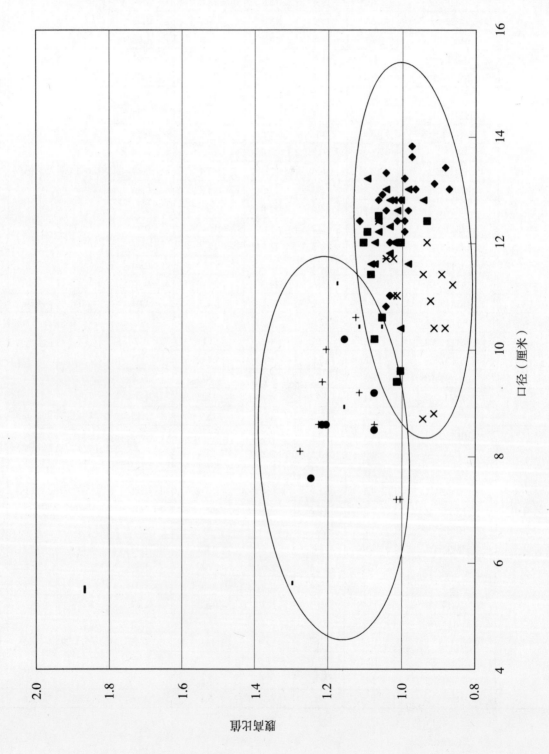

表三关联图——四耳罐口径、腹高比值分布图

表四 碗尺寸统计表

型式	器物号	口径	底径	高	底径/口径 数值	底径/口径 区间	底径/口径 均值	高/口半径 数值	高/口半径 区间	高/口半径 均值
I	IM12：07	16	8.8	5.4	0.55	0.51~0.66	0.6	0.68	0.68~0.93	0.82
	IM12：05	15.8	8.4	5.6	0.53			0.71		
	IM12：3	8.6	5.4	3.6	0.63			0.84		
	IM12：2	8.2	5.4	3.6	0.66			0.88		
	IM12：1	7	3.6	2.6	0.51			0.74		
	IM16：06	8.6	5.4	3.4	0.63			0.79		
	IM16：05	8.6	5	4	0.58			0.93		
	IIM1：014	8.3	4.6	3.1~3.4	0.55			0.8		
	IIM1：020	7.5	4.8	3.1	0.64			0.83		
	IIM15：5	13.8~12.8	8.4	5.6	0.63			0.84		
	IIM15：19	12.8	7.6	5.5	0.59			0.86		
	IIM14：3	13.6	9	6.2	0.66			0.91		
	IIM14：18	6.6	4.2	3	0.64			0.9		
II	IM5：01	8.8	5.7	3.5	0.65	0.44~0.67	0.59	0.8	0.68~1.05	0.86
	IM12：06	20	12.6	8.4	0.63			0.84		
	IM14：3	14.7	9	6.2	0.61			0.84		
	IM14：010	10.4	6.3	4	0.61			0.77		
	IM14：5	9	5.3	3.6	0.59			0.8		
	IM14：011	8.8	5	3.7	0.57			0.84		
	IM14：4	8.6	5.2	3.7	0.6			0.86		
	IM14：6	8.4	4.7	3.8	0.56			0.9		
	IM14：7	8.3	4.9	3.4	0.59			0.82		
	IM14：8	8.2	4.8	3.6	0.59			0.88		
	IM14：2	8.1	5	4.2	0.62			1.04		
	IM50：02	10.5	5.4	4.9	0.51			0.93		
	IM50：01	8.4	4.4	3.6	0.52			0.86		
	IM52：5	14.4	8.6	6.6	0.6			0.92		
	IM52：6	14.3	8.3	6.7	0.58			0.94		
	IM52：10	8.6	4.7	3.6	0.55			0.84		
	IM52：9	8.2	5	3.6	0.61			0.88		
	IM52：11	8	4.7	3.4	0.59			0.85		
	IM52：7	8	4.6	3.4	0.58			0.85		
	IM52：12	8	4.5	3.8	0.56			0.95		
	IM52：8	7.8	4.4	3.4	0.56			0.87		
	IIM3：4	16	10.2	7.4	0.64			0.93		
	IIM3：9	14.2	8.7	6.2	0.61			0.87		
	IIM3：10	13.5	7.6	6.4	0.56			0.95		
	IIM3：14	8.6	5.2	4.2	0.6			0.98		
	IIM3：16	8.6	5	3.8	0.58			0.88		
	IIM3：13	8.6	4.6	4	0.53			0.93		

续表四

型式	器物号	口径	底径	高	底径/口径			高/口半径		
					数值	区间	均值	数值	区间	均值
II	IIM3：15	8.5	5.2	3.6	0.61			0.85		
	IIM3：19	8.5	5	3.8	0.59			0.89		
	IIM3：12	8	5.2	3.9	0.65			0.98		
	IIM3：11	8	5	3.4	0.63			0.85		
	IIM19：3	14	8.8	6.7	0.63			0.96		
	IIM19：4	13.8	8.2	6.8	0.59			0.99		
	IIM19：5	13.4	7.8	6.1	0.58			0.91		
	IIM19：7	8.2	4.5	4~3.7	0.55			0.94		
	IIM19：6	7.8	4.5	3.5	0.58			0.9		
	IIM19：8	7.4	4.4	3.9	0.59			1.05		
	IM16：08	10.8	6.5	4.8	0.6			0.89		
	IM16：07	10.8	6.6	4.4	0.61			0.81		
	IIM1：018	14.3	8.6	5.3	0.6			0.74		
	IIM1：4	14.2	9	5.4	0.63			0.76		
	IIM1：017	14	8.4	5	0.6			0.71		
	IIM1：6	9	5	3.5	0.56			0.78		
	IIM1：011	8.7	5	3.4	0.57	0.44~0.67	0.59	0.78	0.68~1.05	0.86
	IIM1：019	8.6	5.1	3.1	0.59			0.72		
	IIM1：08	8.6	4.7	3.2	0.55			0.74		
	IIM1：09	8.4	4.8	3.2	0.57			0.76		
	IIM1：5	8	4.8	3.2	0.6			0.8		
	IIM15：20	16.8	10.4	6.4	0.62			0.76		
	IIM15：18	14.8	8.7	5.5	0.59			0.74		
	IIM15：4	14.4	9.3	5.4	0.65			0.75		
	IIM15：3	14	9.2	5.8	0.66			0.83		
	IIM15：12	8.9	5.7	3.4	0.64			0.76		
	IIM15：10	8.8	5.8	3.6	0.66			0.82		
	IIM15：9	8.8	5.2	3.2	0.59			0.73		
	IIM15：22	8.8	5.2	3	0.59			0.68		
	IIM15：23	8.6	5.3	3.4	0.62			0.79		
	IIM15：6	8.6	5.6	3.2	0.65			0.74		
	IIM15：21	8.5	5.3	3.3	0.62			0.78		
	IIM15：8	8.4	5.6	3.3	0.67			0.79		
	IIM15：7	8.4	4.8	3.2	0.57			0.76		
	IIM15：11	8.2	5.1	3.1	0.62			0.76		
	IIM14：7	15.8	9.6	7.3	0.61			0.92		
	IIM14：13	13.6	8.2	6.4	0.61			0.94		
	IIM14：19	13.4	8	5.6	0.6			0.84		
	IIM14：5	13.2	8.4	6.5	0.64			0.98		
	IIM14：15	10	5.8	4.2	0.58			0.84		

续表四

型式	器物号	口径	底径	高	底径/口径			高/口半径		
					数值	区间	均值	数值	区间	均值
II	IIM14：11	8.3	4.7	4	0.57			0.96		
	IIM14：8	8.2	4.7	3.4	0.57			0.83		
	IM53：2	13.4	8.2	6.6	0.61			0.99		
	IM53：3	10.4	5.8	4.7	0.56			0.9		
	IIM22：3	13.6	8.2	6.4	0.6			0.94		
	IIM22：5	13.5	8.3	6.4	0.61			0.95		
	IIM22：4	13.3	8.4	6.1	0.63			0.92		
	IIM22：6	8.2	4.7	3.9	0.57			0.95		
	IIM22：7	8.1	5	3.6	0.62	0.44~0.67	0.59	0.89	0.68~1.05	0.86
	IIM22：11	8	5	3.8	0.63			0.95		
	IIM22：8	7.7	4.5	3.7	0.58			0.96		
	IM20：7	8.4	4.1	4	0.49			0.95		
	IM28：03	8.6	3.8	4.2	0.44			0.98		
	IM51：10	9.2	5.6	3.6	0.61			0.78		
	IM51：11	8.2	4.6	3.6	0.56			0.88		
	IM56：9	14	8.5	6.6	0.61			0.94		
	IM56：13	8.4	4.4	4	0.52			0.95		
	IM9：06	9.6	6.2	4.4	0.65			0.92		
III	IIM14：4	13.3	7.5	7	0.56			1.05		
	IIM14：9	8.2	4.5	4.4	0.55			1.07		
	IIM14：14	8	5	4.2	0.63			1.05		
	IIM14：10	7.8	4.4	4.1	0.56			1.05		
	IM53：5	10	6	5.3	0.6			1.06		
	IM53：4	8.2	4.6	4.6	0.56			1.12		
	IIM22：10	7.8	4.5	4	0.58			1.03		
	IIM22：9	7.6	4.5	3.9~3.6	0.59			1		
	IM30：08	14.4	7.2	7.8	0.5			1.08		
	IM30：09	13.6	7	7.5	0.51			1.1		
	IM30：5	8.4	4.2	4.5	0.5	0.42~0.63	0.52	1.07	0.93~1.32	1.08
	IM30：4	8.3	4.2	4.4	0.51			1.06		
	IM13：1	13.2	7.5	7	0.57			1.06		
	IM20：4	12.9	7.4	7.6~6.8	0.57			1.12		
	IM20：1	12.8	7.7	7.4	0.6			1.16		
	IM20：5	12.7	6	6.8	0.47			1.07		
	IM20：8	12.6	6	6.4	0.48			1.02		
	IM20：6	8	4	4.6	0.5			1.15		
	IM27：1	12.5	6.8	6.9	0.54			1.1		
	IM27：02	7.6	3.7	4	0.49			1.05		
	IM28：1	10.4	5.4	5.6	0.52			1.08		
	IM28：02	10.2	5	5.6	0.49			1.1		

续表四

型式	器物号	口径	底径	高	底径/口径			高/口半径		
					数值	区间	均值	数值	区间	均值
III	IM39：1	15.2	7.1	8	0.47			1.05		
	IM39：2	13.2	5.8	6.5	0.44			0.98		
	IM39：4	12.4	5.3	6.5	0.43			1.05		
	IM51：5	13.4	8	7.2	0.6			1.07		
	IM51：9	13.2	7.8	6.7	0.59			1.02		
	IM51：8	8.4	4.6	4.8	0.55			1.14		
	IM51：7	8.4	4.4	4.9	0.52			1.17		
	IM51：4	8.2	4.6	4.8	0.56			1.17		
	IM51：6	8.2	4.6	4.6	0.56			1.12		
	IM56：4	14	7.6	7.4	0.54			1.06		
	IM56：3	13.6	7.1	7.8	0.52			1.15		
	IM56：12	13	7.4	7.4	0.57			1.14		
	IM56：5	8.6	4.6	5.2	0.53			1.21		
	IM56：11	8.6	4.6	5	0.53			1.16		
	IM56：8	8.2	4.2	5.4	0.51			1.32		
	IM57：10	13.2	6.6	7.2	0.5			1.09		
	IM57：9	12.8	6.8	7	0.53			1.09		
	IM57：8	12.5	6.2	6.6	0.5			1.06		
	IM57：13	10.6	5.4	5.4	0.51	0.42~0.63	0.52	1.02	0.93~1.32	1.08
	IM57：14	8.4	4	4.4	0.48			1.05		
	IM57：6	8	4	4.4	0.5			1.1		
	IM57：7	8	4	4	0.5			1		
	IM57：4	7.9	3.7	4.2	0.47			1.06		
	IM57：5	7.8	4.3	3.8	0.55			0.97		
	IM57：3	7.6	3.7	4	0.49			1.05		
	IIM18：9	15	8.3	8	0.55			1.07		
	IIM18：7	12.8	6.9	8.1	0.54			1.27		
	IIM18：3	7.8	4.8	4.2	0.62			1.08		
	IIIM2：6	15.5	7.7	8.4	0.5			1.08		
	IIIM2：4	13.2	6.3	7.6	0.48			1.15		
	IIIM2：5	13	7.7	7.4	0.59			1.14		
	IIIM2：10	8.3	3.8	4.6	0.46			1.11		
	IIIM2：7	8	4	4.8	0.5			1.2		
	IIIM2：8	8	4.4	4.6	0.6			1.15		
	IIIM8：6	15.6	7.5	8.2	0.48			1.05		
	IIIM8：5	13.6	6.8	6.9	0.5			1.01		
	IIIM8：7	13	6.4	7	0.49			1.08		
	IIIM11：1	8.2	4.4	4.4	0.54			1.07		
	IIIM12：2	8.4	4.8	4.5	0.57			1.07		
	IIIM12：1	7.5	4.6	4.4	0.61			1.17		

续表四

型式	器物号	口径	底径	高	底径/口径			高/口半径		
					数值	区间	均值	数值	区间	均值
III	IIIM13：3	16.1	9	9.4	0.56			1.17		
	IIIM13：2	10	5.2	5.5	0.52			1.1		
	IIIM13：1	8.4	4.3	4.9	0.51			1.17		
	IM1：4	13.2	6.6	7	0.5			1.06		
	IM1：5	12.9	6.8	6.8	0.53			1.05		
	IM1：1	12.4	5.6	6.4	0.45			1.03		
	IM1：8	9.6	4.4	5.2	0.46			1.08		
	IM1：2	8.2	4	4.4	0.49			1.07		
	IM1：6	8.2	3.7	4.4	0.45			1.07		
	IM1：7	8	3.6	4	0.45			1		
	IM2：02	8.8	4.1	4.4	0.47			1		
	IM7：012	16.8	7	8	0.42			0.95		
	IM7：4	13.7	6	6.4	0.44			0.93		
	IM7：013	13	6.6	7	0.51			1.08		
	IM7：6	13	6.2	7.6	0.48			1.17		
	IM7：9	9.8	4.8	5	0.49			1.02		
	IM7：7	8.4	4	4.4	0.48	0.42~0.63	0.52	1.05	0.93~1.32	1.08
	IM7：010	8.2	3.8	4.2	0.46			1.02		
	IM9：08	14.6	6.8	8.4	0.47			1.15		
	IM9：07	12.8	6.2	7	0.48			1.09		
	IM9：05	8.4	4.8	4.4	0.57			1.05		
	IM9：010	8.2	4	5	0.49			1.22		
	IM9：04	8	4	4.6	0.5			1.15		
	IM22：016	13.5	6.7	7.2	0.5			1.07		
	IM22：1	13	6.6	6.8	0.51			1.05		
	IM22：07	8.6	4	4.6	0.47			1.07		
	IM22：4	8.2	4.2	4.4	0.51			1.07		
	IM22：010	8.2	4	4.6	0.49			1.12		
	IM22：08	8.2	3.8	4.3	0.46			1.05		
	IM23：03	15.6	8	8	0.51			1.03		
	IM29：03	13.2	6.4	7.5	0.48			1.14		
	IM41：07	12.3	6.2	6.4	0.5			1.04		
	IM41：05	8.1	4.1	4.3	0.51			1.06		
IV	IM39：3	8.3	3.8	4.5	0.46			1.08		
	IM2：03	8.3	3.3	4.2	0.4			1.01		
	IM7：5	15.2	6.5	8.1	0.43			1.07		
	IM7：8	8.6	3.8	4.6	0.44	0.33~0.51	0.41	1.07	0.92~1.15	1.03
	IM7：3	8.5	4	4.5	0.47			1.06		
	IM21：01	10	4.2	4.6	0.42			0.92		
	IM29：01	15.6	5.2	8.2	0.33			1.05		

续表四

型式	器物号	口径	底径	高	底径/口径			高/口半径		
					数值	区间	均值	数值	区间	均值
IV	IM29：02	7.6	3	4	0.39			1.05		
	IM41：06	13.3	5.6	7.4	0.42			1.11		
	IM41：04	8	3.5	4	0.44			1		
	IM55：1	15.1	5.8	7.5	0.38			0.99		
	IM55：4	12	4.5	6	0.38			1		
	IM55：8	10	4	5	0.4			1		
	IM55：5	8.6	3.5	4.4	0.41			1.02		
	IM55：7	8.6	3.3	4.3	0.38			1		
	IM55：9	8	3.3	4	0.41			1		
	IM55：6	7.8	3.1	4.1	0.4			1.05		
	IM55：10	7.8	3.2	4	0.41			1.03		
	IM58：7	14.6	5.8	7.8	0.4			1.07		
	IM58：8	14.4	6.2	7.6	0.43			1.06		
	IM58：15	8.2	3.2	4.2	0.39	0.33~0.51	0.41	1.02	0.92~1.15	1.03
	IM58：10	7	2.8	3.4	0.4			0.97		
	IIM6：1	8.7	3.6	4.4	0.41			1.01		
	IIM6：2	7.5	2.9	3.9	0.39			1.04		
	IIIM3：1	12	4.8	6.2	0.4			1.03		
	IM4：6	15.5	6	7.4	0.39			0.95		
	IM4：1	13.2	5.2	6.4	0.39			0.97		
	IM4：5	12.8	5	6.6	0.39			1.03		
	IM4：3	8.8	3.4	4.4	0.39			1		
	IM4：2	8.8	3.3	4.6	0.38			1.05		
	IM4：4	8.6	3.4	4.4	0.4			1.02		
	IM11：1	6.6	2.8	3.5	0.42			1.06		
	IM11：2	5.9	3	3.4	0.51			1.15		
	IM47：03	13.8	6	7.2	0.43			1.04		
V	IIIM1：1	6.7	3	3.9	0.45			1.16		
	IM3：5	15	5	7.8	0.33	0.33~0.45	0.39	1.04	1.04~1.16	1.1
	IM3：7	14.2	5.4	7.8	0.38			1.1		
VI	IIM11：03	10.7	4.7	5.3	0.44			0.99		
	IIM11：02	8.8	3.5	5.7	0.4			1.3		
	IIM11：06	8.5	3.7	4.4	0.44			1.04		
	IIM11：013	8.3	3.3	5.8	0.4			1.4		
	IIM11：015	8	4	4.5	0.5	0.4~0.56	0.46	1.13	0.78~1.4	1.1
	IIM11：014	8	4	4.3	0.5			1.08		
	IIIM14：7	11	4.8	4.3	0.44			0.78		
	IIIM14：3	9	5	4.8	0.56			1.07		
VII	IIM12：1	8.9	3.8	4.9	0.43			1.1		
	IIIM17：8	10	4.6	4.7	0.46	0.43~0.51	0.47	0.94	0.88~1.1	0.97
	IIIM17：10	9.5	4.8	4.2	0.51			0.88		

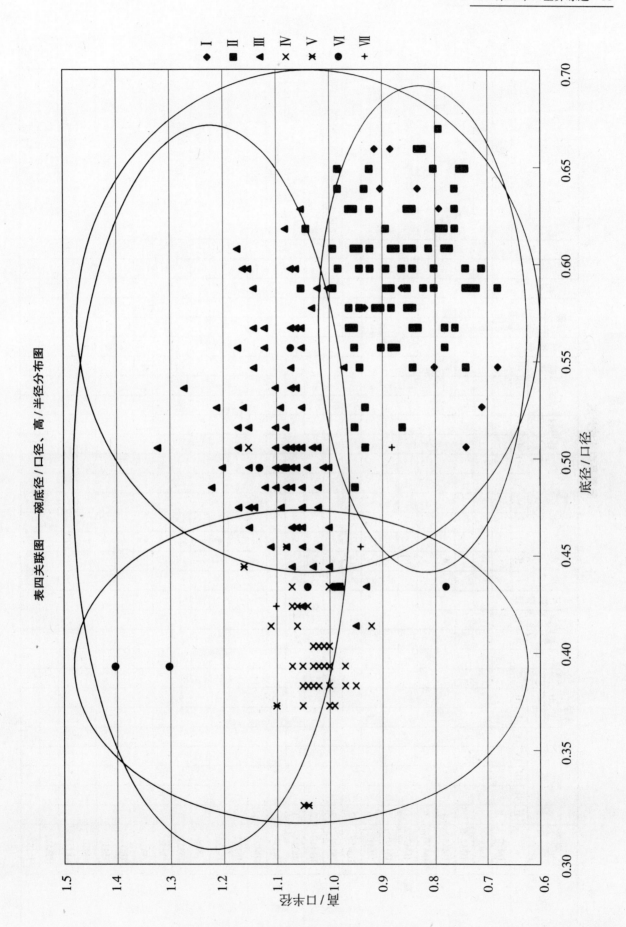

表四关联图——碗底径／口径、高／半径分布图

表五　随葬品型式统计表

期别	墓号	四(六)耳罐A-I	A-II	A-III	A-IV	A-V	四(六)耳罐B-a-I	B-a-II	B-b	C	宽耳罐I	宽耳罐II	带耳梭腹罐I	带耳梭腹罐II	碗I	碗II	碗III	碗IV	碗V	碗VI	碗VII	钵形碗I	钵形碗II	大敞口碗I	大敞口碗II	大敞口碗III	特殊碗	碟A	碟B	托盘	滑石盘	滑石猪	其他	小计
第一期	IM12	1													5	1																	残罐2	13
	IM5															1																		1
	IIM2																															1	陶釜1	2
	IM14	1							1							9																		11
	IM50	1														2																		3
	IIM3	1						2		1						10																	陶罐1,铜镜1,铜钱1,铜饰1,铁剪刀1	19
	IM16	3													2	2																	陶釜1	8
	IIM1	6													2	9																2	钵1	23
	IIM15	2	2												2	14																2		23
	IIM52	2	1													8														1			金银珠饰3,手镯2,钗1,指环1,石珠饰1	21
	IIM19	2														6																		8
第二期	IIM14	1													2	7	4																陶釜1,铁剪刀1,铁镜1	19
	IIM53															2	2																盖钵1	5
	IIM22		1						1							7	2																	11
	IM20		1						1							1	5																	8
	IM28															1	2																	3
	IM9						1									1	5															1	砚台1,釜1,陶釜1	11
	IM51	1			1											2	6																盆1,陶四耳罐1	12
	IM56			1	1				1							2	6															2		13
第三期	IM27																2																	2
	IIIM11																1																	1
	IM13	1																																1
	IM01																7										1	1	1					10
	IM23																1															2		3
	IIIM12																2																	2
	IM57	1	1														10															2	铁剪刀1,木狮子1	16

续表五

期别	墓号	四(六)耳罐 A-I	A-II	A-III	A-IV	A-V	耳罐 B-a-I	B-a-II	B-b	C	宽耳罐 I	宽耳罐 II	带耳梭腹罐	碗 I	碗 II	碗 III	碗 IV	碗 V	碗 VI	碗 VII	钵形碗 I	钵形碗 II	大敞口碗 I	大敞口碗 II	大敞口碗 III	特殊碗	碟 A	碟 B	托盘	滑石猪	其他	小计
第三期	IM30			4												4														2	砚台1,残碗1	12
	IIM8			1				2								3	3												4	1		12
	IIM18			2												3	3													2	铜镜1,铁器1	10
	IIM2			2					1							6															铁剪刀1	10
	IIIM13			2												3														2	盆1	8
	IM22			3												6	3														盆2,残碗1,残壶1	16
	IM07			2												7	3									1					陶四耳罐2	15
	IM2															1	1									1						3
	IM39			1	1											1	1										4			2		10
	IM29															3	1														残碗4,残瓷器1,残陶器1	11
	IM41				3											2	2										7	2				14
	IIIM3																										1					1
	IM4																6															6
	IM21																1															1
第四期	IM11																2										2					4
	IM47				1												1				1						1			1	陶罐1	6
	IM55				1												8				1									1		11
	IM58				3												4				1							3		2	银指环2	15
	IM6																2				2									2		6
	IIM1																				1									2		3
	IM3				3												2	2			2							2				11
第五期	IM42																					2								1	铜钱1	4
	IM7																					1								2		3
	IIM11				1															1			2					2		5	银指环4	15
	IIM12																			1												1
	IIIM17																			2			2								残壶1,铜豆1,铜镬斗1,铜钱1,铁剪刀1	10

续表五

期别	墓号	四（六）耳罐 A I	A II	A III	A IV	A V	B a I	B a II	B b	C	宽耳罐 I	宽耳罐 II	带耳梭腹罐	碗 I	碗 II	碗 III	碗 IV	碗 V	碗 VI	碗 VII	钵形碗 I	钵形碗 II	大敞口碗 I	大敞口碗 II	大敞口碗 III	特殊碗	碟 A	碟 B	托盘	盘	清石猪	其他	小计
第六期	IM8										1											7										残镟1	9
	IM10										2											9										残瓷器8	19
	IM6										1		1													1						盆1	4
	IM18												2									1										盆1,残碗1,残罐2,铜钱1,残罐1（混）	10
	IIM24										1	1											2										4
	IM19																													1		银手镯2	3
	IM34											1																					1
	IM37																						1							1			2
	IM43																						1										1
	IM46																						1							1			2
第七期	IM48											1											2										4
	IM9											2											3										5
	IM13											2											2							2			6
	IIM21											2											4									铜钱1（"开元通宝"6枚）	7
	IIM14											1							2				3									铜镜1,残铜器1	8
	IM45											4											6							2			12
	IIM10											3											5							1			9
第八期	IM16												2											3									5
	IM17																								1							罐2,罐盖2,灯盏1,铜钱1	7
	IIM23																							3						2			5
合计		21	10	20	13	1	6	9	5	1	5	17	5	13	85	95	34	3	8	3	6	20	33	7	1	4	15	8	5	10	37	90	590

说明：

1）未注明质地者皆瓷器。

2）墓葬登记表随葬品编号加"采"者，属位置被扰动的随葬器物，本表不再做区分；无法判定是否属随葬器物者，仍标为"（混）"单列于其他栏。

第三章　墓葬分述

墓葬分述凡例

本章墓葬按前述分期分类介绍，按墓号排序。

墓葬叙述次序首先为墓葬概况，包括墓葬的平面位置、大小（总尺寸）和方向。其次为墓葬结构，包括墓葬的平面组成及分尺寸，砖构部分的铺砌方法（从前到后——封门、侧壁和后壁，由下至上——墓底、券顶逐项介绍），附属设施，墓砖规格和纹饰等。最后为随葬品。为免重复，铺砌方法较特殊的墓葬结构合并介绍。

第二章第二节"墓葬形制和结构"中已解释的名称及铺砌方法，一般不再说明。

凡单层墓底、单隅墓壁和单券者，皆直述铺砌方法。泽桥山墓地砖室墓墓室基本都是单隅，侧壁厚度与长方形砖宽度相等。为便于比较，本报告将封门厚度与长方形砖宽度（即侧壁厚度）相等者记为"单门"，两倍于之记为"双门"，三倍于之记为"三门"，以此类推（详见附表，本报告和附表中使用的其他简称，皆在首次出现时予以说明）。

墓砖置法据附着面积由大到小、高度由低及高分别有"平铺"、"侧铺"和"立铺"三种；据放置方向与墓室平行或垂直则有"横置"和"纵置"的区分，本报告将长方形砖平行于墓室的摆放述为横置，垂直于墓室述为纵置。

参照现代普通砖墙的组砌形式，墓室侧壁、后壁砌法一般皆为"全顺"，不再逐墓注明，封门则有"一顺一丁"、"梅花式"、"全顺"、"全丁"等多种砌法，比较复杂。因封门的砖缝形式多杂乱无章，本报告主要据前述墓砖置法描述其砌筑方式，并借用"一顺一丁"等现代砖墙的砌法名称[1]。

墓室券顶除起券高度各异外，均为一层或数层刀形砖与一层或数层长方形砖间隔横置平铺砌垒，各层砖缝间有的填充细泥、碎砖或石块，本报告将券顶上刀形砖的这种铺砌方法简称为"夹砌"。两侧墓壁起券高度若有不同，一般记录高度较小者。

单室墓的墓室、合葬墓的各分室及墓室内各组成部分如甬道、墓室或前室、后室等的长度除特别说明者外，皆指进深方向的长度，宽度则为面阔方向的宽度。墓葬尺寸一般包括墓砖，但不计墓

1）砌法名称皆依据《建筑施工手册》编写组《建筑施工手册·中册》10-2-2-1"普通砖墙的砌法"，中国建筑工业出版社，1981年。其中，"一顺一丁"指"一皮中全部顺砖与一皮中全部丁砖相互间隔砌成"，即顺砖和丁砖逐层相隔的"满丁满条"式；"梅花式"又称"十字式"或"沙包式"，指"每皮中丁砖与顺砖相隔，上皮丁砖坐中于下皮顺砖"，即顺砖与丁砖同层相间，每层铺砖形式多为二顺一丁；"全顺"和"全丁"分别指全部用顺砖和全部用丁砖砌筑。值得注意的是，上述砖墙砌法指墙面的组砌形式，和古建筑营法中常见的砖缝形式不尽相同，参看刘大可编著《中国古建筑瓦石营法》第三章第一节五"砖的排列、组砌形式及墙面的艺术处理"，中国建筑工业出版社，1993年。

底、封门、后壁和附属设施较墓室宽出或高出部分的尺寸；凡不含墓砖的空间尺度，易混淆者以净长、净宽或净高表示；不易混淆者（如壁龛）则直接标出。尺寸无法复原者，以残长、残宽、残高表示；尺寸可复原者，一般直接以长、宽、高标出，需要表示残毁状况的重要位置则标注残存尺寸。墓底较墓室宽出部分的处置皆很随意，故其尺寸一般忽略不计。

合葬墓墓室皆以面对封门的方向区分为左、右两室或左、中、右三室。墓葬结构描述中使用"左"、"右"相对方位的，也以面对封门的方向来区分。使用"内"、"外"相对方位的，其参照物一般为墓室，即两相比较，距墓室较近者为"内"，较远者为"外"。

合葬墓墓室结构未分室描述时，该描述适用于每个墓室。

墓砖尺寸统一以"长×宽‐厚"的格式表示；刀形砖的两个厚度以"‐"间隔；常见规格不只一种者，尺寸以"/"间隔。

器类及器物型式的共性特征，除需特别说明者外，均省，详情参看第二章第四节的相关部分。

第一节 第一时期

包括第一至四期墓葬48座和没有纪年及随葬品的墓葬7座。

一 第一期墓葬

11座。分别为"凸"字形单室墓、长方形单室墓、长方形双室合葬墓。

（一）"凸"字形单室墓

3座。ⅠM5、ⅠM12和ⅡM2。由甬道、墓室组成或由墓道、墓圹、甬道、墓室组成。

1．ⅠM5

1）墓葬概况

位于ⅠT2916中部。长4.46、宽1.86、高1.72米。方向101°。由甬道、墓室组成。（图一二；彩版三，1）

甬道 套嵌于墓室前端的承券内。平面呈长方形，侧壁及顶部较墓室分别收窄或降低两个砖位，与墓室连接处成三重券。长0.78、宽1.25、高1.42米。

墓室 平面呈长方形，前端置承券。长3.68、宽1.86、高1.72米。

封门置于甬道内，以长方形砖横置平铺叠砌和纵置错缝平铺叠砌，砌法为"全丁"和"全顺"的结合，厚度相当于长方形砖宽度的三倍。由于封门内置，甬道净长仅0.28米。

侧壁、后壁皆长方形砖错缝平铺叠砌，后壁砌于侧壁内。墓底铺"人"字形砖，较墓室壁稍宽。侧壁净高0.70米处夹砌刀形砖构筑券顶。

墓室侧壁前部净高0.40米处各置一个矩形砖龛。龛宽0.20、高0.15、深0.08米。

墓砖有长方形和刀形两种，常饰叶脉纹。长方形砖常见规格31×16‐5厘米，刀形砖常见规格30×15‐5‐4厘米。

墓室前部接近墓底的填土中采集青瓷碗1件。

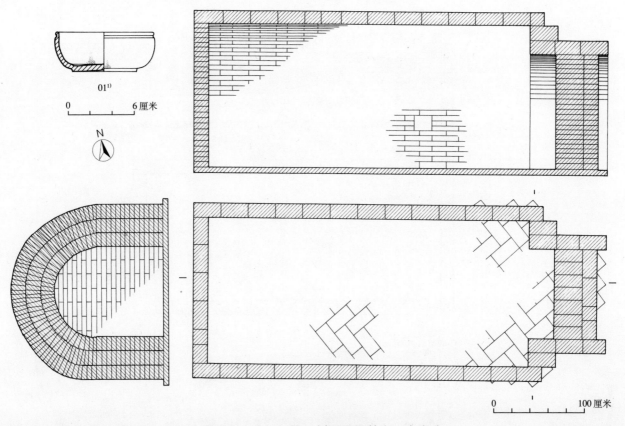

图一二 ⅠM5平、剖面图及其出土青瓷碗
01. Ⅱ式青瓷碗

2）出土器物

碗 1件。Ⅱ式。ⅠM5：01，深灰胎，青绿釉，底积釉。圆唇，弧腹，宽饼足微内凹。内底下压一圈，外沿饰深弦纹。口径8.8、底径5.7、高3.5厘米（图一二；彩版三，2）。

2. ⅠM12

1）墓葬概况

位于ⅠT3118中部。残长4.58、宽1.64、残高1.28米。方向110°。由甬道、墓室组成。（图一三；彩版三，3）

甬道 平面呈长方形，前端残毁。残长1.20、宽1.04、残高1.14米。

墓室 平面为长方形。长3.38、宽1.64、残高1.28米。

封门无存。

侧壁、后壁用长方形砖错缝平铺叠砌，后壁砌于侧壁外。墓底铺"人"字形砖，较墓壁稍宽。券顶全部垮塌。

墓砖有长方形和刀形两种，长方形砖侧印叶脉纹和"⊗"形纹等纹饰（图一一A，1、2、7）。长方形砖常见规格30×15-5厘米，刀形砖常见规格30×15-5-4厘米。

1）此号即为其出土编号，正常出土的可与墓葬平面图中号码对应。下同。

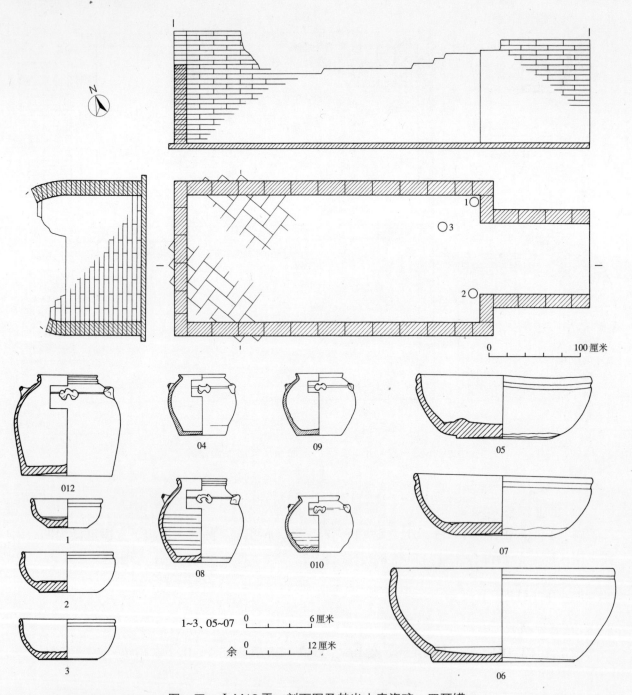

图一三　Ⅰ M12平、剖面图及其出土青瓷碗、四耳罐

1~3、05、07. Ⅰ式青瓷碗　04、08~010. Ba型Ⅰ式青瓷四耳罐　06. Ⅱ式青瓷碗　012. A型Ⅰ式青瓷四耳罐

　　墓室前部出土随葬品3件，墓内填土中采集随葬品10件（彩版三，4），皆青瓷器，有四耳罐、碗等。

　　2）出土器物

　　四耳罐　5件。有A型Ⅰ式和Ba型Ⅰ式。

　　A型Ⅰ式　1件。ⅠM12：012，灰胎，青釉，腹部有流釉痕。圆唇，侈口，卷沿，溜肩，平底内凹，内底心乳突。沿下、耳间饰弦纹。口径10.8、底径16.4、高18厘米（图一三；彩版四，1）。

Ba型Ⅰ式 4件。ⅠM12：04，灰胎，青绿釉。圆唇，折沿，平底微凹。耳间饰弦纹。下腹有手指抹痕，略不规整。口径8.6、底径8.6、高10.4厘米（图一三；彩版四，2）。ⅠM12：08，深灰胎，青绿釉，釉多脱落。圆唇，溜肩，平底内凹，内底心乳突。内壁有轮制旋痕。外沿、耳间饰弦纹。该件器物颈部略有收束，形态稍显特殊。口径9.2、底径10、高14.6厘米（图一三；彩版四，3）。ⅠM12：09，深灰胎，青绿釉，釉多脱落。尖圆唇，平底内凹，内底心乳突。内壁有轮制旋痕。耳间饰弦纹。口径8.6、底径8.2、高11厘米（图一三；彩版四，4）。ⅠM12：010，灰胎，釉基本剥落。圆唇，折沿，溜肩，平底微凹。内壁有轮制旋痕。耳间隐约可见弦纹。口径7.6、底径7.6、高10厘米（图一三；彩版四，5）。

另，ⅠM12：011、ⅠM12：013为残罐，仅残存罐底。

碗 6件。有Ⅰ式和Ⅱ式。

Ⅰ式 5件。有大小之分。

2件个体较大。ⅠM12：05，深灰胎，釉脱落。圆唇，烧制变形。口径15.8、底径8.4、高5.6厘米（图一三；彩版五，1）。ⅠM12：07，灰胎，青绿釉，釉多脱落。圆唇，底不规则。外沿饰深弦纹。口径16、底径8.8、高5.4厘米（图一三；彩版五，2）。

3件个体较小。ⅠM12：1，深灰胎，青绿釉。圆唇，底不甚规整。内底下压一圈，外沿饰深弦纹。口径7、底径3.6、高2.6厘米（图一三；彩版五，4）。ⅠM12：2，深灰胎，釉剥落。尖圆唇，弧腹，平底略凹。外沿饰深弦纹。口径8.2、底径5.4、高3.6厘米（图一三；彩版五，5）。ⅠM12：3，灰胎，釉脱落。尖圆唇，平底略凸，内底不规整。外沿饰深弦纹。口径8.6、底径5.4、高3.6厘米（图一三；彩版五，6）。

Ⅱ式 1件。ⅠM12：06，灰胎，青绿釉。尖圆唇，斜弧腹，饼足不规则。外沿饰深弦纹。口径20、底径12.6、高8.4厘米（图一三；彩版五，3）。

3．ⅡM2

1）墓葬概况

主要位于ⅡT1827中部偏东。残长7.56、宽2.20、残深2.17米。方向103°。由墓道、墓圹、甬道、墓室（分前、后两室）组成。（图一四）

墓道 竖穴土坑，平面呈长条形，靠近甬道处略宽，坑壁略直，斜坡底。残长2.66、宽0.98~1.28、残深1.55~2.01米。

墓圹 竖穴土坑，平面长方形，边不甚规整，壁直底平。长4.90、宽2.20、残深2.17米。

甬道 平面为长方形，高度较墓室低三个砖位，与墓室套接方式是先于墓室前端加砌两重承券，而后接甬道券顶，故在墓室前端实际上形成了四重券。长1.30、宽1.10、高1.45米。

墓室 平面呈长方形。长4.40、宽2.00、高1.90米。中部加砌一重承券将墓室分为前后两室，前室平面净长1.80、后室净长2.14米。墓室后端亦砌承券一重，使后室后部收窄至净宽1.40米。

封门置于甬道内，以长方形砖横置平铺叠砌两道和纵置错缝平铺叠砌一道构成，砌法为"全丁"和"全顺"的结合，厚度相当于长方形砖宽度的5倍。因封门内置，甬道净长仅0.55米。

侧壁、后壁用长方形砖错缝平铺叠砌，后壁砌于侧壁内。墓底铺"人"字形砖，较墓室宽。侧壁净高1米处夹砌刀形砖构筑券顶。

墓室前端两侧净高0.54米与后壁中部净高0.65米处共设三个砖托。前室前部中央有长方形砖砌排水暗沟一条，横贯甬道、墓道，暗沟剖面呈等腰三角形，边宽0.26、净高0.05、残长3.68米。甬道前有长方形砖铺设的"散水"，宽0.22米。

墓砖有长方形和刀形两种，见有"泰和三年"纪年砖（图一一A，8）。长方形砖常见规格30×15-5厘米，刀形砖常见规格30×15-5-3厘米。

随葬品残存陶釜和滑石猪各1件，分别位于甬道后部和后室。

2）出土器物

陶釜　1件。ⅡM2：2，泥质灰陶，含粗砂。圆唇，敞口，折沿，溜肩，垂腹，圜底。腹饰网格纹，底饰条纹。口径24.2、高15.8厘米（图一四；彩版六，1）。

滑石猪　1件。ⅡM2：1，灰白色。长3.6厘米（图一四；彩版六，2）。

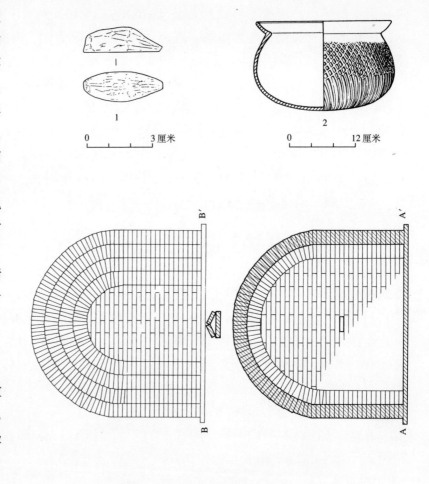

（二）长方形单室墓

5座。为ⅠM14、ⅠM50、ⅠM52、ⅡM3和ⅡM19。

1. ⅠM14

1）墓葬概况

位于ⅠT3221北侧中部。长3.92、宽0.90、高0.92米。方向153°。（图一五；彩版六，3）

封门用长方形砖横置平铺叠砌于墓室侧壁外，砌法为"全丁"。

墓室侧壁、后壁皆长方形砖错缝平铺叠砌。后壁砌于侧壁外，距墓底净高0.44米的后壁下半部较墓室宽0.14米。墓底铺"人"字形砖并延伸至封门外。侧壁净高0.40米处夹砌刀形砖构筑券顶。

后壁净高0.52米处设一个砖托，砖托伸出后壁0.06米。

墓砖有长方形和刀形两种，部分墓砖饰叶脉纹。长方形砖常见规格32/31×15/14-5/4厘米，刀形砖常见规格32/31×15/14-5/4-3厘米。

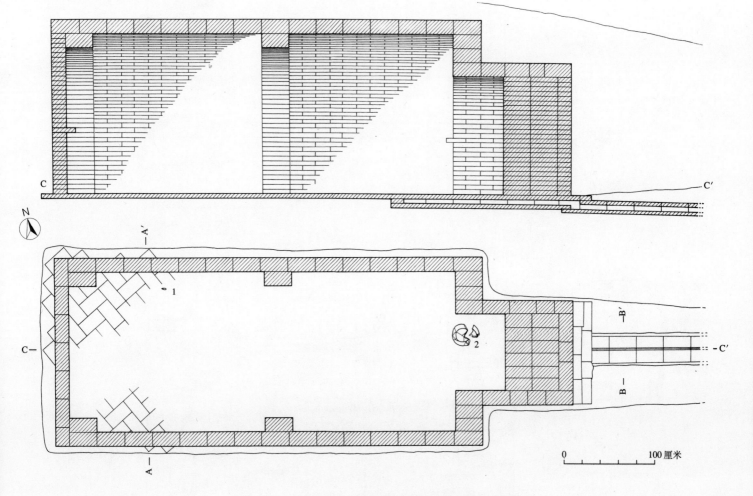

图一四　Ⅱ M2 平、剖面图及其出土滑石猪、陶釜
1. 滑石猪　2. 陶釜

墓室中部出土随葬品 9 件，室内填土采集随葬品 2 件，皆青瓷器，有四耳罐、碗。

2）出土器物

四耳罐　2 件。有 A 型 Ⅰ 式和 Bb 型。

A 型 Ⅰ 式　1 件。Ⅰ M14 : 1，深灰胎，青绿釉，釉基本剥落。圆唇，直口略敞，溜肩，平底，内底心略凸。内壁有轮制旋痕，口沿烧制变形。外沿、耳间饰弦纹。口径 13、底径 18.2、高 23.8 厘米（图一五；彩版七，1）。

Bb 型　1 件。Ⅰ M14 : 9，深灰胎，青绿釉，釉尽脱落。圆唇，平底微凹。外沿、耳间饰弦纹。口径 11.2、底径 10.7、高 15.6 厘米（图一五；彩版七，2）。

碗　9 件。皆 Ⅱ 式。有大小之分。

1 件个体较大。Ⅰ M14 : 3，深灰胎，青绿釉，外腹流釉。圆唇，假圈足。内底下压一圈，外沿饰深弦纹。口径 14.7、底径 9、高 6.2 厘米（图一五；彩版七，3）。

8 件个体较小。Ⅰ M14 : 2，灰胎，青绿釉。尖唇，直口略敛，弧腹，饼足微凹。内底不规

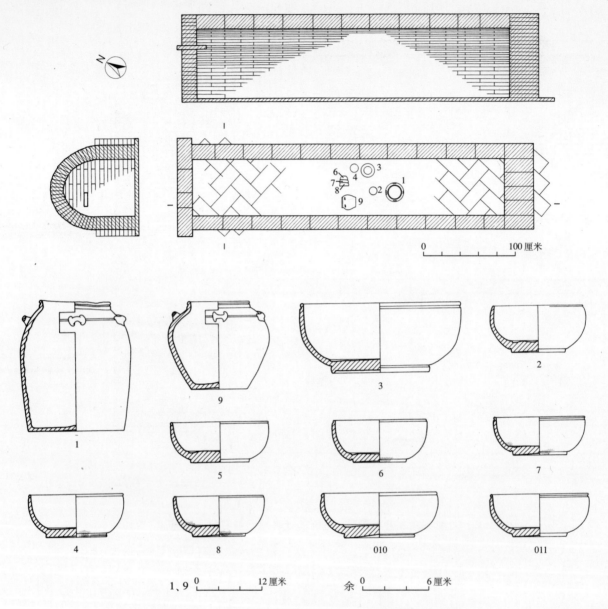

图一五　Ⅰ M14平、剖面图及其出土青瓷四耳罐、碗
1. A型Ⅰ式青瓷四耳罐　2~8、010、011. Ⅱ式青瓷碗（5在4下）　9. Bb型青瓷四耳罐

则，形态略显特别。口径8.1、底径5、高4.2厘米（图一五；彩版七，4）。Ⅰ M14：4，灰胎，釉多脱落。尖圆唇，直口，直腹，饼足微凹。内底下压一圈，外沿饰弦纹。口径8.6、底径5.2、高3.7厘米（图一五；彩版七，5）。Ⅰ M14：5，灰胎，青黄釉，釉多脱落。尖圆唇，宽饼足。内底下压一圈，外沿弦纹较浅。口径9、底径5.3、高3.6厘米（图一五；彩版七，6）。Ⅰ M14：6，深灰胎，青绿釉。圆唇，直口，直腹，饼足微凹。内底下压一圈，外沿饰弦纹。口径8.4、底径4.7、高3.8厘米（图一五；彩版八，1）。Ⅰ M14：7，灰胎，青绿釉，釉多脱落。尖圆唇，直口，直腹，饼足内凹。内底下压一圈，外沿饰弦纹。口径8.3、底径4.9、高3.4厘米（图一五；彩版八，2）。Ⅰ M14：8，灰胎，釉多剥落。圆唇，直口，直腹，饼足微凹。内底下压一圈，外沿饰细弦纹。口径8.2、底径4.8、高3.6厘米（图一五；彩版八，3）。Ⅰ M14：010，灰胎，釉

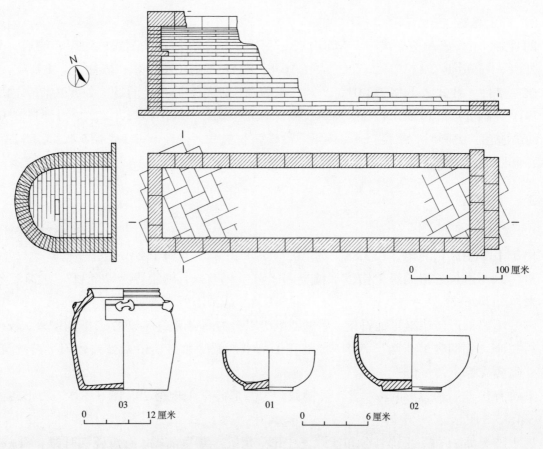

图一六　ⅠM50平、剖面图及其出土青瓷碗、四耳罐
01、02. Ⅱ式青瓷碗　03. A型Ⅰ式青瓷四耳罐

多剥落。尖唇，直口，弧腹，饼足内凹。内底下压一圈，外沿饰细弦纹。口径10.4、底径6.3、高4厘米（图一五；彩版八，4）。ⅠM14：011，灰胎，青绿釉。尖唇，直口，直腹略弧，饼足微凹。内底下压一圈，外沿饰深弦纹。口径8.8、底径5、高3.7厘米（图一五；彩版八，5）。

2．ⅠM50

1）墓葬概况

位于ⅠT1109东南角。长3.86、宽1.04、高1.10米。方向110°。（图一六）

封门由平面呈"凸"字形的两道长方形砖纵置错缝平铺叠砌于墓室侧壁外，砌法皆为"全顺"，上部残毁，内道较墓室宽0.08、外道较墓室窄0.07米，残高0.15米。

侧壁、后壁以长方形砖错缝平铺叠砌，后壁砌于侧壁内。墓底铺"人"字形砖，稍宽于墓室。侧壁净高0.58米处夹砌刀形砖码筑券顶，券顶大多塌毁。

后壁净高0.58米处设一个砖托。

墓砖有长方形和刀形两种，有的饰叶脉纹。长方形砖常见规格30×15-5厘米，刀形砖常见规格30×15-5-3厘米。

墓室坍塌堆积中采集随葬品3件，有青瓷四耳罐、碗。

2）出土器物

四耳罐 1件，A型Ⅰ式。ⅠM50：03，灰胎，釉全剥落。尖圆唇，敞口，溜肩，平底略凹。外沿、耳间饰弦纹。口径12.8、底径16.4、高18厘米（图一六；彩版九，1）。

碗 2件。Ⅱ式。ⅠM50：01，灰胎，釉脱落。圆唇，直口，直腹，饼足内凹，内底心乳突。口沿烧制变形。口径8.4、底径4.4、高3.6厘米（图一六；彩版九，2）。ⅠM50：02，灰胎，釉全脱落。尖圆唇，弧腹，饼足内凹。沿外弦纹极浅。口径10.2、底径5.4、高4.9厘米（图一六；彩版九，3）。

3．ⅠM52

1）墓葬概况

位于ⅠT1108东北角。长3.88、宽1.02、高1.20米。方向112°。（图一七）

封门以两道长方形砖纵置错缝平铺叠砌于墓室侧壁外，砌法皆为"全顺"，较墓室券顶低0.03米。

侧壁用长方形砖错缝平铺叠砌。后壁双隅，以长方形砖错缝平铺叠砌于侧壁外，较墓室券顶高0.02米。底铺砖呈"人"字形，范围宽于墓室。侧壁净高0.56米处夹砌刀形砖构筑券顶。前壁外砌砖支撑。

墓砖有长方形和刀形两种，常饰叶脉纹。长方形砖常见规格29×15-5厘米，刀形砖常见规格29×15-5-3厘米。

出土随葬品21件，小饰件分布于墓室中部，余置于墓室前端，有青瓷四耳罐、碗、托盘和银钗、银手镯、银指环、金指环、金珠饰、绿松石珠饰等。

2）出土器物

四耳罐 3件。有A型Ⅰ式和A型Ⅱ式。

A型Ⅰ式 2件。ⅠM52：1，灰胎，青绿釉。圆唇，直口，卷沿，溜肩，平底。外沿、耳间饰弦纹。烧制变形。口径13.1、底径15、高21.8~21厘米（图一七；彩版九，5）。ⅠM52：3，灰胎，青绿釉，釉多脱落。圆唇，直口，溜肩，平底。外沿、耳间饰弦纹。口沿烧制变形。口径11、底径12.6、高16.6~16厘米（图一七；彩版九，6）。

A型Ⅱ式 1件。ⅠM52：2，灰胎，釉剥落。尖圆唇，直口，溜肩，平底内凹。口径12、底径12、高15.7厘米（图一七；彩版九，7）。该器腹径与器高比值属于A、B两型的交汇部分，分型特征不典型，其下腹虽已有A型Ⅲ式的雏形，但个体偏矮，故仍定为A型Ⅱ式。

碗 8件。皆Ⅱ式。有大小之分。

2件个体较大。ⅠM52：5，灰胎，青绿釉。圆唇，直口，直腹略弧，假圈足。内底心下压一圈，外沿、外底心饰弦纹。口径14.4、底径8.6、高6.6厘米（图一七；彩版一〇，1）。ⅠM52：6，灰胎，青绿釉，底积釉。圆唇，斜弧腹，假圈足。外沿、外底心饰弦纹。口径14.3、底径8.3、高6.7厘米（图一七；彩版一〇，2）。

6件个体较小。ⅠM52：7，灰胎，釉多剥落。圆唇，饼足内凹。外沿饰细弦纹。口径8、底径4.6、高3.4厘米（图一七；彩版一〇，3）。ⅠM52：8，灰胎，釉脱落。圆唇，直口，弧腹，饼足内凹。外沿饰细弦纹，口径7.8、底径4.4、高3.4厘米（图一七；彩版一〇，4）。ⅠM52：9，灰胎，青绿釉。尖圆唇，弧腹，饼足内凹。内底心下压一圈，外沿饰细弦纹。口径8.2、底

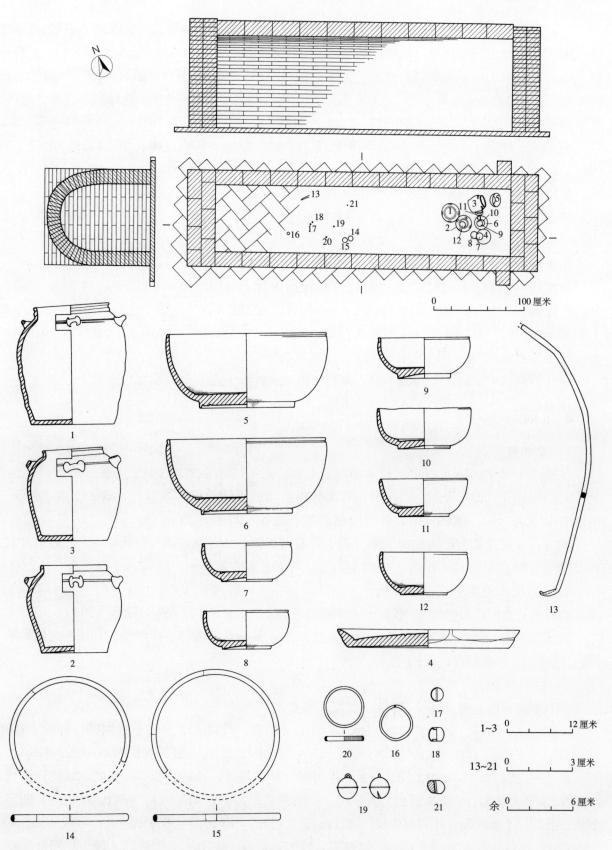

图一七　ⅠM52平、剖面图及其出土青瓷四耳罐、托盘、碗，银钗、手镯、指环，金珠饰及绿松石珠饰

1、3. A型Ⅰ式青瓷四耳罐　2. A型Ⅱ式青瓷四耳罐　4. 青瓷托盘　5~12. Ⅱ式青瓷碗　13. 银钗　14、15. 银手镯　16. 金指环　17~19. 金珠饰　20. 银指环　21. 绿松石珠饰

径5、高3.6厘米（图一七；彩版一〇，5）。ⅠM52：10，灰胎，釉脱落。尖圆唇，直口，直腹，饼足内凹。内底心下压一圈。口沿烧制变形。口径8.6、底径4.7、高3.6厘米（图一七；彩版一〇，6）。ⅠM52：11，灰胎，青绿釉。尖唇，直口略敞。内底心下压一圈，外沿饰细弦纹。口径8、底径4.7、高3.4厘米（图一七；彩版一〇，7）。ⅠM52：12，灰胎，青绿釉。圆唇，直口，直腹略弧，饼足微凹。外沿饰细弦纹。口径8、底径4.5、高3.8厘米（图一七；彩版一〇，8）。

托盘　1件。ⅠM52：4，灰胎，釉脱落。尖唇，敞口，斜直浅腹，平底内凹。内底心饰弦纹。口径16.8、底径14.9、高1.6厘米（图一七；彩版九，4）。

银钗　1件。ⅠM52：13，残长12.1厘米（图一七；彩版一一，1）。

银手镯　2件。ⅠM52：14，直径5.4厘米（图一七，彩版一一，1左）。ⅠM52：15，直径5.8厘米（图一七；彩版一一，2右）。

银指环　1件。ⅠM52：20，直径1.8厘米（图一七；彩版一一，3）。

金指环　1件。ⅠM52：16，变形。直径约1.6厘米（图一七；彩版一一，4）。

金珠饰　3件。ⅠM52：17，球形，中心穿孔。球径0.6厘米（图一七；彩版一一，5左）。ⅠM52：18，鼓形，中心穿孔。径长0.7厘米（图一七；彩版一一，5右）。ⅠM52：19，衔环扣形。径长0.95厘米（图一七；彩版一一，6）。

绿松石珠饰　1件。ⅠM52：21，穿孔。厚0.6厘米（图一七；彩版一一，7）。

4. ⅡM3

1）墓葬概况

主要位于ⅡT1826东南角。长4.20、宽1.16、高1.17米。方向104°。（图一八）

封门平面呈"凸"字形，以两道长方形砖纵置错缝平铺叠砌于侧壁外，砌法皆为"全顺"，内道较墓室宽0.10、高0.04米，外道较墓室宽、高各0.02米。

侧壁、后壁皆长方形砖错缝平铺叠砌，后壁砌于侧壁内。底铺"人"字形砖，稍宽于墓室。侧壁净高0.64米处夹砌刀形砖构筑券顶。

后壁净高0.50米处设一个砖托。

墓砖有长方形和刀形两种，长方形砖常见规格30×15-5厘米，刀形砖常见规格30×15-5-3厘米。

出土随葬品19件，除2件置于墓室后端外，皆分布于墓室前部。有青瓷四耳罐、碗和陶罐、铜镜、铜饰件、铁剪刀、铜钱等。

2）出土器物

四耳罐　4件。有A型Ⅰ式、Ba型Ⅱ式和C型。

A型Ⅰ式　1件。ⅡM3：7，灰胎，青绿釉。圆唇，直口，溜肩，平底内凹。外沿、耳间饰弦纹，耳间弦纹浅细。口径12.4、底径16.6、高19.2厘米（图一八；彩版一二，1）。

Ba型Ⅱ式　2件。ⅡM3：8，灰胎，青绿釉，釉多脱落。圆唇，溜肩，平底。耳间饰弦纹。口径9.2、底径8.2、高12.3厘米（图一八；彩版一二，2）。ⅡM3：17，灰胎，釉脱落。圆唇，溜肩，鼓腹，平底。颈、耳间饰弦纹。口径8.1、底径8.2、高10.1厘米（图一八；彩版一二，3）。

C型　1件。ⅡM3：2，灰胎，釉剥落。圆唇，直口，丰肩，平底内凹。颈、耳间饰弦纹。口径5.5、底径6.9、高6.4厘米（图一八；彩版一二，4）。

碗　10件。皆Ⅱ式。有大小之分。

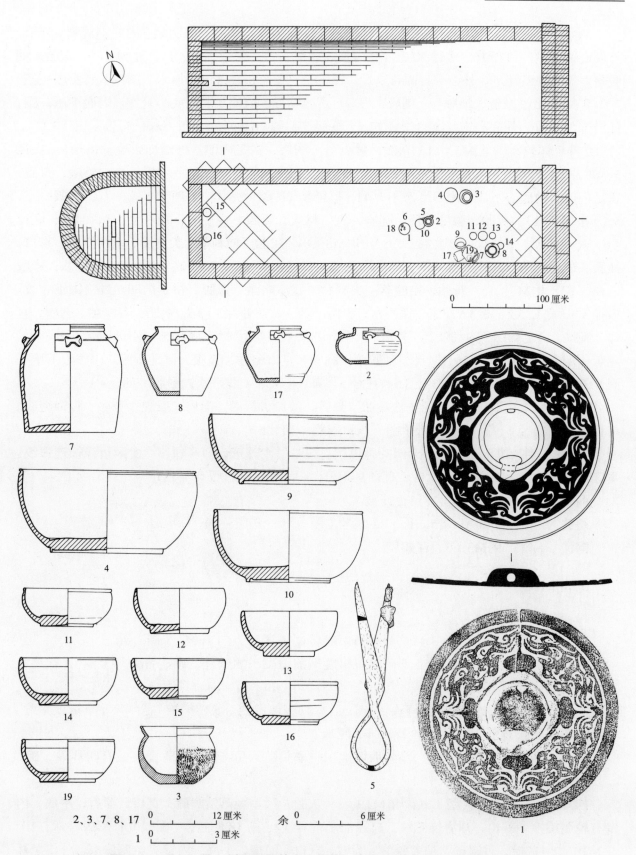

图一八　ⅡM3平、剖面图及其出土铜镜，青瓷四耳罐、碗，陶罐和铁剪刀

1.铜镜　2.C型青瓷四耳罐　3.陶罐　4、9~16、19.Ⅱ式青瓷碗　5.铁剪刀　6.铜钱　7.A型Ⅰ式青瓷四耳罐　8、17.Ba型Ⅱ式青瓷四耳罐　18.铜饰件

3件个体较大。Ⅱ M3：4，灰胎，釉剥落。圆唇，直口，弧腹，假圈足。内底不规则。外沿、外底心饰弦纹。口径 16、底径 10.2、高 7.4 厘米（图一八；彩版一三，1）。Ⅱ M3：9，灰胎，釉脱落。尖唇，假圈足。外沿、腹饰弦纹。口径 14.2、底径 8.7、高 6.2 厘米（图一八；彩版一三，2）。Ⅱ M3：10，灰胎，釉脱落。圆唇，直口，直腹略弧，假圈足，内底心乳突。内底下压一圈，外沿饰细弦纹，外底心饰弦纹。口径 13.5、底径 7.6、高 6.4 厘米（图一八；彩版一三，3）。

7件个体较小。Ⅱ M3：11，灰胎，釉剥落。圆唇，饼足内凹。外沿饰弦纹。口径 8、底径 5、高 3.4 厘米（图一八；彩版一三，4）。Ⅱ M3：12，灰胎，釉剥落。尖唇，直口略敞，弧腹，饼足内凹。内底心下压一圈。形态不典型。口径 8、底径 5.2、高 3.9 厘米（图一八；彩版一三，5）。Ⅱ M3：13，灰胎，釉尽剥落。圆唇，直口略敛，弧腹。内底心下压一圈。口径 8.6、底径 4.6、高 4 厘米（图一八；彩版一三，6）。Ⅱ M3：14，灰胎，釉剥落。尖圆唇，内唇微凸，直口，弧腹，饼足内凹。内底下压一圈，外沿饰弦纹。口径 8.6、底径 5.2、高 4.2 厘米（图一八；彩版一四，1）。Ⅱ M3：15，灰胎，釉脱落。尖圆唇，直口略敞，弧腹，饼足内凹。外沿饰细弦纹。口径 8.5、底径 5.2、高 3.6 厘米（图一八；彩版一四，2）。Ⅱ M3：16，灰胎，青绿釉。圆唇，直口，弧腹，饼足微凹，内底隆起。外沿、外腹饰细弦纹。口径 8.6、底径 5、高 3.8 厘米（图一八；彩版一四，3）。Ⅱ M3：19，灰胎，釉脱落。圆唇，直口略敛，弧腹，饼足微凹。内底心下压一圈，外沿、外腹饰细弦纹。口径 8.5、底径 5、高 3.8 厘米（图一八；彩版一四，4）。

陶罐 1件。Ⅱ M3：3，黑皮橙黄胎。圆唇，敞口，折沿，溜肩，鼓腹，平底。腹饰绳纹。口径 13.4、底径 6、高 10.2 厘米（图一八；彩版一四，5）。

铜镜 1件。Ⅱ M3：1，变形四叶鸾凤镜。纽略呈半球形，圆形纽座。主区边缘饰连弧纹，主区饰变形四叶和四组对喙鸾鸟。直径 9.4 厘米（图一八；彩版五）。

铜饰件 1件。Ⅱ M3：18，存残痕。

铁剪刀 1件。Ⅱ M3：5，长 17.2 厘米（图一八；彩版一四，6）。

铜钱 1枚。Ⅱ M3：6，存残痕。

5. Ⅱ M19

1）墓葬概况

位于 Ⅱ T0908 西南。长 3.14、宽 0.86、残高 0.45 米。方向 160°。（图一九）

封门大部残毁，以两道长方形砖纵置错缝平铺叠砌于侧壁外，砌法皆为"全顺"，较墓室宽，残高 0.15 米。

侧壁、后壁用长方形砖错缝平铺叠砌，后壁砌于侧壁内。底砖铺成"人"字形。墓顶尽毁。墓砖仅见长方形，常见规格 28×14-5 厘米。

墓室中部出土随葬品 7件，墓内坍塌堆积中采集随葬品 1件，皆青瓷器，有四耳罐、碗。

2）出土器物

四耳罐 2件。皆 A 型 I 式。Ⅱ M19：1，灰胎，釉多剥落。圆唇，直口，溜肩，平底。内壁有轮制旋痕。外沿、耳肩饰弦纹。口径 12、底径 17、高 18.8 厘米（图一九；彩版一六，1）。

Ⅱ M19：2，灰胎，青绿釉，釉多脱落。圆唇，直口，溜肩，平底。内壁有轮制旋痕。外沿、耳间饰弦纹。口径 12.9、底径 17.6、高 19 厘米（图一九；彩版一六，2）。

碗 6件。皆 Ⅱ 式。

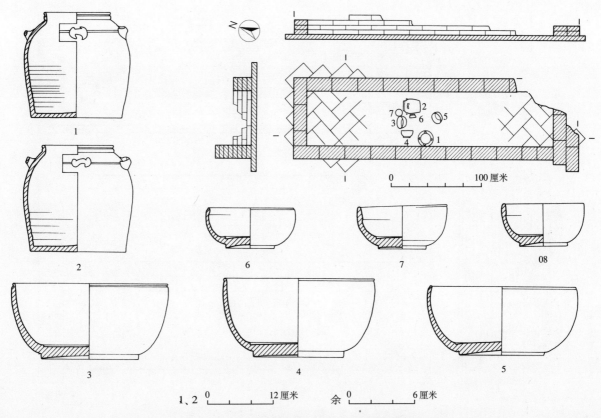

图一九　ⅡM19平、剖面图及其出土青瓷四耳罐、碗

1、2.A型Ⅰ式青瓷四耳罐　3~7、08.Ⅱ式青瓷碗

3件个体较大。ⅡM19：3，灰胎，釉脱落。尖圆唇，饼足内凹。外沿饰弦纹。口径14、底径8.8、高6.7厘米（图一九；彩版一七，1）。ⅡM19：4，灰胎，釉多脱落。圆唇，直口，直腹，饼足内凹。内底下压一圈，外沿饰细弦纹。形态不典型。口径13.8、底径8.2、高6.8厘米（图一九；彩版一七，2）。ⅡM19：5，灰胎，青绿釉。圆唇，直口略敛，弧腹，饼足内凹。内底下压一圈，外沿饰细弦纹。口径13.4、底径7.8、高6.1厘米（图一九；彩版一七，3）。

3件个体较小。ⅡM19：6，灰胎，青绿釉。圆唇，口微敛，饼足内凹。外沿饰细弦纹。口径7.8、底径4.5、高3.5厘米（图一九；彩版一七，4）。ⅡM19：7，灰胎，青绿釉。圆唇，内唇微凸，直口，直腹，饼足内凹。内底下压一圈。形态较特殊，烧制变形。口径8.2、底径4.5、高4~3.7厘米（图一九；彩版一七，5）。ⅡM19：08，灰胎，釉多剥落。器形与ⅡM19：7相似。口径7.4、底径4.4、高3.9厘米（图一九；彩版一七，6）。

（三）长方形双室合葬墓

3座。为ⅠM16、ⅡM1和ⅡM15。均由平面呈长方形的左右两室组成。

1.　ⅠM16

1）墓葬概况

位于ⅠT3322东部偏北。长4.32、宽2.06米。方向149°。（图二○；彩版一八）

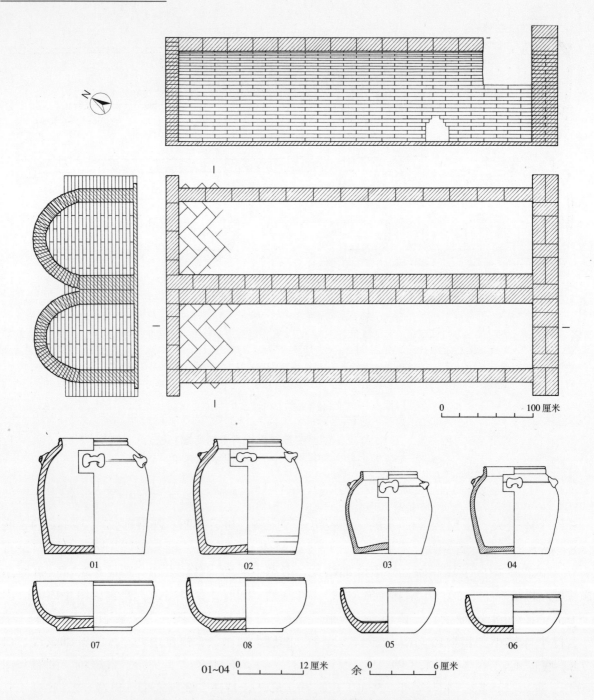

图二〇　ⅠM16平、剖面图及其出土青瓷四耳罐、碗

01、02、04.A型Ⅰ式青瓷四耳罐　03.A型Ⅱ式青瓷四耳罐　05、06.Ⅰ式青瓷碗　07、08.Ⅱ式青瓷碗

　　由平面呈长方形的左右两室组成。左室长4.32、宽0.99、高1.14米；右室长4.32、宽1.07、高1.14米。两室前部设"圭"形门相通，门宽0.24、高0.28米。

　　两室封门连通砌于侧壁外，用长方形砖两纵一横错缝平铺叠砌，砌法为"梅花式"，上各置两重券顶，较墓室宽0.28、高0.14米。

　　侧壁、后壁用长方形砖错缝平铺叠砌；两室后壁相连，砌于侧壁外，距墓底净高0.78米的下部与封门宽度相等。底铺"人"字形砖，稍宽于墓室。侧壁净高0.54处夹砌刀形砖构筑券顶。

墓砖有长方形和刀形两种，常饰叶脉纹、直棂条纹，有"泰元十八年十月□□□十日"纪年砖（图一一B，1）。长方形砖常见规格29/28×14-4厘米，刀形砖常见规格29/28×14-5/4-3厘米。墓室内填土中采集随葬品8件，皆青瓷器，有四耳罐、碗。

2）出土器物

四耳罐 4件。有A型I式和A型II式。

A型I式 3件。I M16：01，灰胎，青绿釉，釉多脱落。圆唇，直口，溜肩，平底微凹。外沿、耳肩饰弦纹。口径12.2、底径18.2、高20.7厘米（图二〇；彩版一九，1）。I M16：02，釉保存稍好，有流釉，余同I M16：01。口径12.6、底径17.6、高20.4厘米（图二〇；彩版一九，2）。I M16：04，灰胎，青绿釉，釉多剥落。圆唇，直口，溜肩，平底内凹。外沿、耳间饰弦纹。口径11、底径12.2、高15.4厘米（图二〇；彩版一九，3）。

A型II式 1件。I M16：03，灰胎，青绿釉。圆唇，直口，溜肩，平底内凹。外沿、耳间饰弦纹。口径10.2、底径12.2、高14.6厘米（图二〇；彩版一九，4）。

碗 4件。有I式和II式。

I式 2件。I M16：05，灰胎，釉全脱落。尖圆唇，敞口。外沿饰深弦纹，内底下压一圈。口径8.6、底径5、高4厘米（图二〇；彩版一八，1）。I M16：06，灰胎，青绿釉，腹饰凸弦纹，余同I M16：05。口径8.6、底径5.4、高3.4厘米（图二〇；彩版一八，2）。

II式 2件。I M16：07，灰胎，青绿釉。尖圆唇，敞口，饼足内凹。外沿饰深弦纹。口径10.8、底径6.6、高4.4厘米（图二〇；彩版一八，3）。I M16：08，假圈足，余同I M16：07。口径10.8、底径6.5、高4.8厘米（图二〇；彩版一八，4）。

2．II M1

1）墓葬概况

主要位于II T1826东侧偏北。长4.15、宽2.40米。方向106°。（图二一）

由平面呈长方形的左右两室组成，左右两室均仅残存部分墓壁、墓底。左室长4.15、宽1.25、残高0.30米；右室长4.15、宽1.15、残高0.30米。

封门用长方形砖横置平铺和纵置两道平铺交替叠砌，砌法为"一顺一丁"，残高0.15米。侧壁、后壁皆长方形砖错缝平铺叠砌。底铺"人"字形砖，范围稍宽于墓室。

墓砖有长方形和刀形两种，长方形砖常见规格31×15-5厘米，刀形砖常见规格30×15-5-4厘米。

随葬品皆出土于墓室前部，左室1件，右室6件，墓室坍塌堆积中采集随葬品16件，青瓷四耳罐和碗为主，另见陶釜、滑石猪等。

2）出土器物

四耳罐 9件。有A型I式、A型II式和Ba型I式。

A型I式 6件。II M1：1，灰胎，青绿釉，流釉明显。方圆唇，直口，溜肩，平底。外沿、耳间饰弦纹。口径13.8、底径18.6、高23.2厘米（图二一；彩版二〇，1）。II M1：2，尖圆唇，中腹稍弧，平底微凹，余同II M1：1。口径13.2、底径19、高22.6厘米（图二一；彩版二〇，2）。II M1：3，灰胎，青绿釉。圆唇，直口，溜肩，平底微凹。外沿、耳间饰弦纹。口径13.6、底径19、高22.8厘米（图二一；彩版二〇，3）。II M1：015，灰胎，青绿釉。圆唇，直口，溜肩，平底微凹。外沿、耳间、下腹饰弦纹。口径12.4、底径17.6、高19.8厘米（图二一；彩版二〇，4）。ⅡM1：016，灰胎，釉多剥落。圆唇，直口，溜肩，平底微凹。外沿、耳间饰弦纹。口径12.8、底径18、高20厘米（图二一；彩版二〇，5）。ⅡM1：023，灰胎，青绿釉。圆唇，直口，溜肩，腹部较典型的A型Ⅰ式四耳罐略显浑圆，平底微凹。外沿、耳间饰弦纹。口径13.3、底径19.2、高22厘米（图二一；彩版二〇，6）。

A型Ⅱ式　2件。ⅡM1：010，灰胎，青绿釉，釉多剥落。圆唇，直口，溜肩，平底。外沿、耳间饰弦纹。烧制变形。口径10.6、底径11.2、高15.4~14.6厘米（图二一；彩版二一，1）。ⅡM1：012，灰胎，釉基本剥落。圆唇，直口微敞，溜肩，平底微凹。外沿、耳间饰弦纹。口径11.4、底径11.6、高16厘米（图二一；彩版二一，2）。

Ba型Ⅰ式　1件。ⅡM1：7，灰胎，青绿釉，釉多脱落。方圆唇，溜肩，鼓腹，平底。口径8.5、底径8.4、高11.2厘米（图二一；彩版二一，3）。

碗　11件。有Ⅰ式和Ⅱ式。

Ⅰ式　2件。ⅡM1：014，灰胎，釉全脱落。圆唇，直口，弧腹，平底微凹。内底下压一圈，外沿饰深弦纹。烧制变形，口径8.3、底径4.6、高3.4~3.1厘米（图二一；彩版二二，1）。ⅡM1：020，灰胎，青绿釉。圆唇。外沿饰粗弦纹。口径7.5、底径4.8、高3.1厘米（图二一；彩版二二，2）。

Ⅱ式　9件。有大小之分。

个体大者3件。ⅡM1：4，灰胎，釉剥落。圆唇，假圈足。外沿饰深弦纹。口径14.2、底径9、高5.4厘米（图二一；彩版二二，3）。ⅡM1：017，灰胎，青绿釉。圆唇，直口，弧腹，假圈足。外沿、内底饰深弦纹。内、外底有支点痕。口径14、底径8.4、高5厘米（图二一；彩版二二，4）。ⅡM1：018，灰胎，青绿釉，釉多脱落。圆唇，直口略敞，弧腹，假圈足。外沿饰深弦纹。口径14.3、底径8.6、高5.3厘米（图二一；彩版二二，5）。

个体小者6件。ⅡM1：5，灰胎，青绿釉。尖圆唇，饼足，内底心微凸。内底下压一圈，外沿饰深弦纹。口径8、底径4.8、高3.2厘米（图二一；彩版二二，6）。ⅡM1：6，灰胎，釉

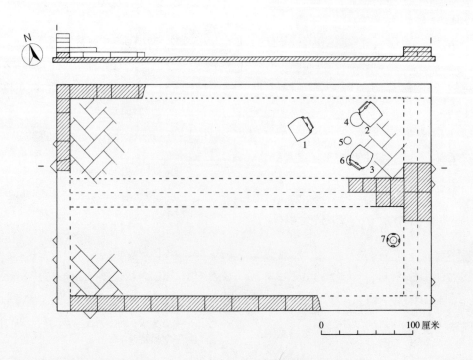

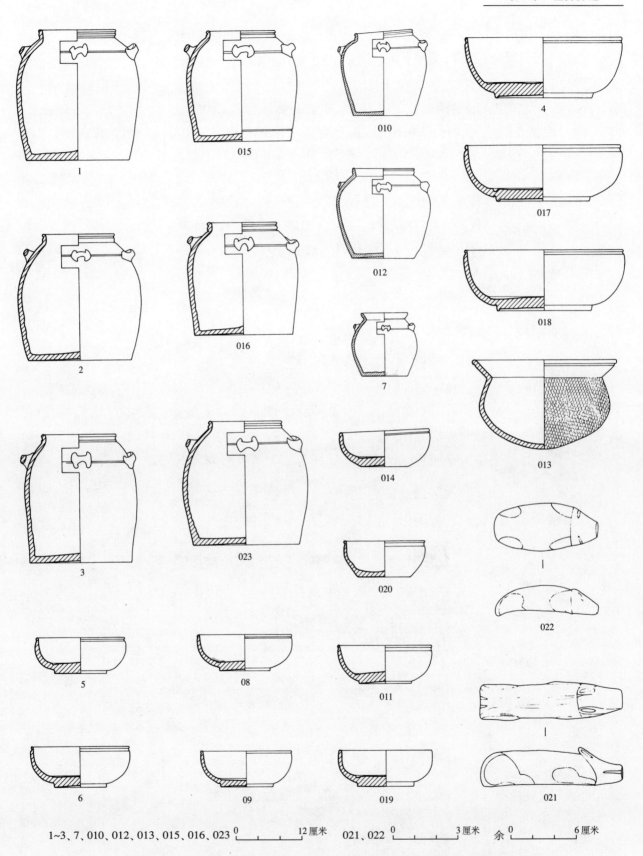

1~3、7、010、012、013、015、016、023 |⎯⎯⎯⎯⎯⎯⎯⎯| 12厘米　　021、022 |⎯⎯⎯| 3厘米　　余 |⎯⎯⎯| 6厘米

图二一　Ⅱ M1平、剖面图及其出土青瓷四耳罐、碗，陶釜和滑石猪

1~3、015、016、023. A型Ⅰ式青瓷四耳罐　4~6、08、09、011、017~019. Ⅱ式青瓷碗　7. Ba型Ⅰ式青瓷四耳罐
010、012. A型Ⅱ式青瓷四耳罐　013. 陶釜　014、020. Ⅰ式青瓷碗　021、022. 滑石猪

剥落。圆唇，直口，弧腹，饼足内凹。内底下压一圈，外沿饰深弦纹。口径9、底径5、高3.5厘米（图二一；彩版二三，1）。ⅡM1：08，灰胎，釉多脱落。圆唇，直口，直腹略弧，饼足微凹。外沿饰弦纹。口径8.6、底径4.7、高3.2厘米（图二一；彩版二三，2）。ⅡM1：09，灰胎，青绿釉，釉多剥落。尖圆唇，直口，直腹略弧，饼足微凹。内底下压一圈，外沿饰细弦纹。口径8.4、底径4.8、高3.2厘米（图二一；彩版二三，3）。ⅡM1：011，灰胎，青绿釉。尖圆唇，直口略敞，弧腹，饼足内凹，内底隆起。外沿饰深弦纹。口径8.7、底径5、高3.4厘米（图二一；彩版二三，4）。ⅡM1：019，灰胎，青绿釉。圆唇，直口，直腹。内底下压一圈。口径8.6、底径5.1、高3.1厘米（图二一；彩版二三，5）。

陶釜　1件。ⅡM1：013，泥质灰黑胎，含粗砂。方圆唇，敞口，折沿，垂腹，圜底。饰网格纹。口径26.6、高16厘米（图二一；彩版二一，4）。

滑石猪　2件。ⅡM1：021，长6.5厘米（图二一；彩版二三，6左）。ⅡM1：022，长4.7厘米（图二一；彩版二三，6右）。

3．ⅡM15

1）墓葬概况

位于ⅡT0609西部。长3.96、宽2.09米。方向156°。（图二二）

由平面呈长方形的左右两室组成。左室长3.96、宽1.05、高1.15米；右室长3.96、宽1.04、高1.15米。两室前部设拱形门相通，门宽0.25、高0.32米。封门、后壁皆两室连通构筑。

封门由长方形砖横置平铺和纵置两道平铺交替叠砌于侧壁外，砌法为"一顺一丁"，较墓室宽0.24、高0.03米。

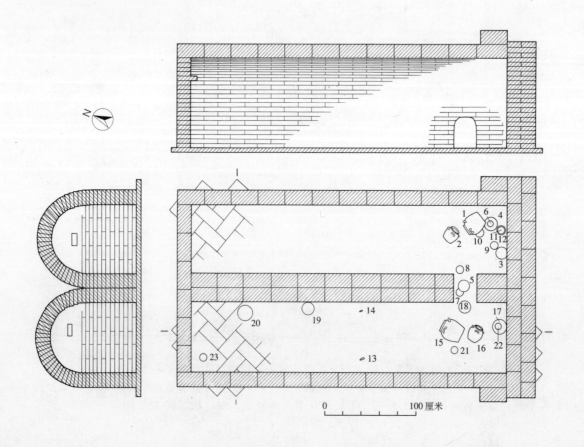

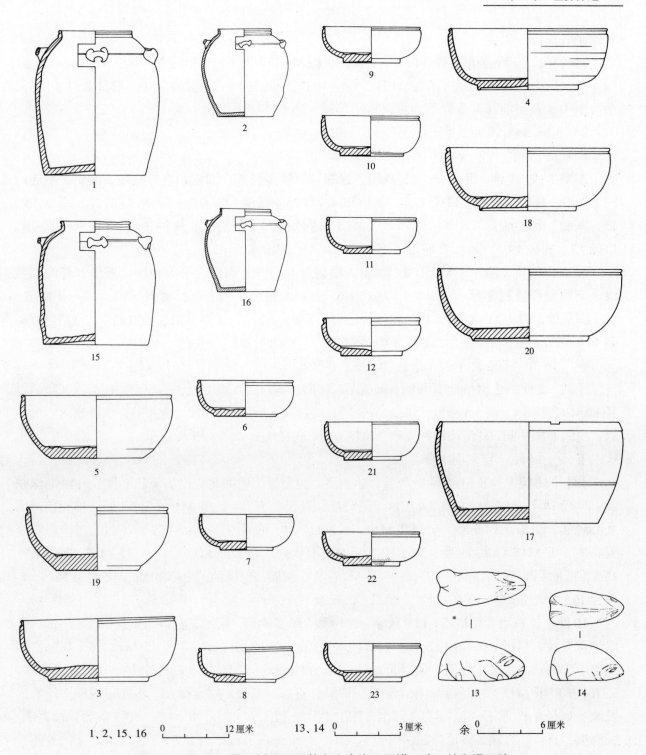

1、2、15、16 ├─────┤ 12厘米　　　13、14 ├─────┤ 3厘米　　　余 ├─────┤ 6厘米

图二二　Ⅱ M15平、剖面图及其出土青瓷四耳罐、碗、钵和滑石猪

1、15. A型Ⅰ式青瓷四耳罐　2、16. A型Ⅱ式青瓷四耳罐　3、4、6~12、18、20~23. Ⅱ式青瓷碗　5、19. Ⅰ式青瓷碗　13、14.滑石猪　17.Ⅱ式青瓷钵

　　侧壁、后壁皆长方形砖错缝平铺叠砌，后壁砌于两室外侧墓壁之间。底铺"人"字形砖，稍宽于墓室。侧壁净高0.59米处夹砌刀形砖码筑券顶。

　　左室后壁中部偏右净高0.72米处和右室后壁中部净高0.66米处各置一个砖托。两室前端墓壁外侧各加砌一重券。

墓砖有长方形和刀形两种，长方形砖常见规格30×15-5厘米，刀形砖常见规格30×15-5-3厘米。

出土随葬品23件，其中左室11件，右室10件，通门内2件。除左室中、后部散见少量外，余皆集中于墓室前部。青瓷器为主，有四耳罐、碗和钵，另有滑石猪。

2）出土器物

四耳罐　4件。有A型Ⅰ式和A型Ⅱ式。

A型Ⅰ式　2件。ⅡM15：1，灰胎，青绿釉，釉多脱落。圆唇，直口略敞，溜肩，平底内凹。外沿、耳间饰弦纹。口径13.4、底径18.4、高25.4厘米（图二二；彩版二四，1）。ⅡM15：15，灰胎，釉多脱落。圆唇，口微敞，溜肩，平底内凹。外沿、耳肩饰弦纹。口部烧制变形。口径13、底径19.2、高22.2厘米（图二二；彩版二四，2）。

A型Ⅱ式　2件。ⅡM15：2，灰胎，釉剥落。圆唇，溜肩，平底微凹。外沿、耳间饰弦纹。下腹局部烧制变形。口径9.6、底径10、高15.6厘米（图二二；彩版二四，3）。ⅡM15：16，深灰胎，青绿釉。圆唇，直口略敞，溜肩，平底。外沿、耳间饰弦纹。口径9.4、底径10.6、高14.8厘米（图二二；彩版二四，4）。

碗　16件。有2件Ⅰ式，余皆为Ⅱ式。

Ⅰ式　2件。ⅡM15：5，灰胎，釉脱落。圆唇，直口，弧腹，内底不规则。外沿饰弦纹。口径12.8、底径8.4、高5.6厘米（图二二；彩版二五，1）。ⅡM15：19，深灰胎，釉皆脱落。尖圆唇。内底下压一圈，外沿饰粗深弦纹，口径12.8、底径7.6、高5.5厘米（图二二；彩版二五，2）。

Ⅱ式　14件。有大小之分。

4件个体较大。ⅡM15：4，灰胎，釉剥落。尖圆唇，假圈足。内底下压一圈，外沿饰深弦纹。口径14.4、底径9.3、高5.4厘米（图二二；彩版二五，4）。ⅡM15：3，灰胎，釉脱落。内底心隆起，口沿烧制变形，余似ⅡM15：4。口径14、底径9.2、高5.8厘米（图二二；彩版二五，3）。ⅡM15：18，灰胎，釉尽脱落。内底不规则，余似ⅡM15：4。口径14.8、底径8.7、高5.5厘米（图二二；彩版二五，5）。ⅡM15：20，灰胎，青绿釉，釉多剥落。器形似ⅡM15：4。口径16.8、底径10.4、高6.4厘米（图二二；彩版二五，6）。

10件个体较小。ⅡM15：12，灰胎，青绿釉，釉多剥落。圆唇，直口，弧腹，内底下凹。外沿饰深弦纹。口径8.9、底径5.7、高3.4厘米（图二二；彩版二六，5）。ⅡM15：6，灰胎，釉剥落。尖圆唇。内底不规则，余似ⅡM15：12。口径8.6、底径5.6、高3.2厘米（图二二；彩版二五，7）。ⅡM15：7，灰胎，釉全剥落。圆唇，直口，弧腹，饼足微凹。内底不规则。外沿饰弦纹。口径8.4、底径4.8、高3.2厘米（图二二；彩版二五，8）。ⅡM15：10，灰胎，釉剥落。尖圆唇，直口，直腹，饼足微凹，内底不规则。外沿饰深弦纹。口径8.8、底径5.8、高3.6厘米（图二二；彩版二六，3）。ⅡM15：8，灰胎，青绿釉，釉多剥落。饼足，烧制变形，余似ⅡM15：10。口径8.4、底径5.6、高3.3厘米（图二二；彩版二六，1）。ⅡM15：9，灰胎，釉脱落。形似ⅡM15：10。口径8.8、底径5.2、高3.2厘米（图二二；彩版二六，2）。ⅡM15：11，灰胎，釉脱落。圆唇，直口，直腹略弧，饼足。内底下压一圈，外沿饰深弦纹。口径8.2、底径5.1、高3.1厘米（图二二；彩版二六，4）。ⅡM15：21，灰胎，釉多剥落。圆唇，直口，直腹略弧，饼足微凹。内底下压一圈，外沿饰细弦纹。口径8.5、底径5.3、高3.3厘米（图二二；彩版二六，6）。ⅡM15：22，灰胎，青绿釉。尖圆唇，直口略敞，弧腹，饼足微凹，内底隆起。外沿饰深弦纹。口径 8.8、底径 5.2、高 3 厘米（图二二；彩版二六，7）。Ⅱ M15：23，深灰胎，釉脱落。圆唇，饼足，余同 Ⅱ M15：4。口径 8.6、底径 5.3、高 3.4 厘米（图二二；彩版二六，8）。

钵 1 件。Ⅱ M15：17，灰胎，青绿釉。尖圆唇，敛口，弧腹较深，平底内凹。唇部施一缺口，外底饰弦纹。口径 16.5、底径 12.8、高 9.1 厘米（图二二；彩版二四，5）。

滑石猪 2 件。Ⅱ M15：13，长 4 厘米（图二二；彩版二四，6 左）。Ⅱ M15：14，长 3.4 厘米（图二二；彩版二四，6 右）。

二 第二期墓葬

3 座。为"凸"字形单室墓和长方形单室墓。

（一）"凸"字形单室墓

1 座。为 Ⅱ M14。

1）墓葬概况

主要位于 Ⅱ T1825 东南角。长 5.80、宽 1.80、高 1.72 米。方向 110°。由甬道、墓室组成。（图二三）

甬道 平面呈长方形，前端壁外加砌一重券，后端置于墓室承券内。长 1.50、宽 1.21、高 1.40 米。

墓室 平面呈长方形，前端设承券，后端置双重承券并突出墓室 0.20 米。墓室长 4.30、宽 1.8、高 1.72 米。因承券的设置，墓室前后两端局部都形成了三重券顶。

封门用长方形砖纵置两道平铺和横置平铺交替叠砌于甬道外，砌法为"一顺一丁"，高度与甬道前端加券相等。

侧壁、后壁皆长方形砖错缝平铺叠砌，后壁置于墓室突出的承券外并较之宽 0.10、高 0.02 米。底铺"人"字形砖，稍宽于墓室。侧壁净高 0.78 米处夹砌刀形砖构筑券顶。

甬道前端铺一层台阶。墓室前端两侧净高 0.50 米和后壁中部净高 0.60 米处各设一个砖托。

墓砖有长方形和刀形两种，长方形砖常见规格 30×15-5 厘米，刀形砖常见规格 30×15-5-3 厘米。

除后壁砖托上置 1 件碗外，随葬品集中分布于墓室前部和甬道前部，青瓷碗为主，另见青瓷四耳罐、陶釜、铁剪刀、铁镜等共 19 件。

2）出土器物

四耳罐 3 件。有 A 型 I 式、Ba 型 I 式和 Bb 型。

A 型 I 式 1 件。Ⅱ M14：1，灰胎，青绿釉，釉多脱落。圆唇，直口，溜肩，平底内凹。外沿、耳间饰弦纹。口径 12.4、底径 16.4、高 18 厘米（图二三；彩版二七，1）。

Ba 型 I 式 1 件。Ⅱ M14：2，灰胎，青绿釉，有流釉。圆唇，敞口略直，溜肩，鼓腹，平底，内底心凸起。外沿、耳间饰弦纹。口径 10.2、底径 11、高 13.7 厘米（图二三；彩版二七，2）。

Bb 型 1 件。Ⅱ M14：12，灰胎，青绿釉。方唇，下腹内收成平底。耳间饰弦纹。口径 8.9、底径 7.4、高 11 厘米（图二三；彩版二七，3）。

碗 13 件。有 I 式、Ⅱ 式和Ⅲ式。

I 式 2 件。Ⅱ M14：3，灰胎，釉基本脱落。圆唇，弧腹。外沿饰深弦纹。口径 13.6、底径 9、高 6.2 厘米（图二三；彩版二七，4）。Ⅱ M14：18，灰胎，青绿釉，釉多剥落。圆唇，直

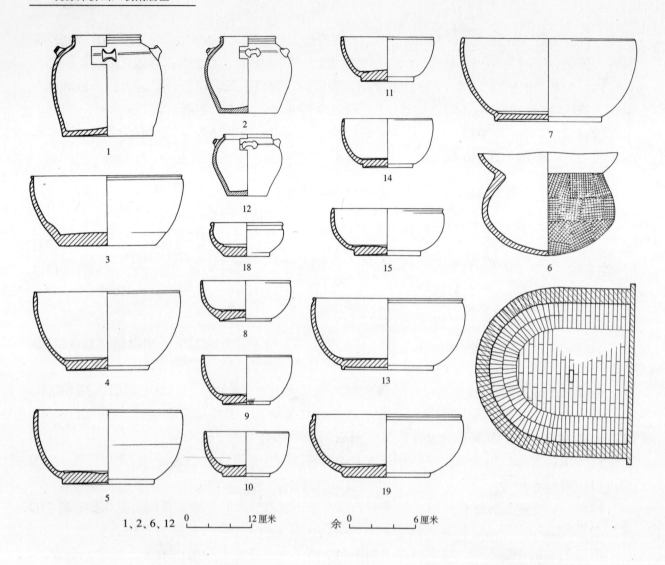

1、2、6、12 ⊢0————12厘米   余 ⊢0————6厘米

口，弧腹，平底。内底下压一圈，外沿饰深弦纹。外底有切割痕迹。口径6.6、底径4.2、高3厘米（图二三；彩版二七，5）。

Ⅱ式　7件。有大小之分。

4件个体较大。ⅡM14：5，灰胎，釉剥落。圆唇，直口，直腹，饼足微凹。内底不规则。外沿、腹饰弦纹。口径13.2、底径8.4、高6.5厘米（图二三；彩版二七，6）。ⅡM14：7，灰胎，青绿釉。圆唇，直口略敛，弧腹，假圈足。内底下压一圈，外沿饰细弦纹。口径15.8、底径9.6、高7.3厘米（图二三；彩版二八，1）。ⅡM14：19，灰胎，青黄釉。圆唇，弧腹，饼足。内底下压一圈，外沿饰弦纹。口径13.4、底径8、高5.6厘米，（图二三；彩版二八，3）。ⅡM14：13，灰胎，青绿釉。假圈足，余同ⅡM14：19。口径13.6、底径8.2、高6.4厘米（图二三；彩版二八，2）。

3件个体较小。ⅡM14：8，灰胎，青绿釉。尖圆唇，饼足内凹。内底下压一圈，外沿饰细弦纹。口径8.2、底径4.7、高3.4厘米（图二三；彩版二八，4）。ⅡM14：11，灰胎，青绿釉，釉多剥落。圆唇，直口略敞，弧腹，饼足微凹，内底隆起。外沿饰细弦纹。口径8.3、底径4.7、高4厘米（图二三；彩版二八，5）。ⅡM14：15，深灰胎，青绿釉。尖圆唇，直口，弧腹，饼足微凹，内底不规则。外沿饰深弦纹。口径10、底径5.8、高4.2厘米（图二三；彩

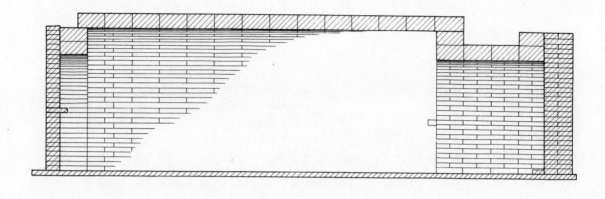

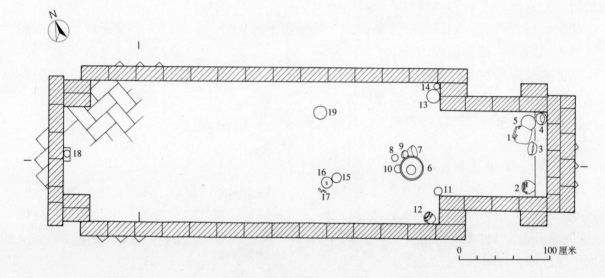

图二三 ⅡM14平、剖面图及其出土青瓷四耳罐、碗，陶釜和铁镜、铁剪刀
1. A型Ⅰ式青瓷四耳罐 2. Ba型Ⅰ式青瓷四耳罐 3、18. Ⅰ式青瓷碗 4、9、10、14. Ⅲ式青瓷碗 5、7、8、11、
13、15、19. Ⅱ式青瓷碗 6. 陶釜 12. Bb型青瓷四耳罐 16. 铁镜 17. 铁剪刀

版二八，6）。

Ⅲ式 4件。有大小之分。

1件个体较大。ⅡM14：4，灰胎，釉多剥落。尖圆唇，弧腹，饼足内凹。内底下压一圈，外沿饰细弦纹。口径13.3、底径7.5、高7厘米（图二三；彩版二九，1）。

3件个体较小。ⅡM14：9，灰胎，青绿釉。圆唇，直口，弧腹，饼足内凹。内底不规整。外沿饰细弦纹。口径8.2、底径4.5、高4.4厘米（图二三；彩版二九，2）。ⅡM14：10，灰胎，釉多剥落。圆唇，直口，直腹，饼足，内底心微凸。外沿饰极细弦纹。口径7.8、底径4.4、高4.1厘米（图二三；彩版二九，3）。ⅡM14：14，灰胎，青绿釉。尖唇，外沿弦纹若隐若现，余同ⅡM14：4。口径8、底径5、高4.2厘米（图二三；彩版二九，4）。

陶釜 1件。ⅡM14：6，夹砂橙黄陶。方唇，敞口，折沿，圜底。腹、底饰方格纹。口径25.2、高18.2厘米（图二三；彩版二九，5）。

铁剪刀 1件。ⅡM14：17，存残痕。

铁镜 1件。ⅡM14：16，残（彩版二九，6）。

（二）长方形单室墓

2座。为ⅠM53和ⅡM22。

1．ⅠM53

1）墓葬概况

位于ⅠT1006东北角。长2.50、宽0.80、高0.85米。方向140°。（图二四；彩版三〇，1、2）

封门平面呈"凸"字形，以两道长方形砖纵置平铺错缝叠砌于侧壁外，砌法皆为"全顺"；内道较墓室宽0.20米；上部残毁，残高0.40米。

侧壁、后壁皆长方形砖错缝平铺叠砌，后壁砌于侧壁外。底铺"人"字形砖。侧壁净高0.55米处夹砌刀形砖构筑券顶。

墓砖有长方形和刀形两种，见"□年□月十三日"等纪年文字（图一一B，2）。长方形砖常见规格29×15-5厘米，刀形砖常见规格29×15-5-3厘米。

随葬品置于墓室前部，皆青瓷器，有碗、盖钵等共5件。

2）出土器物

碗 4件。有Ⅱ式和Ⅲ式。

Ⅱ式 2件。一大一小。ⅠM53：2，灰胎，青绿釉。圆唇，直口，弧腹，饼足微凹，内底不规则。外沿饰细弦纹。口径13.4、底径8.2、高6.6厘米（图二四；彩版三一，1）。ⅠM53：3，深灰胎，青绿釉。圆唇，饼足内凹，内底微凸。外沿饰细弦纹。口径10.4、底径5.8、高4.7厘米（图二四；彩版三一，2）。

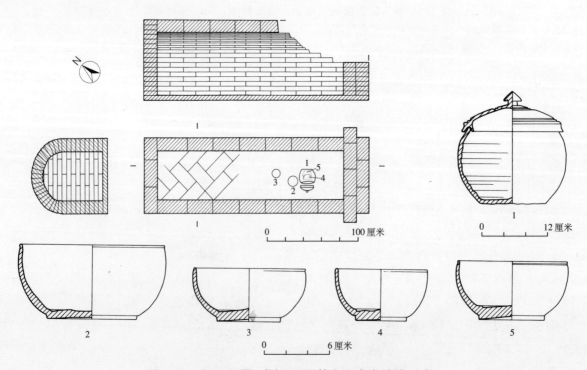

图二四　ⅠM53平、剖面图及其出土青瓷盖钵、碗
1.青瓷盖钵　2、3.Ⅱ式青瓷碗　4、5.Ⅲ式青瓷碗

Ⅲ式 2件。ⅠM53：4，灰胎，釉脱落。圆唇，饼足内凹。外沿弦纹极细。口径8.2、底径4.6、高4.6厘米（图二四；彩版三一，3）。ⅠM53：5，灰胎，青绿釉，釉多剥落。圆唇，直口，弧腹，饼足内凹，内底隆起。外沿饰细弦纹。口径10、底径6、高5.3厘米（图二四；彩版三一，4）。

盖钵 1件。ⅠM53：1，灰胎，釉尽剥落。盖呈覆盘形，蘑菇形纽，双唇。钵圆唇，敛口，鼓腹，平底。盖径17.6、钵口径15.7、底径11.6、通高20厘米（图二四；彩版三一，5）。

2．ⅡM22

1）墓葬概况

位于ⅡT0809西北角。长2.85、宽0.83、高1.05米。方向158°。（图二五）

封门平面呈"凸"字形，以两道长方形砖纵置平铺叠砌于侧壁外，砌法皆为"全顺"；内道较墓室宽0.19、高0.03米；外道较墓室宽0.10、高0.01米。

侧壁、后壁用长方形砖错缝平铺叠砌，后壁砌于侧壁内。墓底铺"人"字形砖，较墓室稍宽。侧壁净高0.60米处夹砌刀形砖码筑券顶。

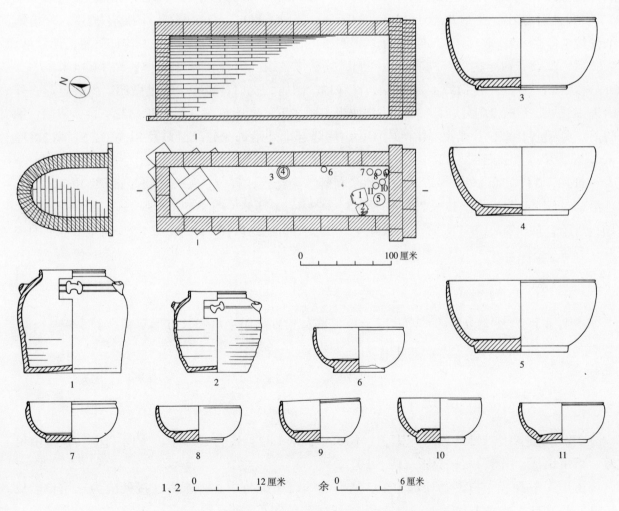

图二五 ⅡM22平、剖面图及其出土青瓷四耳罐、碗
1．A型Ⅱ式青瓷四耳罐 2．Bb型青瓷四耳罐 3~8、11．Ⅱ式青瓷碗 9、10．Ⅲ式青瓷碗

墓砖有长方形和刀形，长方形砖常见规格30×15-5厘米，刀形砖常见规格30×15-5-3厘米。随葬品集中于墓室前部，尤以墓室前端为主，有青瓷四耳罐、碗等共11件。

2）出土器物

四耳罐　2件。有A型Ⅱ式和Bb型。

A型Ⅱ式　1件。ⅡM22：1，灰胎，釉多脱落。圆唇，直口，溜肩，平底内凹。外沿、耳间饰弦纹。口径12.2、底径17.6、高18.4厘米（图二五；彩版三二，1）。

Bb型　1件。ⅡM22：2，灰胎，青绿釉。圆唇，下腹斜收，平底内凹。外沿、耳间饰弦纹。腹部有明显轮制痕。口径10.4、底径10.8、高14.4厘米（图二五；彩版三二，2）。

碗　9件。

Ⅱ式　7件。有大小之分。

3件个体较大。ⅡM22：3，灰胎，釉基本剥落。圆唇，弧腹，假圈足。外沿饰深弦纹。口径13.6、底径8.2、高6.4厘米（图二五；彩版三二，3）。ⅡM22：4，灰胎，青绿釉。圆唇，直口略敛，弧腹，饼足内凹。内底下压一圈。口径13.3、底径8.4、高6.1厘米（图二五；彩版三二，4）。ⅡM22：5，灰胎，釉尽脱落。尖圆唇，直口略敞，直腹，假圈足，内底心隆起。外沿饰细弦纹，内底周饰凹弦纹。口径13.5、底径8.3、高6.4厘米（图二五；彩版三二，5）。

4件个体较小。ⅡM22：6，灰胎，釉脱落。圆唇，直口，直腹略弧。内底不规则。外沿饰细弦纹。口径8.2、底径4.7、高3.9厘米（图二五；彩版三三，1）。ⅡM22：7，灰胎，青绿釉。尖圆唇，弧腹，饼足内凹。内底下压一圈，外沿饰弦纹。口径8.1、底径5、高3.6厘米（图二五；彩版三三，2）。ⅡM22：8，灰胎，青绿釉。圆唇，直口，弧腹，饼足微凹，内底隆起。外沿饰细弦纹。口径7.7、底径4.5、高3.7厘米（图二五；彩版三三，3）。ⅡM22：11，灰胎，釉脱落。尖圆唇，直口，弧腹，饼足内凹，内底隆起。外沿饰深弦纹。口径8、底径5、高3.8厘米（图二五；彩版三三，4）。

Ⅲ式　2件。ⅡM22：9，灰胎，釉多剥落。尖圆唇，直口，弧腹，饼足微凹，内底微隆。外沿饰弦纹。烧制变形。口径7.6、底径4.5、高3.9~3.6厘米（图二五；彩版三三，5）。ⅡM22：10，灰胎，釉全部脱落。尖唇，弧腹。外沿弦纹不明显。口径7.8、底径4.5、高4厘米（图二五；彩版三三，6）。

三　第三期墓葬

本期墓葬22座，分别为"凸"字形单室墓、长方形单室墓和长方形双室合葬墓。

（一）"凸"字形单室墓

1座。为ⅠM30。

1）墓葬概况

ⅠM30主要位于ⅠT3924东南角。长5.62、宽1.82、残高1.46米。方向116°。该墓由甬道、墓室组成。（图二六；彩版三四，1）

甬道　平面呈长方形，顶部塌毁，从平面铺设情况分析，与墓室连接处应为三重券。长1.40、宽1.21、残高1.14米。

墓室　平面亦为长方形，后端置承券，承券的券柱上设对称的长方卯形缺口。长4.22、宽

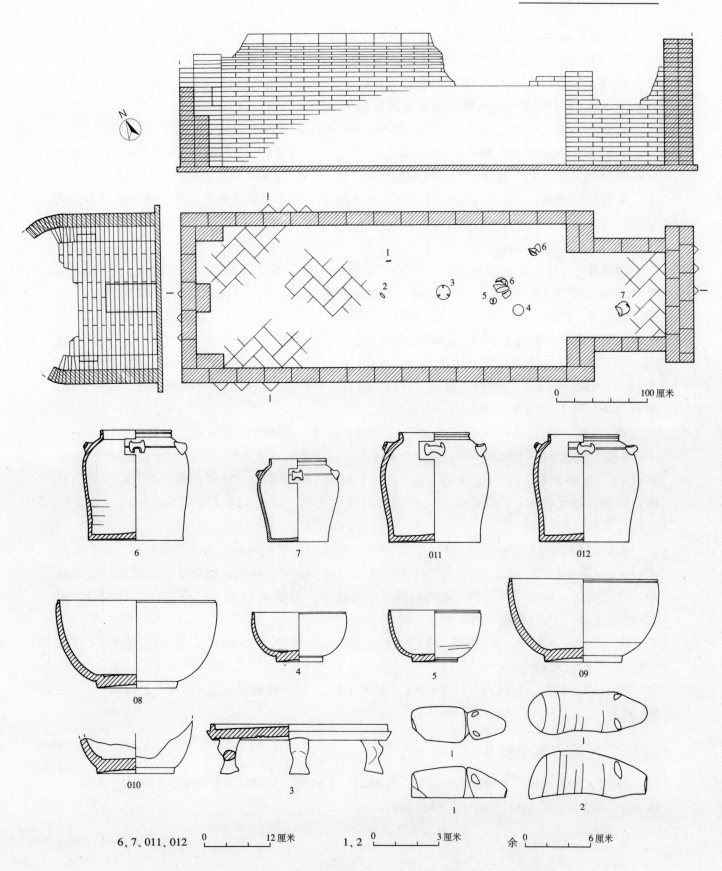

图二六　Ⅰ M30 平、剖面图及其出土滑石猪和青瓷砚、碗、四耳罐

1、2.滑石猪　3.青瓷砚　4、5、08、09.Ⅲ式青瓷碗　6、7、011、012.A型Ⅲ式青瓷四耳罐

1.82、残高 1.46 米。

封门用两道长方形砖纵置平铺叠砌于甬道外，砌法皆为"全顺"，较甬道宽 0.25、残高 1.38 米。

侧壁、后壁以长方形砖错缝平铺叠砌，后壁砌于侧壁内。底铺"人"字形砖。侧壁净高 1.02 米处夹砌刀形砖构筑券顶，券顶顶部垮塌。

后壁中央设宽 0.30、净高 0.52 米的砖柱一个。

墓砖有长方形和刀形两种，常饰叶脉纹，另有"大吉羊圌"文字砖（图一一 B，8）。长方形砖常见规格 30×15-5 厘米，刀形砖常见规格 30×15-5-3 厘米。

甬道和墓室前部出土随葬品 7 件，墓室前部倒塌堆积中采集随葬品 5 件。随葬品以青瓷四耳罐、碗为主，另见青瓷砚、滑石猪等。

2）出土器物

四耳罐　4 件。皆 A 型 III 式。I M30：6，灰胎，釉脱落。圆唇，直口，溜肩，平底内凹。外沿、耳间饰弦纹。口径 13、底径 17.2、高 19.6 厘米（图二六；彩版三五，1）。I M30：7，灰胎，釉剥落。圆唇，直口，溜肩，平底内凹。外沿、耳间饰弦纹。口径 10.4、底径 11.2、高 14.8 厘米（图二六；彩版三五，2）。I M30：011，灰胎，青绿釉，釉多脱落。圆唇，直口略敞，溜肩，平底内凹。外沿饰弦纹。口径 12.8、底径 16.8、高 19.6 厘米（图二六；彩版三五，3）。I M30：012，灰胎，青绿釉。圆唇，直口，溜肩，平底微凹。外沿、耳间饰弦纹。口径 12.8、底径 16.6、高 19.2 厘米（图二六；彩版三五，4）。

碗　5 件。除 I M30：010 仅存底部、形制不辨外，余 4 件均为 III 式，有大小之分。

2 件个体较大。I M30：08，灰胎，釉剥落。尖圆唇，平底内凹。外沿饰细弦纹。口径 14.4、底径 7.2、高 7.8 厘米（图二六；彩版三四，2）。I M30：09，灰胎，釉尽剥落。尖圆唇，直口略敞，弧腹，饼足内凹，内底心微凸。外沿、内底饰弦纹。口径 13.6、底径 7、高 7.5 厘米（图二六；彩版三四，3）。

2 件个体较小。I M30：4，灰胎，青绿釉。尖圆唇，平底内凹。外沿饰细弦纹。口径 8.3、底径 4.2、高 4.4 厘米（图二六；彩版三四，4）。I M30：5，灰胎，釉剥落。尖圆唇，直口略敞，直腹微弧，饼足微凹，内底心略凸。外沿饰弦纹。足壁有划痕。口径 8.4、底径 4.2、高 4.5 厘米（图二六；彩版三四，5）。

砚　1 件。I M30：3，灰胎，青绿釉，釉多脱落。浅盘，三兽足。口径 16、通高 4.4 厘米（图二六；彩版三四，6）。

滑石猪　2 件。I M30：1，残长 4.4 厘米（图二五；彩版三五，5 右）。I M30：2，长 5.4 厘米（图二六；彩版三五，5 左）。

（二）长方形单室墓

14 座。为 I M13、I M20、I M27、I M28、I M39、I M51、I M56、I M57、II M18、III M2、III M8、III M11、III M12 和 III M13。

1．I M13

1）墓葬概况

主要位于 I T3320 北侧中部。长 4.75、宽 1.30、高 1.30 米。方向 150°。（图二七；彩版三

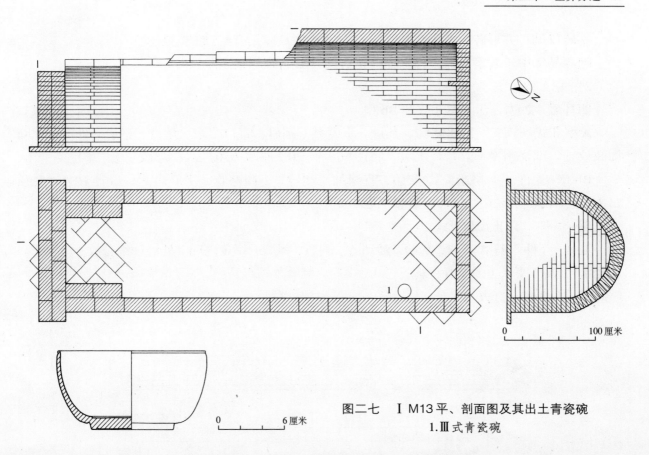

图二七　Ⅰ M13平、剖面图及其出土青瓷碗
1.Ⅲ式青瓷碗

六，1、2）

封门砌于侧壁外，以两道长方形砖纵置平铺叠砌，砌法皆为"全顺"，较墓室宽0.20、残高0.84米。

侧壁、后壁用长方形砖错缝平铺叠砌，后壁砌于侧壁内。底铺砖成"人"字形，宽于墓室。侧壁净高0.65米处夹砌刀形砖码筑券顶。

墓室前端设宽0.62米的承券，后壁中部净高0.65米处置一个砖托。

墓砖有长方形和刀形两种，少量墓砖饰叶脉纹。长方形砖常见规格32×15-5厘米，刀形砖常见规格32×15-5-3厘米。

墓室后部残存青瓷碗1件。

2）出土器物

碗　1件。Ⅲ式。Ⅰ M13：1，灰胎，青绿釉。圆唇，饼足微凹。外沿饰细弦纹，外底施凹弦纹。口径13.2、底径7.5、高7厘米（图二七；彩版三六，3）。

2．Ⅰ M20

1）墓葬概况

位于Ⅰ T3622西南角。长3.98、宽1.40、残高0.42米。方向171°。（图二八）

封门、侧壁和后壁皆长方形砖错缝平铺叠砌，砌法皆为"全顺"。封门砌于侧壁外，较墓室宽0.30米，残高0.15米。后壁砌于侧壁内。墓底铺"人"字形砖，宽于墓室。券顶全部垮塌。从残痕推断，墓室前端墓壁外加砌一重券与封门相接。

墓砖仅见长方形砖，多印叶脉纹，常见规格 32/31×15/14-5 厘米。

随葬品集中于墓室前部，皆青瓷器，有四耳罐、碗等共 8 件。

2）出土器物

四耳罐　2 件。有 A 型Ⅱ式和 Bb 型。

A 型Ⅱ式　1 件。ⅠM20：2，灰胎，青绿釉。圆唇，直口略敞，溜肩，平底。外沿、耳间饰弦纹。口部烧制变形。口径 12.4、底径 16、高 20.2 厘米（图二八；彩版三七，1）。

Bb 型　1 件。ⅠM20：3，灰胎，青绿釉。圆唇，下腹略收，平底内凹。口径 10.4、底径 11.6、高 16.4 厘米（图二八；彩版三七，2）。

碗　6 件。有Ⅱ式和Ⅲ式。

Ⅱ式　1 件。ⅠM20：7，灰胎，釉剥落。圆唇，弧腹，饼足内凹。外沿饰细弦纹。口径 8.4、底径 4.1、高 4 厘米（图二八；彩版三八，1）。

Ⅲ式　5 件。有大小之分。

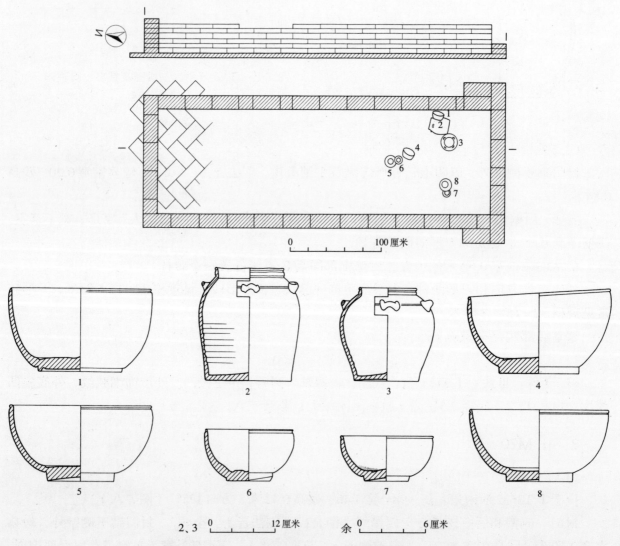

图二八　ⅠM20 平、剖面图及其出土青瓷碗、四耳罐

1、4~6、8.Ⅲ式青瓷碗　2.A 型Ⅱ式青瓷四耳罐　3.Bb 型青瓷四耳罐　7.Ⅱ式青瓷碗

4件个体较大。Ⅰ M20∶1，灰胎，青绿釉。尖唇，直口，直腹，假圈足，内底心微凸。外沿饰弦纹。口径 12.8、底径 7.7、高 7.4 厘米（图二八；彩版三八，2）。Ⅰ M20∶4，灰胎，釉多脱落。圆唇，直口，弧腹，饼足，内底心微凸。烧制变形。口径 12.9、底径 7.4、高 7.6~6.8 厘米（图二八；彩版三八，3）。Ⅰ M20∶5，灰胎，釉脱落。圆唇，弧腹，饼足内凹。外沿饰弦纹。口径 12.7、底径 6、高 6.8 厘米（图二八；彩版三八，4）。Ⅰ M20∶8，灰胎，青绿釉，釉多剥落。尖圆唇，直口略敞，直腹略弧，饼足内凹。内底下压一圈，外沿饰弦纹。口径 12.6、底径 6、高 6.4 厘米（图二八；彩版三八，5）。

1件个体较小。Ⅰ M20∶6，灰胎，釉多脱落。尖圆唇，弧腹，假圈足平底。外沿饰弦纹。口径 8、底径 4、高 4.6 厘米（图二八；彩版三八，6）。

3．Ⅰ M27

1）墓葬概况

主要位于Ⅰ T3922 西北角。长 4.04、宽 1.04、残高 1.09 米。方向 106°。（图二九；彩版三九，1）

封门砌于侧壁外，用长方形砖两纵一横错缝平铺叠砌，砌法为"梅花式"，上部残毁，较墓室宽 0.26、残高 0.35 米。

侧壁、后壁用长方形错缝平铺叠砌，后壁置于侧壁内。底铺"人"字形砖，宽于墓室。侧壁净高 0.64 米处夹砌刀形砖构筑券顶，券顶顶部塌毁。

墓砖有长方形和刀形两种，部分墓砖饰叶脉纹。长方形砖常见规格 34/33×16-5 厘米，刀形砖常见规格 34/33×16-5-4 厘米。

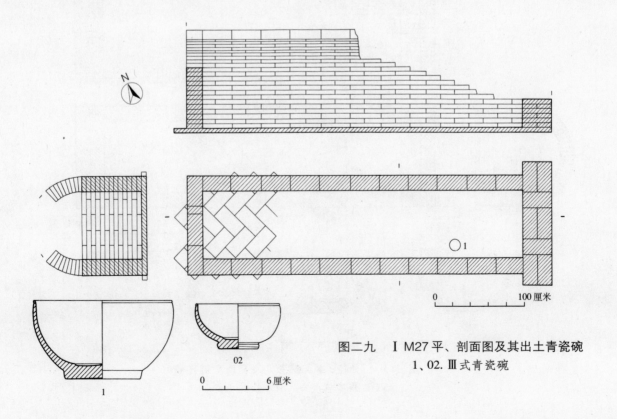

图二九　Ⅰ M27 平、剖面图及其出土青瓷碗
1、02. Ⅲ式青瓷碗

墓室前部出土和墓内填土采集随葬品各1件，皆青瓷碗。

2）出土器物

碗 2件。Ⅲ式。ⅠM27：1，灰胎，青绿釉，釉多脱落。尖唇，假圈足平底，内底下凹。外沿饰细弦纹。口径12.5、底径6.8、高6.9厘米（图二九；彩版三九，2）。ⅠM27：02，灰胎，釉多剥落。圆唇，直口，弧腹，内底下凹。外沿饰细弦纹。足壁有旋削痕。口径7.6、底径3.7、高4厘米（图二九；彩版三九，3）。

4．ⅠM28

1）墓葬概况

主要位于ⅠT3924西南角。长3.96、宽1.08、高1.10米。方向105°。（图三〇）

封门由两道长方形砖纵置错缝平铺叠砌，砌法皆为"全顺"，内道砌于墓室侧壁内，外道封于侧壁外。

侧壁、后壁以长方形砖错缝平铺叠砌，后壁置于墓室侧壁内。底铺砖成"人"字形，较墓室宽。侧壁净高0.58米处夹砌刀形砖构筑券顶。

后壁中部净高0.56米处设一个砖托，砖托向墓室内外各伸出0.06和0.05米。

墓砖有长方形和刀形两种，常饰叶脉纹。长方形砖常见规格30.5×15-5厘米，刀形砖常见规格30×15-5-3厘米。

墓室中部偏前残存随葬品1件，墓室倒塌堆积中采集随葬品2件，皆青瓷碗。

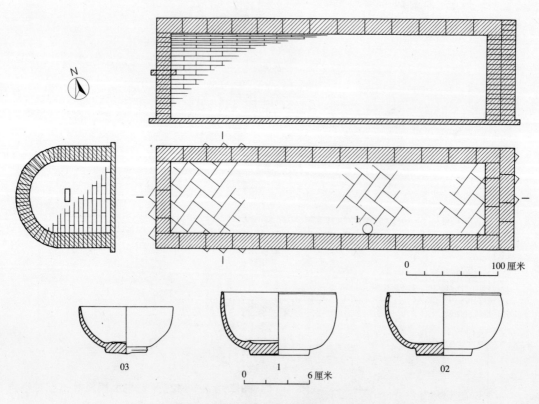

图三〇 ⅠM28平、剖面图及其出土青瓷碗
1、02.Ⅲ式青瓷碗 03.Ⅱ式青瓷碗

2）出土器物

碗　3件。有Ⅱ式和Ⅲ式。

Ⅱ式　1件。ⅠM28：03，灰胎，青绿釉。尖唇，直腹，饼足。底心不规整。口径8.6、底径3.8、高4.2厘米（图三〇；彩版三九，4）。

Ⅲ式　2件。ⅠM28：1，灰胎，釉基本脱落。尖圆唇，直腹，内底下凹。外沿饰细纹。口径10.4、底径5.4、高5.6厘米（图三〇；彩版三九，5）。ⅠM28：02，灰胎，釉剥落。尖圆唇，直口微敛，弧腹，饼足微凹，内底不规整。外沿饰细弦纹。口径10.2、底径5、高5.6厘米（图三〇；彩版三九，6）。

5．ⅠM39

1）墓葬概况

ⅠM39主要位于ⅠT0117东南部。长3.74、宽1.29、高1.14米，方向253°。（图三一）

封门以两道长方形砖纵置错缝平铺叠砌于侧壁外，砌法皆为"全顺"。

侧壁、后壁皆长方形砖错缝平铺叠砌，后壁砌于侧壁外。底铺"人"字形砖，宽于墓室。侧壁净高0.56米处夹砌刀形砖码筑券顶。墓室前端壁外加砌一重券。

墓砖有长方形和刀形两种，常饰叶脉纹、网格纹，并有"大明三年十月"纪年砖（图一一A，4、6；图一一B，7）。长方形砖常见规格29×14-4.5厘米，刀形砖常见规格29×14-4.5-3厘米。

随葬品位于墓室后部，皆青瓷器，有四耳罐、碗和碟等共10件。

2）出土器物

四耳罐　2件。有A型Ⅲ式和A型Ⅳ式。

A型Ⅲ式　1件。ⅠM39：9，灰胎，釉脱落。圆唇，直口略敞，溜肩，平底内凹。外沿、耳间饰弦纹。口径12.8、底径15.9、高19.6厘米（图三一；彩版四〇，1）。

A型Ⅳ式　1件。ⅠM39：10，灰胎，青绿釉。方唇，敞口，溜肩，平底微凹。外沿、耳间饰弦纹。口径11、底径14、高18.4厘米（图三一；彩版四〇，2）。

碗　4件。有Ⅲ式和Ⅳ式。

Ⅲ式　3件。ⅠM39：1，灰胎，釉多剥落。尖圆唇，弧腹，饼足略凹。外沿饰细弦纹，内底心施凹弦纹。口径15.2、底径7.1、高8厘米（图三一；彩版四一，1）。ⅠM39：2，灰胎，青绿釉，釉多剥落。尖圆唇，直口，直腹略弧，饼足微凹，内底心隆起。口径13.2、底径5.8、高6.5厘米（图三一；彩版四一，2）。ⅠM39：4，灰胎，釉剥落。尖唇，直口略敞，直腹，饼足内凹，内底隆起。外沿饰极细弦纹。口径12.4、底径5.3、高6.5厘米（图三一；彩版四一，3）。

Ⅳ式　1件。ⅠM39：3，灰胎，青绿釉。尖唇，弧腹，饼足内凹。内底不规整。外沿饰细弦纹。口径8.3、底径3.8、高4.5厘米（图三一；彩版四一，4）。

碟　4件。皆A型。ⅠM39：5，灰胎，青绿釉，下腹积釉。尖圆唇，浅弧腹。口径13.3、底径6、高3.8厘米（图三一；彩版四〇，3）。ⅠM39：6，灰胎，青绿釉，釉多剥落。饼足内凹，内底饰旋纹，余似ⅠM39：5。口径11.8、底径5.4、高3厘米（图三一；彩版四〇，4）。ⅠM39：7，灰胎，青绿釉。饼足内凹，内底下压一圈，余似ⅠM39：5。口径13.3、底径6.5、高3.7厘米（图三一；彩版四一，5）。ⅠM39：8，灰胎，青绿釉。饼足内凹，内底有旋痕，外腹有轮制旋痕，余似ⅠM39：5。口径12、底径5.4、高2.8厘米（图三一；彩版四一，6）。

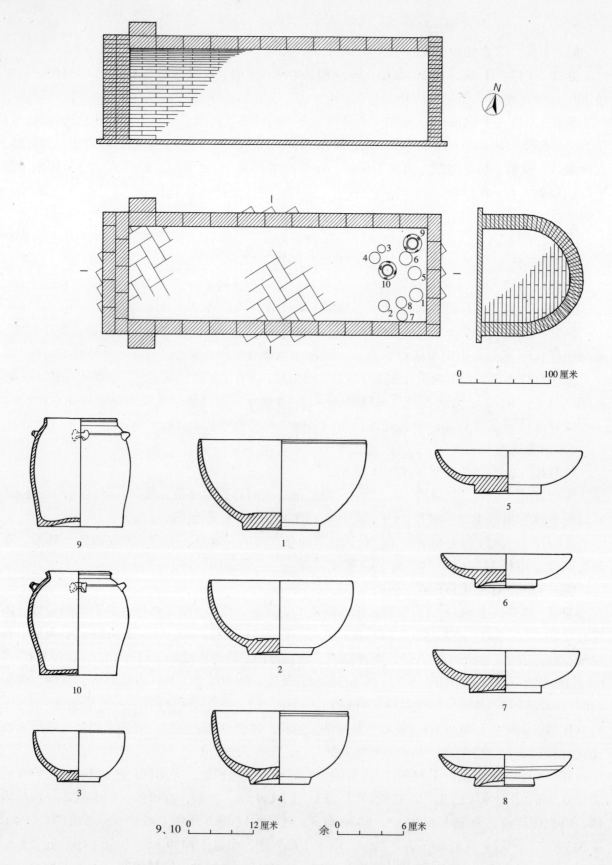

图三一　ⅠM39平、剖面图及其出土青瓷碗、碟、四耳罐

1、2、4.Ⅲ式青瓷碗　3.Ⅳ式青瓷碗　5~8.A型青瓷碟　9.A型Ⅲ式青瓷四耳罐　10.A型Ⅳ式青瓷四耳罐

6．Ⅰ M51

1）墓葬概况

主要位于Ⅰ T1109东北角。长4.44、宽1.00、高1.07米。方向109°。（图三二；彩版四二，1~3）封门用两道长方形砖纵置错缝平铺叠砌于侧壁外，砌法皆为"全顺"，上部残毁，残高0.35米。

侧壁、后壁以长方形砖错缝平铺叠砌，后壁砌于侧壁外。底铺"人"字形砖。侧壁净高0.64米处夹砌刀形砖构筑券顶，券顶部分垮塌。

墓砖有长方形和刀形两种，常饰叶脉纹，有"元嘉九年八月十日"纪年砖（图一一B，3；彩版四三）。长方形砖常见规格30×15-5厘米，刀形砖常见规格30×15-5-3厘米。

随葬品集中于墓室前后两端，前部为主（彩版四二，2、3）。青瓷器居多，有四耳罐、碗和盆，另有陶四耳罐等共12件。

2）出土器物

四耳罐　2件。有A型Ⅰ式和A型Ⅲ式。

A型Ⅰ式　1件。Ⅰ M51：1，灰胎，釉脱落。圆唇，直口，溜肩，平底内凹。外沿、耳间饰弦纹。下腹略烧制变形。口径12.6、底径18、高18.2厘米（图三二；彩版四四，1）。

A型Ⅲ式　1件。Ⅰ M51：2，灰胎，青绿釉。尖圆唇，直口略敞，溜肩，平底。外沿、耳间饰弦纹。底部烧制变形。口径13.2、底径16.8、高18.6厘米（图三二；彩版四四，2）。

碗　8件。有Ⅱ式和Ⅲ式。

Ⅱ式　2件。Ⅰ M51：10，灰胎，青绿釉，釉多脱落。圆唇，直口略敛，弧腹，饼足。外沿饰弦纹。口径9.2、底径5.6、高3.6厘米（图三二；彩版四四，3）。Ⅰ M51：11，灰胎，釉剥落。尖圆唇，饼足内凹。外沿饰细弦纹。口径8.2、底径4.6、高3.6厘米（彩版四四，4）。

Ⅲ式　6件。有大小之分。

2件个体较大。Ⅰ M51：5，灰胎，青绿釉，釉多脱落。尖圆唇，直腹，饼足内凹。外沿饰极细弦纹。口径13.4、底径8、高7.2厘米（图三二；彩版四四，5）。Ⅰ M51：9，灰胎，青绿釉，釉多剥落。尖圆唇，直口，直腹，饼足内凹。内底下压。外沿饰极细弦纹。口径13.2、底径7.8、高6.7厘米（图三二；彩版四四，6）。

4件个体较小。Ⅰ M51：4，灰胎，青绿釉。尖唇，直口略敞，直腹，饼足内凹。内底不规整。外沿隐约可见弦纹。口径8.2、底径4.6、高4.8厘米（图三二；彩版四五，1）。Ⅰ M51：6，灰胎，釉剥落。内底心隆起，余似Ⅰ M51：4。口径8.2、底径4.6、高4.6厘米（图三二；彩版四五，2）。Ⅰ M51：7，灰胎，青绿釉。尖圆唇，直口略敛，直腹微弧，饼足内凹。内底不规则。外沿饰细弦纹。口径8.4、底径4.4、高4.9厘米（图三二；彩版四五，3）。Ⅰ M51：8，灰胎，青绿釉。形同Ⅰ M51：5。口径8.4、底径4.6、高4.8厘米（图三二；彩版四五，4）。

盆　1件。Ⅰ M51：3，灰胎，釉剥落。尖唇，窄平沿，浅直腹，假圈足。口径21.6、底径15.4、高7.8厘米（图三二；彩版四五，5）。

陶四耳罐　1件。Ⅰ M51：12，泥质灰陶，施酱褐色陶衣。圆唇，直口，溜肩，下腹内收，平底内凹，肩附四泥条耳。外沿、耳间饰弦纹。口径16.2、底径18.2、高19.2厘米（图三二；彩版四五，6）。

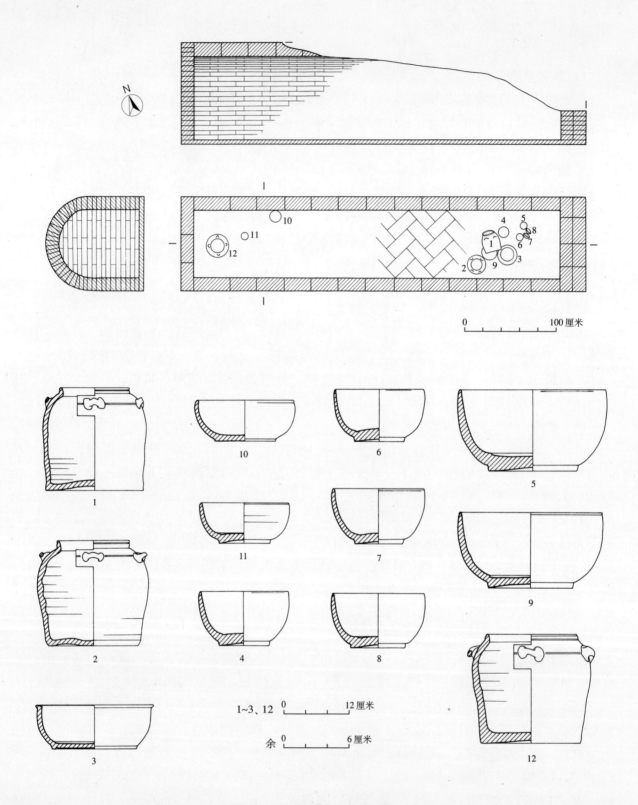

图三二　Ⅰ M51平、剖面图及其出土青瓷四耳罐、盆、碗

1.A型Ⅰ式青瓷四耳罐　2.A型Ⅲ式青瓷四耳罐　3.青瓷盆　4~9.Ⅲ式青瓷碗　10、11.Ⅱ式青瓷碗　12.陶四耳罐

7．ⅠM56

1）墓葬概况

ⅠM56主要位于ⅠT1107南侧中部。长4.42、宽1.06、高1.20米，方向135°。（图三三）

封门为三道长方形砖纵置错缝平铺叠砌，砌法皆为"全顺"；内道置于墓室侧壁内；中道和外道封于侧壁外，高度与墓室券顶持平，其上加砌一重券；较墓室宽0.28、高0.14米。

侧壁、后壁以长方形砖错缝平铺叠砌，后壁砌于侧壁内。墓底铺"人"字形砖，宽于墓室。侧壁净高0.66米处夹砌刀形砖码筑券顶。

后壁中部净高0.56米处设一个壁龛，龛宽0.20、高0.08、深0.06米。

墓砖有长方形和刀形两种，见"元嘉十年"纪年砖（图一一Ｂ，4）。长方形砖常见规格30×15-5厘米，刀形砖常见规格30×15-5-3厘米。

随葬品集中于墓室前部，墓室中、后部亦零星分布。青瓷四耳罐、碗为主，另有滑石猪等共13件。

2）出土器物

四耳罐 3件。有A型Ⅱ式、A型Ⅲ式和Ba型Ⅱ式。

A型Ⅱ式 1件。ⅠM56：6，灰胎，青绿釉。圆唇，直口略敞，溜肩，平底内凹。耳间饰弦纹。口径12、底径16、高18.8厘米（图三三；彩版四六，1）。

A型Ⅲ式 1件。ⅠM56：7，灰胎，青绿釉。圆唇，直口，溜肩，平底内凹。外沿、耳间饰弦纹。口径13、底径16.8、高18.4厘米（图三三；彩版四六，2）。

Ba型Ⅱ式 1件。ⅠM56：10，灰胎，青绿釉。圆唇，溜肩，平底微凹。耳间饰弦纹。口径10、底径7.8、高10.8厘米（图三三；彩版四六，3）。

碗 8件。有Ⅱ式和Ⅲ式。

Ⅱ式 2件。ⅠM56：9，灰胎，青绿釉。尖圆唇，直口，直腹，饼足内凹，内底隆起。外沿饰细弦纹。口径14、底径8.5、高6.6厘米（图三三；彩版四六，4）。ⅠM56：13，灰胎，青绿釉。尖唇，弧腹，饼足内凹。外沿饰细弦纹。口径8.4、底径4.4、高4厘米（图三三；彩版四六，5）。

Ⅲ式 6件。有大小之分。

3件个体较大。ⅠM56：3，灰胎，釉剥落。尖唇，直口略敞，直腹，饼足内凹。内底下压，外沿饰细弦纹。口径13.6、底径7.1、高7.8厘米（图三三；彩版四七，1）。ⅠM56：4，灰胎，釉剥落。饼足微凹，足壁饰弦纹，余同ⅠM56：3。口径14、底径7.6、高7.4厘米（图三三；彩版四七，2）。ⅠM56：12，灰胎，釉脱落。尖唇，弧腹，饼足内凹。内底心下压一圈，外沿饰细弦纹。口径13、底径7.4、高7.4厘米（图三三；彩版四七，3）。

3件个体较小。ⅠM56：5，灰胎，青绿釉，内、外底积釉明显。尖唇，直口，直腹，饼足。口径8.6、底径4.6、高5.2厘米（图三三；彩版四七，4）。ⅠM56：8，灰胎，青绿釉。尖唇，弧腹略直，内底心微凹。饼足饰弦纹。口径8.2、底径4.2、高5.4厘米（图三三；彩版四七，5）。ⅠM56：11，灰胎，青绿釉。尖唇，直口，直腹略弧，饼足。内底下压，外沿饰细弦纹。口径8.6、底径4.6、高5厘米（图三三；彩版四七，6）。

滑石猪 2件。ⅠM56：1，长4.6厘米（图三三；彩版四六，6右）。ⅠM56：2，长5.7厘米（图三三；彩版四六，6左）。

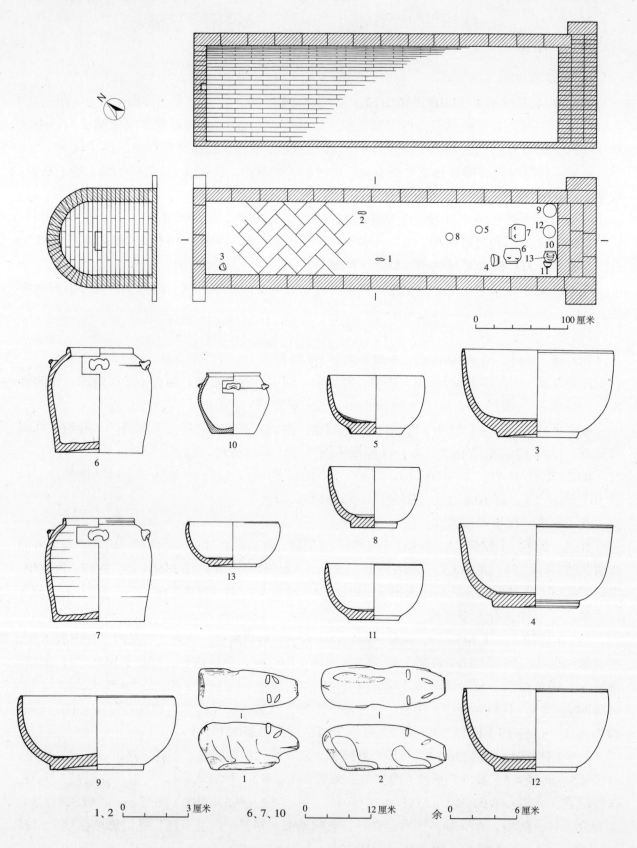

图三三　Ⅰ M56平、剖面图及其出土滑石猪和青瓷碗、四耳罐

1、2.滑石猪　3~5、8、11、12.Ⅲ式青瓷碗　6.A型Ⅱ式青瓷四耳罐　7.A型Ⅲ式青瓷四耳罐　9、13.Ⅱ式青瓷碗　10.Ba型Ⅱ式青瓷四耳罐

8． Ｉ M57

1）墓葬概况

Ｉ M57 位于 Ｉ T1210 西南角。长 4.08、宽 0.98、高 1.20 米。方向 122°。（图三四）

封门用两道长方形砖错缝平铺叠砌，砌法皆为"全顺"，内道置于墓室侧壁内，外道封于侧壁外，上部残毁，较墓室宽 0.26 米，残高 0.36 米。

侧壁、后壁皆长方形砖错缝平铺叠砌，后壁砌于墓室侧壁外。底铺"人"字形砖，宽于墓室。侧壁净高 0.70 米处夹砌刀形砖构筑券顶，券顶保存不完整。

墓砖有长方形和刀形两种，常饰叶脉纹。长方形砖常见规格 32×15.5-5 厘米，刀形砖常见规格 32×15.5-5-3 厘米。

随葬品集中于墓室前端，散见于墓室中部和后部。青瓷碗为主，另有青瓷四耳罐、滑石猪、木狮子和铁剪刀等共 16 件。

2）出土器物

四耳罐　2 件。A 型 Ⅱ 式和 A 型 Ⅲ 式

A 型 Ⅱ 式　1 件。Ｉ M57：1，灰胎，釉多剥落。圆唇，直口略敞，溜肩，平底内凹，桥形耳。外沿饰弦纹。口径 12.5、底径 16.5、高 18.6 厘米（图三四；彩版四八，1）。

A 型 Ⅲ 式　1 件。Ｉ M57：2，灰胎，青绿釉。方圆唇，直口，溜肩，平底内凹，桥形耳。耳间、下腹饰弦纹。口径 12.6、底径 16.8、高 19.5 厘米（图三四；彩版四八，2）。

碗　10 件，皆 Ⅲ 式。有大小之分。

3 件个体较大。Ｉ M57：8，灰胎，釉脱落。尖圆唇，直口略敞，直腹微弧，饼足微凹。内底下压，外沿饰深弦纹。口径 12.5、底径 6.2、高 6.6 厘米（图三四；彩版四八，3）。Ｉ M57：9，灰胎，青绿釉，釉多剥落。尖唇，直口略敞，弧腹。内底下压，外沿饰细弦纹。外腹有轮制旋痕。口径 12.8、底径 6.8、高 7 厘米（图三四；彩版四八，4）。Ｉ M57：10，灰胎，青绿釉，积釉。尖唇，直腹。外沿弦纹极细。口径 13.2、底径 6.6、高 7.2 厘米（图三四；彩版四八，5）。

7 件个体较小。Ｉ M57：3，灰胎，青绿釉，釉多剥落。尖唇，直口略敞，直腹，饼足。内底下压，外沿饰细弦纹。口径 7.6、底径 3.7、高 4 厘米（图三四；彩版四八，6）。Ｉ M57：4，灰胎，釉多脱落。尖圆唇，弧腹，饼足。内底下压，外沿饰弦纹。口径 7.9、底径 3.7、高 4.2 厘米（图三四；彩版四九，1）。Ｉ M57：5，灰胎，青绿釉，釉多剥落。圆唇，直口微敛，直腹略弧，饼足微凹。内底下压，外沿饰深弦纹。式别特征不典型。口径 7.8、底径 4.3、高 3.8 厘米（图三四；彩版四九，2）。Ｉ M57：6，灰胎，釉多脱落。直腹略弧，饼足微凹，余同 Ｉ M57：10。口径 8、底径 4、高 4.4 厘米（图三四；彩版四九，3）。Ｉ M57：7，灰胎，青绿釉，釉多剥落。尖唇，敞口，直腹，饼足微凹。内底略不规整。外沿饰极细弦纹。口径 8、底径 4、高 4 厘米（图三四；彩版四九，4）。Ｉ M57：13，灰胎，釉脱落。尖圆唇，直口，弧腹，饼足内凹。内底下压，外沿饰弦纹。口径 10.6、底径 5.4、高 5.4 厘米（图三四；彩版四九，5）。Ｉ M57：14，灰胎，釉剥落。尖唇，直口略敞，直腹，饼足微凹。内底不规则。外沿饰细弦纹，口径 8.4、底径 4、高 4.4 厘米（图三四；彩版四九，6）。

滑石猪　2 件。Ｉ M57：11，长 4.1 厘米（图三四；彩版四九，7 左）。Ｉ M57：12，长 3.3 厘米（图三四；彩版四九，7 右）。

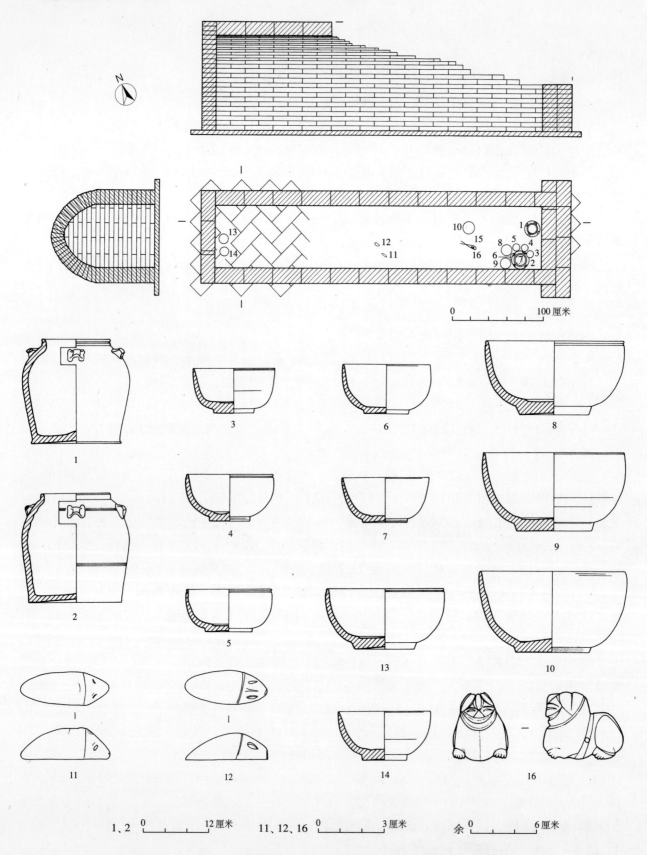

图三四　Ⅰ M57 平、剖面图及其出土青瓷四耳罐、碗和滑石猪、木狮子

1. A 型Ⅱ式青瓷四耳罐　2. A 型Ⅲ式青瓷四耳罐　3~10、13、14. Ⅲ式青瓷碗　11、12. 滑石猪　15. 铁剪刀
16. 木狮子

木狮子　1件。Ⅰ M57：16，木雕，较精细。高3厘米（图三四；彩版四九，8）。

铁剪刀　1件。Ⅰ M57：15，存残痕。

9．Ⅱ M18

1）墓葬概况

Ⅱ M18位于Ⅱ T0909西侧中部。残长4.94、宽1.18米。方向157°。由墓道、墓圹和墓室组成。（图三五）

墓道　不规则的长方形竖穴土坑，底略成斜坡。残长0.64、宽约0.8米。

墓圹　不规则的长方形竖穴土坑。长4.30、宽约1.18米。

墓室　长4.07、宽0.96、高1.07米。

封门用长方形砖纵置两道平铺和横置平铺交替叠砌于侧壁外，砌法为"一顺一丁"，较墓室宽0.17、高0.04米。

侧壁、后壁以长方形砖错缝平铺叠砌，后壁置于侧壁内。底铺"人"字形砖，较墓室宽。侧壁净高0.48米处夹砌刀形砖码筑券顶。

墓室前部中央设通向墓道的砖砌排水暗沟一条，暗沟截面呈长方形。净宽0.08、净高0.04、残长2.54米。后壁中部净高0.67米处设一个砖托。墓室前端壁外另加长方形砖支撑墓壁（本报告将此种设置简称为"护砖"）。

墓砖有长方形和刀形两种，长方形砖常见规格28×14-4厘米，刀形砖常见规格28×14-4-3厘米。

随葬品以青瓷四耳罐和碗为主，另见滑石猪、铜镜和残铁器等共10件。除滑石猪出土于墓室中部、1件碗置于砖托上外，余皆集中于墓室前部。

2）出土器物

四耳罐　2件。皆A型Ⅲ式。Ⅱ M18：5，灰胎，釉全剥落。方圆唇，敞口，溜肩，平底略凹。外沿、耳间饰弦纹。口径11.6、底径16、高16.5厘米（图三五；彩版五〇，1）。Ⅱ M18：6，灰胎，釉全剥落。圆唇，侈口，溜肩，平底微凹。外沿、耳间饰弦纹。口径11.6、底径16.4、高16.4厘米（图三五；彩版五〇，2）。

碗　3件。皆Ⅲ式。有大小之分

2件个体较大。Ⅱ M18：7，灰胎，青绿釉，釉多脱落。尖圆唇，内底下凹。外沿饰细弦纹。口径12.8、底径6.9、高8.1厘米（图三五；彩版五〇，3）。Ⅱ M18：9，灰胎，青绿釉，釉多剥落。尖圆唇，直口，直腹，饼足内凹。内底不规则。外沿饰细弦纹。口径15、底径8.3、高8厘米（图三五；彩版五〇，4）。

1件个体较小。Ⅱ M18：3，灰胎，青绿釉。尖唇，饼足内凹。口径7.8、底径4.8、高4.2厘米（图三五；彩版五〇，5）。

莲瓣碗　1件。Ⅱ M18：8，灰胎，青绿釉。方圆唇，敞口，斜弧腹，饼足内凹，足壁外撇。外沿饰弦纹，外腹模印莲瓣。口径15.4、底径7.6、高8.4厘米（图三五；彩版五〇，6）。

铜镜　1件。Ⅱ M18：4，四乳鸟纹镜，半球形纽，三角缘，主区边缘饰叶脉状条纹，主区饰飞鸟、四乳等。直径8.6厘米（图三五；彩版五一）。

滑石猪　2件。Ⅱ M18：1，长4.2厘米（图三五；彩版五〇，7左）。Ⅱ M18：2，残长2.5

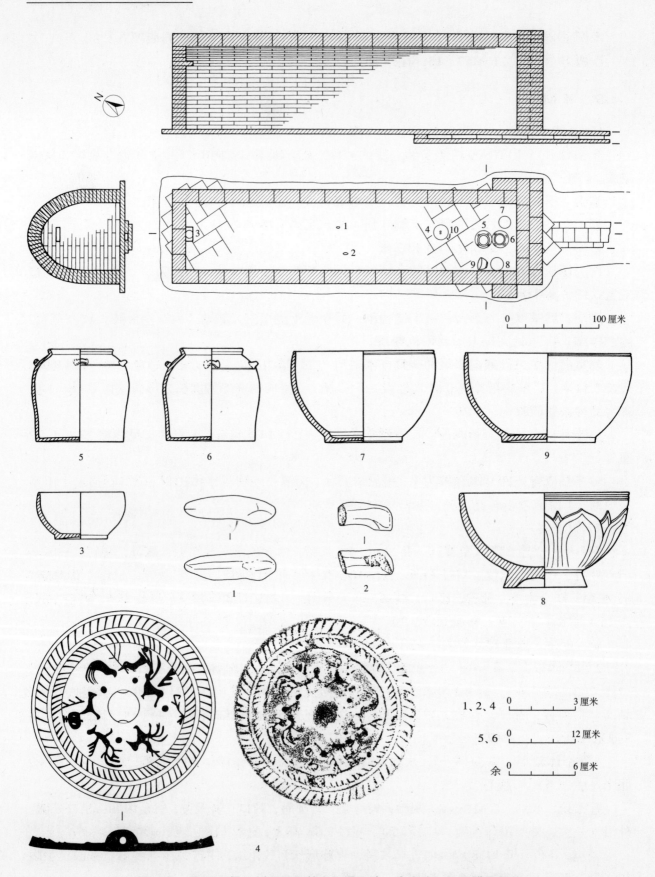

图三五　ⅡM18平、剖面图及其出土滑石猪，青瓷碗、四耳罐和铜镜
1、2.滑石猪　3、7、9.Ⅲ式青瓷碗　4.铜镜　5、6.A型Ⅲ式青瓷四耳罐　8.青瓷莲瓣碗　10.残铁器

厘米（图三五；彩版五〇，7右）。

铁器 1件。Ⅱ M18：10，仅存残痕。

10．Ⅲ M2

1）墓葬概况

位于Ⅲ T0553北侧中部。长3.60、宽1.09、高1.10米。方向271°。（图三六；彩版五二，1）
封门以两道长方形砖纵置错缝平铺叠砌，砌法为"全顺"，内道砌于墓室侧壁内，外道封

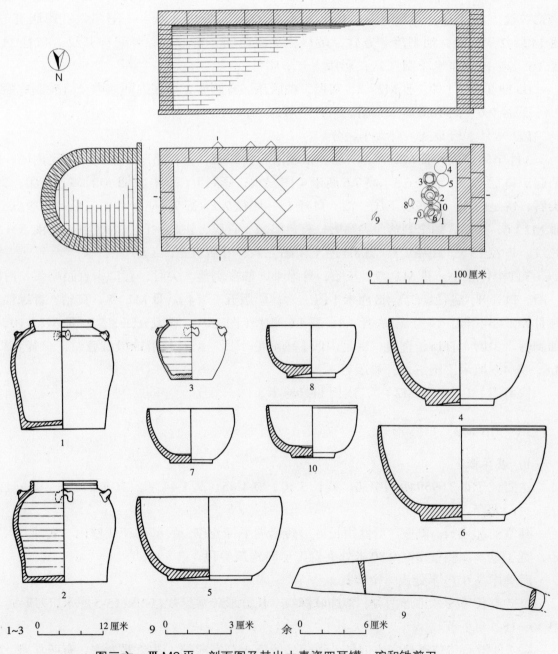

图三六　Ⅲ M2平、剖面图及其出土青瓷四耳罐、碗和铁剪刀

1、2. A型Ⅲ式青瓷四耳罐　3. Ba型Ⅱ式青瓷四耳罐　4~8、10. Ⅲ式青瓷碗　9. 铁剪刀

于侧壁外，较墓室宽 0.05 米，高度与墓室券顶持平。

侧壁、后壁皆长方形砖错缝平铺叠砌，后壁置于侧壁内。底铺砖成"人"字形，较墓室稍宽。侧壁净高 0.60 米处夹砌刀形砖构筑券顶。

墓砖有长方形和刀形两种，长方形砖常见规格 32×15-5 厘米，刀形砖常见规格 32×15-5-3 厘米。

随葬品皆摆放于墓室前部，青瓷器四耳罐、碗为主，另见铁剪刀等共 10 件。

2) 出土器物

四耳罐　3 件。有 A 型Ⅲ式和 Ba 型Ⅱ式。

A 型Ⅲ式　2 件。Ⅲ M2：1，灰胎，釉剥落。圆唇，直口，溜肩，平底，外底不规整。外沿饰弦纹。内壁有轮制旋痕。口径 12、底径 15.6、高 17.8 厘米（图三六；彩版五二，2）。Ⅲ M2：2，灰胎，釉剥落。方唇，敞口，平底内凹，桥形耳。耳间饰弦纹。口径 11.6、底径 16、高 19.6 厘米（图三六；彩版五二，4）。

Ba 型Ⅱ式　1 件。Ⅲ M2：3，灰胎，釉脱落。方圆唇，平底内凹。内壁有轮制旋痕。口径 9.4、底径 7.6、高 10.6 厘米（图三六；彩版五二，3）。

碗　6 件。皆Ⅲ式。有大小之分。

3 件个体较大。Ⅲ M2：4，灰胎，釉剥落。尖圆唇，直口略敞，直腹，饼足内凹，内底心凸起。口径 13.2、底径 6.3、高 7.6 厘米（图三六；彩版五三，1）。Ⅲ M2：5，灰胎，青绿釉。尖唇，饼足内凹。内底心下压一圈。口径 13、底径 7.7、高 7.4 厘米（图三六；彩版五三，2）。Ⅲ M2：6，灰胎，釉全剥落。尖圆唇，直口略敞，直腹，饼足内凹。内底下压一圈，外沿饰细弦纹。口径 15.5、底径 7.7、高 8.4 厘米（图三六；彩版五三，3）。

3 件个体较小。Ⅲ M2：7，灰胎，青绿釉，釉多剥落。尖唇，直口，直腹略弧，内底下压一圈。口径 8、底径 4、高 4.8 厘米（图三六；彩版五三，4）。Ⅲ M2：8，灰胎，青绿釉。器形与Ⅲ M2：5 相同。口径 8、底径 4.4、高 4.6 厘米（图三六；彩版五三，5）。Ⅲ M2：10，灰胎，釉剥落。尖唇，直口，直腹，饼足内凹。内底心下压一圈，外沿饰极细弦纹。口径 8.3、底径 3.8、高 4.6 厘米（图三六；彩版五三，6）。

铁剪刀　1 件。Ⅲ M2：9，残长 11.7 厘米（图三六）。

11．Ⅲ M8

1）墓葬概况

主要位于Ⅲ T0959 西侧中部。残长 3.50、宽 1.45、高 1.44 米。方向 278°。（图三七）

封门无存。

墓室前部残毁。侧壁、后壁用长方形砖错缝平铺叠砌，后壁砌于侧壁内。底铺"人"字形砖，宽于墓室。侧壁净高 0.80 米处夹砌刀形砖构筑券顶。

后壁净高 0.70 米处设一个砖托。

墓砖有长方形和刀形两种，常饰叶脉纹。长方形砖常见规格 30×15-5 厘米，刀形砖常见规格 30×15-5-3 厘米。

除 1 件滑石猪位于墓室中部外，随葬品皆置于墓室前部，青瓷器为主，有四耳罐、碗、托盘等共 11 件。

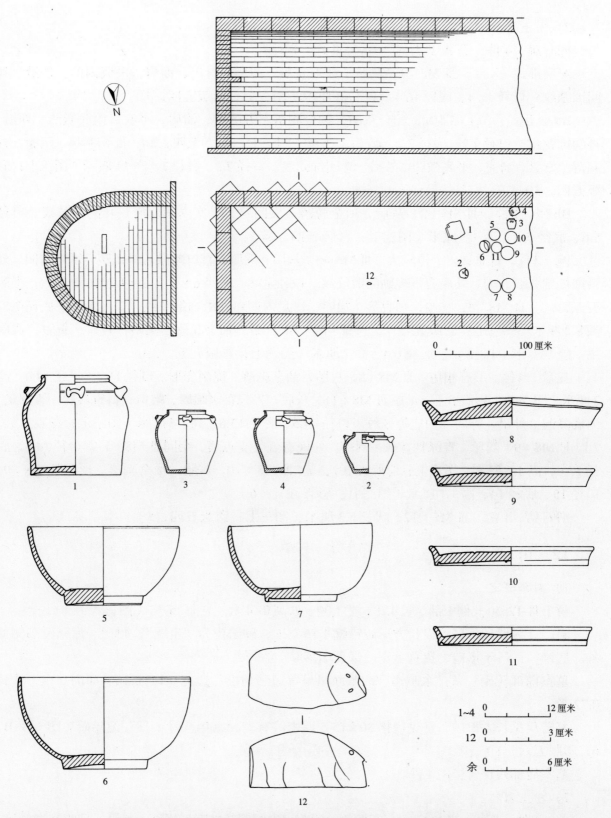

图三七 ⅢM8平、剖面图及其出土青瓷四耳罐、碗、托盘和滑石猪

1. A型Ⅲ式青瓷四耳罐 2. Bb型青瓷四耳罐 3、4. Ba型Ⅱ式青瓷四耳罐 5~7. Ⅲ式青瓷碗 8~11. 青瓷托盘
12. 滑石猪

2）出土器物

四耳罐 4件。有A型Ⅲ式和Ba型Ⅱ式、Bb型。

A型Ⅲ式 1件。ⅢM8：1，灰胎，釉多脱落。圆唇，直口，溜肩，平底内凹。外沿、耳间饰弦纹。口径12.4、底径16.4、高17.8厘米（图三七；彩版五四，1）。

Ba型Ⅱ式 2件。ⅢM8：3，灰胎，釉全剥落。方圆唇，溜肩，平底，内底微凸。外沿、耳间饰弦纹。口径7.2、底径7.2、高11.1厘米（图三七；彩版五四，2）。ⅢM8：4，灰胎，釉剥落。方唇，溜肩，平底微凹。外沿、耳间饰弦纹。口径7.2、底径7、高11厘米（图三七；彩版五四，3）。

Bb型 1件。ⅢM8：2，灰胎，釉全脱落。尖圆唇，平底内凹。肩、耳间饰弦纹。口径5.6、底径5.8、高7.3厘米（图三七；彩版五四，4）。

碗 3件。皆Ⅲ式。个体较大。ⅢM8：5，灰胎，圆唇，直口略敞，斜弧腹，饼足内凹。外沿饰极细弦纹，内、外底有不规则的凹旋纹。口径13.6、底径6.8、高6.9厘米（图三七；彩版五五，1）。ⅢM8：6，灰胎，釉脱落。圆唇，饼足内凹。外沿饰细弦纹。口径15.6、底径7.5、高8.2厘米（图三七；彩版五五，2）。ⅢM8：7，灰胎，釉全脱落。圆唇，直口，直腹，假圈足。烧制变形。口径13、底径6.4、高7厘米（图三七；彩版五五，3）。

托盘 4件。形态相仿。ⅢM8：8，灰胎，釉全剥落。烧制变形。口径16.4、底径14.4、高2厘米（图三七；彩版五五，4）。ⅢM8：11，灰胎，青绿釉。圆唇，敞口，斜直浅腹，假圈足，内底隆起。外沿、外底和内底饰弦纹。口径14.5、底径13.6、高1.6厘米（图三七；彩版五五，7）。ⅢM8：9，灰胎，青绿釉，釉多剥落。外底有五个支点痕，余同ⅢM8：11。口径14.8、底径13.6、高1.6厘米（图三七；彩版五五，5）。ⅢM8：10，灰胎，釉全剥落。形似ⅢM8：9。口径15、底径14、高1.7厘米（图三七；彩版五五，6）。

滑石猪 1件。ⅢM8：12，残长5.3厘米（图三七；彩版五四，5）。

12．ⅢM11

1）墓葬概况

位于ⅢT2550北侧中部。长4.28、宽1.00、残高0.44米。方向157°。（图三八）

封门、侧壁和后壁均以长方形砖错缝平铺叠砌，砌法皆为"全顺"，封门、后壁砌于侧壁外。底铺"人"字形砖，比墓室宽。券顶塌落。

墓室前部砖砌一条排水暗沟，沟截面略呈等边三角形，边宽0.14~0.16、净高0.14、残长0.72米。

墓砖仅见长方形砖，常见规格30×15-5厘米。有"元嘉年八月十日"纪年砖（图一一B，6；彩版五六，1）。

墓室后部残存青瓷碗1件。

2）出土器物

碗 1件。Ⅲ式。ⅢM11：1，灰胎，釉脱落。尖圆唇，内底不规则。外沿、足壁饰细弦纹。口径8.2、底径4.4、高4.4厘米（图三八；彩版五六，2）。

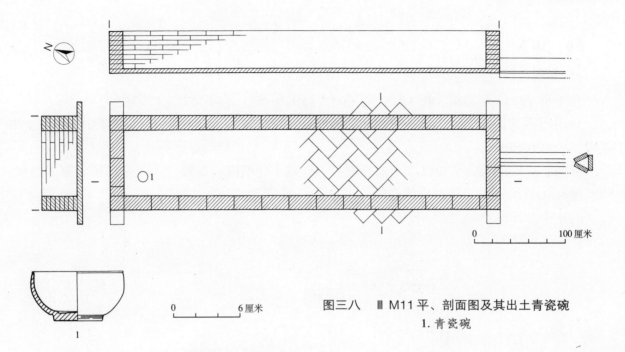

图三八 ⅢM11平、剖面图及其出土青瓷碗
1.青瓷碗

13. ⅢM12

1）墓葬概况

位于ⅢT2256西南角。残长0.52、宽1.00、残高0.40米。方向176°。（图三九）封门无存。

侧壁、后壁用长方形砖错缝平铺叠砌，后壁置于侧壁内。底铺"人"字形砖，较墓室宽。券顶塌毁。

墓砖仅见长方形砖，常见规格30×14-5厘米。

残存青瓷碗2件。

2）出土器物

碗 2件。皆Ⅲ式。ⅢM12∶1，灰胎，青绿釉。尖唇，直口，直腹略弧，饼足微凹，内底不规则。外沿饰极细弦纹。口径7.5、底径4.6、高4.4厘米（图三九；彩版五六，3）。ⅢM12∶2，灰胎，釉脱落。尖唇，饼足微凹。外沿饰细弦纹。口径8.4、底径4.8、高4.5厘米（图三九；彩版五六，4）。

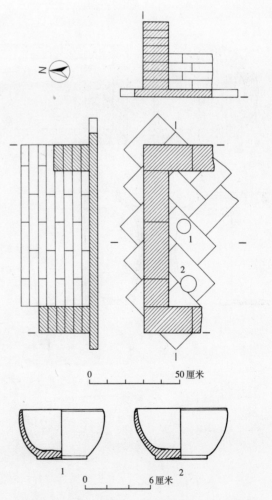

图三九 ⅢM12平、剖面图及其出土青瓷碗
1、2.Ⅲ式青瓷碗

14．Ⅲ M13

1）墓葬概况

位于Ⅲ T2156 东北角。长 4.12、宽 1.05、高 1.16 米。方向 182°。（图四〇）

封门用两道长方形砖纵置平铺叠砌于侧壁外，砌法皆为"全顺"，较墓室宽 0.06 米，上部残毁，残高 0.25 米。

侧壁、后壁以长方形砖错缝平铺叠砌，后壁砌于侧壁内。底铺"人"字形砖，宽于墓室。侧壁净高 0.60 处夹砌刀形砖构筑券顶。

后壁中部净高 0.43 处设一个砖托。

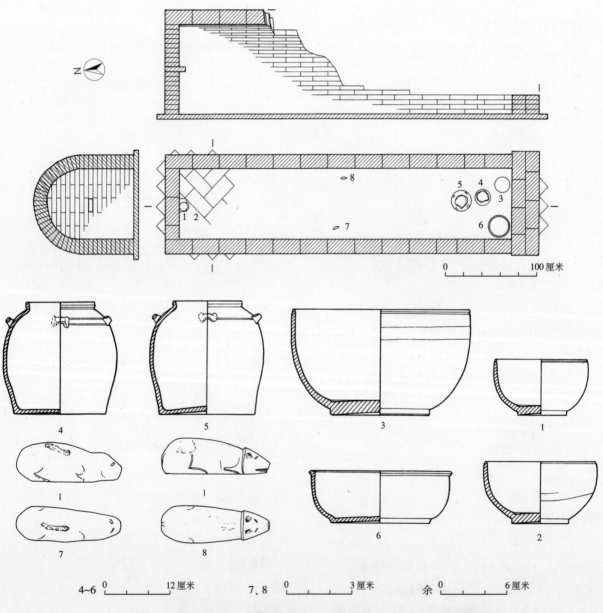

图四〇 ■Ⅲ M13 平、剖面图及其出土青瓷碗、四耳罐、盆和滑石猪

1~3. Ⅲ式青瓷碗　4、5. A型Ⅲ式青瓷四耳罐　6. 青瓷盆　7、8. 滑石猪

墓砖有长方形和刀形两种，长方形砖常见规格 30×15-5 厘米，刀形砖常见规格 30×15-5-3 厘米。

随葬品集中于墓室前部，墓室中部、后部及砖托上亦见零星分布，青瓷器为主，有四耳罐、碗、盆和滑石猪等共 8 件。

2）出土器物

四耳罐　2 件。皆 A 型 III 式。III M13：4，灰胎，釉多剥落。圆唇，直口，溜肩，平底微凹，桥形耳。外沿、耳间饰弦纹。口径 12.2、底径 16.8、高 19.7 厘米（图四〇；彩版五七，1）。III M13：5，灰胎，釉多脱落。圆唇，敞口，溜肩，平底内凹。外沿、耳间饰弦纹。口径 12.3、底径 17.8、高 20.2 厘米（图四〇；彩版五七，2）。

碗　3 件。皆 III 式。有大小之分。

1 件个体较大。III M13：3，灰胎，青绿釉。尖圆唇，饼足内凹。外沿、外腹饰细弦纹。口径 16.1、底径 9、高 9.4 厘米（图四〇；彩版五七，3）。

2 件个体较小。III M13：1，灰胎，青绿釉。尖唇，形似 III M13：3。口径 8.4、底径 4.3、高 4.9 厘米（图四〇；彩版五七，4）。III M13：2，灰胎，青绿釉，釉多剥落。尖唇，直口，直腹，饼足微凹。外沿饰极细弦纹。口径 10、底径 5.2、高 5.5 厘米（图四〇；彩版五七，5）。

盆　1 件。III M13：6，灰胎，青绿釉。尖圆唇，沿面较窄，浅直腹，饼足内凹。口径 25.8、底径 18.2、高 9.2 厘米（图四〇；彩版五七，6）。

滑石猪　2 件。III M13：7，长 4.8 厘米（图四〇；彩版五七，7 右）。III M13：8，长 5 厘米（图四〇；彩版五七，7 左）。

（三）长方形双室合葬墓

7 座。为 I M1、I M2、I M7、I M9、I M22、I M23 和 I M38。由平面呈长方形的左右两室组成，两室互不相通。

1．I M1

1）墓葬概况

I M1 位于 I T2915 东北。长 4.32、宽 2.00 米。方向 105°。（图四一；彩版五八，1、2）

由平面呈长方形的左右两室组成，两室互不相通。左室长 4.32、宽 0.94、高 1.19 米，右室长 4.32、宽 1.06、高 1.19 米。

封门以两道长方形砖纵置平铺叠砌，砌法皆为"全顺"；内道封门分别砌于左右墓室的侧壁内，各自独立；外道封门贯通砌于侧壁外，较墓室宽 0.31、高 0.11 米。

侧壁、后壁皆长方形砖错缝平铺叠砌，后壁砌于侧壁内。底铺"人"字形砖，较墓室稍宽。侧壁净高 0.54 米处夹砌刀形砖构筑券顶。

两室前端壁外各加砌一重券，左室后壁中部净高 0.48 米处设一个不规则形壁龛，龛宽 0.16、高 0.15、深 0.08 米。

墓砖有长方形和刀形两种，见"大吉羊道"文字砖（图一一 B，9）。长方形砖常见规格 30×15-5 厘米，刀形砖常见规格 30×15-5-4 厘米。

右室出土随葬品 8 件，左室室内坍塌堆积中采集随葬品 2 件。随葬品位置散乱，青瓷器碗

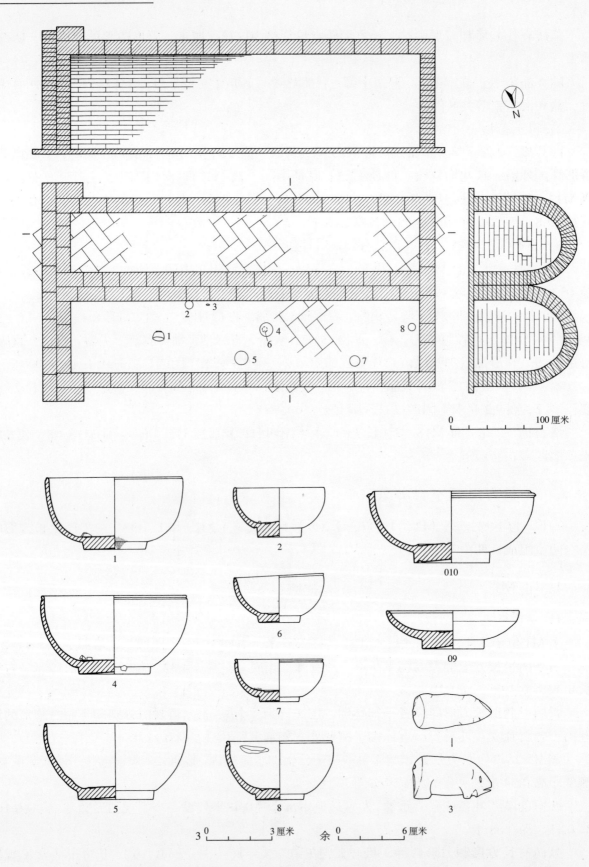

图四一　Ⅰ M1平、剖面图及其出土青瓷碗、碟和滑石猪
1、2、4~8.Ⅲ式青瓷碗　3.滑石猪　09.青瓷碟　010.特殊青瓷碗

为主，另有青瓷碟、滑石猪。

2）出土器物

碗 7件。皆Ⅲ式。有大小之分。

3件个体较大。ⅠM1：1，灰胎，青绿釉，釉多脱落。圆唇，直口，直腹，饼足微凹。外沿饰细弦纹。内底有支烧痕。口径12.4、底径5.6、高6.4厘米（图四一；彩版五九，1）。ⅠM1：4，深灰胎，青绿釉。圆唇，平底内凹。外沿饰弦纹。内底有支烧痕。口径13.2、底径6.6、高7厘米（图四一；彩版五九，2）。ⅠM1：5，灰胎，青绿釉。尖唇，直口，直腹略弧，饼足内凹，内底不规则。外沿饰极细弦纹。口径12.9、底径6.8、高6.8厘米（图四一；彩版五九，3）。

4件个体较小。ⅠM1：2，深灰胎，青绿釉。圆唇，直口，直腹略弧，饼足微凹，内底心凸起。口径8.2、底径4、高4.4厘米（图四一；彩版五九，4）。ⅠM1：6，灰胎，青绿釉，釉多剥落。尖圆唇，直口，弧腹，饼足微凹。内底下压，外沿饰细弦纹。烧制变形。口径8.2、底径3.7、高4.4厘米（图四一；彩版五九，5）。ⅠM1：7，灰胎，青绿釉。造型与ⅠM1：4相仿。口径8、底径3.6、高4厘米（图四一；彩版五九，6）。ⅠM1：8，深灰胎，青绿釉。圆唇，直口，弧腹，饼足微凹，内底不规则。外沿饰弦纹。口径9.6、底径4.4、高5.2厘米（图四一；彩版五九，8）。

特殊碗 1件。ⅠM1：010，灰胎，青黄釉。尖唇下撇，直口，弧腹，假圈足。沿面、足底饰弦纹。口径14.2、底径7、高6.3厘米（图四一；彩版五九，7）。

碟 1件。A型。ⅠM1：09，灰胎，釉剥落。圆唇，敞口，浅腹略折，饼足内凹。内沿饰弦纹。口径12、底径5.5、高3.4厘米（图四一；彩版五八，3）。

滑石猪 1件。ⅠM1：3，长3.6厘米（图四一；彩版五八，4）。

2．ⅠM2

1）墓葬概况

ⅠM2位于ⅠT2914中部。长4.50、宽2.16米，方向110°。（图四二；彩版六〇，1）

由平面呈长方形的左右两室组成，两室互不相通。左室长4.5、宽1.06、高1.15米，右室长4.50、宽1.10、高1.15米。

封门分别砌于左右墓室的侧壁内，各自独立，以长方形砖两横一纵错缝平铺叠砌，厚度相当于长方形砖宽度的3倍。

侧壁、后壁皆长方形砖错缝平铺叠砌，后壁砌于侧壁内。底铺"人"字形砖，稍宽于墓室。侧壁净高0.48米处夹砌刀形砖码筑券顶。

左右墓室后壁中部净高0.60米处各设一个长方形壁龛，龛宽0.12、高0.09、深0.07米。左右墓室前端壁外各加砌宽0.45米的一重券。

墓砖有长方形和刀形两种。墓砖平面常饰菱格纹，侧面常饰叶脉纹。长方形砖常见规格31/30×16/15-5厘米，刀形砖常见规格31/30×16/15-5-4厘米。

随葬品残存3件。右室后部出土青瓷碟1件，左室和右室室内填土中各采集青瓷碗1件。

2）出土器物

碗 2件。有Ⅲ式和Ⅳ式。

Ⅲ式 1件。ⅠM2：02，灰胎，釉多脱落。圆唇，内底不规则。外沿、足壁饰细弦纹。

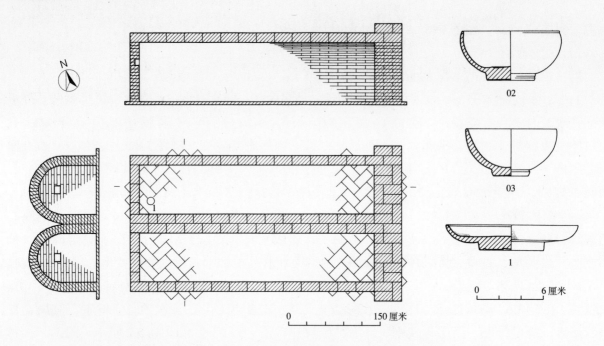

图四二　ⅠM2平、剖面图及其出土青瓷碟、碗
1.A型青瓷碟　02.Ⅲ式青瓷碗　03.Ⅳ式青瓷碗

口径8.8、底径4.1、高4.4厘米（图四二；彩版六〇，1）。

Ⅳ式　1件。ⅠM2：03，灰胎，釉剥落。圆唇，外腹与底连接处微凹。口径8.3、底径3.3、高4.2厘米（图四二；彩版六〇，2）。

碟　1件。A型。ⅠM2：1，灰胎，青绿釉。圆唇，敞口，浅腹。内沿、外底饰弦纹。口径12、底径5.8、高2.2厘米（图四二；彩版六〇，3）。

3.ⅠM7

1）墓葬概况

ⅠM7主要位于ⅠT3017东南角。长4.34、宽2.18米。方向120°。（图四三）

由平面呈长方形的左右两室组成，两室互不相通。左室长4.34、宽1.09、高1.16米，右室长4.34、宽1.09、高1.14米。

封门以两道长方形砖纵置错缝平铺叠砌，砌法皆为"全顺"；内道分别砌于每个墓室的侧壁内；外道连通砌于墓室侧壁外，上部残毁，残高1.05米。

侧壁、后壁皆长方形砖错缝平铺叠砌，后壁砌于侧壁内。底铺"人"字形砖，宽于墓室。侧壁净高0.60米处夹砌刀形砖码筑券顶。

左室后壁中部净高0.36米处设一个砖托。

墓砖有长方形和刀形两种，长方形砖常见规格31×15-5厘米，刀形砖常见规格30×15-5-4厘米。

随葬品共15件，其中左室前部出土8件，右室后部出土1件，右室室内填土采集6件。青瓷碗为主，另有青瓷四耳罐和陶四耳罐。

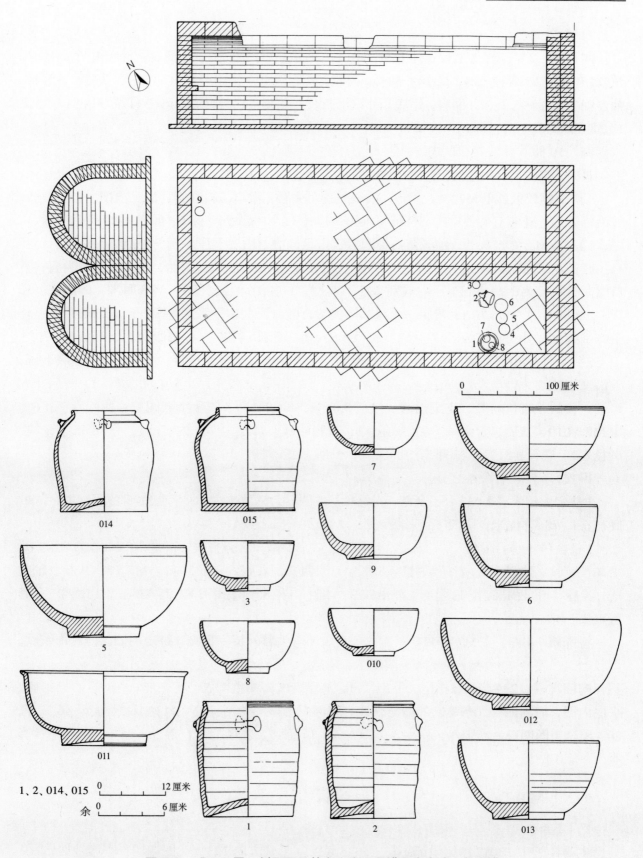

图四三　Ⅰ M7 平、剖面图及其出土陶四耳罐和青瓷碗、四耳罐

1、2.陶四耳罐　3、5、8.Ⅳ式青瓷碗　4、6、7、9、010、012、013.Ⅲ式青瓷碗　011.特殊青瓷碗　014、015.A型Ⅲ式青瓷四耳罐

2）出土器物

四耳罐　2件。皆A型Ⅲ式。ⅠM7：014，灰胎，青绿釉。圆唇，溜肩，平底内凹。耳间饰弦纹。口径12、底径16.4、高18.1厘米（图四三；彩版六一，1）。ⅠM7：015，灰胎，青绿釉，釉多剥落。圆唇，直口，溜肩，平底。外沿饰弦纹。外腹有轮制旋痕。口径11.6、底径17.2、高18.2厘米（图四三；彩版六一，2）。

碗　10件。有Ⅲ式和Ⅳ式。

Ⅲ式　7件。有大小之分。

4件个体较大。ⅠM7：4，灰胎，釉全脱落。尖唇，敞口，斜直腹，饼足内凹，内底微凸。外沿饰弦纹。外腹有旋痕。式别特征不典型。口径13.7、底径6、高6.4厘米（图四三；彩版六二，1）。ⅠM7：6，灰胎，釉脱落。尖圆唇，饼足内凹。内底下压一圈，外沿饰细弦纹。口径13、底径6.2、高7.6厘米（图四三；彩版六二，2）。ⅠM7：012，灰胎，釉多剥落。尖唇，直口略敞，饼足内凹。内底下压。式别特征不典型。口径16.8、底径7、高8厘米（图四三；彩版六二，3）。ⅠM7：013，灰胎，青绿釉。尖唇，敞口，直腹，饼足内凹。内底饰凸弦纹，外沿饰细弦纹。外腹有旋痕。口径13、底径6.6、高7厘米（图四三；彩版六二，4）。

3件个体较小。ⅠM7：7，灰胎，青绿釉。尖唇，直口略敞，弧腹，饼足内凹。内底下压，外沿饰细弦纹。口径8.4、底径4、高4.4厘米（图四三；彩版六二，5）。ⅠM7：9，灰胎，青绿釉。尖唇，直口略敞，饼足内凹。口径9.8、底径4.8、高5厘米（图四三；彩版六二，6）。ⅠM7：010，灰胎，青绿釉。尖唇，敞口，直腹略弧，饼足内凹，内底凸起。外沿饰细弦纹。口径8.2、底径3.8、高4.2厘米（图四三；彩版六三，1）。

Ⅳ式　3件。有大小之分。

1件个体较大。ⅠM7：5，灰胎，青绿釉。尖圆唇，饼足微凹。外沿弦纹不明显。口径15.2、底径6.5、高8.1厘米（图四三；彩版六三，2）。

2件个体较小。ⅠM7：3，灰胎，釉脱落。尖唇，敞口，斜直腹，饼足内凹。内底下压，外沿饰细弦纹。口径8.5、底径4、高4.5厘米（图四三；彩版六三，3）。ⅠM7：8，灰胎，釉脱落。尖唇，饼足内凹，内底隆起。外沿弦纹极细。口径8.6、底径3.8、高4.6厘米（图四三；彩版六三，4）。

特殊碗　1件。ⅠM7：011，灰胎，釉全脱落。尖唇外折，直腹，饼足内凹。内底饰弦纹。口径15.4、底径7.8、高6.6厘米（图四三；彩版六三，5）。

陶四耳罐　2件。形态相仿。ⅠM7：1，灰胎，施酱褐色陶衣。方圆唇，侈口，直筒形腹，平底内凹，肩附四个泥条耳。外沿饰弦纹。腹部有明显的轮制旋痕。口径16.3、底径16.3、高20.4厘米（图四三；彩版六一，3）。ⅠM7：2，口径15、底径15.8、高20.6厘米（图四三；彩版六一，4）。

4．ⅠM9

1）墓葬概况

主要位于ⅠT3017东侧中部。长4.50、宽2.14米。方向123°。（图四四；彩版六四，1）

该墓由互不相通的两个长方形墓室组成。左室长4.50、宽1.08、高1.11米，右室长4.50、宽1.06、高1.11米。

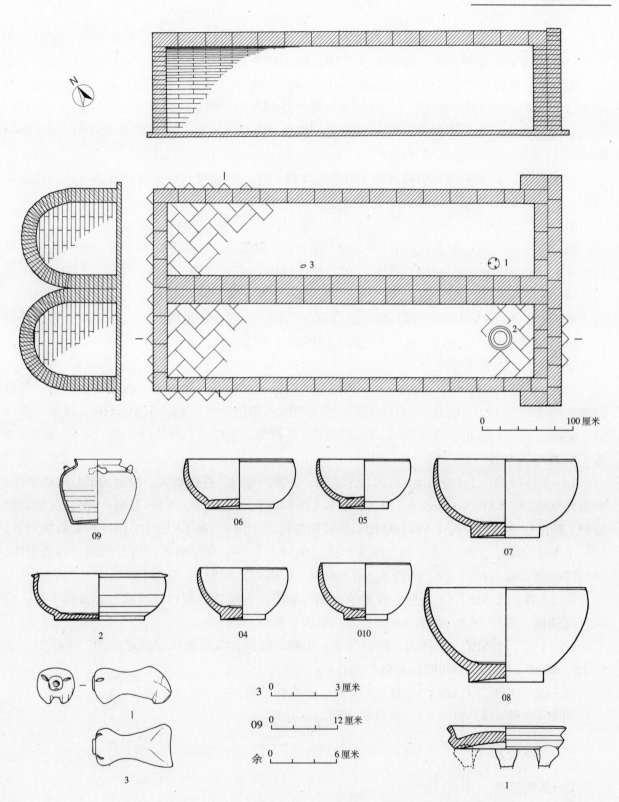

图四四 ⅠM9平、剖面图及其出土青瓷砚、盆、碗、四耳罐和滑石猪
1.青瓷砚 2.青瓷盆 3.滑石猪 04、05、07、08、010.Ⅲ式青瓷碗 06.Ⅱ式青瓷碗 09.Ba型Ⅱ式青瓷四耳罐

封门以两道长方形砖纵置错缝平铺叠砌，砌法皆为"全顺"；内道分别砌于两个墓室的侧壁内；外道连通砌于侧壁外，较墓室宽0.30、高0.03米。

侧壁、后壁皆长方形砖错缝平铺叠砌，后壁砌于侧壁内。底铺"人"字形砖，较墓室宽。侧壁净高0.50米处夹砌刀形砖构筑券顶。墓室前端壁外似有加券的做法，但因上部残毁，无法复原。

墓砖有长方形和刀形两种，长方形砖常见规格30×15-5厘米，刀形砖常见规格30×15-5-4厘米。

左室前部、右室前部和中部各出土随葬品1件，室内倒塌堆积中采集随葬品8件。青瓷碗为主，另有青瓷四耳罐、青瓷砚、青瓷盆、陶釜和滑石猪。

2）出土器物

四耳罐　1件。Ba型Ⅱ式。ⅠM9：09，深灰胎，釉脱落。尖圆唇，肩稍丰，平底内凹。耳间饰弦纹。口径8.6、底径9.4、高11.5厘米（图四四；彩版六四，2）。

碗　6件。有Ⅱ式和Ⅲ式。

Ⅱ式　1件。ⅠM9：06，深灰胎，青绿釉。尖唇，弧腹，饼足内凹。内底下压一圈，外沿饰弦纹。口径9.6、底径6.2、高4.4厘米（图四四；彩版六五，1）。

Ⅲ式　5件。有大小之分。

2件个体较大。ⅠM9：07，灰胎，青绿釉。尖唇，弧腹，饼足内凹。内底下压一圈，外沿饰细弦纹。口径12.8、底径6.2、高7厘米（图四四；彩版六五，2）。ⅠM9：08，灰胎，青绿釉。尖唇，直口，弧腹，饼足内凹。内底下压，外沿饰细弦纹。口径14.6、底径6.8、高8.4厘米（图四四；彩版六五，3）。

3件个体较小。ⅠM9：04，灰胎，青绿釉。尖唇，直口，直腹略弧，饼足内凹。内底下压，外沿饰细弦纹。口径8、底径4、高4.6厘米（图四四；彩版六五，4）。ⅠM9：05，灰胎，青绿釉，釉多脱落。器形与ⅠM9：07相似。口径8.4、底径4.8、高4.4厘米（图四四；彩版六五，5）。ⅠM9：010，灰胎，青绿釉，釉多剥落。尖唇，直口，直腹略弧，饼足内凹。内底下压，外沿饰极细弦纹。口径8.2、底径4、高5厘米（图四四；彩版六五，6）。

砚　1件。ⅠM9：1，灰胎，青黄釉，釉尽剥落。方圆唇，敞口，浅盘，三兽蹄形足。内底见支烧痕。口径10.8、残高3.6厘米（图四四；彩版六四，3）。

盆　1件。ⅠM9：2，灰胎，釉多脱落。尖唇，窄沿，弧腹较浅，饼足微凹。口径22、底径18、高10.1厘米（图四四；彩版六四，4）。

滑石猪　1件。ⅠM9：3，长3.5厘米（图四四；彩版六四，5）。

陶釜　1件。ⅠM9：011，夹砂灰黑陶，存残片。

5．ⅠM22

1）墓葬概况

位于ⅠT3923西南部。长5.22、宽2.74米。方向102°。（图四五；彩版六六，1、2）

由平面呈长方形的左右墓室组成，两室互不相通。两室各长5.22、宽1.37、高1.56米。

封门各自独立，砌法相同。以两道长方形砖纵置错缝平铺叠砌，砌法皆为"全顺"；内道砌于墓室侧壁内；外道砌于侧壁外并呈长1.04、宽0.16、高0.92的矮墙状。

侧壁、后壁皆长方形砖错缝平铺叠砌，后壁置于侧壁内。底铺"人"字形砖。侧壁净高

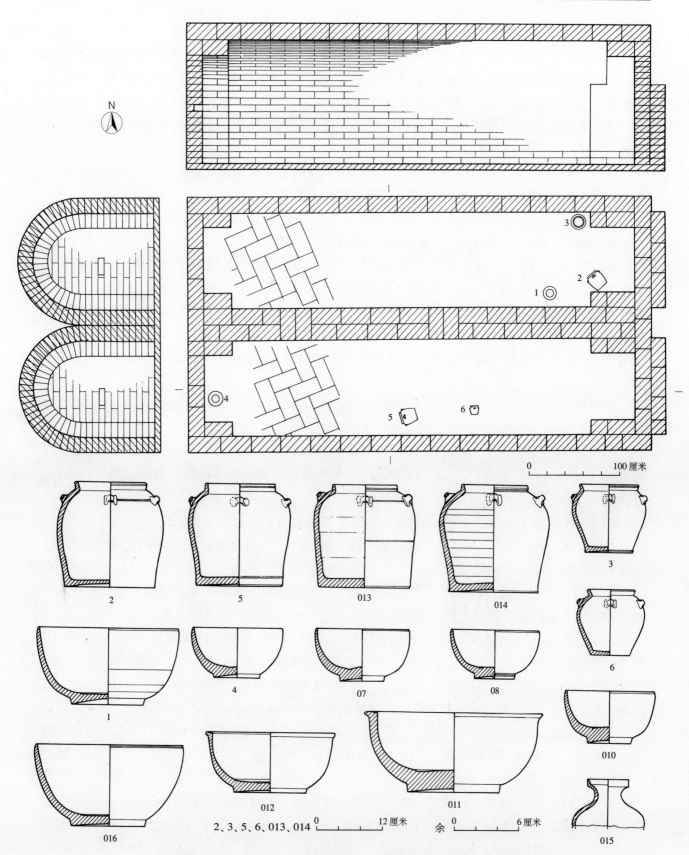

图四五 ⅠM22平、剖面图及其出土青瓷碗、四耳罐、盆、壶

1、4、07、08、010、016. Ⅲ式青瓷碗 2、5、013. A型Ⅲ式青瓷四耳罐 3、6. Ba型Ⅱ式青瓷四耳罐 011、012. 青瓷盆 014. A型Ⅳ式青瓷四耳罐 015. 残青瓷壶

0.94 米处夹砌刀形砖码筑券顶。

墓室前、后两端各置一重宽 0.48 和 0.32 米的承券，前端承券下接宽 0.64、净高 0.85 的券座。左室后壁净高 0.51 米、右室后壁净高 0.50 米处各设一个壁龛，龛各宽 0.18、高 0.06、深 0.08 米和宽 0.16、高 0.07、深 0.08 米。

墓砖有长方形和刀形两种，长方形砖常见规格 32×16-5 厘米，刀形砖常见规格 32×16-5-3 厘米。

残存随葬品 16 件，其中 3 件位于右室前部，2 件位于左室中部，1 件位于左室后部，余从墓室倒塌堆积中采集。皆青瓷器，有四耳罐、碗、盆和壶。

2）出土器物

四耳罐　6 件。有 A 型 III 式、A 型 IV 式和 Ba 型 II 式。

A 型 III 式　3 件。I M22：2，灰胎，釉尽剥落。圆唇，敞口，溜肩，平底内凹。外沿、耳间饰弦纹。口径 13、底径 16.8、高 18.6 厘米（图四五；彩版六七，1）。I M22：5，灰胎，釉剥落。圆唇，直口，溜肩，平底微凹。外沿饰弦纹。口径 12.8、底径 15.6、高 18 厘米（图四五；彩版六七，2）。I M22：013，灰胎，青绿釉，釉多剥落。尖圆唇，侈口，溜肩，平底。外沿、耳间饰弦纹。内、外腹有旋痕。型式特征不典型。口径 11.8、底径 16.8、高 18.3 厘米（图四五；彩版六七，3）。

A 型 IV 式　1 件。I M22：014，灰胎，釉脱落。圆唇，敞口，平底内凹。外沿饰弦纹。口径 12.4、底径 16.8、高 19 厘米（图四五；彩版六七，4）。

Ba 型 II 式　2 件。I M22：3，灰胎，青绿釉。方唇，平底内凹。口径 10.6、底径 8.6、高 12 厘米（图四五；彩版六七，5）。I M22：6，灰胎，青绿釉，釉多脱落。圆唇，溜肩，平底。口径 8.6、底径 7.2、高 11.6 厘米（图四五；彩版六七，6）。

碗　7 件。除 I M22：09 残存碗底外，余 6 件均为 III 式，有大小之分。

2 件个体较大。I M22：1，灰胎，釉剥落。尖圆唇，直口略敞，饼足内凹。外沿饰弦纹。下腹有轮制旋痕。口径 13、底径 6.6、高 6.8 厘米（图四五；彩版六六，3）。I M22：016，灰胎，釉脱落。尖唇，敞口，斜腹，饼足微凹。内底下压，外沿饰细弦纹。口径 13.5、底径 6.7、高 7.2 厘米（图四五；彩版六六，4）。

4 件个体较小。I M22：4，灰胎，青绿釉。尖唇，饼足内凹。口径 8.2、底径 4.2、高 4.4 厘米（图四五；彩版六八，1）。I M22：07，灰胎，青绿釉，釉多剥落。尖圆唇，直口，直腹，饼足内凹，内底心凸起。口径 8.6、底径 4、高 4.6 厘米（图四五；彩版六八，2）。I M22：08，灰胎，釉剥落。尖圆唇，敞口，斜弧腹，饼足内凹，外底心乳突。内底施凹旋纹，外沿饰细弦纹。足壁有抹痕。口径 8.2、底径 3.8、高 4.3 厘米（图四五；彩版六八，3）。I M22：010，灰胎，釉剥落。尖圆唇，直口略敞，直腹，饼足内凹。内底下压，外沿饰细弦纹。口径 8.2、底径 4、高 4.6 厘米（图四五；彩版六八，4）。

盆　2 件。形态相仿。I M22：011，灰胎，青绿釉，釉多脱落。尖圆唇外折，窄沿，浅弧腹，饼足内凹。沿面饰弦纹，内底下压一圈。口径 16.6、底径 8.5、高 7.1 厘米（图四五；彩版六六，5）。I M22：012，灰胎，釉全剥落。圆唇外折，斜直腹，余同 I M22：011。口径 23.4、底径 13.2、高 10.6 厘米（图四五；彩版六六，6）。

壶　1 件。I M22：015，残存盘形口。

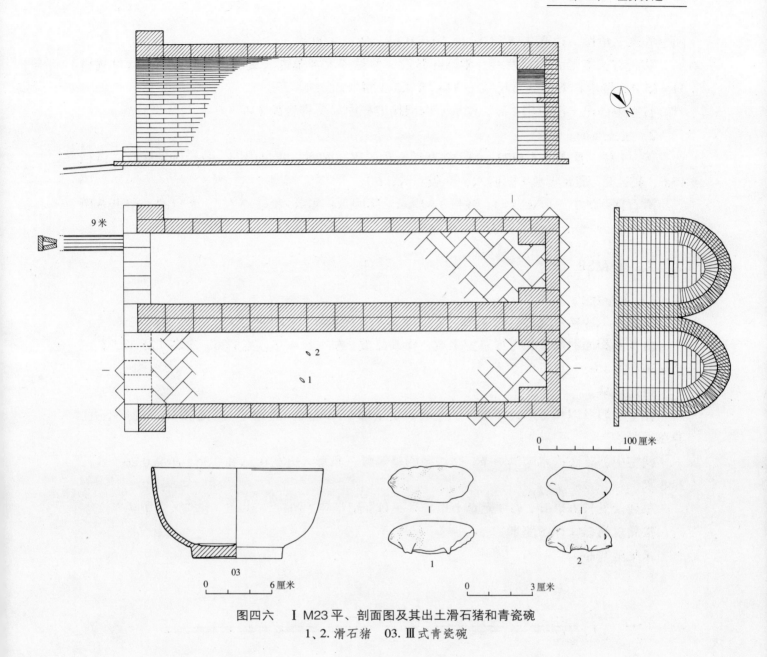

图四六　Ⅰ M23 平、剖面图及其出土滑石猪和青瓷碗
1、2. 滑石猪　03. Ⅲ式青瓷碗

6. Ⅰ M23

1）墓葬概况

主要位于Ⅰ T3820 北部。长 4.80、宽 2.10 米。方向 123°。（图四六）

该墓由结构相同、互不相通的两个长方形墓室组成。左右墓室各长 4.80、宽 1.05、高 1.28 米。

封门大部残毁。从残痕观察，封门先以长方形砖横置平铺一层，再纵置两道长方形砖错缝平铺叠砌，内道置于墓室侧壁内，外道封于侧壁外，较墓室宽 0.30 米，残高 0.18 米。

侧壁、后壁皆长方形砖错缝平铺叠砌，后壁置于侧壁内。底铺"人"字形砖，宽于墓室。侧壁净高 0.66 米处夹砌刀形砖构筑券顶。

墓室后端各置宽 0.31 米的承券一重，前端壁外各加砌宽 0.31 米的一重券与外道封门相接（彩版六八，5），后壁中部净高 0.56 米处各设一个砖托。左室前部砖砌排水暗沟一条，暗沟截面呈等腰三角形，边宽0.15和0.22、净高0.14、残长9.00米。

墓砖有长方形和刀形两种，常饰叶脉纹，并见"大吉羊道"文字砖。长方形砖常见规格31×15-4.5厘米，刀形砖常见规格31×15-4.5-3厘米。

右室中部出土滑石猪2件，左室室内坍塌堆积中采集青瓷碗1件。

2）出土器物

碗　1件。Ⅲ式。ⅠM23：03，深灰胎，釉脱落。圆唇，饼足内凹。外沿饰细弦纹。口径15.6、底径8、高8厘米（图四六；彩版六八，6）。

滑石猪　2件。ⅠM23：1，残长3.9厘米（图四六；彩版六八，7右）。ⅠM23：2，长3厘米（图四六，；彩版六八，7左）。

7．ⅠM38

1）墓葬概况

位于ⅠT2404东北部。长4.36、宽2.12米。方向160°。（图四七）

由互不相通的两个长方形墓室组成，残毁甚重。左室长4.36、宽1.06、残高0.25米，右室长4.36、宽1.06、残高0.15米。

封门残缺。

侧壁、后壁以长方形砖错缝平铺叠砌，后壁砌于侧壁内。底铺"人"字形砖，较墓室宽。券顶塌毁。

两室中部砖砌排水暗沟一条，暗沟截面呈等腰三角形，边宽0.26和0.36、净高0.26、残长2.68米。

墓砖仅见长方形砖，有"元嘉十年八月一日"纪年砖（图一—B，5）和"大吉羊道"文字砖，常见规格30×15-5厘米。

未见随葬品。

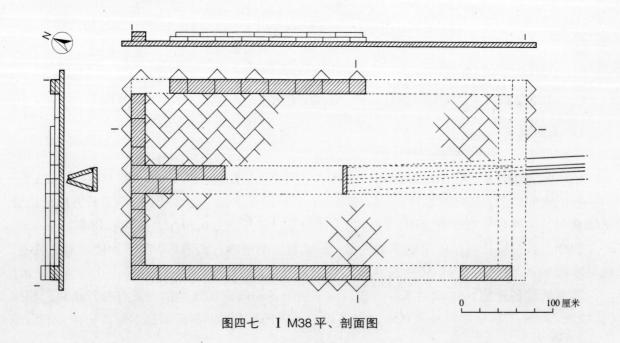

0　　　　　　　　100厘米

图四七　ⅠM38平、剖面图

四 第四期墓葬

12座。为长方形单室墓和长方形双室合葬墓。

（一）长方形单室墓

8座。ⅠM21、ⅠM29、ⅠM41、ⅠM55、ⅠM58、ⅡM6、ⅢM1和ⅢM3。

1．ⅠM21

1）墓葬概况

位于ⅠT3820西侧偏北。长3.28、宽1.16、高1.20米。方向135°。（图四八；彩版六九，4）

封门以两道长方形砖纵置错缝平铺叠砌，砌法皆为"全顺"；内道置于墓室侧壁内；外道砌于侧壁外，与墓室宽度相等；上部残毁，残高0.58米。

侧壁、后壁皆长方形砖错缝平铺叠砌，后壁砌于侧壁内。底铺砖成"人"字形，宽于墓室。侧壁净高0.54米处夹砌刀形砖码筑券顶，券顶多已塌落。

墓砖有长方形和刀形两种，少量墓砖饰叶脉纹。长方形砖常见规格30×15-5厘米，刀形砖常见规格30×15-5-3厘米。

该墓曾遭盗掘，室内盗扰堆积中采集青瓷碗1件。

2）出土器物

碗 1件。Ⅳ式。ⅠM21：01，灰胎，青绿釉。圆唇，饼足微凹。外沿饰细弦纹。口径10、底径4.2、高4.6厘米（图四八；彩版六九，5）。

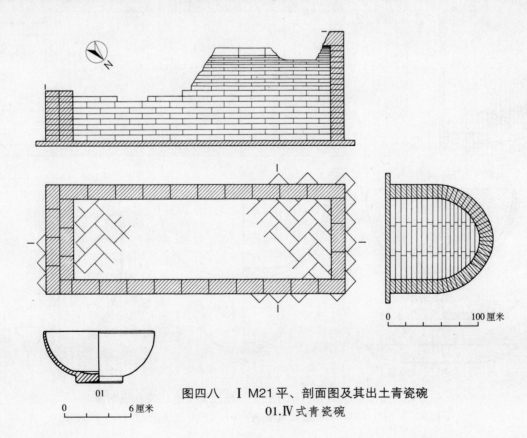

图四八 ⅠM21平、剖面图及其出土青瓷碗
01.Ⅳ式青瓷碗

2．ⅠM29

1）墓葬概况

位于ⅠT3924东北角和ⅠT4024西北角，被ⅠM33打破。长6.32、宽2.20、残高1.76米。方向110°。因被打破，一些关键部位残缺，无法复原。（图四九）

封门以长方形砖横置错缝平铺叠砌于侧壁外，其上似构筑双重券顶，中部向外凸出0.09米。

侧壁用长方形砖错缝平铺叠砌。后壁以长方形砖横置和纵置两道平铺叠砌于侧壁外，砌法似"梅花式"。底铺"人"字形砖，延伸至封门外。侧壁净高0.70米处夹砌刀形砖构筑券顶。

墓室前端似设有长1.08、宽0.30米的承券，上部残毁，情况不详。两侧壁处各有长方形砖错缝平铺叠砌的矮墙一道，矮墙宽0.14、残高0.40~0.48米。

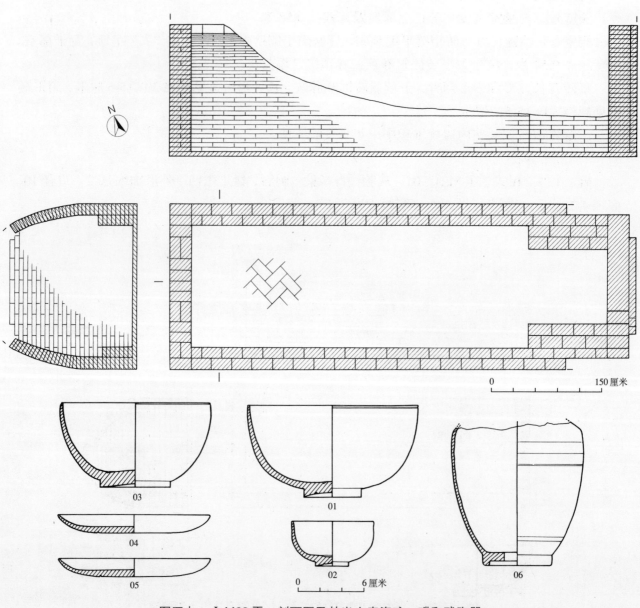

图四九　ⅠM29平、剖面图及其出土青瓷碗、碟和残陶器
01、02.Ⅳ式青瓷碗　03.Ⅲ式青瓷碗　04、05.B型青瓷碟　06.残陶器

墓砖有长方形和刀形两种，常饰叶脉纹，亦见"大吉羊□"等文字砖（图一一B，10）。长方形砖常见规格 30/29×14-5 厘米，刀形砖常见规格 30/29×14-5-4 厘米。

随葬品多成碎片，位置俱被扰乱，经辨认拼对，至少有11件个体，青瓷碗为主，另有青瓷碟等。

2）出土器物

碗　7件。4件仅存残片，余3件有Ⅲ式和Ⅳ式。

Ⅲ式　1件。ⅠM29：03，灰胎，釉剥落。尖圆唇，直口略敛，饼足内凹，内底隆起。外沿饰细弦纹。口径13.2、底径6.4、高7.5厘米（图四九；彩版七○，1）。

Ⅳ式　2件。ⅠM29：01，灰胎，青绿釉。尖圆唇，饼足内凹。内、外底心施凹旋纹，外沿饰极细弦纹。口径15.6、底径5.2、高8.2厘米（图四九；彩版七○，2）。ⅠM29：02，灰胎，釉多剥落。尖圆唇，直腹略弧，饼足内凹。外底心施凹旋纹。口径7.6、底径3、高4厘米（图四九；彩版七○，3）。

碟　2件。B型。ⅠM29：04，灰胎，青绿釉。尖圆唇，敞口，浅弧腹。外底施凹旋纹。口径14、底径6.4、高1.6厘米（图四九；彩版七○，4）。ⅠM29：05，灰胎，青绿釉。形似ⅠM29：04。口径14、底径6、高1.6厘米（图四九；彩版七○，5）。

残瓷器　1件。ⅠM29：07，存残片，器形不明。

残陶器　1件。ⅠM29：06，泥质黄褐陶。口残缺，折肩，直腹斜收，略呈圈足，足心穿孔。底径6.2厘米（图四九）。

3.　ⅠM41

1）墓葬概况

主要位于ⅠT0116东北部。长3.50、宽0.92、残高0.48米。方向71°。（图五○）

封门用长方形砖纵置错缝平铺叠砌于墓室侧壁外，砌法为"全顺"，较墓室宽0.08米，上部残毁，残高0.40米。

侧壁、后壁皆长方形砖错缝平铺叠砌，后壁砌于侧壁外，较侧壁宽0.08米。底铺"人"字形砖，宽于墓室。券顶全部垮塌。

墓砖仅见长方形砖，常见规格 30×15-5 厘米。

墓室坍塌堆积中采集随葬品14件，皆青瓷器，有四（六）耳罐、碗和碟。

2）出土器物

四（六）耳罐　3件。皆A型Ⅳ式。

六耳　1件。ⅠM41：013，灰胎，釉多剥落。方唇，敞口，平底内凹，肩附六桥形耳。口径10.4、底径11.5、高18.2厘米（图五○；彩版七一，1）。

四耳　2件。ⅠM41：012，灰胎，青绿釉，釉多脱落。方唇，敞口，平底内凹。口径11.7、底径14、高16.4厘米（图五○；彩版七一，2）。ⅠM41：014，灰胎，釉多剥落。圆唇，敞口，平底内凹，内底不规则。口径11、底径14.4、高17.2厘米（图五○；彩版七一，3）。

碗　4件。有Ⅲ式和Ⅳ式。

Ⅲ式　2件。ⅠM41：05，灰胎，青绿釉。尖圆唇，饼足内凹。内底下压一圈，外沿饰细弦纹。口径8.1、底径4.1、高4.3厘米（图五○；彩版七一，4）。ⅠM41：07，灰胎，釉脱落。

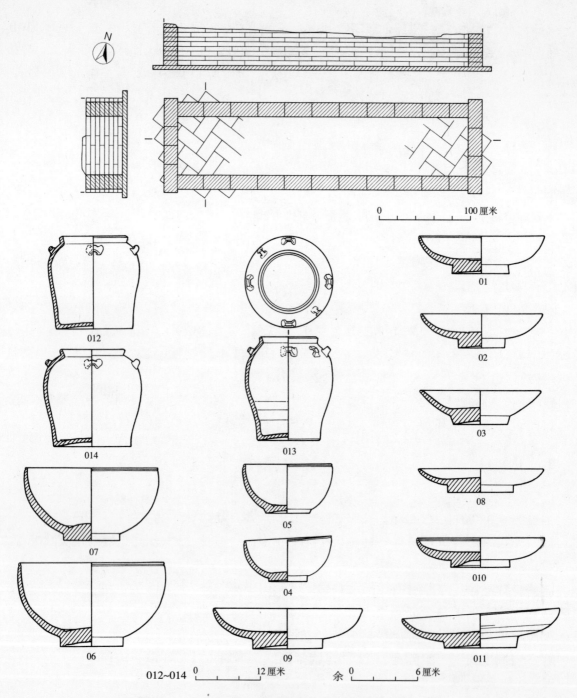

图五〇 I M41平、剖面图及其出土青瓷碟、碗、罐

01~03、08~011. A型青瓷碟   04、06. Ⅳ式青瓷碗   05、07. Ⅲ式青瓷碗   012、014. A型Ⅳ式青瓷四耳罐
013. A型Ⅳ式青瓷六耳罐

尖圆唇，内底隆起。外沿饰细弦纹。口径12.3、底径6.2、高6.4厘米（图五〇；彩版七一，5），

　　Ⅳ式　2件。I M41：04，灰胎，青绿釉。尖圆唇。内底施凹旋纹，外沿饰极细弦纹。口
部烧制变形。口径8、底径3.5、高4厘米（图五〇；彩版七一，6）。I M41：06，灰胎，釉全
脱落。尖圆唇，饼足内凹，内底隆起。外底施凹旋纹，外沿饰极细弦纹。口径13.3、底径5.6、
高7.4厘米（图五〇；彩版七一，7）。

碟 7件。皆A型。ⅠM41：01，灰胎，釉多剥落。尖圆唇，敞口，弧腹，饼足微凹。内底下压，内沿饰细弦纹。口径11.5、底径5.5、高3.3厘米（图五〇；彩版七二，1）。ⅠM41：02，灰胎，青绿釉。尖圆唇，敞口，斜弧腹，饼足内凹。内底施凹旋纹。口径11、底径4.6、高3厘米（图五〇；彩版七二，2）。ⅠM41：03，灰胎，青绿釉。尖唇，敞口，斜直腹，饼足内凹。内底施凹旋纹。口径11、底径5、高3厘米（图五〇；彩版七二，3）。ⅠM41：08，灰胎，釉剥落。尖圆唇，敞口，浅弧腹，内底微凸。内底施凹旋纹。口径11.5、底径6.1、高2.1厘米（图五〇；彩版七二，4）。ⅠM41：09，尖圆唇，浅弧腹，饼足内凹。口径13.7、底径6.5、高3.6厘米（图五〇；彩版七二，5）。ⅠM41：010，灰胎，釉多剥落。尖圆唇，直口略敛，浅弧腹，饼足内凹。内底施凹旋纹，内沿饰弦纹。口径11.6、底径5.5、高2.6厘米（图五〇；彩版七二，6）。ⅠM41：011，灰胎，釉脱落。尖圆唇，敞口，弧腹，饼足内凹。内底饰凹旋纹。烧制变形。口径14.5、底径6.6、高3.5厘米（图五〇；彩版七二，7）。

4. ⅠM55

1）墓葬概况

位于ⅠT1208南侧中部。长3.57、宽0.73、高0.85米。方向129°。（图五一）

封门以长方形砖横置和纵置两道交替错缝平铺叠砌，砌法为"一顺一丁"；内道砌于墓室侧壁内；外道封于侧壁外，较墓室宽0.30米；上部残毁，残高0.40米。

后壁用长方形砖错缝平铺叠砌于侧壁外，高度与墓室持平。底铺"人"字形砖，稍宽于墓室。侧壁从墓底开始即夹砌刀形砖构筑券顶，券顶中部嵌入一条扁圆形鹅卵石。

从残状观察，墓室前端壁外加砌一重券与外道封门相接。后壁中部净高0.38米处设一个砖托。

墓砖有长方形和刀形两种，常饰叶脉纹。长方形砖常见规格31/30×15-5/4厘米，刀形砖常见规格31/30×15-5/4-3厘米。

除墓室中部出土1件滑石猪外，随葬品皆集中于墓室前部，均青瓷器，有四耳罐、碗、钵形碗等共10件。

2）出土器物

四耳罐 1件。A型Ⅳ式。ⅠM55：2，灰胎，青黄釉。圆唇，直口略敞，平底略凹。耳间饰弦纹。口径11.4、底径12.6、高17.3厘米（图五一；彩版七三，1）。

碗 8件。皆Ⅳ式。有大小之分。

2件个体较大。ⅠM55：1，灰胎，青黄釉。尖唇，直口，直腹微弧，饼足内凹，内底心凸起。外沿饰弦纹。口径15.1、底径5.8、高7.5厘米（图五一；彩版七三。2）。ⅠM55：4，灰胎，青黄釉。尖圆唇，内底微凸，饼足内凹。内、外底施凹旋纹，外沿饰极细弦纹。口径12、底径4.5、高6厘米（图五一；彩版七三，3）。

6件个体较小。ⅠM55：5，灰胎，釉剥落。尖圆唇，直口，直腹略弧，饼足内凹。内底施凹旋纹，外沿饰弦纹。口径8.6、底径3.5、高4.4厘米（图五一；彩版七四，1）。ⅠM55：6，灰胎，釉剥落。尖唇，直口，直腹略弧，饼足内凹。内底心下压。口径7.8、底径3.1、高4.1厘米（图五一；彩版七四，2）。ⅠM55：7，灰胎，青绿釉，釉多剥落。尖圆唇，直口，直腹略弧，饼足内凹。内底心下压。口径8.6、底径3.3、高4.3厘米（图五一；彩版七四，3）。ⅠM55：

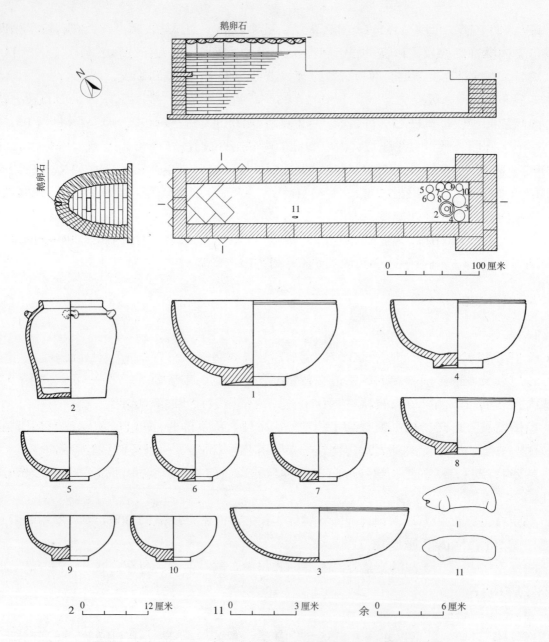

图五一　Ⅰ M55 平、剖面图及其出土青瓷碗、四耳罐和滑石猪
1、4~10.Ⅳ式青瓷碗　2. A 型Ⅳ式青瓷四耳罐　3. 青瓷钵形碗　11. 滑石猪

8，灰胎，青绿釉泛黄。尖圆唇，直口，直腹略弧，饼足内凹。外沿饰弦纹。口径 10、底径 4、高 5 厘米（图五一；彩版七四，4）。Ⅰ M55:9，灰胎，青黄釉，釉多脱落。尖圆唇，直口，直腹，饼足内凹。内底心下压。口径 8、底径 3.3、高 4 厘米（图五一；彩版七四，5）。Ⅰ M55:10，灰胎，釉脱落。尖圆唇，弧腹，饼足内凹。口径 7.8、底径 3.2、高 4 厘米（图五一；彩版七四，6）。

钵形碗　1件。Ⅰ式。Ⅰ M55:3，灰胎，釉脱落。方唇，平底略圜。外沿饰细弦纹。口径 16.3、高 4.8 厘米（图五一；彩版七三，4）。

滑石猪　1件。Ⅰ M55:11，长 3.3 厘米（图五一；彩版七三，5）。

5．ⅠM58

1）墓葬概况

位于ⅠT0905西南角。长 3.92、宽 0.95、高 1.18 米。方向 168°。（图五二）

封门以长方形砖横置平铺与横向侧铺交替叠砌于墓室侧壁内，并加券一重，较墓室宽 0.30、高 0.15 米。

侧壁、后壁皆长方形砖错缝平铺叠砌，后壁砌于墓室侧壁内。底铺"人"字形砖，宽于墓室。侧壁净高 0.60 米处夹砌刀形砖构筑券顶。

后壁中部净高 0.78 米处设一个砖托。

墓砖有长方形和刀形两种，常饰叶脉纹。长方形砖常见规格 31×15-5 厘米，刀形砖常见规格 31×15-5-4 厘米。

随葬品共 15 件。除 2 件滑石猪和 2 件银指环出土于墓室中部、1 件青瓷碗出土于墓室后部外，其余皆集中于墓室前端，青瓷器为主，有四耳罐、碗、钵形碗、碟和滑石猪、银指环等。

2）出土器物

四耳罐 3 件。皆 A 型Ⅳ式。ⅠM58：1，灰胎，青绿釉，有青紫色窑变。方圆唇，直口略敞，平底内凹。耳间饰细弦纹。口径 11.2、底径 13.6、高 18.8 厘米（图五二；彩版七五，1）。ⅠM58：2，灰胎，青绿釉，釉多剥落。尖唇，直口略敞，平底内凹。内壁有轮制旋痕。口径 10.4、底径 11.8、高 16 厘米（图五二；彩版七五，2）；ⅠM58：3，灰胎，青绿釉。圆唇，敞口，平底内凹。内壁有轮制旋痕，耳间饰细弦纹。口径 11.4、底径 13、高 18.4 厘米（图五二；彩版七五，3）。

碗 4 件。皆Ⅳ式。有大小之分。

2 件个体较大。ⅠM58：7，灰胎，青绿釉。尖唇，敞口，斜弧腹，饼足，内底凸起。内底心施凹旋纹，外沿饰弦纹。口径 14.6、底径 5.8、高 7.8 厘米（图五二；彩版七六，1）。ⅠM58：8，灰胎，釉脱落。尖圆唇，直口略敞。内底施凹旋纹。口径 14.4、底径 6.2、高 7.6 厘米（图五二；彩版七六，2）。

2 件个体较小。ⅠM58：10，灰胎，釉剥落。尖唇，直口略敞，直腹略弧，饼足内凹。内底心下压。口径 7、底径 2.8、高 3.4 厘米（图五二；彩版七六，3）。ⅠM58：15，灰胎，釉剥落。尖唇，饼足内凹。外沿饰极细弦纹。口径 8.2、底径 3.2、高 4.2 厘米（图五二；彩版七六，4）。

钵形碗 1 件。Ⅰ式。ⅠM58：9，灰胎，釉脱落。斜方唇，敞口，平底内凹。内沿饰弦纹，外底施凹旋纹。口径 14.6、底径 5.6、高 4.8 厘米（图五二；彩版七六，5）。

碟 3 件。皆 B 型。ⅠM58：4，灰胎，青绿釉。斜方唇，敞口，浅直腹，平底内凹。外底施凹旋纹。口径 11、底径 6、高 1.4 厘米（图五二；彩版七六，6）。ⅠM58：5，灰胎，青绿釉。斜方唇，敞口，浅斜腹。外底周施凹旋纹。口径 10.8、底径 6、高 1.6 厘米（图五二；彩版七六，7）。ⅠM58：6，灰胎，青黄釉，釉多剥落。尖唇，敞口，浅斜腹，平底内凹。内沿旋削一周，外底施凹旋纹。口径 12、底径 6.2、高 1.9 厘米（图五二；彩版七六，8）。

滑石猪 2 件。ⅠM58：11，长 6.2 厘米（图五二；彩版七五，4 左）。ⅠM58：12，残（彩版七五，4 右）。

银指环 2 件。ⅠM58：13，直径 1.8 厘米（图五二，13）。ⅠM58：14，存残痕。

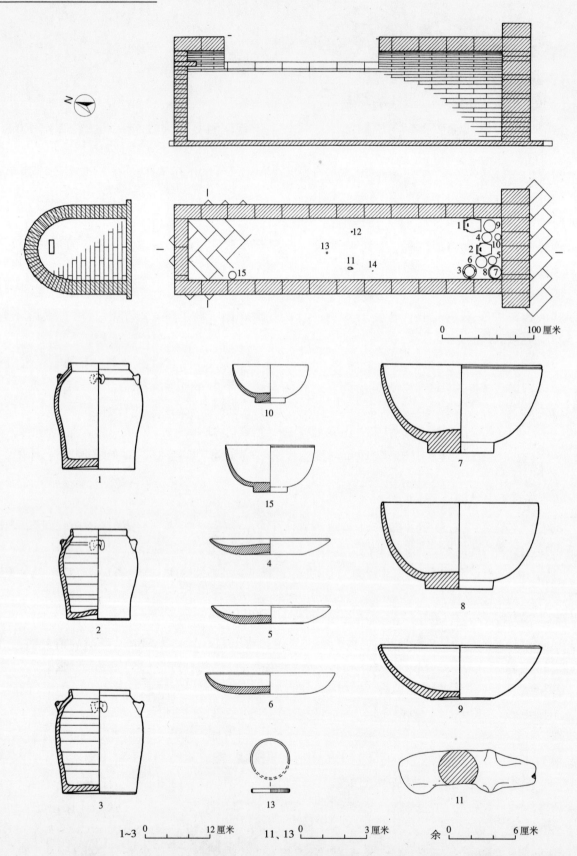

图五二 ⅠM58平、剖面图及其出土青瓷四耳罐、碟、碗和滑石猪、银指环

1~3. A型Ⅳ式青瓷四耳罐 4~6. B型青瓷碟 7、8、10、15. Ⅳ式青瓷碗 9. 青瓷钵形碗 11、12. 滑石猪
13、14. 银指环

6. Ⅱ M6

1) 墓葬概况

位于Ⅱ T2131 南侧中部。长 3.92、宽 0.99、高 1.20 米。方向 101°。（图五三）

封门以长方形砖纵置错缝平铺叠砌于侧壁内，砌法为"全顺"，外加券一重，部分残毁，较墓室宽 0.45、高 0.15 米。

侧壁、后壁皆长方形砖错缝平铺叠砌，后壁置于侧壁内并缩进 0.13 米。底铺"人"字形砖，稍宽于墓室。侧壁净高 0.54 米处夹砌刀形砖码筑券顶，券顶中部垮塌。

右侧壁前部斜竖长方形砖两块（本报告将此种设置简称为"立砖"）。

墓砖有长方形和刀形两种，有的平面饰菱格纹（常见于铺地砖），侧面饰叶脉纹。长方形砖常见规格 31×15-5 厘米，刀形砖常见规格 31×15-5-3 厘米。

墓室中、后部各出土随葬品 2 件，墓室倒塌堆积中采集随葬品 2 件，有青瓷碗、钵形碗和滑石猪等。

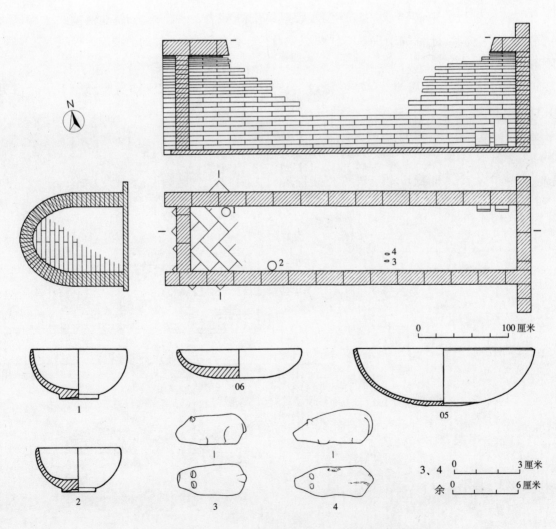

图五三 Ⅱ M6 平、剖面图及其出土青瓷碗和滑石猪
1、2. Ⅳ式青瓷碗 3、4. 滑石猪 05、06. 青瓷钵形碗

2）出土器物

碗 2件。Ⅳ式。ⅡM6：1，灰胎，釉多脱落。尖唇，饼足内凹。口径8.7、底径3.6、高4.4厘米（图五三；彩版七七，1）。ⅡM6：2，灰胎，青绿釉。尖唇，内底不规则，饼足内凹。外底施凹旋纹。口径7.5、底径2.9、高3.9厘米（图五三；彩版七七，2）。

钵形碗 2件。Ⅰ式。ⅡM6：05，灰胎，青黄釉，釉多脱落。斜方唇，敞口，平底略凹。外底施凹旋纹。口径16.3、底径3.2、高5.1厘米（图五三；彩版七七，3）。ⅡM6：06，灰胎，青绿釉。圆唇。内底有叠烧痕。口径11.2、高2.5厘米（图五三；彩版七七，4）。

滑石猪 2件。ⅡM6：3，长3.2厘米（图五三；彩版七七，5左）。ⅡM6：4，长3.6厘米（图五三；彩版七七，5右）。

7．ⅢM1

1）墓葬概况

位于ⅢT0553南侧中部。残长2.81、宽0.95、残高0.84米。方向259°。（图五四）

封门残缺。

侧壁、后壁用长方形砖错缝平铺叠砌，后壁砌于侧壁内。底以长方形砖纵置两块和横置两块相间平铺（本报告将此种铺法简称为"两纵两横"）。侧壁净高0.45米处夹砌刀形砖构筑券顶，券顶顶部塌毁。

墓砖有长方形和刀形两种，常饰叶脉纹。长方形砖常见规格32×15-5厘米，刀形砖常见规格32×15-5-3厘米。

墓室中部出土滑石猪2件，后部出土青瓷碗1件。

2）出土器物

碗 1件。Ⅴ式。ⅢM1：1，灰胎，釉脱落。尖圆唇，饼足微凹。内底心施凹旋纹。口径

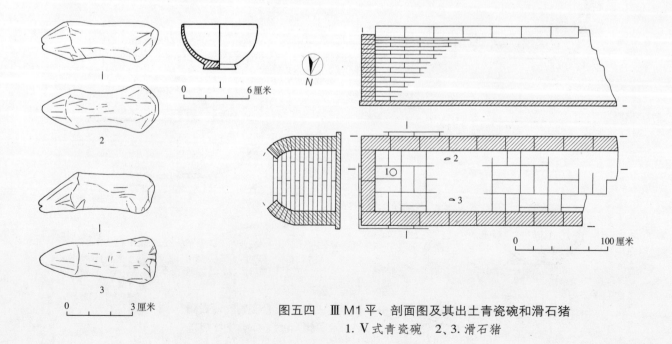

图五四　ⅢM1平、剖面图及其出土青瓷碗和滑石猪
1. Ⅴ式青瓷碗　2、3. 滑石猪

6.7、底径 3、高 3.9 厘米（图五四；彩版七八，1）。

滑石猪 2件。ⅢM1：2，长 5.3 厘米（图五四；彩版七八，2左）。ⅢM1：3，长 5.3 厘米（图五四；彩版七八，2右）。

8．ⅢM3

1）墓葬概况

位于ⅢT0450西侧中部。残长 0.53、宽 0.98、残高 0.60 米。方向 250°。（图五五）

封门以两道长方形砖纵置错缝平铺叠砌，砌法皆为"全顺"；内道置于墓室侧壁内；外道封于侧壁外，较墓室宽 0.14 米；上部残毁，残高 0.60 米。

侧壁用长方形砖错缝平铺叠砌，底铺"人"字形砖，较墓室稍宽，后壁、券顶全部垮塌。

墓砖有长方形和刀形两种，长方形砖常见规格28×14-5厘米，刀形砖常见规格 28×14-5-3 厘米。

墓室前部出土青瓷碗1件。

2）出土器物

碗 1件。Ⅳ式。ⅢM3：1，灰胎，青绿釉。圆唇，饼足内凹。内底心压印圆圈。口径 12、底径 4.8、高 6.2 厘米（图五五；彩版七八，3）。

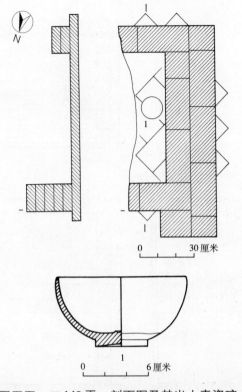

0   30 厘米

0   6 厘米

图五五 ⅢM3平、剖面图及其出土青瓷碗
1．Ⅳ式青瓷碗

（二）长方形双室合葬墓

4座。为ⅠM3、ⅠM4、ⅠM11和ⅠM47。均由互不相通的两个长方形墓室组成。

1．ⅠM3

1）墓葬概况

位于ⅠT2913北部。长 5.76、宽 2.12 米。方向 90°。（图五六；彩版七九，1~3）

由互不相通的两个长方形墓室组成。两室各长 5.76、宽 1.06、高 1.34 米。

两室封门连通构筑，以长方形砖纵置一块横置两块相间平铺叠砌，其上各置两重券，较墓室宽 0.30、高 0.16 米。

侧壁、后壁皆长方形砖错缝平铺叠砌，后壁砌于侧壁内并缩进 0.10 米。底铺"两纵两横"砖。侧壁净高 0.66 米处夹砌刀形砖码筑券顶。

左室后壁净高 0.60、右室后壁净高 0.56 米处各设一个砖托。

墓砖有长方形和刀形两种。墓砖平面有饰菱格纹者，侧面常饰叶脉纹，亦见"大吉"等文字砖（图一一A，5；图一一B，14）。长方形砖常见规格31/30×16/15-5厘米，刀形砖常见规格31/30×16/15-5-4厘米。

随葬品主要集中于左室前部，右室中部偏前亦有少量分布，青瓷器为主，有四（六）耳罐、碗、钵形碗、碟和滑石猪等11件。

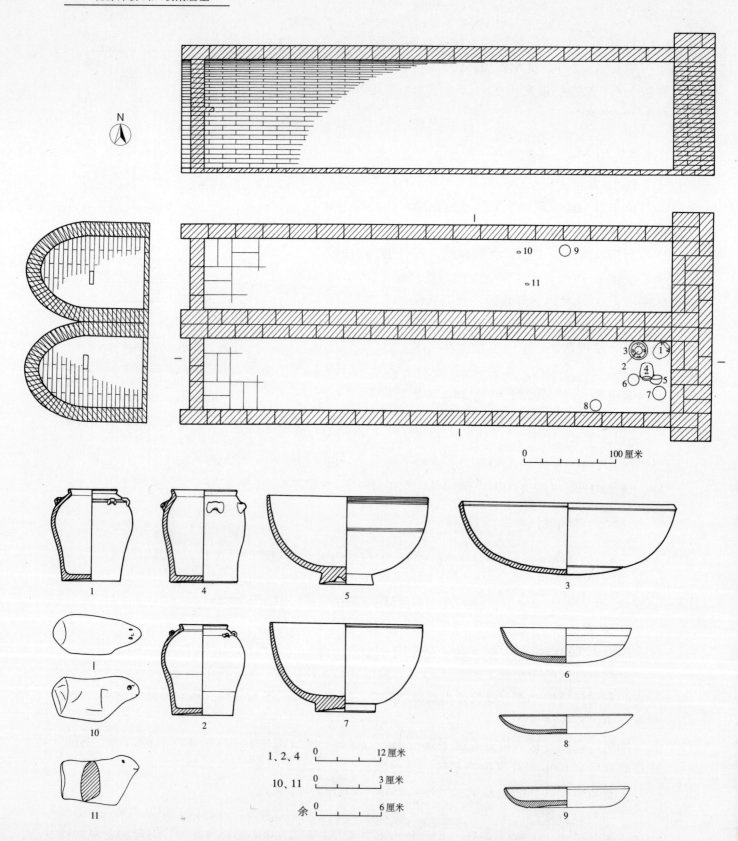

图五六　Ⅰ M3 平、剖面图及其出土青瓷罐、碗、碟和滑石猪
1、2. A 型Ⅳ式青瓷六耳罐　3、6. 青瓷钵形碗　4. A 型Ⅳ青瓷四耳罐　5、7. Ⅴ式青瓷碗　8、9. B 型青瓷碟
10、11. 滑石猪

2）出土器物

四（六）耳罐　3件。皆 A 型Ⅳ式。

六耳　2件。ⅠM3：1，灰胎，青绿釉，釉多脱落。尖圆唇，敞口，平底内凹，肩附六桥形耳。耳间饰弦纹。口径8.8、底径10.8、高16.2厘米（图五六；彩版八〇，1）。ⅠM3：2，灰胎，青绿釉，釉多剥落。形似ⅠM3：1。口径8.7、底径10.9、高16厘米（图五六；彩版八〇，2）。

四耳　1件。ⅠM3：4，灰胎，青绿釉，釉有剥落。尖圆唇，敞口，平底内凹。口径12、底径12、高16.4厘米（图五六；彩版八〇，3）。

碗　2件。Ⅴ式。ⅠM3：5，灰胎，青绿釉。方圆唇，饼足内凹。外沿及腹饰细弦纹。口径15、底径5、高7.8厘米（图五六；彩版八一，1）。ⅠM3：7，灰胎，青绿釉。尖圆唇，直口略敞，直腹微弧，饼足内凹，足壁外撇不明显。内底下压，外底施凹旋纹，外沿饰细弦纹。口径14.2、底径5.4、高7.8厘米（图五六；彩版八一，2）。

钵形碗　2件。Ⅰ式。ⅠM3：3，灰胎，釉多剥落。斜方唇，敞口，弧腹，平底略圜。口沿内外饰弦纹，外腹底施凹旋纹。口径19.4、高6.4厘米（图五六；彩版八一，3）。ⅠM3：6，灰胎，青绿釉，釉多脱落。尖唇，敞口，斜弧腹，平底略圜。内底下压一圈，外腹有轮制旋痕。口径12、底径3.1厘米（图五六；彩版八一，4）。

碟　2件。B型。ⅠM3：8，灰胎，青绿釉。斜方唇，敞口，浅弧腹，平底略凹。口沿内外饰细弦纹，外底施凹旋纹。口径12、底径6.2、高1.7厘米（图五六；彩版八一，5）。ⅠM3：9，灰胎，青绿釉，釉多脱落。斜方唇，敞口，浅斜腹，平底内凹。外底施凹旋纹，内沿饰弦纹。口径11.2、底径7.4、高1.8厘米（图五六；彩版八一，6）。

滑石猪　2件。ⅠM3：10，长4厘米（图五六；彩版八〇，4左）。ⅠM3：11，长3.7厘米（图五六；彩版八〇，4右）。

2．ⅠM4

1）墓葬概况

主要位于ⅠT2914北侧中部。长4.48、宽1.92米。方向110°。（图五七；彩版八二，1、2）

该墓由大小不一且互不相通的两个长方形墓室组成。左室长4.48、宽1.06、高1.06米，右室长3.43、宽0.86、高0.79米。

封门以两道长方形砖纵置错缝平铺叠砌，砌法皆为“全顺”；内道砌于墓室侧壁内，各自独立；外道砌于侧壁外，较墓室宽0.15米；上部残毁，残高0.65米。

侧壁、后壁皆长方形砖错缝平铺叠砌，后壁砌于侧壁内。底铺“人”字形砖，宽于墓室。左室侧壁净高0.60、右室侧壁净高0.40米处夹砌刀形砖构筑券顶，左室券顶多已垮塌。

左室后壁中部净高0.65米处设一个长方形壁龛，龛宽0.14、高0.11、深0.08米。

墓砖有长方形和刀形两种。墓砖平面有的饰菱格纹，侧面饰叶脉纹。长方形砖常见规格30×15-5厘米，刀形砖常见规格30×15-5-3厘米。

右室前部残存青瓷碗6件。

2）出土器物

碗　6件，皆Ⅳ式。有大小之分。

3件个体较大。ⅠM4：1，灰胎，釉全剥落。尖圆唇，直口略敞，直腹微弧，饼足微凹，内

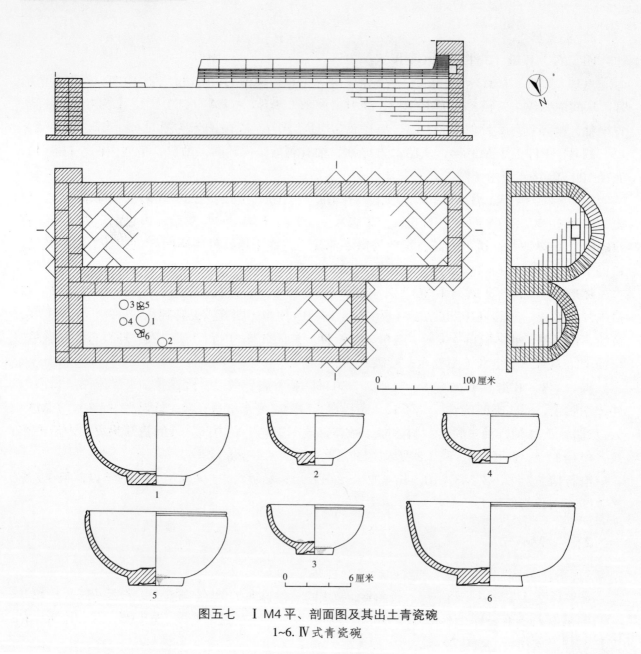

图五七　Ⅰ M4平、剖面图及其出土青瓷碗
1~6. Ⅳ式青瓷碗

底心不规整。外沿饰极细弦纹。式别特征不典型，口径13.2、底径5.2、高6.4厘米（图五七；彩版八三，1）。Ⅰ M4：5，灰胎，青绿釉。圆唇，弧腹，饼足内凹，内底不规则。外沿饰细弦纹，外底施凹旋纹。口径12.8、底径5、高6.6厘米（图五七；彩版八三，2）。Ⅰ M4：6，深灰胎，青绿釉，釉多剥落。尖圆唇，敞口，直腹，饼足内凹，足壁外撇，内底微凸。外底心施凹旋纹，外沿饰弦纹。式别特征不典型。口径15.5、底径6、高7.4厘米（图五七；彩版八三，3）。

3件个体较小。Ⅰ M4：2，灰胎，釉剥落。圆唇，直口，直腹，饼足内凹，内底微凸。外底心施凹旋纹，外沿饰细弦纹。口径8.8、底径3.3、高4.6厘米（图五七；彩版八三，4）。Ⅰ M4：3，深灰胎，青绿釉。器形与Ⅰ M4：5似。口径8.8、底径3.4、高4.4厘米（图五七；彩版八三，5）Ⅰ M4：4，灰胎，釉多剥落。直腹略弧，余似Ⅰ M4：2。口径8.6、底径3.4、高4.4厘米（图五七；彩版八三，6）。

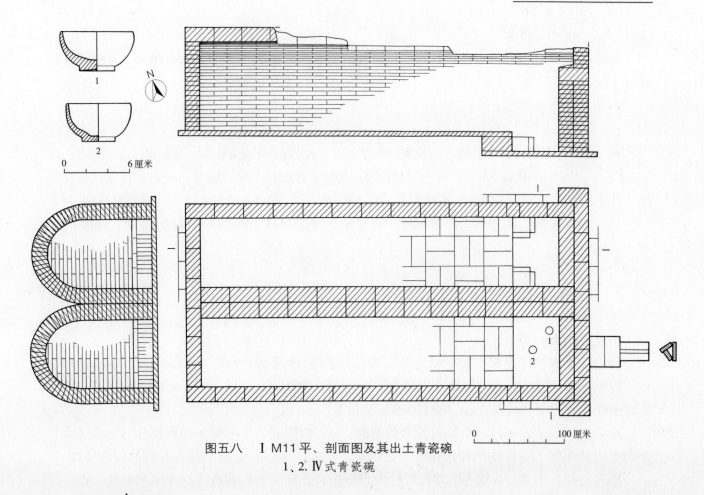

图五八　Ⅰ M11平、剖面图及其出土青瓷碗
1、2. Ⅳ式青瓷碗

3. Ⅰ M11

1）墓葬概况

主要位于Ⅰ T3217南侧中部。长4.42、宽2.12米。方向108°。（图五八；彩版八四，1）

由互不相通的两个长方形墓室组成，每个墓室据墓底高低的不同又可分为前、后两室。左室长4.42、宽1.06、高1.40（前室）~1.20（后室）米，右室长4.42、宽1.06、高1.36（前室）~1.16（后室）米。

左右墓室的前室平面均呈长方形，净长0.50米。后室平面亦为长方形，与前室间形成的台阶阶壁以长方形砖横置侧铺，较前室抬高0.20、净长3.42米。墓室内墓底高低不同，从墓室的横剖面观察，墓底就呈台阶状（本报告将此种情况亦简称为"台阶"）。设置此类台阶的主要功能是进行墓室内前、后墓室的划分，客观上亦有利于后室（棺室）排水，与单纯的台阶有所不同。

封门主要以两道长方形砖纵置错缝平铺叠砌，除右室封门上部另由长方形砖横置侧铺一层外，砌法皆为"全顺"；内道砌于墓室侧壁内，各自独立；外道封于侧壁外，较墓室宽0.30米；其上各置一重券，顶部残毁，残高1.14米。

侧壁、后壁皆长方形砖错缝平铺叠砌，后壁置于侧壁内。底铺"两纵两横"砖。侧壁净高0.73米（后室）处夹砌刀形砖构筑券顶，部分券顶已垮塌。

右前室后端用半块长方形砖侧铺，与墓壁围成两个边长0.20和0.15、深0.15米的矩形池状结构（彩版八四，2）。左室封门前砖砌排水暗沟一条，暗沟截面略呈等腰三角形，边宽约0.20、净高 0.06、残长 0.65 米。

墓砖有长方形和刀形两种，有的饰叶脉纹。长方形砖常见规格 31×15-5 厘米，刀形砖常见规格 30×15-5-4 厘米。

左前室残存青瓷碗 2 件。

2）出土器物

碗　2 件。Ⅳ式。Ⅰ M11：1，灰胎，釉脱落。尖圆唇，饼足微凹。口径 6.6、底径 2.8、高 3.5 厘米（图五八；彩版八四，3）。Ⅰ M11：2，灰胎，青绿釉，釉多脱落。圆唇，直口，直腹微弧，饼足。内底下压。式别特征不典型。口径 5.9、底径 3、高 3.4 厘米（图五八；彩版八四，4）。

另，墓外采集 Ⅰ 式和 Ⅲ 式碗各 1 件，编号分别为 Ⅰ M11：1 混和 Ⅰ M11：2 混，述略。

4．Ⅰ M47

1）墓葬概况

位于 Ⅰ T0918 西北部。长 2.94、宽 1.60 米。方向 110°。（图五九）

由互不相通的两个长方形墓室组成。两室各长 2.94、宽 0.80、残高 0.73 米。

封门以长方形砖纵置错缝平铺叠砌于墓室侧壁内，砌法为"全顺"，上部残毁。残高 0.20 米。

侧壁、后壁皆长方形砖错缝平铺叠砌，后壁置于侧壁内。底铺"两纵两横"砖。侧壁净高 0.20 米处夹砌刀形砖构筑券顶，顶部俱毁。

右室前端用长方形砖和半块长方形砖侧铺，与封门围成方形和矩形池状结构各一个，尺寸分别为边长 0.15、深 0.15 米和长 0.15、宽 0.08、深 0.15 米。左室前端是否有类似设施不详。

墓砖有长方形和刀形两种，常饰叶脉纹。长方形砖常见规格 32/31×15-5 厘米，刀形砖常见规格 32/31×15-5-4/3 厘米。

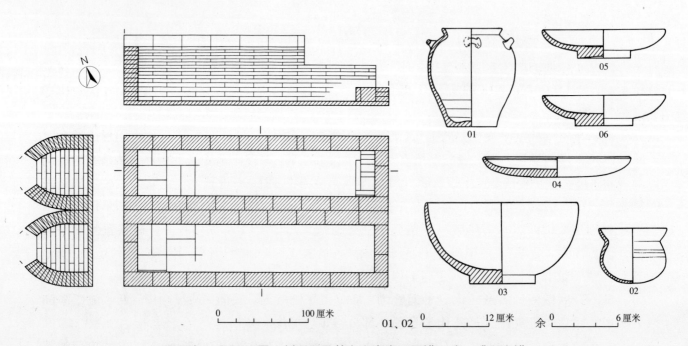

图五九　Ⅰ M47 平、剖面图及其出土青瓷四耳罐、碗、碟和陶罐
01. A 型 Ⅳ青瓷四耳罐　02. 陶罐　03. Ⅳ式青瓷碗　04. B 型青瓷碟　05、06. A 型青瓷碟

墓内倒塌堆积中采集随葬品6件，青瓷器为主，有四耳罐、碗、碟和陶罐等。

2）出土器物

四耳罐 1件。A型Ⅳ式。ⅠM47：01，灰胎，青黄釉，釉多脱落。圆唇，敞口，平底，内底不规则。内腹有轮制旋痕。口径10.9、底径11.3、高17.4厘米（图五九；彩版八五，1）。

碗 1件。Ⅳ式。ⅠM47：03，灰胎，釉剥落。尖圆唇，弧腹。内底施凹旋纹。口径13.8、底径6、高7.2厘米（图五九；彩版八五，2）。

碟 3件。

A型 2件。ⅠM47：05，灰胎，釉多脱落。尖圆唇，敞口，浅弧腹，饼足内凹。内底下压一圈。口径11.2、底径4.8、高2.5厘米（图五九；彩版八五，3）；ⅠM47：06，灰胎，青黄釉，釉多剥落。尖圆唇，敞口，浅弧腹。内底心下压。口径11.2、底径5.3、高2.7厘米（图五九；彩版八五，4）。

B型 1件。ⅠM47：04，灰胎，青绿釉。方唇，敞口，浅弧腹。内沿饰细弦纹，外底施凹旋纹。口径13.2、高1.8厘米（图五九；彩版八五，5）。

陶罐 1件。ⅠM47：02，泥质红褐陶。尖圆唇，敞口，卷沿，垂腹，圜底。外腹饰弦纹。口径12.1、高9.7厘米（图五九；彩版八五，6）。

五　其他

7座。无纪年和随葬品保存。为长方形单室墓和长方形双室合葬墓。

（一）长方形单室墓

4座。为ⅠM15、ⅠM32、ⅠM54和ⅢM6。

1．ⅠM15

主要位于ⅠT3222东南角。长3.55、宽0.94、高1.00米。方向163°。（图六〇；彩版八六，1）

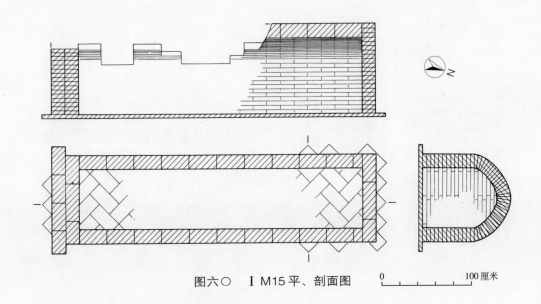

图六〇　ⅠM15平、剖面图　0 100厘米

封门以两道长方形砖纵置错缝平铺叠砌, 砌法皆为"全顺", 外道较墓室宽 0.21 米, 残高 0.74 米。

侧壁、后壁皆长方形砖错缝平铺叠砌, 后壁砌于侧壁外, 高度与墓室持平。底铺"人"字 形砖, 宽于墓室。侧壁净高 0.58 米处夹砌刀形砖构筑券顶, 前部券顶塌落。

墓砖有长方形和刀形两种, 长方形砖常见规格 30×15-4 厘米, 刀形砖常见规格 30×15-4-2 厘米。

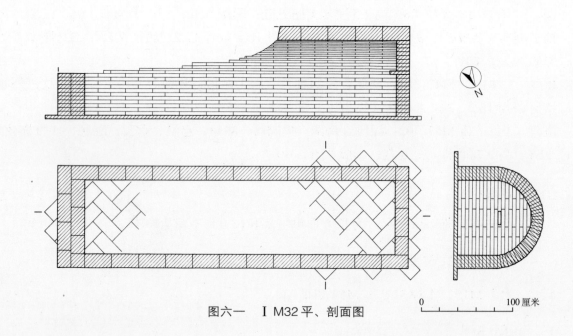

图六一　Ⅰ M32 平、剖面图

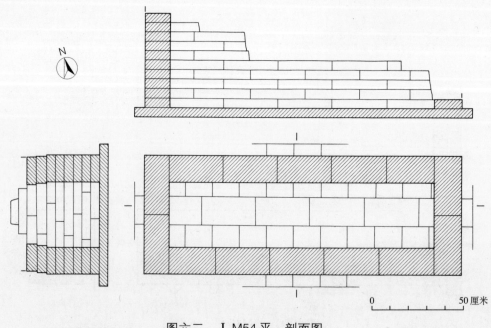

图六二　Ⅰ M54 平、剖面图

2．Ⅰ M32

主要位于Ⅰ T4425西南角。长3.90、宽1.06、高0.99米。方向120°。（图六一；彩版八六，2）

封门以两道长方形砖纵置错缝平铺叠砌，砌法皆为"全顺"，残高0.46米。

侧壁、后壁皆长方形砖错缝平铺叠砌，后壁砌于侧壁内。底铺"人"字形砖，较墓室宽。侧壁净高0.43米处夹砌刀形砖码筑券顶，前部券顶尽毁。

后壁中部净高0.43米处设一个砖托。

墓砖有长方形和刀形两种，少量饰叶脉纹。长方形砖常见规格30×14-4厘米，刀形砖常见规格30×14-4-3厘米。

3．Ⅰ M54

位于Ⅰ T1006中部。长1.76、宽0.64、残高0.55米。方向107°。（图六二）

封门、侧壁、后壁皆长方形砖错缝平铺叠砌，砌法皆为"全顺"。封门、后壁皆砌于墓室侧壁外。墓底以长方形砖纵置一排和横置一排交替平铺（本报告将此种铺法简称为"一横一纵"）。侧壁净高0.29米处墓砖向内叠涩状收束，顶部残毁。该墓仅见长方形砖，且墓室规格较常见的长方形单室券顶墓明显偏小，应为叠涩顶。

墓砖饰叶脉纹。长方形砖常见规格30×15-5厘米。

4．Ⅲ M6

主要位于Ⅲ T0450东南角。残长1.46、宽0.98、残高0.25米。方向257°。（图六三）

侧壁以长方形砖错缝平铺叠砌，底铺"人"字形砖，余残毁。

墓砖饰叶脉纹。长方形砖常见规格30×15-5厘米。

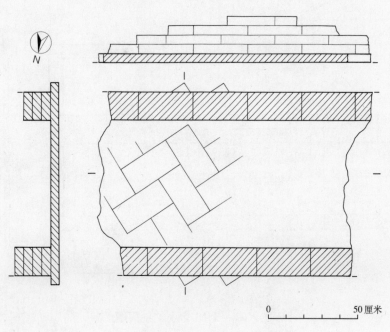

图六三　Ⅲ M6平、平面图

（二）长方形双室合葬墓

3座。为Ⅰ M17、Ⅰ M40和Ⅱ M4。

1．Ⅰ M17

主要位于Ⅰ T3523西南角。长4.29、宽2.00米。方向153°。（图六四；彩版八六，3）

由互不相通的两个长方形墓室组成。左室较小，长4.29、宽0.92、高0.96米；右室较大，长4.29、宽1.08、高1.15米。

封门用长方形砖纵置平铺两道和长方形砖横置侧铺交替叠砌，分别置于左右墓室的侧壁内，其上各加一重券。该重券下部杂以碎砖黄泥，铺砌粗陋，上部残毁，残高0.70米。

侧壁、后壁皆长方形砖错缝平铺叠砌，后壁砌于侧壁内。底铺"人"字形砖，宽于墓室。左室侧壁净高0.45、右室侧壁净高0.60米处夹砌刀形砖构筑券顶，部分券顶已毁。

两室之间的侧壁净高0.24米处砌有全长0.56、高0.15米的通窗。左室后壁中部净高0.37、右室后壁中部净高0.55米处各设一个砖托。

墓砖有长方形和刀形两种，长方形砖常见规格30×15-5厘米，刀形砖常见规格30×15-3-2厘米。

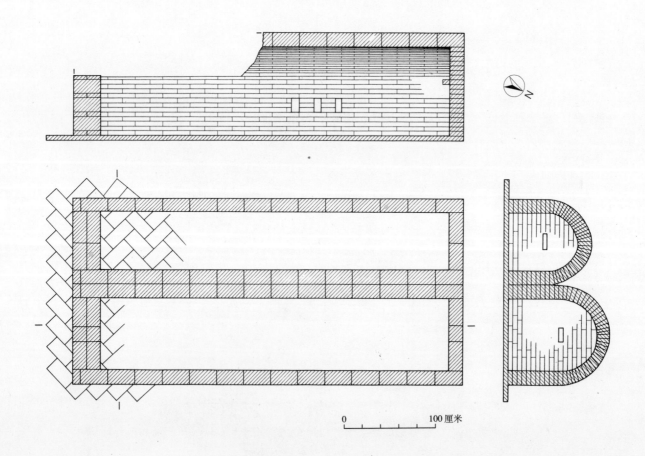

0　　　　　　　100厘米

图六四　Ⅰ M17平、剖面图

2.　ⅠM40

主要位于ⅠT0117西北角。长4.70、宽2.18米。方向77°。（图六五）

由互不相通的两个长方形墓室组成。左室长4.70、宽1.10、高1.43米，右室长4.70、宽1.08、高1.43米。

封门以两道长方形砖纵置错缝平铺叠砌，砌法皆为"全顺"；内道分别置于左右墓室的侧壁内；外道连通砌于侧壁外，较墓室宽0.30、高0.15米。

侧壁、后壁皆长方形砖错缝平铺叠砌，后壁砌于墓室侧壁外，高度与墓室持平。底铺"人"字形砖，较墓室宽。侧壁净高0.58米处夹砌刀形砖码筑券顶。两个墓室前端壁外各加砌一重券与外道封门相接。

墓砖有长方形和刀形两种，有的饰叶脉纹。长方形砖常见规格32/30×15-5厘米，刀形砖常见规格32/30×15-5-4厘米。

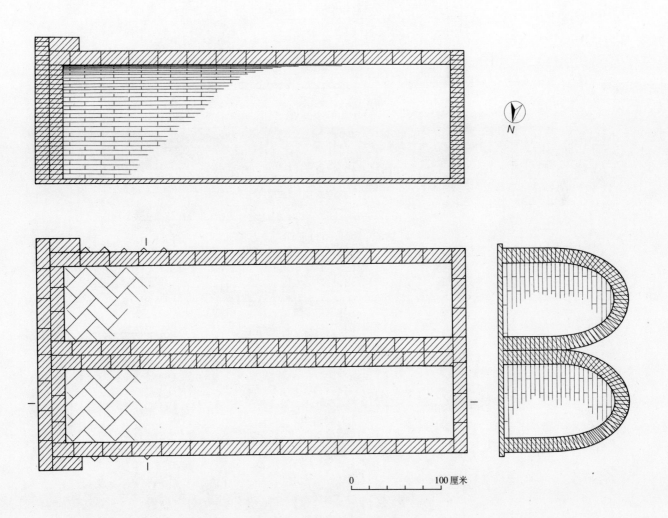

0　　　　　　　　　　100厘米

图六五　ⅠM40平、剖面图

3. Ⅱ M4

位于Ⅱ T1923 中部偏南。长 4.36、宽 1.84 米。方向 90°。（图六六）

由一大一小、互不相通的两个长方形墓室组成，两室平面位置有所错位，以侧壁计，左室前突 0.18 米。左室较大，长 4.36、宽 1.01、高 1.10 米；右室较小，长 3.43、宽 0.83、高 0.92 米。

两室封门皆用两道长方形砖纵置错缝平铺叠砌，砌法皆为"全顺"；内道分别置于墓室的侧壁内；左室外道封门亦部分砌于侧壁内，右室外道封门砌于侧壁外。

侧壁、后壁皆长方形砖错缝平铺叠砌，后壁砌于侧壁内。底铺"人"字形砖，宽于墓室。左室侧壁净高 0.55、右室侧壁净高 0.45 米处夹砌刀形砖构筑券顶。

墓砖有长方形和刀形两种，长方形砖常见规格 30×15-5 厘米，刀形砖常见规格 30×15-5-3 厘米。

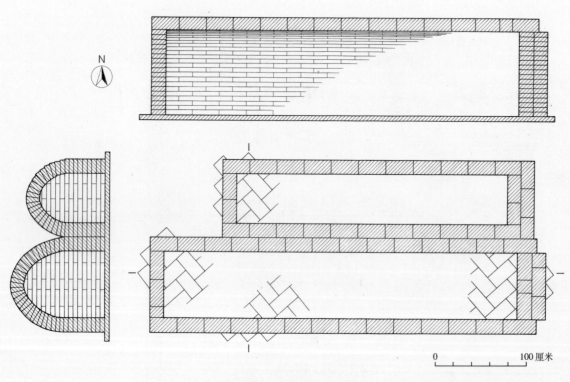

图六六　Ⅱ M4 平、剖面图

第二节　第二时期

包括第五至八期墓葬 25 座和无纪年及随葬品墓葬 5 座。

一　第五期墓葬

5 座。有长方形单室墓、长方形双室合葬墓和长方形三室合葬墓。

（一）长方形单室墓

3 座。为 Ⅱ M7、Ⅱ M12 和Ⅲ M17。

1．Ⅱ M7

1）墓葬概况

主要位于Ⅱ T2438 北侧中部。长 3.26、宽 0.92、高 0.93 米。方向 93°。（图六七）

封门以两道长方形砖纵置错缝平铺叠砌，砌法皆为"全顺"，其上加券一重，大部残毁，较墓室宽 0.30 米，残高 0.12 米。

侧壁、后壁皆长方形砖错缝平铺叠砌，后壁砌于侧壁外，高度与墓室持平。底铺"两纵两横"砖。侧壁净高 0.38 米处夹砌刀形砖构筑券顶。

后壁中部净高 0.40 米处设一个砖托。

墓砖有长方形和刀形两种，长方形砖常见规格 31×16/15-4 厘米，刀形砖常见规格 31×16/15-4-3 厘米。

残存随葬品 3 件。砖托上置钵形碗 1 件，墓室中部出土滑石猪 2 件。

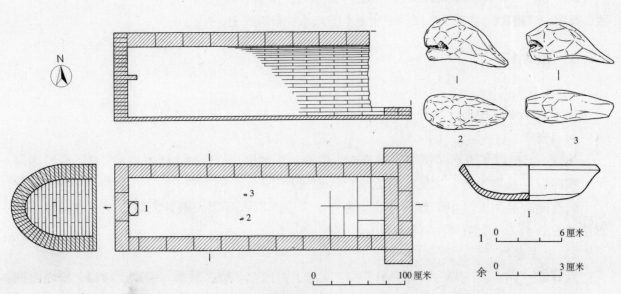

图六七　Ⅱ M7 平、剖面图及其出土青瓷钵形碗和滑石猪
1.Ⅱ式青瓷钵形碗　2、3. 滑石猪

2) 出土器物

钵形碗 1件。II式。II M7：1，灰胎，釉剥落。斜方唇，敞口，弧腹，平底略凹。口径12.3、底径4.4、高3.2厘米（图六七；彩版八七，1）。

滑石猪 2件。II M7：2，长3.9厘米（图六七；彩版八六，2左）。II M7：3，长4厘米（图六七；彩版八七，2右）。

2. II M12

1) 墓葬概况

主要位于 II T1724 东部偏北。长5.86、宽1.30、高1.57米。方向95°。（图六八）

封门以长方形砖横置和纵置两道，错缝平铺叠砌于墓室侧壁内，砌法为"梅花式"，加券一重，较墓室宽0.32、高0.16米。

侧壁、后壁皆长方形砖错缝平铺叠砌，后壁置于侧壁内。底铺"两纵两横"砖。侧壁净高0.40米处夹砌刀形砖构筑券顶。

墓底中部以三块长方形砖平铺，与墓壁围成一个方框。墓外设两排横置平铺的长方形砖，分别与左右墓壁直线距离0.40、较墓顶高0.20米，残长2.80和2.20米（本报告将此种设置亦简称为"护砖"）。

墓砖有长方形和刀形两种，长方形砖常见规格31×16-5厘米，刀形砖常见规格31×16-5-4厘米。

墓室后部残存青瓷碗1件。

2) 出土器物

碗 1件。VII式。II M12：1，灰胎，青绿釉。圆唇，直口略敛，弧腹。口径8.9、底径3.8、高4.9厘米（图六八；彩版八七，3）。

3. III M17

1) 墓葬概况

位于 III T6024 中部。残长3.14、宽0.96、残高0.56米。方向250°。（图六九）

封门残毁。

侧壁、后壁以长方形砖错缝平铺叠砌，后壁置于侧壁内。底铺"两纵两横"砖。券顶塌落。

墓砖仅见长方形砖，常见规格29×14-5厘米。

残存随葬品主要集中于墓室后部，青瓷器为主，有六耳罐、碗、大敞口碗、壶及铜盖豆、铜镰斗、铁剪刀、铜钱等10件（组）。

2) 出土器物

六耳罐 1件。A型V式。III M17：4，灰胎，青绿釉，釉多脱落。圆唇，敞口，平底内凹。耳间饰弦纹。内腹有轮制旋痕。口径11.7、底径17.7、高24.3厘米（图六九；彩版八八，1）。

碗 2件。VII式。III M17：8，灰白胎，青黄釉。饼足，烧制变形，余同III M17：10。口径

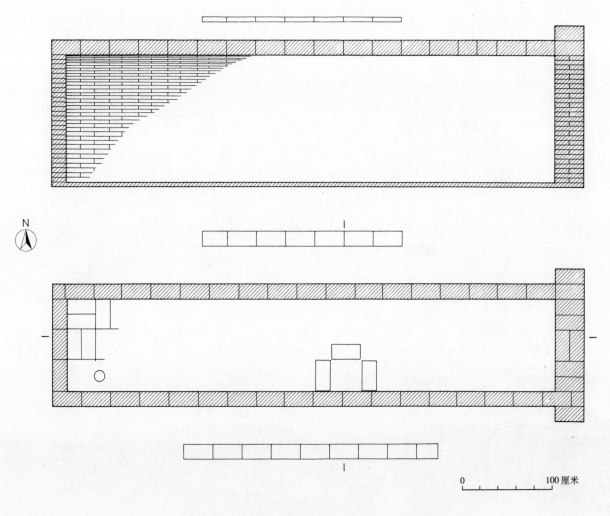

图六八　Ⅱ M12平、剖面图及其出土青瓷碗
1. Ⅶ式青瓷碗

10、底径4.6、高4.7厘米（图六九；彩版八八，2）。Ⅲ M17：10，灰白胎，青黄釉。圆唇，直口略敞，直腹略斜，饼足微凹。口径9.5、底径4.8、高4.2厘米（图六九；彩版八八，3）。

大敞口碗　2件。Ⅰ式。Ⅲ M17：1，灰胎，青黄釉，釉剥落严重。圆唇外翻，斜直腹，饼足微凹。口径15.2、底径5.1、高6厘米（图六九；彩版八八，4）。Ⅲ M17：2，灰白胎，青黄釉，釉多脱落。圆唇。口径15.1、底径5.2、高6.4厘米（图六九；彩版八八，5）。

壶　1件。Ⅲ M17：7，灰胎，青绿釉。口残，束颈，溜肩，球形腹，饼形足内凹，肩附四桥形耳。耳间饰弦纹。底径5.2厘米（图六九；彩版八八，6）。

铜镳斗　1件。Ⅲ M17：5，斗、柄残。底径5.6，残长35.2厘米（图六九；彩版八九，1）。

铜盖豆　1件。Ⅲ M17：3，器形浑圆。盖呈覆钵形，不规则柱形纽。豆子口，喇叭状柄。豆口径7.3、底径5、通高10.9厘米（图六九；彩版八九，2）。

铁剪刀　1件。Ⅲ M17：6，存残痕。

铜钱　1组。Ⅲ M17：9，2枚。存残痕。

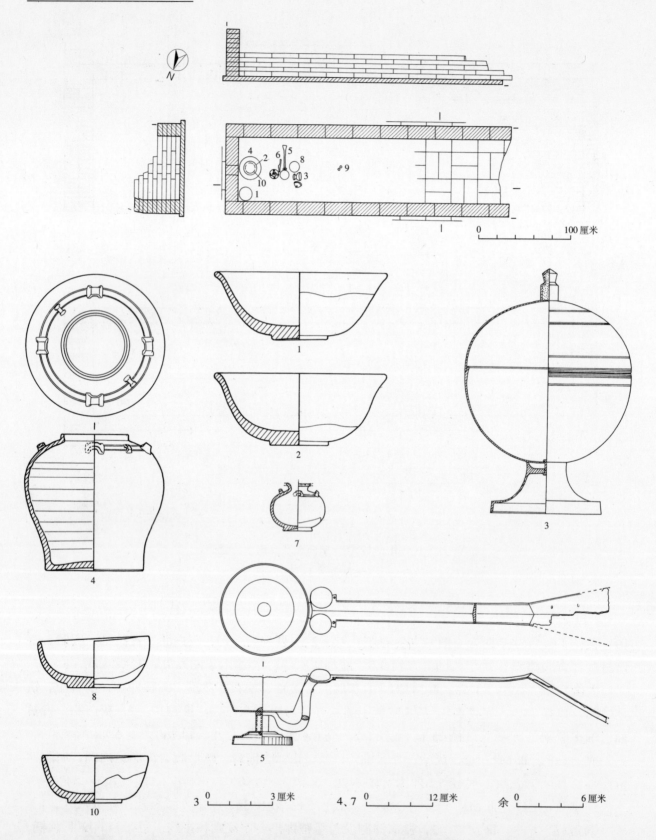

图六九　Ⅲ M17 平、剖面图及其出土青瓷碗、六耳罐、壶和铜盖豆、镰斗，铁剪刀和铜钱
1、2. Ⅰ式青瓷大敞口碗　3. 铜盖豆　4. A型Ⅴ式青瓷六耳罐　5. 铜镰斗　6. 铁剪刀　7. 青瓷壶　8、10. Ⅶ式青瓷碗　9. 铜钱

（二）长方形双室合葬墓

1座。为Ⅰ M42。

1）墓葬概况

主要位于Ⅰ T0217东南角。长5.50、宽2.28米。方向78°。（图七〇）

由平面呈长方形的左右两个墓室组成。每个墓室均由逐级抬高的天井、前室、后室三部分构成。左右墓室各长5.50、宽1.14、高1.57（天井）~1.35（前室）~1.14（后室）米。

天井平面为长方形，壁以长方形砖侧铺，底砖平铺。天井台面通长0.83米。左室天井居中偏左，面宽0.32、进深0.30、深0.21米；右室天井居中偏右，面宽0.36、进深0.30、深0.21米。

前室平面呈长方形，与天井台面间形成的台阶阶壁以长方形砖横置侧铺，较天井台面抬高0.22、净长0.66米。

后室平面呈长方形，与前室间形成的台阶阶壁用长方形砖横置侧铺，较前室抬高0.21、净长3.4米。

封门以长方形砖横置和纵置两道平铺叠砌于墓室侧壁内，砌法为"一顺一丁"与"梅花式"的不规则组合，外各加券一重，较墓室宽0.32、高0.16米。

侧壁、后壁皆长方形砖错缝平铺叠砌，后壁分别砌于两墓室的侧壁内。底铺"两纵两横"砖。侧壁净高0.22米处（后室）夹砌刀形砖构筑券顶。

两前室之间设拱形门相通，门宽0.32、高0.39米。左右墓室后壁中部净高0.50米处各设一个砖托。

墓砖有长方形和刀形两种，有的饰叶脉纹、"⊗""⊗"纹等（图一一A，3、9、10）。长方形砖常见规格33/32×16-5厘米，刀形砖常见规格33/32×16-5-4/3厘米。

左后室前部残存滑石猪1件，右后室前、后各残存钵形碗1件，墓内倒塌堆积中采集铜钱1枚。

2）出土器物

钵形碗 2件。Ⅱ式。Ⅰ M42：1，灰胎，青黄釉。方圆唇，敛口，浅弧腹，平底内凹。内腹印草叶纹。口径11.6、底径3.3、高4.2厘米（图一百零八；彩版八九，3）。Ⅰ M42：3，灰胎，釉全脱落。方圆唇，敛口，浅弧腹，平底内凹。内腹印草叶纹。口径11、底径4.2、高4.1厘米（图七〇，彩版八九，4）。

滑石猪 1件。Ⅰ M42：2，长4.7厘米（图七〇；彩版八九，5）。

铜钱 1枚。Ⅰ M42：04，存残痕。

（三）长方形三室合葬墓

1座。为Ⅱ M11。

1）墓葬概况

位于Ⅱ T1129南侧中部。残长6.40、宽3.86米。方向340°。由墓道、墓圹和左、中、右三个长方形墓室组成。（图七一；彩版九〇，1、2）

墓道 长方形竖穴土坑。三个，分别与每个墓室的封门相对应，斜坡底。残长1.24、宽0.84（左）、0.82（中）、0.88（右）、残深（最深）1.34米；

墓圹 长方形竖穴土坑，壁直底平。长5.16、宽3.86、残深（最深）3.00米。

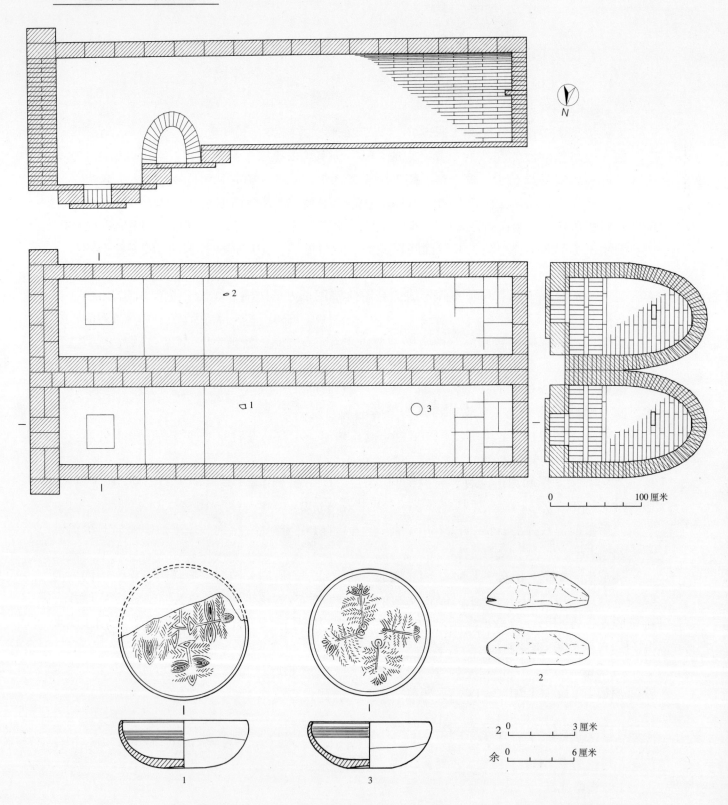

图七〇　Ⅰ M42 平、剖面图及其出土青瓷钵形碗和滑石猪
1、3. 青瓷钵形碗　2. 滑石猪

墓室 每个墓室皆分前、后两室。左室长 4.92、宽 1.16、高 1.68（前室）~ 1.46（后室）米；中室长 4.92、宽 1.16、高 1.72（前室）~ 1.5（后室）米；右室长 4.92、宽 1.12、高 1.54（前室）~ 1.32（后室）米。

前室平面呈长方形，底略有不平，净长 1.24 米。后室平面亦为长方形，与前室之间形成的台阶阶壁用长方形砖横置侧铺，较前室抬高 0.22、净长 3.20 米。

各室封门均以长方形砖横置和纵置两道平铺叠砌，大部分置于墓室侧壁内，砌法为"梅花式"，上部残毁，残高 1.26 米。

侧壁、后壁皆长方形砖错缝平铺叠砌，后壁分别砌于各墓室的侧壁内。墓底除靠近左室的左侧壁、中室和右室的右侧壁处各有一排长方形砖横置平铺，后室前端用长方形砖横置平铺一列外，皆铺"两纵两横"砖。侧壁净高约 0.48 米处（后室）夹砌刀形砖构筑券顶，位于券顶顶端的三排砖均有不同程度的隆凸。前室墓壁、券顶损毁甚重。

墓室之间的侧壁设直棂窗和拱形门相通，直棂窗位于后室，以长方形砖纵置侧铺，通长 1.44、高 0.18 米。拱形通门位于前、后室之间，残存局部。左、右两个墓室的后室似各设一条截面呈矩形的排水暗沟，分别位于两排横置平铺的底砖下方，沟各宽 0.12 和 0.09、高 0.16 米。

墓砖有长方形和刀形两种，长方形砖常见规格 32×16-6 厘米，刀形砖常见规格 32×16-6-4/3 厘米。

墓内倒塌堆积中采集随葬品 15 件，有青瓷碗、滑石猪和银指环等。

2）出土器物

碗 6 件。皆Ⅵ式。ⅡM11：02，灰胎，青黄釉。斜方唇，口微束，饼足内凹。口径 8.8、底径 3.5、高 5.7 厘米（图七一；彩版九一，1）。ⅡM11：03，灰胎，青黄釉，釉多剥落。尖圆唇，直口略敛，弧腹，足壁外撇。口径 10.7、底径 4.7、高 5.3 厘米（图七一；彩版九一，2）。ⅡM11：06，灰胎，釉剥落。圆唇，直口，直腹。口径 8.5、底径 3.7、高 4.4 厘米（图七一；彩版九一，3）。ⅡM11：013，灰胎，青黄釉，釉多脱落。斜方唇，饼足内凹，足壁外撇。口径 8.3、底径 3.3、高 5.8 厘米（图七一；彩版九一，4）。ⅡM11：014，灰胎，青黄釉，釉多脱落。直口略敛，内底微凹，余同ⅡM11：06。口径 8、底径 4、高 4.3 厘米（图七一；彩版九一，5）。ⅡM11：015，灰胎，青黄釉。尖圆唇，足壁直。口径 8、底径 4、高 4.5 厘米（图七一；彩版九一，6）。

滑石猪 5 件。ⅡM11：01，长 4.4 厘米（图七一；彩版九〇，3 左 3）。ⅡM11：04，长 4.3 厘米（图七一；彩版九〇，3 左 2）。ⅡM11：05，长 6 厘米（图七一；彩版九〇，3 左 1）。ⅡM11：08，长 4.2 厘米（图七一；彩版九〇，3 左 4）。ⅡM11：07，长 5.1 厘米（图七一；彩版九〇，3 左 5）。

银指环 4 件。ⅡM11：09，直径 2.1 厘米（图七一；彩版九〇，4 左）。ⅡM11：010，内壁呈凹槽状。直径 2.1 厘米（图七一，8）。ⅡM11：011，内壁呈凹槽状。直径 2.1 厘米（图七一，9）。ⅡM11：012，外周饰齿状纹饰。直径 2.1 厘米（图七一；彩版九〇，4 右）。

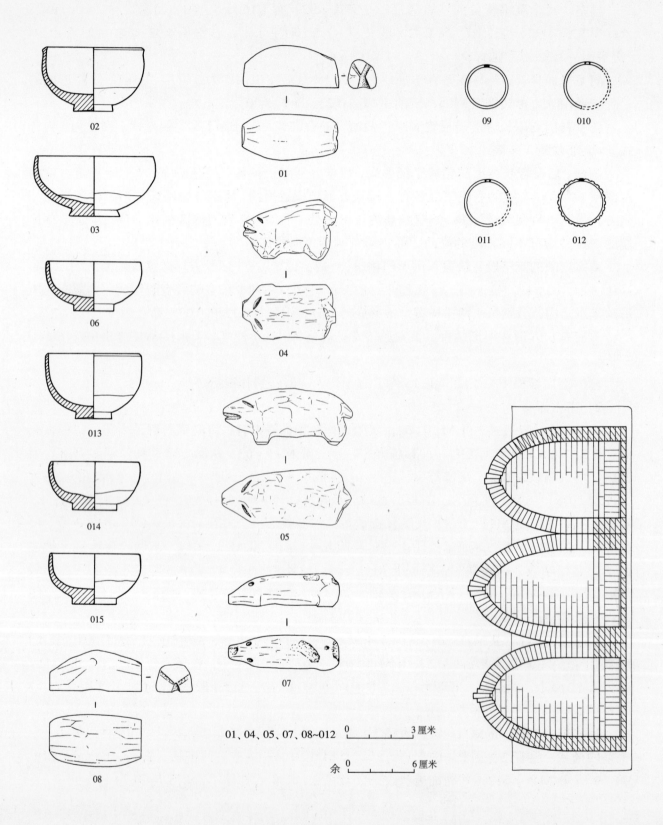

01、04、05、07、08~012 0 ——————— 3厘米

余 0 ——————— 6厘米

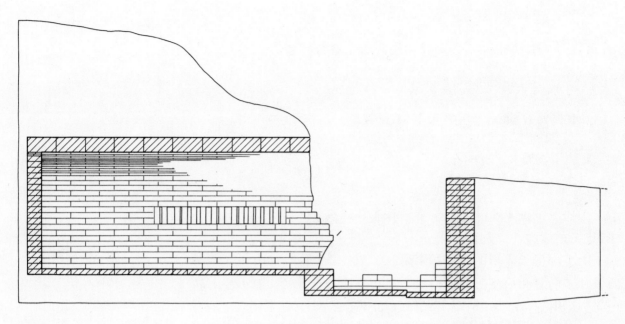

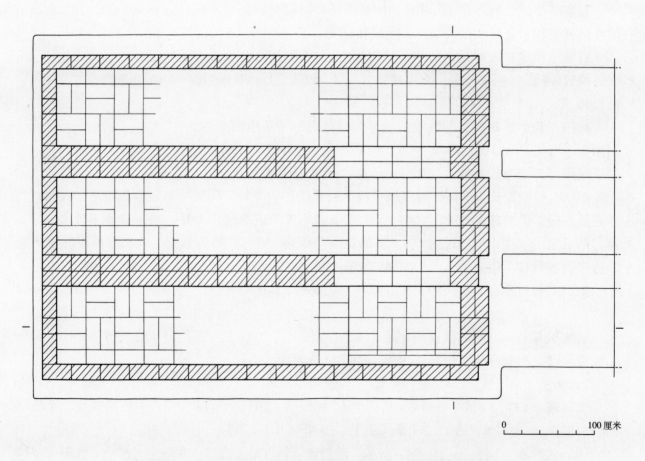

图七一　Ⅱ M11平、剖面图及其出土滑石猪、青瓷碗和银指环

01、04、05、07、08.滑石猪　02、03、06、013~015.Ⅵ式青瓷碗　09~012.银指环

二　第六期墓葬

4座。有长方形双室合葬墓和长方形三室合葬墓。

（一）长方形双室合葬墓

3座。为ⅠM6、ⅠM8和ⅠM10。

1．ⅠM6

1）墓葬概况

主要位于ⅠT3114北侧中部。长5.96、宽2.66米。方向116°。（图七二；彩版九二，1）

由平面呈长方形的左右两个墓室组成。每个墓室均由逐级抬高的天井、前室和后室三部分构成。左右墓室各长5.96、宽1.33、高1.94（天井）～1.76（前室）～1.6（后室）米。

天井平面位置居中，略呈方形，底砖平铺，井壁以长方形砖侧铺，天井台面通长1米，天井面宽0.33、进深0.34、深0.20米。

前室平面呈长方形，与天井台面间形成的台阶阶壁以长方形砖横置侧铺，较天井台面抬高0.18、净长0.48米。

后室平面呈长方形，与前室间形成的台阶阶壁背里部分以长方形砖横置侧铺，露明部分用长方形砖纵置侧铺，较前室抬高0.16、净长3.96米。

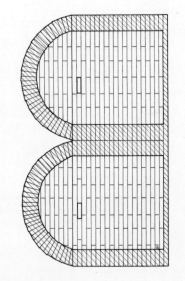

封门以长方形砖横置和纵置两道平铺交替叠砌于墓室侧壁内，砌法为"梅花式"，其上各加券一重，较墓室宽0.34、高0.17米。封门下端中部各留空长0.32、宽0.34、高0.42米填充褐黄色土。

侧壁、后壁皆长方形砖错缝平铺叠砌，后壁砌于侧壁外，高度与墓室券顶持平。底铺"两纵两横"砖。侧壁净高0.9米处（后室）夹砌刀形砖构筑券顶，天井、前室券顶多已垮塌。

两后室的前端设宽约0.38、高0.35的矩形门相通。后室之间的侧壁上设长方形砖纵置侧铺的直棂通窗两排，每排通长1.3、高0.15米。两室后壁中部净高0.9米处各设一个砖托。

墓砖有长方形和刀形两种，长方形砖常见规格32×17-5厘米，刀形砖常见规格32×17-5-4厘米。

右室天井及天井台面残存随葬品3件（彩版九二，2），左后室前部残存随葬品1件。随葬品皆青瓷器，有宽耳罐、四耳梭腹罐、假圈足碗和盆。

2）出土器物

宽耳罐　1件。Ⅰ式。ⅠM6：2，灰胎，釉脱落。圆唇，敞口略直，下腹略弧收，平底略凹。口径7.5、底径8、高11.2厘米（图七二；彩版九二，3）。

四耳梭腹罐　1件。ⅠM6：4，灰胎，釉剥落。斜方唇，直口，颈略束，溜肩，大平底。口径8.8、底径11.7、高16.9厘米（图七二；彩版九二，4）。

假圈足碗　1件。ⅠM6：1，灰胎，青黄釉，内满釉，外施釉不及下腹和底。尖圆唇，敞口，

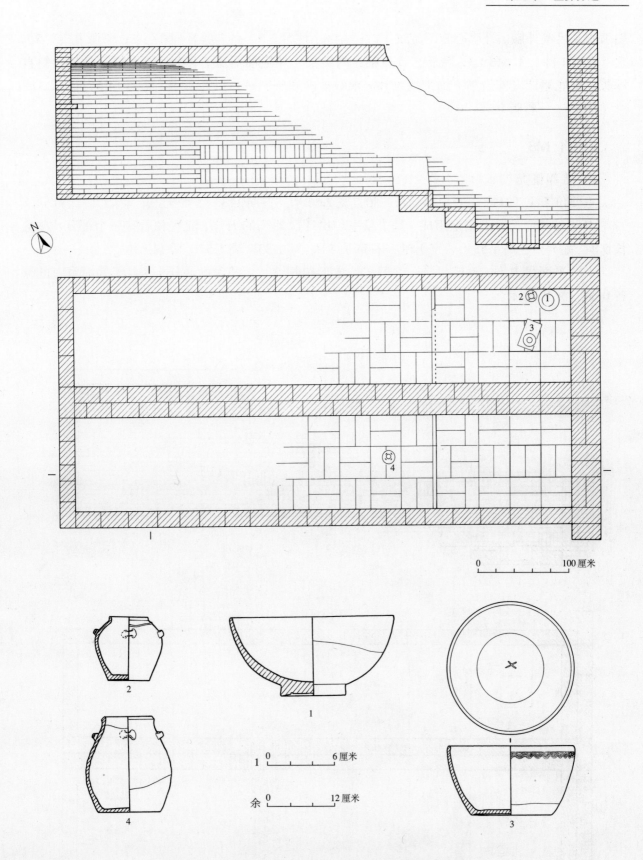

图七二 Ⅰ M6平、剖面图及其出土青瓷假圈足碗、罐、盆
1.青瓷假圈足碗 2.青瓷宽耳罐 3.青瓷盆 4.青瓷四耳梭腹罐

斜弧腹，足壁外撇。外底心施凹旋纹。口径14.8、底径5.8、高7厘米（图七二；彩版九二，5）。

盆　1件。ⅠM6：3，灰胎，青黄釉，内满釉，外施釉不及下腹和底。圆唇，敛口，斜直深腹，平底略凹。外沿釉下饰细线纹和波浪纹，内底刻"+"。口径22.9、底径14.6、高12.3厘米（图七二；彩版九二，6）。

2．ⅠM8

1）墓葬概况

主要位于ⅠT3115东侧中部。长5.80、宽2.66米。方向113°。（图七三；彩版九三，1）

由左右两个长方形墓室组成。每个墓室均由逐次抬高的天井、前室和后室三个部分。左室长5.8、宽1.33、高1.53（后室）米；右室长5.8、宽1.33、高1.57（后室）米。

天井平面呈方形，底砖平铺，井壁以长方形砖侧铺，天井台面通长1米，天井面宽、进深各0.34、深0.16米。

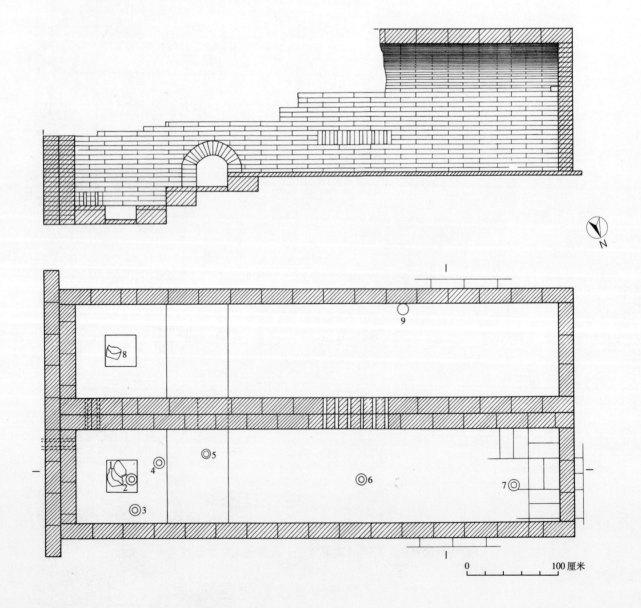

0　　　　　　　　　100厘米

前室平面为长方形，与天井台面之间形成的台阶阶壁用长方形砖横置侧铺，较天井台面抬高 0.21、净长 0.68 米。

后室平面呈长方形，与前室间形成的台阶阶壁以长方形砖横置侧铺，较前室抬高 0.15、净长 3.6 米。

封门以两道长方形砖纵置错缝平铺叠砌，砌法皆为"全顺"；外道连通砌于墓室侧壁外，较墓室宽 0.36 米；上部残毁，残高 0.95 米。

侧壁、后壁皆长方形砖错缝平铺叠砌，后壁分别砌于两墓室的侧壁内。底铺"两纵两横"砖，较墓室稍宽。侧壁净高 0.8 米处（后室）夹砌刀形砖码筑券顶，后室局部券顶残存。

右室前端墓底设排水孔两个，孔各长 0.34、宽 0.03、高 0.15 米（彩版九三，2）。因左室无通向墓外的排水设施，故在天井台面之间的侧壁底设左室通向右室的竖长方形排水孔两个，孔各长 0.33、宽 0.03、高 0.15 米。两前室之间设券顶拱形门相通（彩版九四，1），门宽 0.34、高 0.34 米。两后室之间的侧壁设长方形砖纵置侧铺的直棂通窗（彩版九四，2），窗通长 0.8、高 0.15

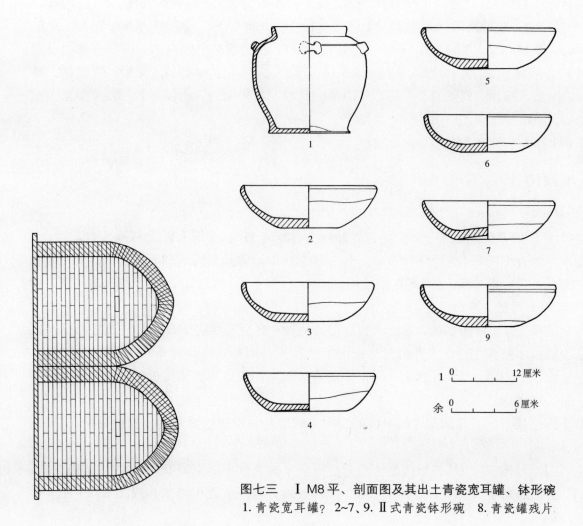

图七三　Ⅰ M8 平、剖面图及其出土青瓷宽耳罐、钵形碗
1. 青瓷宽耳罐？ 2~7、9. Ⅱ式青瓷钵形碗　8. 青瓷罐残片

米。两室后壁中部净高 0.85 米处各设一个砖托。

墓砖有长方形和刀形两种。墓砖平面有的饰菱格纹，侧面常饰叶脉纹，亦见"吉""□□王十"、等文字、纹饰砖（图一一 B，11、12；彩版九四，1）。长方形砖常见规格 34×16-5 厘米，刀形砖常见规格 34×16-5-3 厘米。

残存随葬品 9 件。其中左室天井、左后室中部各 1 件（彩版九四，3），右室天井和天井台面 4 件（彩版九四，4），右前室和右后室中、后部各 1 件。皆青瓷器，有宽耳罐和钵形碗。

2）出土器物

宽耳罐　1 件。Ⅰ式。ⅠM8：1，灰胎，青黄釉。圆唇，平底外放。耳间饰弦纹。口径 13.2、底径 13.8、高 19 厘米（图七三；彩版九五，1）。

钵形碗　7 件。皆Ⅱ式。ⅠM8：2，灰胎，青黄釉。尖圆唇，口微敛，斜弧腹，平底。内壁有泥团叠烧痕。口径 12、底径 5.3、高 3.8 厘米（图七三；彩版九五，2）。ⅠM8：3，灰胎，青黄釉。形似ⅠM8：2。口径 11.6、底径 5.6、高 3.5 厘米（图七三；彩版九五，3）。ⅠM8：4，灰胎，青绿釉。尖圆唇，敞口，斜直腹，平底微凹。内壁有泥团叠烧痕。口径 11.8、底径 6.8、高 3.4 厘米（图七三；彩版九五，4）。ⅠM8：5，灰胎，青绿釉。圆唇，敛口，弧腹，平底。内底有泥团叠烧痕。口径 11.9、底径 5.2、高 3.7 厘米（图七三；彩版九五，5）。ⅠM8：6，灰胎，青绿釉。直口略敞，余似ⅠM8：2。口径 11.3、底径 5.6、高 3.3 厘米（图七三；彩版九五，6）。ⅠM8：7，灰胎，青黄釉。尖圆唇，敞口，浅斜腹，平底内凹。内底有泥团叠烧痕。口径 12、底径 6.2、高 3.4 厘米（图七三；彩版九五，7）。ⅠM8：9，灰胎，青黄釉，釉多剥落。尖圆唇，敞口，斜弧腹，平底。外沿饰凹弦纹，口径 12.2、底径 4.6、高 3.7 厘米（图七三；彩版九五，8）。

罐　1 件。ⅠM8：8，存残片。

3.　ⅠM10

1）墓葬概况

主要位于ⅠT3216 西南角。长 5.97、宽 2.60 米。方向 113°。（图七四；彩版九六，1）

由平面呈长方形的左右两个墓室组成。每个墓室均由逐级抬高的天井、前室和后室三部分构成。左室长 5.97、宽 1.31、高 1.8（前室）～1.59（后室）米；右室长 5.97、宽 1.29、高 1.80（前室）～1.59（后室）米。

天井平面呈方形，底砖平铺，井壁以长方形砖侧铺，右室天井前壁设四个竖长方形排水口与通向墓外的排水暗沟相连，天井台面通长 1.02 米，天井面宽、进深皆 0.33、深 0.20 米。

前室平面呈长方形，与天井台面之间形成的台阶阶壁用长方形砖横置侧铺，较天井台面抬高 0.18、净长 0.66 米。

后室平面呈长方形，与前室之间形成的台阶阶壁以长方形砖横置侧铺，较前室抬高 0.22、净长 3.78 米。

两室封门连通构筑，用长方形砖横置或两道纵置平铺叠砌于墓室侧壁外，砌法为"梅花式"与"全丁"的不规则组合，其上各加券一重，上部残毁，较墓室宽 0.46 米，残高 1.38（左）～1.29（右）米。

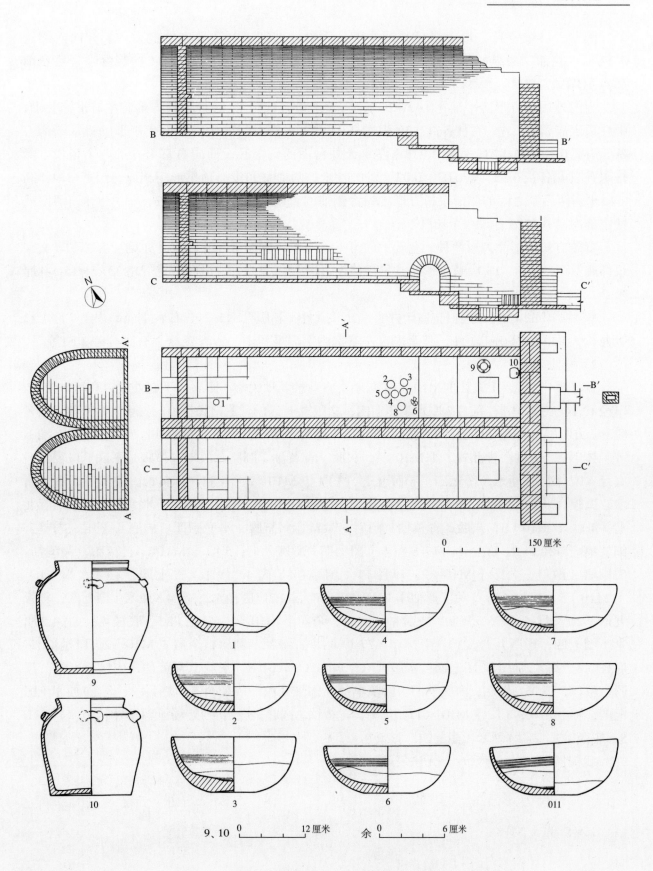

图七四 Ⅰ M10 平、剖面图及其出土青瓷钵形碗、宽耳罐

1~8、011. Ⅱ式青瓷钵形碗 9、10. 青瓷宽耳罐

侧壁、后壁皆长方形砖错缝平铺叠砌，后壁分别砌于每个墓室的侧壁内，并向内缩进0.27米。底铺"两纵两横"砖。侧壁净高0.60米处（后室）夹砌刀形砖构筑券顶，墓室前部券顶塌毁。

封门外用长方形砖平铺宽0.42米的散水，其上设砖柱三个。砖柱皆长方形砖单砖平铺叠砌，中柱顶层砖稍长，左、右柱各高0.3、中柱高0.6米。右室封门前砖砌截面呈矩形的排水暗沟一条，沟宽0.18、高0.27、残长1.2米。左室天井台面的侧壁底设通向右室天井的四个竖长方形排水孔，孔各长0.32、宽0.03~0.02、高0.15米。两前室间设券顶拱形门相通，门宽0.34、高0.42米。两后室之间的侧壁设长方形砖纵置侧铺的直棂通窗，窗通长1.17、高0.15米。两室后壁中部净高0.45处各设一个砖托。

墓砖有长方形和刀形两种。墓砖平面可见菱格纹，侧面常饰叶脉纹，亦见"吉⊗"等文字纹饰砖（图一一B，13）。长方形砖常见规格33×16/15-5厘米，刀形砖常见规格33×16/15-5-4厘米。

残存随葬品19件，其中右室天井台面出土2件（彩版九六，2），右后室前部出土7件（彩版九六，3）、后部出土1件，其余采自左室室内倒塌堆积中。皆青瓷器，有宽耳罐、碗等。

2）出土器物

宽耳罐 2件。Ⅰ式。ⅠM10：9，灰胎，青黄釉，釉脱落。圆唇，平底外放。耳间饰弦纹。口径12.1、底径14.7、高17.3厘米（图七四；彩版九七，1）。ⅠM10：10，灰胎，青黄釉，釉多脱落。方圆唇，平底内凹。耳间饰弦纹。口径13.2、底径14、高19.9厘米（图七四；彩版九七，2）。

钵形碗 9件。皆Ⅱ式。ⅠM10：1，灰胎，青黄釉。圆唇，敛口，弧腹，平底。口径9.9、底径4.9、高4.3厘米（图七四；彩版九七，3）。ⅠM10：2，灰胎，青黄釉。尖圆唇，直口略敞，弧腹，平底，内底心下凹。内壁有旋痕。口径11.1、底径4、高4.2厘米（图七四；彩版九七，4）。ⅠM10：3，灰胎，青黄釉。圆唇，敞口，斜直腹，平底微凹。内底心下压，内壁有细旋痕。口径11.2、底径4、高4.9厘米（图七四；彩版九七，5）。ⅠM10：4，灰胎，青黄釉。尖圆唇，敞口，余似ⅠM10：2。口径11.4、底径4、高4.9厘米（图七四；彩版九八，1）。ⅠM10：5，灰胎，青黄釉。形似ⅠM10：2。口径11.3、底径4.2、高4.3厘米（图七四；彩版九八，2）。ⅠM10：6，灰胎，青黄釉。圆唇，余同ⅠM10：2。口径11.5、底径4.4、高4.2厘米（图七四；彩版九八，3）。ⅠM10：7，灰胎，青绿釉。圆唇，余似ⅠM10：2。口径11.4、底径3.8、高4.2厘米（图七四；彩版九八，4）。ⅠM10：8，灰胎，青黄釉，内壁施半釉。圆唇，敞口，弧腹，平底，内底下凹。内壁半釉下饰细弦纹。口径11.5、底径4.3、高4.4厘米（图七四；彩版九八，5）。ⅠM10：011，灰胎，青黄釉。圆唇，烧制变形，余似ⅠM10：2。口径11.5、底径4.3、高4.4厘米（图七四；彩版九八，6）。

残瓷器 8件。存残片，无法复原。

（二）长方形三室合葬墓

1座。为ⅠM18。

1）墓葬概况

主要位于ⅠT3521北部。长6.48、宽4.02米。方向115°。（图七五）

由平面呈长方形的左、中、右三个墓室组成。每个墓室均由逐级抬高的前院（前院与同时期墓葬中的天井位置相同，因该墓未设天井，故暂称"前院"）、前室和后室三部分构成。左室长 6.48、宽 1.32、高 1.94（前院）~ 1.76（前室）~ 1.60（后室）米；中室长 6.48、宽 1.34、高 2.16（前院）~ 1.98（前室）~ 1.82（后室）米；右室长 6.48、宽 1.36、高 1.92（前院）~ 1.74（前室）~ 1.58（后室）米。

前院平面略呈方形，净长 1.00 米。

前室平面呈长方形，与前院之间形成的台阶阶壁用长方形砖横置侧铺，较前院抬高 0.18、净长 0.68 米。

后室平面亦为长方形，与前室之间的台阶阶壁以长方形砖横置侧铺，较前室抬高 0.16、净长 4.24 米。

封门以两道长方形砖纵置错缝平铺叠砌，砌法皆为"全顺"；内道分别置于各墓室的侧壁内；外道连通砌于侧壁外，其上各加券一重，较墓室宽 0.32、高 0.16 米。

侧壁、后壁皆长方形砖错缝平铺叠砌，后壁砌于墓室侧壁内，并缩进 0.03 米。底铺"两纵两横"砖。侧壁净高 0.70（左后室）~ 0.80（中后室）~ 0.65（右后室）处夹砌刀形砖构筑券顶。

三前院之间的侧壁底各设三个竖长方形排水孔，以长方形砖纵置侧铺，孔长 0.32、宽 0.04 ~ 0.05、高 0.16 米。三前室之间各设拱形门相通，门宽 0.36、高 0.47 米。三后室之间的侧壁各设长方形砖纵置侧铺的直棂通窗两排，每排通长 1.10、高约 0.15 米。三墓室后壁中部净高 0.58 米处各设砖托一个。

墓砖有长方形和刀形两种，常饰叶脉纹。长方形砖常见规格 34/32×16/15-5 厘米，刀形砖常见规格 34×16-6-4 厘米。

残存随葬品 9 件，左前院、左前室各出土 1 件，左后室的中部出土 1 件、后部出土 2 件（彩版九九，1），其余 4 件自墓内倒塌堆积中采集。除 1 枚铜钱外，皆青瓷器，有六耳梭腹罐、大敞口碗、钵形碗、碗、盆和罐。

2）出土器物

六耳梭腹罐　2 件。ⅠM18：5，灰胎，酱黄釉，釉多剥落。方圆唇外斜，直口略敛，平底。内腹有瓦棱状轮制痕迹。口径 11、底径 13.1、高 21.2 厘米（图七五；彩版九九，3）。ⅠM18：4，灰胎，酱黄釉。平底略凹，余似ⅠM18：5。口径 12、底径 14.3、高 23 厘米（图七五；彩版九九，2）。

大敞口碗　1 件。Ⅱ式。ⅠM18：2，黄灰胎，釉脱落。圆唇，斜弧腹，饼足内凹。外足心微压一圈。口径 18.2、底径 7.2、高 6.6 厘米（图七五；彩版九九，4）。

钵形碗　1 件。Ⅱ式。ⅠM18：1，灰胎，青黄釉。方圆唇，敛口，斜弧腹，平底，内底心微凸。内沿饰细弦纹。口径 11.8、底径 5.2、高 3 厘米（图七五；彩版九九，5）。

盆　1 件。ⅠM18：3，灰胎，釉剥落。凸唇，直口微敛，深弧腹，平底略凹。烧制变形。口径 40.6、底径 20.4、高 23.7 厘米（图七五；彩版九九，6）。

残罐　2 件。为ⅠM18：06 和ⅠM18：07。

残碗　1 件。为ⅠM18：08。

残铜钱　1 枚。ⅠM18：09，锈蚀难辨。

此外，在墓室填土上层采集残瓷罐 1 件，非本墓器物，编为ⅠM18：1 混，略。

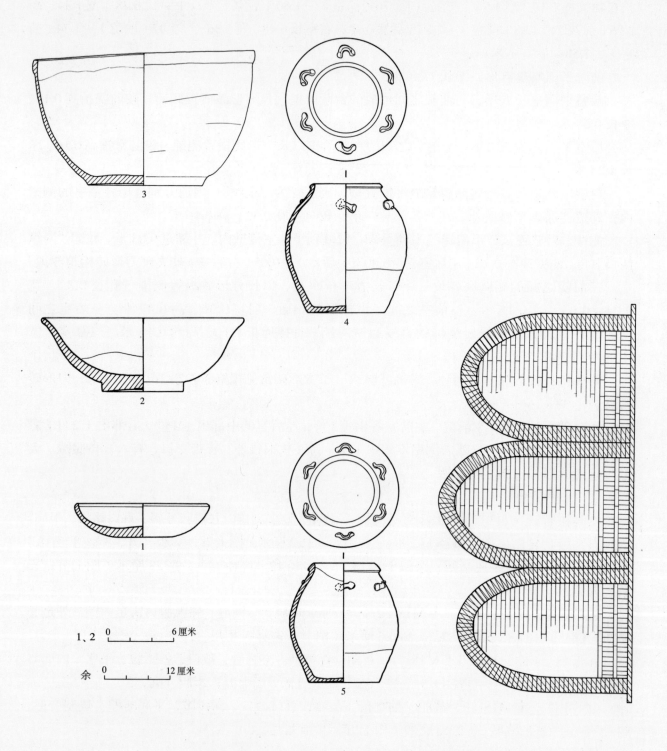

1、2 0————6厘米

余 0————12厘米

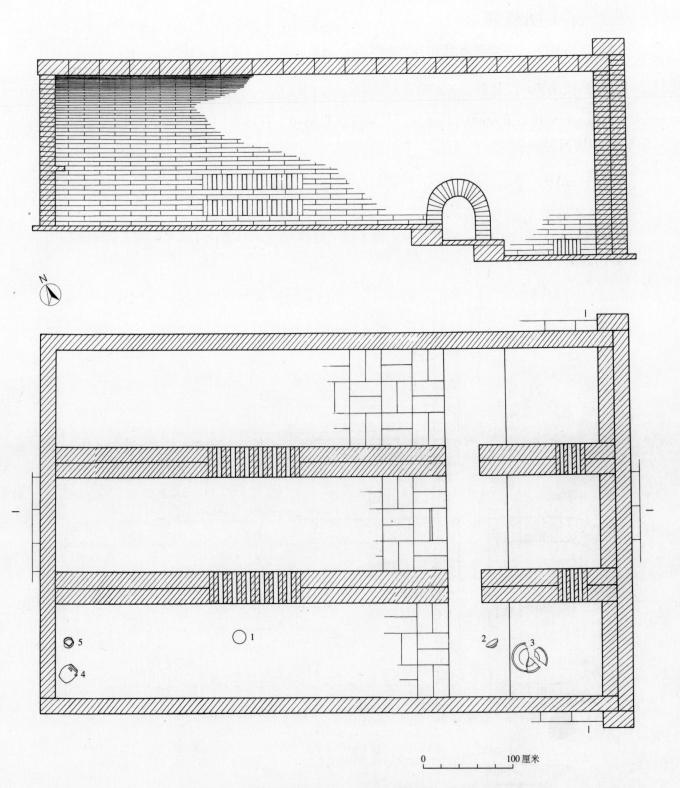

图七五　Ⅰ M18平、剖面图及其出土青瓷碗、盆、六耳梭腹罐
1.Ⅱ式青瓷钵形碗　2.Ⅱ式青瓷大敞口碗　3.青瓷盆　4、5.青瓷六耳梭腹罐

三 第七期墓葬

13座。分别为长方形单室墓和长方形双室合葬墓。

（一）长方形单室墓

11座。Ⅰ M19、Ⅰ M34、Ⅰ M37、Ⅰ M43、Ⅰ M46、Ⅰ M48、Ⅱ M9、Ⅱ M13、Ⅱ M21、Ⅱ M24 和Ⅲ M14。

1．Ⅰ M19

1）墓葬概况

位于Ⅰ T3421 南侧中部。残长 2.14、宽 1.02、残高 0.68 米。方向 139°。（图七六）
封门残缺。

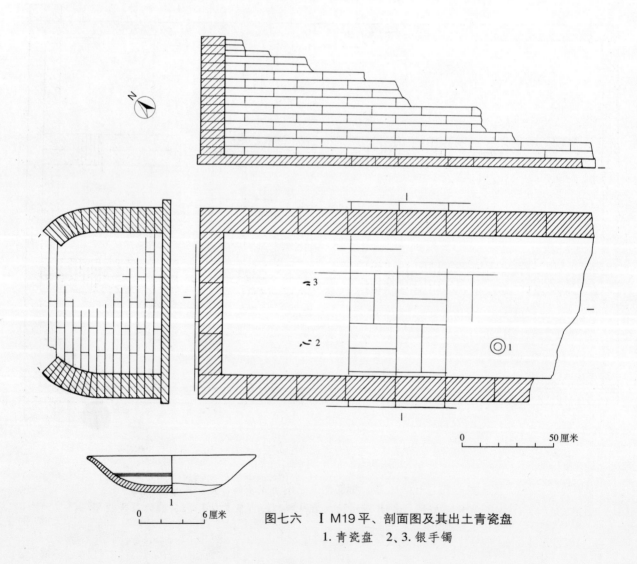

图七六　Ⅰ M19平、剖面图及其出土青瓷盘
1. 青瓷盘　2、3. 银手镯

侧壁、后壁皆长方形砖错缝平铺叠砌，后壁砌于侧壁内。底铺"两纵两横"砖，稍长于墓室。侧壁净高 0.35 米处夹砌刀形砖构筑券顶，券顶全毁。

墓砖有长方形和刀形两种，有的饰叶脉纹，长方形砖常见规格 27×13-4.5 厘米，刀形砖常见规格 27×13-4.5-3 厘米。

残存随葬品 3 件，墓室前部出土 1 件，后部出土 2 件，有青瓷盘和银手镯。

2）出土器物

盘 1 件。Ⅰ M19：1，灰胎，外施半釉，釉脱落。圆唇，敞口，浅弧腹，平底略圜。内腹饰弦纹。口径 15.2、高 3.3 厘米（图七六；彩版一○○，1）。

银手镯 2 件。Ⅰ M19：2 、Ⅰ M19：3，存残痕。

2．Ⅰ M34

1）墓葬概况

主要位于 Ⅰ T2403 东北角。残长 3.20、残高 0.15 米。方向 160°。（图七七）

该墓仅残存部分右侧壁。从铺砖痕迹观察，封门疑为两道长方形砖纵置平铺叠砌。

墓砖仅见长方形砖，常见规格 30×15-5 厘米。

墓室前端残存青瓷宽耳罐 1 件。

2）出土器物

宽耳罐 1 件。Ⅱ式。Ⅰ M34：1，灰胎，青黄釉，釉多剥落。平底内凹。耳间刻一"+"符号。口径 12、底径 13.2、高 17 厘米（图七七；彩版一○○，3）。

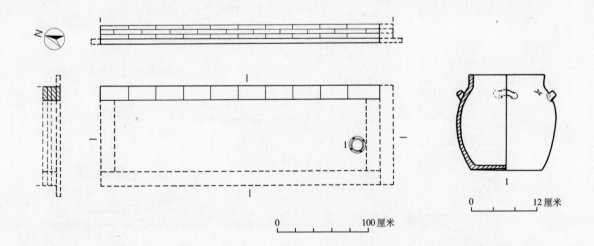

图七七 Ⅰ M34 平、剖面图及其出土青瓷宽耳罐
1. Ⅱ式青瓷宽耳罐

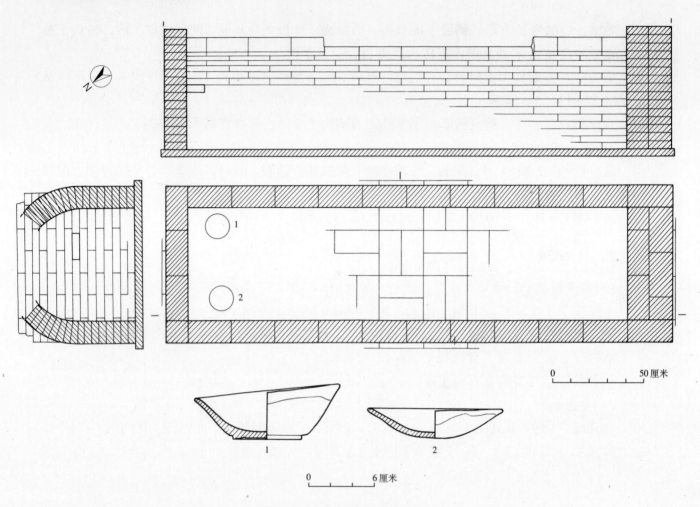

图七八　ⅠM37平、剖面图及其出土青瓷大敞口碗、盘
1.Ⅰ式青瓷大敞口碗　2.青瓷盘

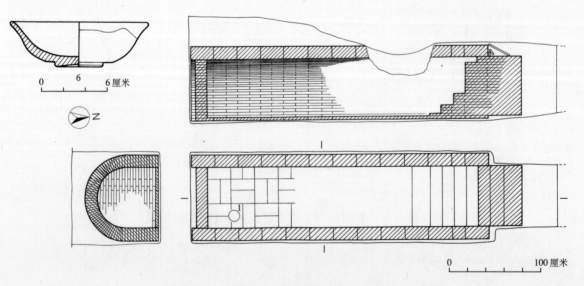

图七九　ⅠM43平、剖面图及其出土青瓷大敞口碗
1.Ⅰ式大敞口碗

3. ⅠM37

1）墓葬概况

位于ⅠT1222北侧中部。长2.77、宽0.84、残高0.69米。方向215°。（图七八）

封门以两道长方形砖纵置错缝平铺叠砌于墓室侧壁内，砌法皆为"全顺"。部分封门残毁。

侧壁、后壁皆长方形砖错缝平铺叠砌，底铺"两纵两横"砖，宽于墓室。侧壁净高0.31米处夹砌刀形砖码筑券顶，券顶及部分墓壁残毁。

后壁净高0.30米处设一个砖托。

墓砖有长方形和刀形两种，有的饰叶脉纹。长方形砖常见规格25×12-4厘米，刀形砖常见规格25×12-4-3厘米。

墓室后部残存青瓷大敞口碗、盘各1件。

2）出土器物

大敞口碗　1件。Ⅰ式。ⅠM37：1，黄灰胎，青黄釉，釉多脱落。圆唇。外底心施凹旋纹。烧制变形。口径13、底径6.2、高5厘米（图七八；彩版一〇〇，2）。

盘　1件。ⅠM37：2，灰胎，釉多剥落。圆唇，敞口，浅弧腹，平底略圜。口径12.3、高2.6厘米（图七八；彩版一〇〇，4）。

4. ⅠM43

1）墓葬概况

主要位于ⅠT1536北侧中部。残长4.02、宽0.97米。方向5°。由墓道、墓圹和墓室三部分组成。（图七九）

墓道　长方形竖穴土坑，墓道底呈斜坡状。残长0.68、宽0.7～0.66、残深0.82（最深）米。

墓圹　长方形竖穴土坑，壁直底平。长3.34、宽0.97、残深1.14（最深）米。

墓室　平面呈长方形。长3.56、宽0.91、高0.79米。

封门以长方形砖、残砖纵置或横置错缝平铺叠砌，置于墓室侧壁内的长度为0.11、伸入墓道中的长度为0.36米。

侧壁、后壁皆长方形砖错缝平铺叠砌，后壁砌于墓室侧壁内并缩进0.05米。底铺"两纵两横"砖。侧壁净高0.40米处夹砌刀形砖构筑券顶，券顶局部垮塌。

封门顶部与墓室券顶间有横置斜放的长方形砖和残砖。墓室前端设四级台阶，逐级抬高与封门相接，台阶皆长方形砖纵置或横置平铺叠砌，各级高差自下而上依次为0.03、0.09、0.12和0.33米。

墓砖有长方形和刀形两种，长方形砖常见规格26×13-3厘米，刀形砖常见规格26×13-3-1.5厘米。

墓室后部残存青瓷大敞口碗1件。

2）出土器物

大敞口碗　1件。Ⅰ式。ⅠM43：1，灰胎，深青色釉，釉层较厚。圆唇，斜弧腹，足内凹。口径12.2、底径4.1、高4厘米（图七九；彩版一〇〇，5）。

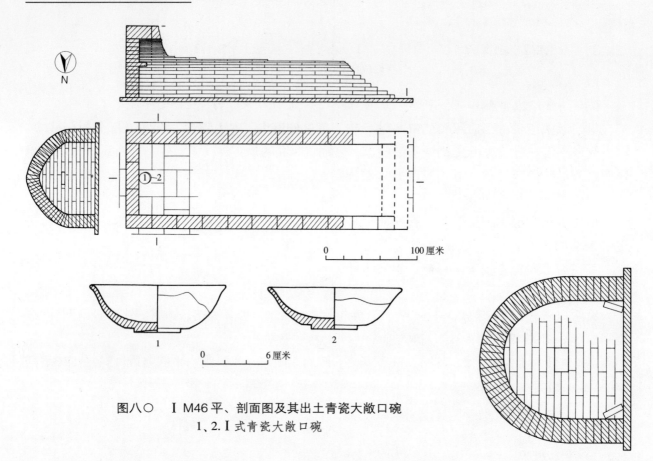

图八〇　ⅠM46平、剖面图及其出土青瓷大敞口碗
1、2.Ⅰ式青瓷大敞口碗

5．ⅠM46

1）墓葬概况

位于ⅠT0326西南角。长3.12、宽1.04、高0.80米。方向266°。（图八〇）

封门残毁。从砌痕观察，封门为两道长方形砖纵置平铺叠砌。

侧壁、后壁皆长方形砖错缝平铺叠砌，后壁砌于墓室侧壁内。底铺"两纵两横"砖，宽于墓室。侧壁净高0.29米处夹砌刀形砖构筑券顶，券顶多已残毁。

后壁中部净高0.34米处设一个砖托。

墓砖有长方形和刀形两种，长方形砖常见规格28×14-4厘米，刀形砖常见规格28×14-4-2厘米。

墓室后部残存青瓷大敞口碗2件。

2）出土器物

大敞口碗　2件。Ⅰ式。ⅠM46：1，灰胎，青黄釉，釉多剥落。圆唇，浅弧腹，足内凹。口径12.1、底径4.2、高4.2厘米（图八〇；彩版一〇〇，6）。ⅠM46：2，灰胎，青绿釉，釉脱落。圆唇，浅弧腹。口径12、底径4.2、高3.7厘米（图八〇；彩版一〇〇，7）。

6．ⅠM48

1）墓葬概况

位于ⅠT1017西南角。残长2.85、宽0.88、高0.83米。方向76°。（图八一）

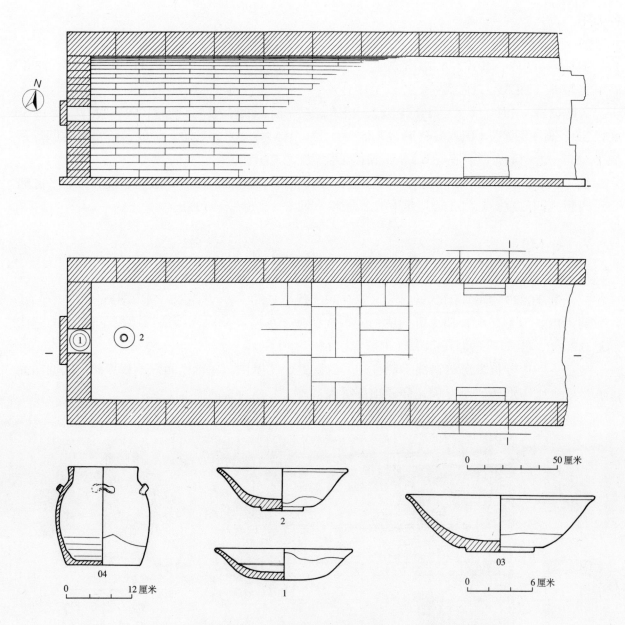

图八一　Ⅰ M48平、剖面图及其出土青瓷盘、大敞口碗、宽耳罐
1. 青瓷盘　2、03. Ⅰ式青瓷大敞口碗　04. Ⅱ式青瓷宽耳罐

封门残毁。

侧壁、后壁皆长方形砖错缝平铺叠砌，后壁砌于侧壁内。底铺"两纵两横"砖，较墓室宽。侧壁净高0.30米处夹砌刀形砖构筑券顶。

墓底前部对称斜侧置两块长方形砖（本报告将此种设置亦简称为"立砖"）。后壁中部净高0.30米处设一壁龛，龛后壁以长方形砖纵置侧铺封于墓室后壁外，龛宽0.13、高0.08、深0.13米。

墓砖有长方形和刀形两种，有的饰叶脉纹。长方形砖常见规格27×13-4厘米，刀形砖常见规格27×13-4-3厘米。

墓室后部及壁龛内残存青瓷大敞口碗、盘各1件，墓内倒塌堆积中采集宽耳罐、大敞口碗各1件。

2）出土器物

宽耳罐 1件。Ⅱ式。ⅠM48∶04，灰胎，青绿釉。沿稍凸，平底。口径10.7、底径13.6、高17.5厘米（图八一；彩版一〇一，1）。

大敞口碗 2件。Ⅰ式。ⅠM48∶2，灰胎，青绿釉，釉多剥落。圆唇，浅斜腹。口径11.6、底径3.9、高3.8厘米（图八一；彩版一〇一，2）。ⅠM48∶03，灰胎，釉脱落。饼足内凹，形似ⅠM48∶2。口径17、底径6.2、高5.1厘米（图八一；彩版一〇一，3）。

盘 1件。ⅠM48∶1，灰胎，深青色釉，内满釉，外半釉。圆唇，敞口，浅斜腹，平底略圜。内腹施凹旋纹。口径12.2、底径2.8厘米（图八一；彩版一〇一，4）。

7．Ⅱ M9

1）墓葬概况

位于ⅡT0839中部偏南。长2.96、宽0.89、残高0.80米。方向220°。（图八二）

封门以长方形砖横置和纵置两块相间平铺叠砌于墓室侧壁内，砌法为"梅花式"，向墓内缩进0.20米，上部残毁，残高0.32米。

侧壁、后壁皆长方形砖错缝平铺叠砌，后壁置于侧壁内。底铺"两纵两横"砖。侧壁净高0.36米处夹砌刀形砖码筑券顶，券顶顶部尽毁。

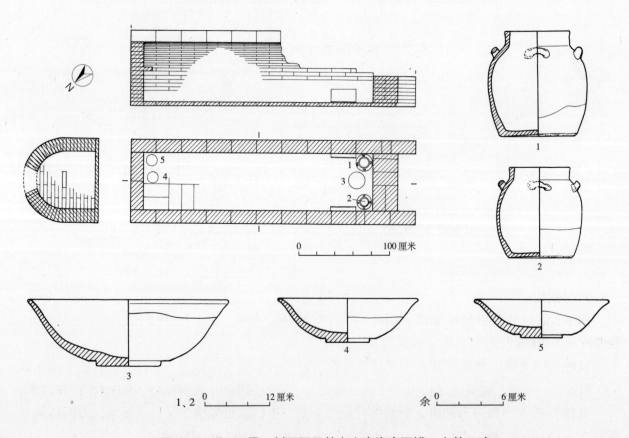

图八二 Ⅱ M9平、剖面图及其出土青瓷宽耳罐、大敞口碗
1、2.Ⅱ式青瓷宽耳罐 3~5.Ⅰ式青瓷大敞口碗

墓底前部对称斜侧置放长方形砖两块。后壁中部净高 0.32 米处设一个砖托。

墓砖有长方形和刀形两种，长方形砖常见规格 28/27×14/13-4 厘米，刀形砖常见规格 28/27×14/13-4-3 厘米。

残存随葬品 5 件，3 件位于墓室前部，2 件置于墓室后部，皆青瓷器，有宽耳罐和大敞口碗。

2）出土器物

宽耳罐　2 件。Ⅱ式。ⅡM9：1，灰胎，青绿釉，釉多脱落。沿稍凸，平底略凹。口径 10.2、底径 13.6、高 18.6 厘米（图八二；彩版一〇二，1）。ⅡM9：2，灰胎，青绿釉，釉剥落。形似ⅡM9：1。口径 9.2、底径 11.4、高 16 厘米（图八二；彩版一〇二，2）。

大敞口碗　3 件。皆Ⅰ式。ⅡM9：5，灰胎，青黄釉，外腹见蓝色窑变釉。圆唇，斜弧腹。口径 12、底径 3.8、高 3.4 厘米（图八二；彩版一〇二，5）。ⅡM9：3，灰胎，釉剥落。内底心下凹，余与ⅡM9：5 相同。口径 18.4、底径 6、高 5.9 厘米（图八二；彩版一〇二，3）。ⅡM9：4，灰胎，青黄釉，釉多剥落。形似ⅡM9：5。口径 12.6、底径 4、高 3.9 厘米（图八二；彩版一〇二，4）。

8. ⅡM13

1）墓葬概况

位于ⅡT1924 东北角。残长 4.05、宽 1.02 米。方向 95°。由墓道、墓圹和墓室三部分组成。（图八三）

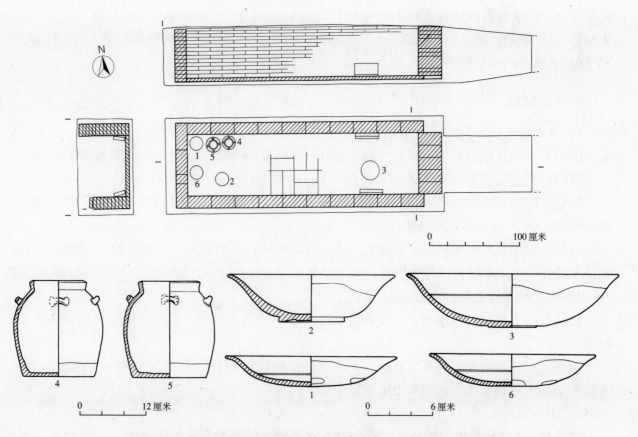

图八三　ⅡM13 平、剖面图及其出土青瓷盘、大敞口碗、宽耳罐
1、6. 青瓷盘　2、3. Ⅰ式青瓷大敞口碗　4、5. Ⅱ式青瓷宽耳罐

墓道　长方形竖穴土坑，底呈斜坡状。残长 0.98、宽 0.60、残深 0.60（最深处）米。

墓圹　长方形竖穴土坑，壁直底平。长 3.07、宽 1.02、残深 0.62 米。

墓室　平面呈长方形。长 2.93、宽 0.90、残高 0.58 米。

封门以长方形砖横置平铺和侧铺交错叠砌，少部分置于墓室侧壁内，上部残毁，残高 0.56 米。

侧壁、后壁皆长方形砖错缝平铺叠砌，后壁砌于侧壁外。底铺"两纵两横"砖。券顶全部塌落。

墓底前部设对称斜侧置放的两块长方形砖。

该墓仅见长方形砖，常见规格 26×13-4 厘米。

残存随葬品 6 件，其中 5 件置于墓室后部，1 件位于墓室前部，皆青瓷器，有宽耳罐、大敞口碗和盘。

2）出土器物

宽耳罐　2 件。Ⅱ式。Ⅱ M13：4，灰胎，釉剥落。方唇外斜，平底。口径 9.4、底径 13、高 17 厘米（图八三；彩版一〇三，1）。Ⅱ M13：5，灰胎，釉脱落。斜方唇，直口略敞，平底。口径 10、底径 13.6、高 17 厘米（图八三；彩版一〇三，2）。

大敞口碗　2 件。Ⅰ式。Ⅱ M13：2，灰胎，青绿釉。足底不规则旋削，余同Ⅱ M13：3。口径 15、底径 6、高 4.2 厘米（图八三；彩版一〇三，3）。Ⅱ M13：3，灰胎，青黄釉，釉多剥落。圆唇，斜弧腹。内壁施凹旋纹。口径 19.3、底径 4.4、高 4.7 厘米（图八三；彩版一〇三，4）。

盘　2 件。Ⅱ M13：6，灰胎，青绿釉，釉多剥落。圆唇，敞口，浅斜腹，平底略凹。内腹施凹旋纹。外壁底有泥团叠烧痕。口径 15、底径 4.3、高 2.9 厘米（图八三；彩版一〇三，6）。Ⅱ M13：1，灰胎，青绿釉，釉脱落。平底略圜，内底微凹，余同Ⅱ M13：6。口径 15.4、底径 2.7 厘米（图八三；彩版一〇三，5）。

9．Ⅱ M21

1）墓葬概况

位于Ⅱ T0707 中部偏东南。长 3.14、宽 0.96、高 0.94 米。方向 114°。（图八四）

封门以两道长方形砖纵置错缝平铺叠砌于墓室侧壁内，砌法皆为"全顺"。

侧壁、后壁皆长方形砖错缝平铺叠砌，后壁置于侧壁内。底铺"人"字形砖，宽于墓室。侧壁净高 0.44 米处夹砌刀形砖构筑券顶。

后壁中部净高 0.40 米处设一个砖托。墓室后端平铺和立铺长方形砖各一块，平铺的长方形砖位于砖托下方（本报告将此种设置简称为"垫砖"），竖立的长方形砖位于垫砖与右侧壁之间（本报告将此种设置亦简称为"立砖"）。

墓砖有长方形和刀形两种，长方形砖常见规格 30×15-5 厘米，刀形砖常见规格 30×15-5-3 厘米。

随葬品以青瓷器为主，有宽耳罐、大敞口碗及铜钱等 7 件（组）。其中 4 件位于墓室前部，砖托和垫砖上各置 1 件，铜钱出土于墓室中部。

2）出土器物

宽耳罐　2 件。Ⅱ式。Ⅱ M21：7，灰胎，青黄釉，釉多脱落。平底内凹。口径 12.4、底径 14.9、高 20.5 厘米（图八四；彩版一〇四，1）。Ⅱ M21：6，灰胎，釉剥落。颈饰弦纹，肩刻

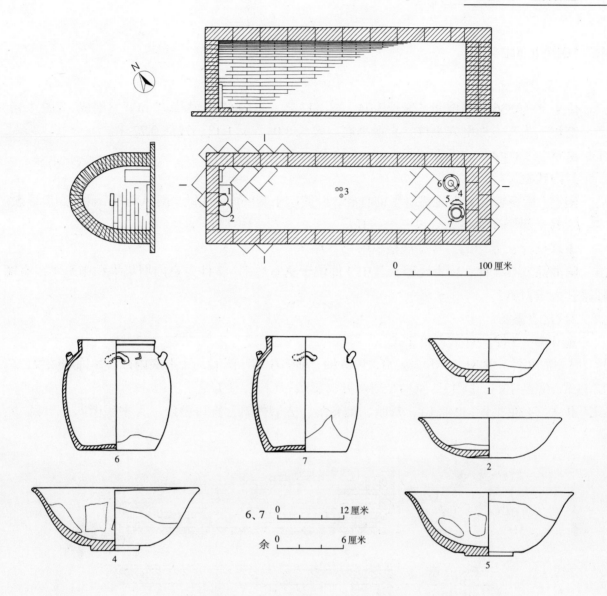

图八四 ⅡM21平、剖面图及其出土青瓷大敞口碗、宽耳罐
1、2、4、5.Ⅰ式青瓷大敞口碗 6、7.Ⅱ式青瓷宽耳罐

"》"符号，余同ⅡM21∶7。口径12.3、底径13.8、高19.6厘米（图八四；彩版一○四，2）。

　　大敞口碗 4件。皆Ⅰ式。ⅡM21∶1，灰胎，青绿釉。圆唇，浅弧腹。口径10.8、底径4.3、高3.8厘米（图八四；彩版一○四，3）。ⅡM21∶2，灰胎，釉全剥落。圆唇，斜弧腹，底近似平底，内凹。外腹底旋削一周，旋痕不深。口径12.8、底径4.2、高3.6厘米（图八四；彩版一○四，4）。ⅡM21∶4，灰胎，青绿釉。圆唇，斜弧腹。内壁有泥团叠烧痕，口沿略有烧制变形。口径14.8、底径4.4、高5.6厘米（图八四；彩版一○四，5）。ⅡM21∶5，灰胎，青黄釉，釉多剥落。形似ⅡM21∶4。内壁有泥团叠烧痕。口径15、底径4.5、高5.7厘米（图八四；彩版一○四，6）。

　　铜钱 1组。ⅡM21∶3，6枚，除1枚"开元通宝"可辨外，皆残。

10. ⅡM24

1）墓葬概况

位于ⅡT3536东侧偏北。残长3.04、宽1.13米。方向57°。由墓圹和墓室组成。（图八五）

墓圹　为长方形竖穴土坑，直壁平底。残长3.04、宽1.13、残深0.72米。

墓室　平面呈长方形。残长3.00、宽1.05、残高0.70米。

封门残缺。

侧壁、后壁皆长方形砖错缝平铺叠砌，后壁砌于侧壁内。底铺"两纵两横"砖。券顶尽毁。

后壁中部净高0.35米处设一个砖托。

该墓仅存长方形砖，常见规格30×15-5厘米。

随葬品残存4件，皆青瓷器，其中2件位于墓室后部，2件自室内坍塌堆积中采集，有宽耳罐和大敞口碗。

2）出土器物

宽耳罐　2件。有Ⅰ式和Ⅱ式。

Ⅰ式　1件。ⅡM24：02，灰胎，青黄釉，釉多脱落。圆唇，大平底内凹。颈饰细弦纹。口径11.8、底径13.8、高13.2厘米（图八五；彩版一〇五，1）。

Ⅱ式　1件。ⅡM24：01，灰胎，釉剥落。方唇内斜，直口稍敛，大平底微凹。口径17、

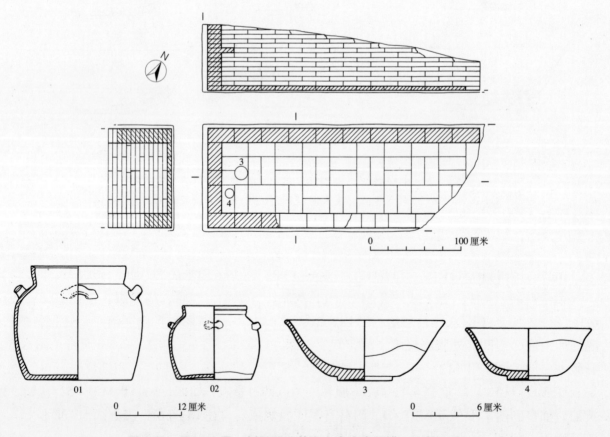

图八五　ⅡM24平、剖面图及其出土青瓷宽耳罐、大敞口碗
01.Ⅱ式青瓷宽耳罐　02.Ⅰ式青瓷宽耳罐　3、4.Ⅰ式青瓷大敞口碗

底径 19.4、高 20.2 厘米（图八五；彩版一〇五，2）。

　　大敞口碗　2 件。Ⅰ 式。Ⅱ M24：3，灰胎，釉剥落。圆唇，足内凹。口径 14.2、底径 4.9、高 5.4 厘米（图八五；彩版一〇五，3）。Ⅱ M24：4，灰胎，青绿釉，釉多脱落。圆唇，斜弧腹，足略凹。口径 11.2、底径 3.8、高 4.6 厘米（图八五；彩版一〇五，4）。

11．Ⅲ M14

1）墓葬概况

位于 Ⅲ T6024 南侧中部。长 3.04、宽 0.94、残高 0.93 米。方向 253°。（图八六）

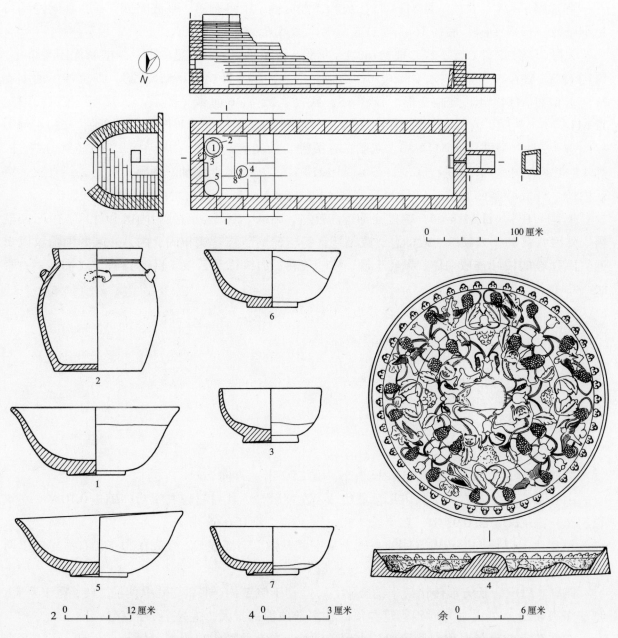

0　　　　　　　100 厘米

2　0　　　　12 厘米　　　4　0　　　　3 厘米　　　余　0　　　　6 厘米

图八六　Ⅲ M14 平、剖面图及其出土青瓷碗、宽耳罐和铜镜、残铜器
1、5、6. Ⅰ 式青瓷大敞口碗　2. Ⅱ 式青瓷宽耳罐　3、7. Ⅵ 式青瓷碗　4. 铜镜　8. 残铜器

封门、侧壁和后壁皆长方形砖错缝平铺叠砌，砌法皆为"全顺"。底铺"两纵两横"砖，侧壁净高 0.34 米处夹砌刀形砖码筑券顶。券顶顶部和部分封门、墓壁残毁。

封门外砖砌一条排水暗沟，暗沟截面呈梯形，宽 0.22～0.27、高 0.20、残长 0.32 米。墓室前、后端各竖立长方形砖一块。后壁净高 0.20 米处设一长方形龛，龛宽 0.12、高 0.10、深 0.08 米。

墓砖有长方形和刀形两种，长方形砖常见规格 28×14-4 厘米，刀形砖常见规格 28×14-4-3 厘米。

残存随葬品 8 件，皆位于墓室后部，其中 1 件置于壁龛内，青瓷器为主，有宽耳罐、大敞口碗和碗，另见铜镜和残铜器。

2）出土器物

宽耳罐 1 件。Ⅱ式。Ⅲ M14：2，灰胎，青黄釉，釉多剥落。平底略凹。颈、耳间隐约可见细弦纹。口径 14.4、底径 16、高 21.8 厘米（图八六；彩版一〇六，1）。

大敞口碗 3 件。皆Ⅰ式。Ⅲ M14：1，灰胎，青黄釉。圆唇，足内凹。内壁有泥团叠烧痕。口径 15.2、底径 5、高 6 厘米（图八六；彩版一〇六，2）。Ⅲ M14：5，灰胎，青黄釉，釉多剥落。形似Ⅲ M14：1。烧制变形。口径 15、底径 5.2、高 6 厘米（图八六；彩版一〇六，3）。Ⅲ M14：6，灰胎，青绿釉。圆唇。口径 12.2、底径 4.7、高 5 厘米（图八六；彩版一〇六，4）。

碗 2 件。Ⅵ式。Ⅲ M14：3。灰胎，青黄釉，釉剥落。圆唇，饼足内凹。口径 9、底径 5、高 4.8 厘米（图八六；彩版一〇六，5）。Ⅲ M14：7，灰胎，青绿釉。圆唇，敞口，斜直腹，饼足内凹。外底心施凹旋纹。口径 11、底径 4.8、高 4.3 厘米（图八六；彩版一〇六，6）。

铜镜 1 件。Ⅲ M14：4，瑞兽葡萄镜。兽纽，高缘。双线高圈分为内区和外区，内区四瑞兽、外区八禽鸟，或攀缘、或栖息、或翱翔，各与葡萄蔓枝叶实相间；内、外区的葡萄纹以贯通界圈顶端的枝叶连成一体，果实丰硕，枝叶茂盛；边缘饰朵云纹。直径 11 厘米（图八六；彩版一〇七）。

残铜器 1 件。Ⅲ M14：8，存残痕。（彩版一〇六，7）

（二）长方形双室合葬墓

2 座。为Ⅰ M45 和Ⅱ M10。

1．Ⅰ M45

1）墓葬概况

主要位于Ⅰ T0325 西侧中部。长 3.26、宽 2.02 米。方向 266°。（图八七）

由互不相通的左右两个长方形墓室组成。左室较短，其封门较右室封门缩进 0.10 米。左室长 3.26、宽 1.00、高 0.93 米，右室长 3.36、宽 1.02、残高 0.68 米。

左室封门以长方形砖横置侧铺叠砌于墓室侧壁内，上部残毁，残高 0.20 米。右室封门以两道长方形砖纵置错缝平铺叠砌。

侧壁、后壁皆长方形砖错缝平铺叠砌，后壁砌于侧壁内。底铺"两纵两横"砖，宽于墓室。侧壁净高 0.25 米处夹砌刀形砖构筑券顶，右室券顶顶部全毁，左室券顶残存后部。

左右墓室前部各对称斜侧置放长方形砖两块。左室前部中央纵置平铺长方形砖一块。两室后壁中部净高 0.38 米处各设砖托一个。

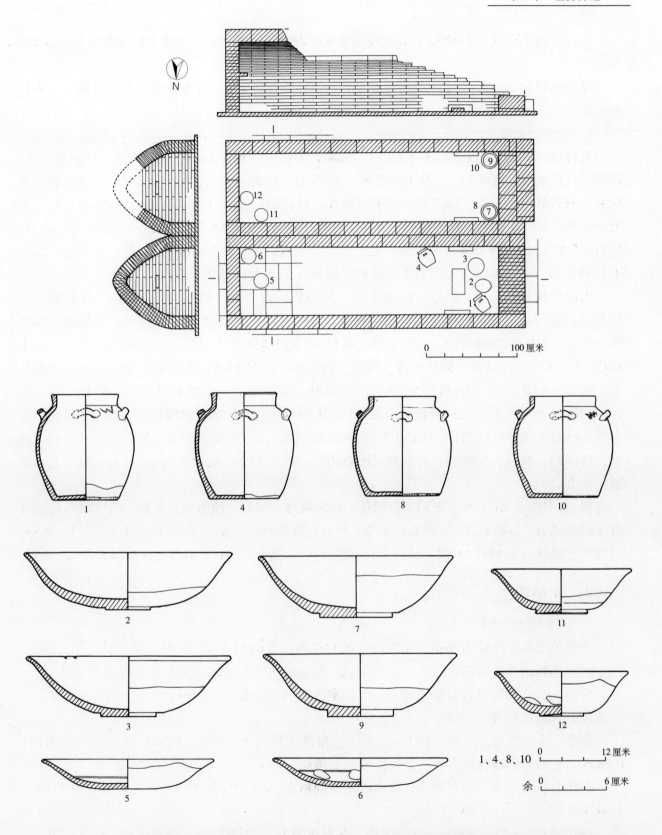

图八七　Ⅰ M45 平、剖面图及其出土青瓷宽耳罐、大敞口碗、盘

1、4、8、10. Ⅱ式青瓷宽耳罐　2、3、7、9、11、12. Ⅰ式青瓷大敞口碗　5、6. 青瓷盘

墓砖有长方形和刀形两种，长方形砖常见规格28×14-3.5厘米，刀形砖常见规格28×14-3.5-2厘米。

随葬品残存12件，其中左、右室前部各4件，后部各2件，皆青瓷器，有宽耳罐、大敞口碗和盘。

2）出土器物

宽耳罐　4件。皆Ⅱ式。ⅠM45：1，灰胎，青黄釉，釉多剥落。平底略凹。耳间刻"W"符号。口径10.4、底径11.6、高18.9厘米（图八七；彩版一〇八，1）。ⅠM45：4，灰胎，青绿釉。方唇略凸，平底。耳部刻三条平行短线。口径10、底径13、高19.1厘米（图八七；彩版一〇八，2）。ⅠM45：10，灰胎，青黄釉，釉多剥落。方唇略凸，平底。肩部刻一符号。口径10.4、底径13、高18.1厘米（图八七；彩版一〇八，4）。ⅠM45：8，灰胎，釉脱落。形似ⅠM45：10。口径10.4、底径13.5、高17.7厘米（图八七；彩版一〇八，3）。

大敞口碗　6件。皆Ⅰ式。ⅠM45：2，灰白胎，青黄釉，釉多剥落。圆唇，浅弧腹。口径18.4、底径4、高5.1厘米（图八七；彩版一〇九，1）。ⅠM45：3，灰白胎，青绿釉，釉脱落。圆唇，口沿刻凹槽两个。口径18.3、底径5、高5.4厘米（图八七；彩版一〇九，2）。ⅠM45：7，灰胎，青黄釉，釉尽剥落。圆唇，斜弧腹。口径17.3、底径6.6、高5.5厘米（图八七；彩版一〇九，3）。ⅠM45：9，灰胎，青黄釉，釉多剥落。形似ⅠM45：7。口径17.2、底径6、高5.6厘米（图八七；彩版一〇九，4）。ⅠM45：11，灰胎，青绿釉。圆唇，斜弧腹，足内凹，足壁外撇。口径12.4、底径4.7、高4厘米（图八七；彩版一〇九，5）。ⅠM45：12，灰胎，青绿釉。圆唇，足略凹。内壁有泥团叠烧痕。口径11.9、底径4、高4厘米（图八七；彩版一〇九，6）。

盘　2件。ⅠM45：6，灰胎，青绿釉，釉多脱落。圆唇，浅弧腹，平底。内壁施凹旋纹并有泥团叠烧痕。口径15.7、底径4.4、高2.5厘米（图八七；彩版一〇八，6）。ⅠM45：5，灰胎，青绿釉。器形与ⅠM45：6似。口径15.4、底径4.4、高2.7厘米（图八七；彩版一〇八，5）。

2. Ⅱ M10

1）墓葬概况

主要位于ⅡT1942东南角。长3.26、宽1.92米。方向114°。（图八八）

由互不相通的左右两个长方形墓室组成。左右墓室各长3.26、宽0.96、残高0.62米。

封门以长方形砖纵置错缝平铺叠砌于墓室侧壁内，砌法为"全顺"，向墓内缩进0.10米，上部残毁，残高0.52米。

侧壁、后壁皆长方形砖错缝平铺叠砌，后壁砌于侧壁外。底铺"两横两纵"砖。侧壁净高0.28米处夹砌刀形砖构筑券顶，券顶顶部全部垮塌。

墓砖有长方形和刀形两种，长方形砖常见规格27/26×13-4厘米，刀形砖常见规格27/26×13-4-3厘米。

残存随葬品9件，其中左室前部4件，右室前部3件、后部2件。皆青瓷器，有宽耳罐、大敞口碗和盘。

2）出土器物

宽耳罐　3件。皆Ⅱ式。ⅡM10：1，灰胎，青绿釉。唇微凸，平底内凹，内底不平。口径

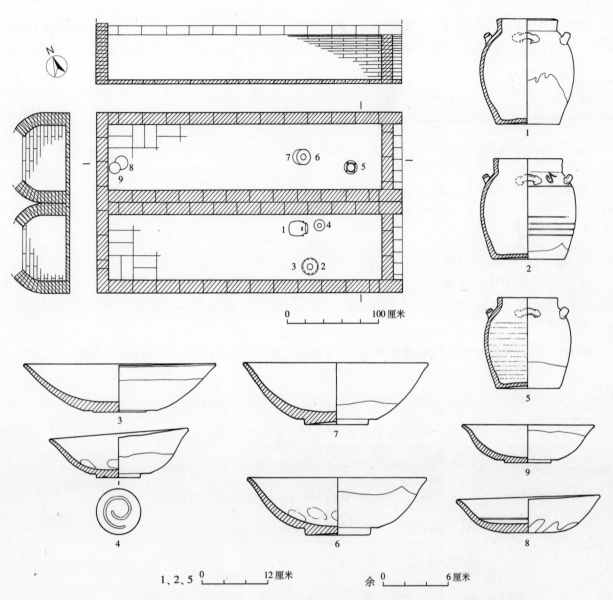

图八八 ⅡM10平、剖面图及其出土青瓷宽耳罐、大敞口碗、盘
1、2、5.Ⅱ式青瓷宽耳罐 3、4、6、7、9.Ⅰ式青瓷大敞口碗 8.青瓷盘

9.6、底径11.9、高18.7厘米（图八八；彩版一一〇，1）。ⅡM10：2，灰胎，青黄釉，釉脱落。唇略凸，平底略凹。耳间刻一符号。腹部可见轮制旋痕。口径11、底径13.2、高17.7厘米（图八八；彩版一一〇，2）。ⅡM10：5，灰胎，青绿釉，釉多脱落。唇略凸，平底内凹。内壁有旋痕。口径9.2、底径11.5、高16厘米（图八八；彩版一一〇，3）。

　　大敞口碗 5件。皆Ⅰ式。ⅡM10：3，灰胎，青绿釉，釉多脱落。圆唇，斜直腹。外沿饰细弦纹。口径18.6、底径4.8、高4.3厘米（图八八；彩版一一一，1）。ⅡM10：4，灰胎，青绿釉。圆唇。外底刻螺旋状纹。内壁有泥团叠烧痕。烧制变形，口径12.6、底径4、高4.4厘米（图八八；彩版一一一，2）。ⅡM10：6，灰胎，釉脱落。圆唇，斜弧腹，足略凹。内壁有泥团叠烧痕。口径16.1、底径6、高5.1厘米（图八八；彩版一一一，3）。ⅡM10：7，灰胎，釉剥落。形似ⅡM10∶6。口径16.6、底径5.9、高5.5厘米（图八八；彩版一一一，4）。ⅡM10∶9，灰胎，青黄釉，内壁见蓝色窑变釉。圆唇。口径11.9、底径4.3、高3.4厘米（图八八；彩版一一一，5）。

盘　1件。ⅡM10∶8，灰胎，青黄釉，釉剥落。圆唇，浅斜腹，平底。内壁施凹旋纹。烧制变形。口径13、底径4.4、高3.4厘米（图八八；彩版一一一，6）。

四　第八期墓葬

3座。均为长方形单室墓。分别为ⅡM16、ⅡM17和ⅡM23。

1.　ⅡM16

1）墓葬概况

主要位于ⅡT0707东北角。长3.15、宽0.85、高0.73米。方向123°。（图八九）

封门以两道长方形砖纵置错缝平铺叠砌于墓室侧壁外，砌法皆为“全顺”，外道宽0.64、内道宽0.74米。

侧壁、后壁皆长方形砖错缝平铺叠砌，后壁置于侧壁内。底用长方形砖斜置平铺（本报告

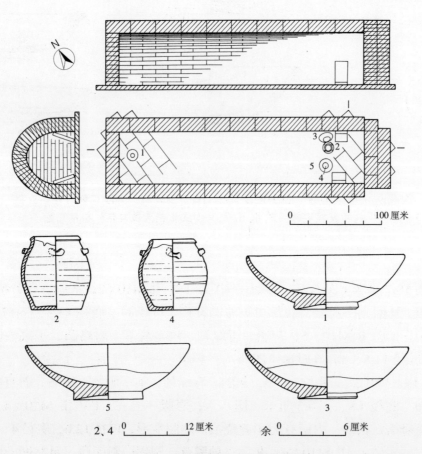

图八九　ⅡM16平、剖面图及其出土青瓷大敞口碗、四耳梭腹罐
1、3、5.Ⅱ式青瓷大敞口碗　2、4.青瓷四耳梭腹罐

将此种铺法简称为"单斜"），宽于墓室。侧壁净高 0.20 米处夹砌刀形砖码筑券顶。

墓室前部对称侧立长方形砖两块。

墓砖有长方形和刀形两种，长方形砖常见规格 28×14-4 厘米，刀形砖常见规格 28×14-4-3 厘米。

随葬品皆青瓷器，有四耳梭腹罐、大敞口碗等 5 件，墓室前部出土 4 件，后部 1 件。

2）出土器物

四耳梭腹罐 2 件。ⅡM16：2，灰胎，青绿釉。方唇外斜，直口略敛，溜肩，平底。口径 8、底径 9.3、高 13 厘米（图八九；彩版一一二，1）。ⅡM16：4，灰胎，青绿釉，釉脱落。器形与ⅡM16：2 似。腹部有轮制旋痕。口径 7.9、底径 9.3、高 12.7 厘米（图八九；彩版一一二，2）。

大敞口碗 3 件。皆Ⅱ式。ⅡM16：1，灰胎，釉脱落。尖圆唇，斜直腹，足内凹，足壁略外撇。口径 14、底径 5.4、高 4.8 厘米（图八九；彩版一一二，3）。ⅡM16：3，灰胎，青绿釉。形似ⅡM16：1。口径 14.7、底径 5.2、高 4.5 厘米（图八九；彩版一一二，4）。ⅡM16：5，灰胎，青绿釉，釉多剥落。外底心略凹，余似ⅡM16：1。口径 14.8、底径 5.2、高 4.5 厘米（图八九；彩版一一二，5）。

2. ⅡM17

1）墓葬概况

主要位于ⅡT0807 西北角。长 3.34、宽 1.08、高 0.89 米。方向 120°。（图九〇）

封门由道长方形砖纵置错缝平铺叠砌于墓室侧壁内，砌法皆为"全顺"。

侧壁、后壁皆长方形砖错缝平铺叠砌，后壁砌于侧壁内。底铺"两纵两横"砖，稍宽于墓室。侧壁净高 0.32 米处夹砌刀形砖码筑券顶。

墓室前部对称斜侧置放长方形砖两块。后壁中部净高 0.38 米处设砖托一个，砖托由两块长方形砖并排横置平铺，向墓内伸出半个砖位构成。

墓砖有长方形和刀形两种，长方形砖常见规格 28×14-4 厘米，刀形砖常见规格 28×14-4-3 厘米。

出土随葬品 7 件，4 件位于墓室前部，3 件（组）位于墓室后部。青瓷器为主，有盖罐、大敞口碗、灯盏及铜钱。发掘时盖罐的盖和罐均单独编号，整理时根据出土位置复原成带盖瓷罐 2 件。

2）出土器物

盖罐 2 件。ⅡM17：4（5），盖，泥质灰陶，覆钵形，略过烧。罐，灰胎，青黄釉，外施半釉；斜方唇，直口略敛，溜肩，腹稍鼓，平底。罐口径 7.5、底径 11.4、通高 20.6 厘米（图九〇；彩版一一三，1）。ⅡM17：6（7），盖，泥质灰陶。罐，灰胎，青黄釉；器形似ⅡM17：4。罐口径 7.7、底径 11.4、通高 19.2 厘米（图九〇；彩版一一三，2）。

大敞口碗 1 件。Ⅲ式。ⅡM17：1，灰胎，青黄釉，釉多脱落。尖圆唇，斜直腹。口径 15.1、底径 6.5、高 4.2 厘米（图九〇；彩版一一三，3）。

灯盏 1 件。ⅡM17：2，灰胎，青黄釉，釉剥落。圆唇、敞口、浅斜腹略弧，矮饼足。内壁贴泥条半环。口径 12.2、底径 4.2、高 4.2 厘米（图九〇；彩版一一三，4）。

铜钱 1 组。ⅡM17：3，存残痕。

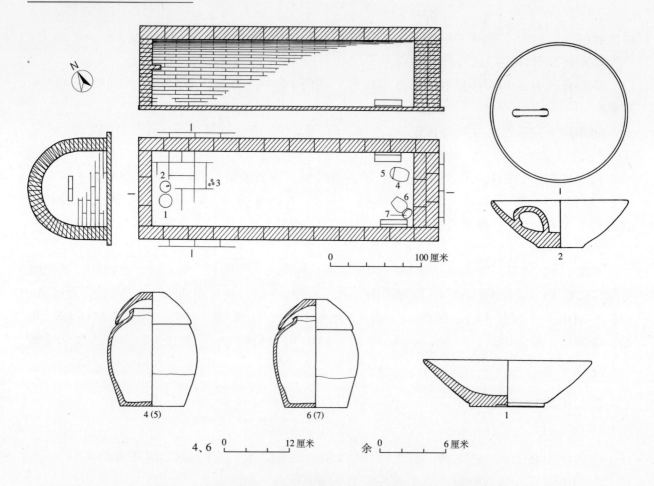

图九〇　Ⅱ M17 平、剖面图及其出土青瓷大敞口碗、灯盏、盖罐
1. Ⅲ式青瓷大敞口碗　2. 青瓷灯盏　4 (5)、6 (7). 青瓷盖罐

3. Ⅱ M23

1) 墓葬概况

主要位于Ⅱ T1704 东北角。长 3.12、宽 1.03、高 0.94 米。方向 251°。（图九一）

封门以两道长方形砖纵置错缝平铺叠砌于墓室侧壁内，砌法皆为"全顺"；较右侧壁缩进 0.08 米，上部残缺，残高 0.52 米。

侧壁、后壁皆长方形砖错缝平铺叠砌，后壁置于侧壁内，左侧壁较右侧壁短 0.07 米。底铺 "两纵两横"砖，宽于墓室。侧壁净高 0.44 米夹砌刀形砖构筑券顶，券顶大部垮塌。

墓室前端对称斜侧置放长方形砖两块。后壁中部净高 0.44 米处设一个砖托。

墓砖有长方形和刀形两种，长方形砖常见规格 27×13.5-4 厘米，刀形砖常见规格 27 ×13.5-4-2 厘米。

残存随葬品 5 件，墓室前、后部各 2 件，中部 1 件，皆青瓷器，有大敞口碗和盘。

2) 出土器物

大敞口碗　3 件。皆Ⅱ式。Ⅱ M23：3，灰胎，釉脱落。圆唇，斜弧腹，足内凹，足壁外撇。 口径 14.2、底径 5.9、高 5 厘米（图九一；彩版一一四，1）。Ⅱ M23：4，灰胎，青黄釉，釉多

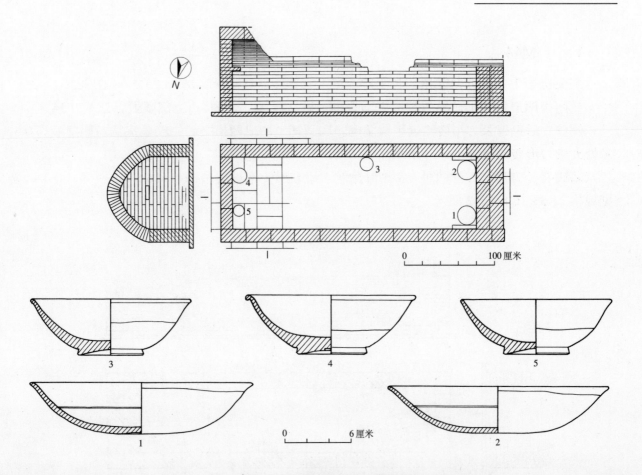

图九一 Ⅱ M23 平、剖面图及其出土青瓷盘、大敞口碗
1、2.青瓷盘 3~5.Ⅱ式青瓷大敞口碗

脱落。圆唇外翻，斜弧腹，足内凹，足壁外撇。外底心略有旋削。口径15、底径5.8、高5.3厘米（图九一；彩版一一四，2）。Ⅱ M23：5，灰胎，青黄釉，釉多脱落。形似Ⅱ M23：3。口径13.4、底径5.6、高4.9厘米（图九一；彩版一一四，3）。

　　盘 2件。Ⅱ M23：1，灰胎，青绿釉，釉多剥落。圆唇，浅弧腹，平底略凹。内壁施凹旋纹。口径19.7、底径4.6、高4.6厘米（图九一；彩版一一四，4）。Ⅱ M23：2，灰白胎，釉脱落。器形似Ⅱ M23：1。口径19.8、底径5.6、高4.2厘米（图九一；彩版一一四，5）。

五 其他

　　5座。无纪年，无随葬品保存。有长方形单室墓和长方形双室合葬墓，Ⅱ M20残存局部、结构不详。

（一）长方形单室墓

　　3座。为Ⅰ M44、Ⅲ M15和Ⅲ M16。

1. Ⅰ M44

主要位于Ⅰ T0324西北角。长3.77、宽1.01、残高0.84米。方向251°。（图九二）

封门由两道长方形砖纵置错缝平铺叠砌，砌法皆为"全顺"，上部残毁，残高0.54米。

侧壁、后壁皆长方形砖错缝平铺叠砌。底斜铺"两纵两横"砖，较墓室宽。侧壁净高0.52米处夹砌刀形砖码筑券顶，券顶顶部全部塌落。

墓砖有长方形和刀形两种，常饰叶脉纹。长方形砖常见规格31.5×16.5-4.5厘米，刀形砖常见规格31.5×16.5-4.5-2厘米。

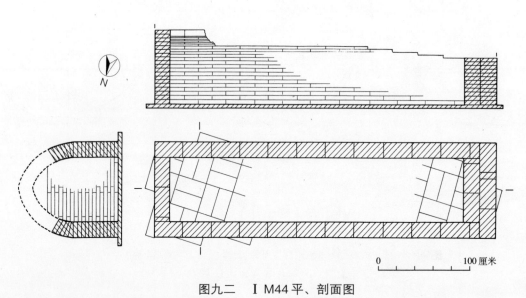

图九二　Ⅰ M44平、剖面图

2. Ⅲ M15

主要位于Ⅲ T5004北侧中部。残长1.17、宽0.66、残高0.49米。方向180°。（图九三）

封门残缺。

侧壁、后壁皆长方形砖错缝平铺叠砌，后壁置于墓室侧壁内。底斜铺"两纵两横"砖，砖缝不规整。侧壁净高0.25米处夹砌刀形砖构筑券顶。墓壁、券顶大部已毁。

墓砖有长方形和刀形两种，有的饰叶脉纹。长方形砖常见规格28×14-4厘米，刀形砖常见规格28×14-4-3厘米。

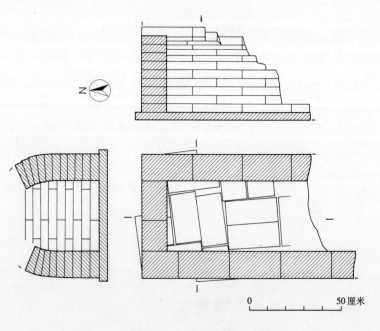

图九三　Ⅲ M15平、剖面图

3．Ⅲ M16

位于Ⅲ T5105 西侧中部。残长 1.82、宽0.92、高0.92米。方向193°。（图九四）

封门残缺。

侧壁、后壁皆长方形砖错缝平铺叠砌，后壁砌于侧壁内。底铺"两纵两横"砖，宽于墓室。侧壁净高0.40米处夹砌刀形砖构筑券顶。

后壁中部净高0.30米处设长方形壁龛一个，龛宽0.14、高0.05、深0.06米。

墓砖有长方形和刀形两种，有的饰叶脉纹。长方形砖常见规格26×13-4厘米，刀形砖常见规格26×13-4-2厘米。

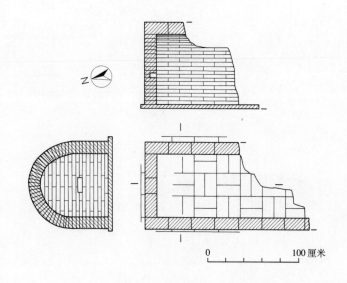

图九四 Ⅲ M16平、剖面图

（二）长方形双室合葬墓

1座。为Ⅱ M5。

主要位于Ⅱ T1828 东侧中部。长5.49、宽2.20米。方向85°。（图九五）

由平面呈长方形的左右两个墓室组成。每个墓室均由逐级抬高的前院、前室和后室三部分构成。左室长5.49、宽1.11、高1.68（前院）~ 1.48（前室）~ 1.28（后室）米；右室长5.49、宽1.09、高1.68（前院）~ 1.48（前室）~ 1.28（后室）米。

前院平面呈长方形，净长0.94米。

前室平面呈长方形，与前院之间形成的台阶阶壁用长方形砖横置侧铺，较前院抬高0.2、净长0.64米。

后室平面亦为长方形，与前室之间的台阶阶壁以长方形砖横置侧铺，较前室抬高0.2、净长3.42米。

封门用长方形砖横置和两道纵置相间平铺，错缝叠砌于墓室侧壁内，砌法为"梅花式"，其上各加券一重，较墓室宽0.31、高0.16米。

侧壁、后壁皆长方形砖错缝平铺叠砌，后壁置于侧壁内。底铺"两纵两横"砖。侧壁净高0.81（前院）~ 0.61（前室）~ 0.41（后室）处米夹砌刀形砖构筑券顶。

两前院之间的侧壁底设竖三个长方形排水孔，以长方形砖纵置侧铺，孔各长0.31、宽0.04 ~ 0.05、高0.16米。两前室之间设券顶拱形门相通，门宽0.33、高0.24米。

墓砖有长方形和刀形两种，有的饰叶脉纹。长方形砖常见规格31×15.5-4.5厘米，刀形砖常见规格31×15.5-5-4厘米。

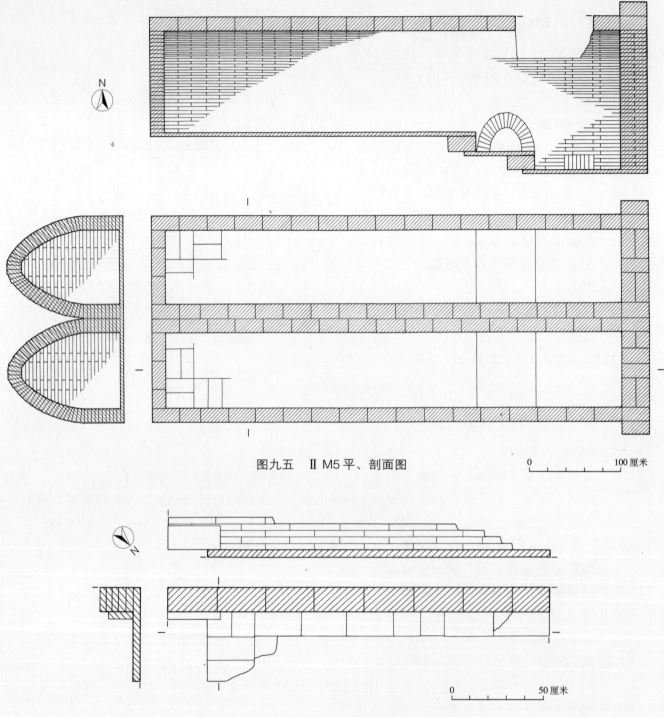

图九五　ⅡM5平、剖面图

0　　　　　　　　100厘米

图九六　ⅡM20平、剖面图

0　　　　　　50厘米

（三）残墓

1座。为ⅡM20。

主要位于ⅡT0907北侧中部。残长2.09、残宽0.5、残高0.22米。方向130°。（图九六）

仅存少部分墓室侧壁和墓底。侧壁以长方形砖错缝平铺叠砌，底铺"两纵两横"砖。侧壁底有横置侧铺的长方形砖1块。长方形砖常见规格27×13-7厘米。

第四章　结　语

第一节　随葬品特征与墓葬年代

第一期墓葬中Ⅱ M2有东晋废帝泰和（即"太和"）三年（368年）纪年砖，Ⅰ M16有东晋孝武帝泰元（即"太元"）十八年（393年）纪年砖。11座墓中以Ⅰ M12的器物式别最早，该墓A型、Ba型四耳罐只见Ⅰ式，碗以Ⅰ式为主，这种式别方面的差异，显示东晋墓葬尚可分早晚。东晋立朝104年，太和三年距元帝建武元年（317年）开国已有50余年，故将第一期确定为东晋晚期。Ⅰ M12的相对年代最早，器物特征或可上溯至东晋早期，唯该墓没有纪年，且在泽桥山墓地仅发现1座，单独分期的依据稍嫌不足，故仍将其并入第一期。

东晋晚期（时代判定后，期别即以时代名之，以下及本报告附表同此，不另说明）的典型器类有A型Ⅰ式、Ⅱ式四耳罐和Ⅰ式、Ⅱ式碗。A型Ⅱ式四耳罐、较Ⅱ式数量少的Ⅰ式碗，构成了本期与东晋早期的差别。Ba型四耳罐的式别分布情况显示其Ⅰ式流行的时代可能早到东晋早期。B、C两型四耳罐和陶釜在东晋墓中多见。

广东见诸报道的东晋纪年砖墓数量较多，如广州流花桥大兴二年（319年）墓[1]，肇庆坪石岗泰宁（即"太宁"）三年（325年）墓[2]；韶关咸和二年（327年）墓[3]；德庆咸和六年（331年）墓[4]；韶关65韶、五、劳M1咸康三年（337年）墓，65韶、西、狗咸康八年（342年）墓，65韶、西、狗M4永和三年（347年）墓，65韶、西、黄M1泰元二年（377年）墓[5]；曲江建元一年（343年）墓[6]；韶关S.S.G-M10建元一年墓[7]；始兴赤东M13建元二年（344年）墓，赤西M7建元二年墓，黄沙M5建元二年墓，赤西M12泰和六年（371年）墓[8]等；有些墓葬同时使用了纪年年代较早的墓砖[9]。

由于资料所限，纪年砖墓出土器物可供比较的不多。肇庆坪石岗泰宁三年墓出土四耳罐

1）广州市文物管理处：《广州晋墓清理简报》，《文物资料丛刊（8）》，文物出版社，1983年。
2）广东省文物考古研究所等：《广东肇庆市坪石岗东晋墓》，广东省文物考古研究所编《华南考古1》，文物出版社，2004年。
3）毛茅：《韶关东晋墓出土文物介绍》，《广东文物》2002年第1期。
4）尚杰：《德庆县东晋墓葬清理简报》，《广东文博》1986年第1、2期。
5）杨豪：《广东韶关市郊的晋墓》，《考古学集刊（1）》，中国社会科学出版社，1981年。
6）广东省文物管理委员会：《广东曲江东晋、南朝墓简报》，《考古》1959年第9期。
7）广东省博物馆：《广东韶关市郊古墓发掘报告》，《考古》1961年第8期。
8）广东省博物馆：《广东始兴晋—唐墓发掘报告》，《考古学集刊（2）》，中国社会科学出版社，1982年。
9）如韶关65韶、五、劳M1，65韶、西、狗M4，曲江建元一年墓和韶关S.S.G-M10等。

（M1：28）和四耳小罐（M1：26）与泽桥山Bb型四耳罐造型相同，碗（M1：24）、盏（M1：18）与泽桥山Ⅰ式碗造型相同，盏（M1：1）与泽桥山Ⅱ式碗造型相似，罐（M1：31）虽无耳，但腹部特征与泽桥山A型Ⅰ式罐相仿[1]。坪石岗泰宁三年墓不见泽桥山A型Ⅱ式四耳罐，与泽桥山Ⅰ式碗相同或相近的碗、盏数量较多，此种型式特征与泽桥山Ⅰ M12相同，说明了东晋早期和晚期器物型式的差别。泽桥山A型Ⅰ式四耳罐与始兴东晋墓Ⅱ式青瓷四耳罐、A型Ⅱ式四耳罐与其Ⅰ式青瓷四耳罐形似；泽桥山Ba型Ⅰ式、Bb型和C型四耳罐，Ⅰ、Ⅱ式碗，在始兴、韶关东晋墓中常见[2]。

第二期无纪年砖墓，随葬器物与东晋晚期有相似之处，如碗流行Ⅱ式，组合中可见B型四耳罐、陶釜等。该期与东晋晚期最主要的差别是Ⅰ式碗数量锐减，同时出现了Ⅲ式碗。Ⅰ式碗的消失、Ⅲ式碗的流行，正是第三期墓葬碗的特征。该期A型四耳罐仅见Ⅰ式、Ⅱ式各1件，据此推测：该期A型Ⅰ式四耳罐已不如东晋晚期那么常见。因第三期有纪年砖墓，故将本期确定为东晋末至南朝初期。

本期时代似乎与东晋晚期、南朝早期有所交叉，但器物型式的变化，并非如朝代更迭般直接，该期的存在正好反映出这种差别，故有分期的必要。

本期典型器物为Ⅱ、Ⅲ式碗。

第三期墓葬中Ⅰ M51有南朝宋文帝元嘉九年（432年）纪年砖，Ⅰ M38、Ⅰ M56有元嘉十年（433年）纪年砖，Ⅲ M11有元嘉纪年文字砖，Ⅰ M39有南朝宋孝武帝大明三年（459年）纪年砖。故该期为南朝早期。

南朝早期典型器物为A型Ⅲ式四耳罐、Ⅲ式碗。据型式及组合特征可区分早、中、晚3段。早段见A型Ⅱ式四耳罐、Ⅱ式碗，偶见A型Ⅰ式四耳罐、陶釜等；中段A型Ⅰ式四耳罐、Ⅱ式碗消失，A型Ⅱ式四耳罐罕见，新增A型碟，组合中有托盘；晚段A型Ⅱ式四耳罐消失，新增A型Ⅳ式四耳罐、Ⅳ式碗。该期Ba型四耳罐均Ⅱ式，B型四耳罐终止于本期。

按上述分段，Ⅰ M51元嘉九年墓具有早段特征，相隔仅20余年的Ⅰ M39大明三年墓则具有晚段特征。短时间内随葬器物的骤变，多与葬俗乃至生活习俗的变化速度加快有关。可见六朝时期流民南迁、岭南开发和经济繁荣，大致到了南朝早期，在丧葬习俗方面，才有了最为直接的反映。

和平南齐建元四年（482年）墓出土Ⅰ式青瓷杯与泽桥山南朝早期流行的Ⅲ式碗同形[3]，英德浛洸南齐永元元年（499年）墓随葬的"四（六）系青釉陶罐"[4]、浛洸南齐墓随葬的"六耳青釉罐"[5]与泽桥山第四期流行的A型Ⅳ式四（六）耳罐相同，浛洸南齐墓尚共存与泽桥山Ⅲ式碗相同的"青绿釉碗"。南齐墓葬的过渡特征表明南朝早期止于萧齐末年。泽桥山大明三年墓已见后期因素，南朝早期典型墓葬属刘宋时期。

广东见诸报道的南朝早期墓除上述南齐墓外，有曲江永初二年（421年）墓[6]，曲江南华寺

1）广东省文物考古研究所等：《广东肇庆市坪石岗东晋墓》，广东省文物考古研究所编《华南考古1》，文物出版社，2004年。

2）a.广东省博物馆：《广东始兴晋—唐墓发掘报告》，《考古学集刊（2）》，中国社会科学出版社，1982年；b.杨豪：《广东韶关市郊的晋墓》，《考古学集刊（1）》，中国社会科学出版社，1981年。

3）广东省文物考古研究所等：《广东和平县晋至五代墓葬的清理》，《考古》2000年第6期。

4）广东省文物管理委员会等：《广东英德、连阳南齐和隋唐古墓的发掘》，《考古》1961年第3期。

5）徐恒彬：《广东英德浛洸镇南朝隋唐墓发掘》，《考古》1963年第9期。

6）广东省文物管理委员会：《广东曲江东晋、南朝墓简报》，《考古》1959年第9期。

景平元年（423 年）墓、元嘉十八年（441 年）墓[1]，鹤山大冈元嘉十二年（435 年）墓[2]，揭阳大明四年（460 年）墓[3]，德庆马墟大明年间（457～464 年）墓[4] 等。

曲江南华寺元嘉十八年墓未被扰乱，墓中四耳罐与泽桥山 A 型 Ⅱ 式四耳罐、碗与泽桥山 Ⅲ 式碗、碟与泽桥山 A 型碟均相同[5]；肇庆牛岗南朝早期墓的青瓷四系罐、碗、碟，与泽桥山 A 型 Ⅲ 式四耳罐、Ⅱ 式和 Ⅲ 式碗、A 型碟相同[6]。上述墓葬和泽桥山南朝早期墓葬的随葬器物除具有共性外，A 型碟看来也应是南朝早期常见器类之一，不过，该特征在泽桥山南朝早期墓葬中并不明显。

本期 Ⅰ M57 出土的木狮子在广东同时期墓葬中比较罕见。南京西善桥油坊村南朝墓葬中曾发现"用'师子'作为壁画的装饰"并有明确的"榜题"[7]。Ⅰ M57 出土的该件木雕兽形器物形似狮子（即"师子"），故名，具辟邪功能。

第四期无纪年砖墓。该期典型器物为 A 型 Ⅳ 式四（六）耳罐，Ⅳ 式、Ⅴ 式碗。组合中 A、B 型碟共存，新出现 Ⅰ 式钵形碗，有极少量 Ⅲ 式碗。和平 HPDM7～M12、始兴赤东 M11[8] 等随葬器物具上述特征的墓葬，时代皆南朝晚期，故该期时代同此。该期器物与南朝早期间既有清晰的演变关系，又有显著的差别。其典型器物特征明显，形态稳定，在型式划分中极易辨识。南朝晚期对应朝代承接南朝早期，为梁、陈之时。

泽桥山第一时期为六朝时期，相当于东晋晚期至南朝陈末。

第五期典型器物为 Ⅵ 式、Ⅶ 式碗，Ⅱ 式钵形碗。组合中可见 A 型 Ⅴ 式六耳罐，Ⅰ 式大敞口碗等。第五期器物与南朝晚期有很多联系，譬如 Ⅵ 式、Ⅶ 式碗与南朝晚期 Ⅳ、Ⅴ 式碗造型相仿；A 型 Ⅴ 式六耳罐乃 A 型 Ⅳ 式六耳罐直接发展而来；该期仍见流行于六朝时期的滑石猪等。但这种联系不如区别明显：六朝时期四（六）耳罐与碗的组合日渐式微，第二时期流行的器物组合渐具雏形；碗质量粗糙，与南朝晚期不可同日而语，流露出典型的末式形态；除滑石猪外，其他器物与南朝晚期或型式不同，或器类各异，而六朝的相邻两期之间，器物型式存在交叉，器类也多有延续；该期碗、钵形碗和大敞口碗器外皆施半釉。"半釉"瓷器胎质釉色虽无提高或退步，却是装烧工艺变化的结果。"半釉"瓷器是泥团叠烧（又称"托珠叠烧"）方式的产物，部分器物内壁有明显叠烧痕迹。叠烧工艺中泥团叠烧技术原始，外施半釉也影响了器物的美观和使用，但较单件支烧，产量却大为提高。采用相同装烧方式的器物广见于此后各期。

Ⅱ 式钵形碗、A 型 Ⅴ 式六耳罐与韶关隋大业六年（610 年）出土的 Ⅰ 式碗[9] 和封开封川隋墓出土的印花碗、六耳罐相同[10]。且该期与南朝晚期的联系说明二者间无缺环，故定为隋。

1）广东省博物馆：《广东曲江南华寺古墓发掘简报》，《考古》1983 年第 7 期。

2）广东省文物考古研究所：《广东鹤山市大冈发现东晋南朝墓》，《考古》1999 年第 8 期。

3）广东省博物馆等：《广东揭阳东晋、南朝、唐墓发掘简报》，《考古》1984 年第 10 期。

4）古运泉：《德庆县马墟公社古墓葬发掘简报》，《广东文博》1985 年第 1 期。

5）同注 1）。

6）广东省文物考古研究所等：《广东肇庆、四会市六朝墓葬发掘简报》，《考古》1999 年第 7 期。

7）罗宗真：《南京西善桥油坊村南朝大墓的发掘》，罗宗真著《探索历史的真相——江苏地区考古、历史研究文集》，江苏古籍出版社，2002 年。

8）a. 广东省文物考古研究所等：《广东和平县晋至五代墓葬的清理》，《考古》2000 年第 6 期；b. 广东省博物馆：《广东始兴晋—唐墓发掘报告》，《考古学集刊（2）》，中国社会科学出版社，1982 年。

9）广东省文物管理委员会：《广东韶关六朝隋唐墓葬清理简报》，《考古》1965 年第 5 期。

10）广东省文物管理委员会：《广东封开县江口汉墓及封川隋墓发掘简报》，《文物资料丛刊（1）》，文物出版社，1977 年。

第六期典型器物为Ⅰ式宽耳罐、Ⅱ式钵形碗，组合中可见带耳梭腹罐等。Ⅰ式宽耳罐的下腹外放，概由韶关隋大业六年墓"下半部向内收缩"的罐和封川隋墓"向下突然收缩成平底"的六耳罐演变而来[1]，Ⅱ式钵形碗亦流行于隋，故第六期当紧承于隋。Ⅰ式宽耳罐与始兴赤西M3贞观三年（629年）墓的Ⅰ式四耳罐相同，Ⅱ式钵形碗与始兴初唐赤南M15的Ⅰ式碗和碟相似；带耳梭腹罐与曲江南华寺唐代早期M5的Ⅰ式六耳罐相似[2]，第六期为初唐。

第七期ⅡM21出土"开元通宝"铜钱。该期典型器物Ⅱ式宽耳罐、Ⅰ式大敞口碗和盘与始兴出"开元通宝"的中唐墓[3]、韶关唐张九龄墓[4]、英德中唐墓[5]中典型器物相同。第七期时代为盛唐至中唐。该期的海兽葡萄纹铜镜时代特征明显，主要瓷器品种见于新会唐窑[6]和潮安唐窑[7]。

第八期墓葬数量少，随葬品不丰富。该期典型器物为Ⅱ式、Ⅲ式大敞口碗，组合中可见带耳梭腹罐、盘等。Ⅱ式大敞口碗与始兴晚唐赤南M23的Ⅳ式碗、Ⅲ式大敞口碗与始兴晚唐赤南M25的Ⅴ式碗、带耳梭腹罐与赤南M23的六耳罐皆同，ⅡM17的盖罐与始兴晚唐赤南M13的Ⅱ式无耳罐和器盖相似[8]，故第八期为晚唐。始兴晚唐墓出"乾元重宝"，为该期绝对年代的判定提供了参考。

泽桥山第二时期为隋唐时期。

各期器物型式、组合详见表五（第二章）、图九七。

第二节　墓葬平面分布规律

泽桥山墓地时代明确的六朝隋唐墓共73座。Ⅰ区44座墓葬始自东晋晚期，止于盛唐中唐，中间无缺环。Ⅱ区20座墓葬时代从东晋晚期延至晚唐，但无初唐墓。Ⅲ区9座墓葬源于南朝早期，终于盛唐中唐，亦无初唐墓。

Ⅰ区墓葬早晚少，中间多。半数以上属南朝，南朝早期尤多，约占总数的4成，南朝晚期占2成；盛唐中唐和东晋晚期墓各占1成以上；初唐墓较少，不到1成；东晋末南朝初和隋墓数量最少，各仅1座。

Ⅱ区墓葬早晚多，中间少。东晋晚期至南朝初期约占4成；盛唐至晚唐占4成；隋墓较多，超过1成；南朝墓少，南朝早期和晚期各仅有1座。

Ⅲ区似Ⅰ区。该区除隋墓和盛唐中唐墓各1座外，皆属南朝，南朝早期为主，占总数一半以上。（表六）

墓葬平面分布特征有三（图九八、图九九）：其一，东晋晚期至南朝早期和初唐墓葬分布

1）a. 广东省文物管理委员会：《广东韶关六朝隋唐墓葬清理简报》，《考古》1965年第5期；b. 广东省文物管理委员会：《广东封开县江口汉墓及封川隋墓发掘简报》，《文物资料丛刊（1）》，文物出版社，1977年。

2）a. 广东省博物馆：《广东始兴晋—唐墓发掘报告》，《考古学集刊（2）》，中国社会科学出版社，1982年；b. 广东省博物馆：《广东曲江南华寺古墓发掘简报》，《考古》1983年第7期。

3）同注2）a。

4）广东省文物管理委员会等：《唐代张九龄墓发掘简报》，《文物》1961年第6期。

5）徐恒彬：《广东英德浛洸镇南朝隋唐墓葬发掘》1963年第9期。

6）广东省文物管理委员会等：《广东新会官冲古代窑址》，《考古》1963年第4期。

7）曾广亿：《广东潮安北郊唐代窑址》，《考古》1964年第4期。

8）同注2）a。

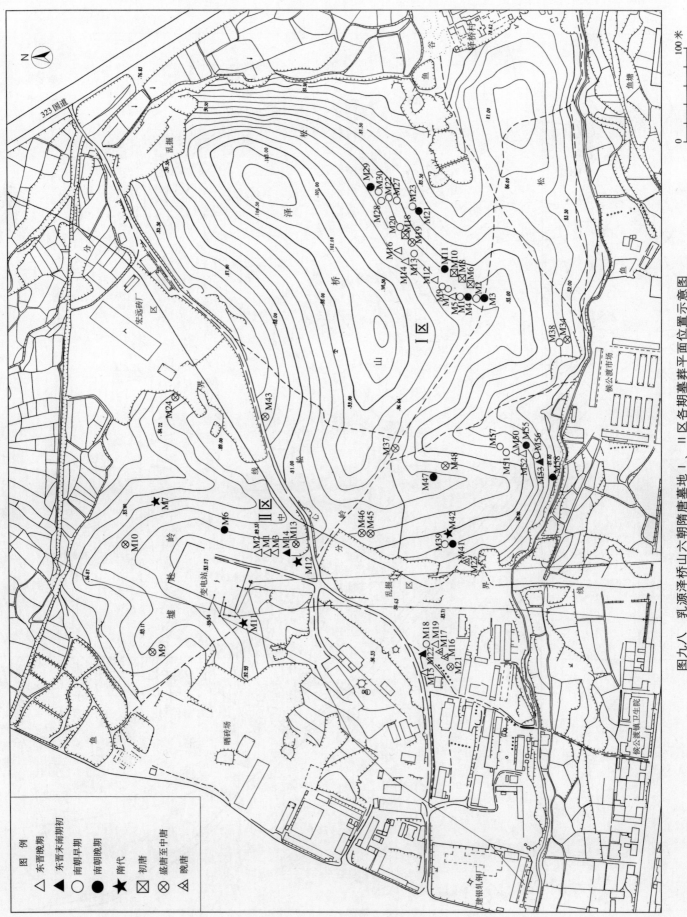

图九八　乳源泽桥山六朝隋唐墓地Ⅰ、Ⅱ区各期墓葬平面位置示意图

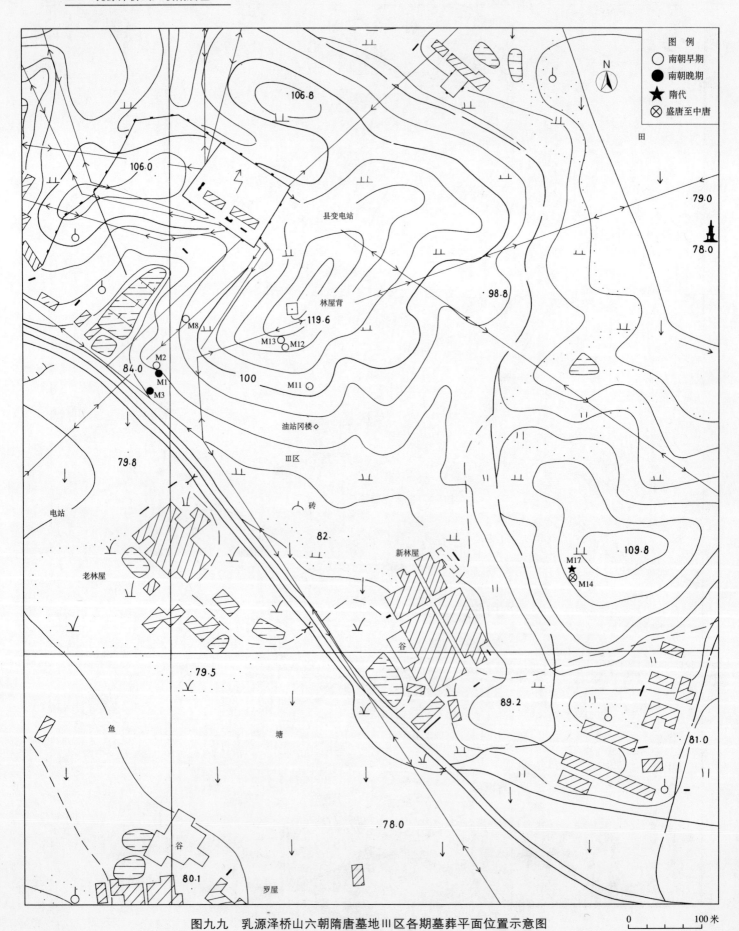

图九九　乳源泽桥山六朝隋唐墓地Ⅲ区各期墓葬平面位置示意图

密集，其他各期分布零散。密集状态不一，东晋晚期至南朝早期呈分片密集的相对密集状，唐代初期不仅密集而且集中，尤其是 I M6、I M8 和 I M10 三墓毗邻成排，结构相似，关系紧密；分散程度各异，南朝晚期尚有相对密集的分布区，隋代、盛唐至晚唐基本上呈完全分散状。平面布局总的趋势是从相对密集到密集再到分散。

其二，墓葬密集且时代跨度大的 I 区东南山坡和西南谷地的西坡，偏早的墓葬比高大，偏晚的比高小或与早期墓葬持平并环绕之。若按垂直于等高线的方向将墓葬分组，同组内墓葬时代早者在上坡方，晚者在下坡方。此规律在泽桥山墓地晚唐以前仅初唐 I M18 例外。晚唐以前的墓葬之间无打破关系，如此长的时间内墓地是否一直存在有效管理尚不敢妄断，但墓上标志清楚概是不争的事实（I M18 的例外可能就是因其下坡方向墓葬标志不清所致）。六朝时期见诸于文献的墓上标志除封土、坟垄外，尚有石碑、石柱等[1]。因此，泽桥山东晋至晚唐间墓葬选址，下坡方向没有墓葬分布并具有开阔视野是唯一的必要条件。据此考察同组内时代相同的墓葬如 II M15 和 II M19，比高较大的 II M15 相对年代也较早。同期墓葬垂直于等高线分布的情况较少，基本都与等高线平行（高程不尽相同）。为获得相对平缓的地形，墓向与等高线斜交。

其三，泽桥山东南坡 I T2913 ~ I T3217 片区内除 2 座东晋晚期单室墓外，其余 10 座皆双室合葬墓。大多数南朝和全部的初唐双室墓皆集中于此。泽桥山墓地以双室墓为主的片区仅此一处，值得注意。

各期情况如下：

东晋晚期 11 座墓在 I 区有 6 座，II 区 5 座。单室墓主要分布在 I 区，合葬墓 II 区较多。据墓葬间距分为 4 组：第 1 组在 I 区泽桥山东南坡，有"凸"字形单室墓 I M5、I M12，长方形单室墓 I M14 和长方形双室合葬墓 I M16。I M5 与 I M12 相邻，I M14 和 I M16 相邻。第 2 组在 I 区泽桥山西南谷地西坡，有长方形单室墓 I M50 和 I M52，位置毗邻。第 3 组在 II 区中心岭中部偏北，有"凸"字形单室墓 II M2、长方形单室墓 II M3 和长方形双室合葬墓 II M1，并列分布。第 4 组在 II 区中心岭南侧谷坡，有长方形单室墓 II M19 和长方形双室合葬墓 II M15。

东晋末至南朝初期 3 座墓分别为 I 区长方形单室墓 I M53、II 区长方形单室墓 II M22 和"凸"字形单室墓 II M14，位置分别与东晋晚期 2、3、4 组墓葬紧邻。各组墓葬皆按平行于等高线的方向排列。东晋晚期至南朝初期墓葬成组分布，每组墓葬数量不多（4 座以下），呈线形（或带形）分布；组间距离大，墓地中心区域不突出，双室墓互不相邻。此种平面布局，组间与组内墓主关系当不相同。

南朝早期 22 座墓主要在 I 区，有 16 座；次为 III 区，有 5 座；II 区仅 1 座。合葬墓皆在 I 区。本期分 4 组，第 1、2 组均在 I 区泽桥山东南坡，第 1 组皆合葬墓，有 I M1、I M2、I M7 和 I M9。第 2 组包括"凸"字形单室墓 I M30，长方形单室墓 M13、I M20、I M27 和 I M28，长方形双室合葬墓 I M22 和 M23。第 3 组在 I 区泽桥山西南山谷西侧谷坡，有长方形单室墓 I M51、I M56 和 I M57。此 3 组与东晋晚期 1、2 组位置相同。第 4 组在 III 区，

1）张敦颐：《六朝事迹编类》（张忱石点校本）卷十三《坟陵门》，上海古籍出版社，1995 年。《坟陵门》记载的多为帝王墓，"起坟"者少，"不起坟"者多；有的有"坟垄"；据题铭内容，石柱有的标识地界、有的题曰"神道"，碑多为"神道碑"。泽桥山六朝墓葬等级虽不堪比附，但可供参考。泽桥山墓葬墓上标志的探讨详见本章第五节。

有长方形单室墓Ⅲ M12 和Ⅲ M13。其余长方形单室墓Ⅰ M39、Ⅱ M18、Ⅲ M2、Ⅲ M8、Ⅲ M11和长方形双室合葬墓Ⅰ M38皆零散分布。有一半墓葬分布的泽桥山东南坡可视为中心墓地，第1组墓葬构成了中心墓地内的合葬墓区；第3组所在属次要墓区，余为孤立墓葬。墓葬分布呈现出一个主要墓区、一个次要墓区和散墓并存的格局，与东晋晚期至南朝初期的成组分布有很大不同。

南朝晚期12座墓中9座在Ⅰ区，Ⅱ、Ⅲ区很少。合葬墓全在Ⅰ区，Ⅰ M3、Ⅰ M4和Ⅰ M11等3座合葬墓成组分布于南朝早期形成的中心墓地合葬墓区。其他各墓位置孤立，但有2座在上述中心墓地范围内，3座在南朝早期形成的次要墓区范围内，因此，南朝早期的布局特点，本期有一定程度的延续。

5座隋墓3座在Ⅱ区，Ⅰ、Ⅲ区各1座，分布零散，无规律，部分墓葬附近既无同期墓葬，也无早期墓葬，呈完全孤立状。

4座初唐墓皆位于Ⅰ区南朝早期形成的中心墓地，其中3座双室合葬墓并排分布于该中心的合葬墓区。

盛唐至中唐13座墓Ⅰ区7座，Ⅱ区5座，Ⅲ区1座，分布特点与隋墓相同。

3座晚唐墓皆在Ⅱ区。Ⅱ M16与Ⅱ M17相邻，Ⅱ M23位置孤立。（表六）

从东晋晚期至南朝初期以点成线的"带状组合式"到南朝墓葬以点成面、点面并存的"板块结合式"再到盛唐及其以后的"散点分布式"，概括了泽桥山墓地墓葬平面分布规律的主要发展轨迹。由于没有发现与墓主身份直接相关的遗物，墓葬的平面分布规律成为探讨同期墓葬之间的关系和不同时期墓地属性是否发生变化的关键，相关问题详见本章第五节的论述。

第三节　墓葬形制的嬗变

东晋晚期长方形单室墓为主，"凸"字形单室墓比较流行，亦见长方形双室合葬墓。单室墓与合葬墓长度（长度不包括墓圹、墓道，下同）差别不大，除1座单室墓达到5～6米外，余皆3～5米，属中、小型墓。"凸"字形墓长宽比（长宽比只计墓室；为便于比较，合葬墓只计单个墓室的长宽比，下同）小于3，墓形方宽；余以3～4为主，大于4者少。墓向区间90～180°，2/3在90～135°间，Ⅰ、Ⅱ区相同。墓底铺"人"字形砖。合葬墓墓室间设通门相通。承券、砖托的设置比较流行，偶见壁龛或排水设施。砖长度（指长方形砖常见长度，下同）区间28～32厘米，30厘米为主，除32厘米少见外，其余长度都较多；常饰叶脉纹。

东晋末南朝初期未见合葬墓，长2～3米的小型墓较多，"凸"字形墓长宽比变大，其余特征与东晋晚期相似。因墓葬数量较少，墓向和砖长度区间较窄。

南朝早期长方形单室墓最多，长方形双室合葬墓也较流行，"凸"字形单室墓罕见。单室墓长度以4～5米为主，其次为3～4米，极少5～6米；合葬墓长度也以4～5米为主，有少量5～6米，墓型中、小。"凸"字形墓长宽比与东晋末南朝初期的相同；长方形单室墓除少量长宽比小于3外，大于4者显著上升，比例与3～4之间的持平；合葬墓长宽比基本都大于4，总体而言较单室墓狭长。Ⅰ、Ⅱ区的主要墓向区间为90～180°，约3/4在90～135°间，但区间范围较东晋晚期增大；Ⅲ区墓向区间135～315°，无主要区间范围。底铺"人"字形砖。合葬墓墓室互不相通。承券、砖托、壁龛和排水设施较流行，有设砖柱及护砖者，但数量较少。砖长度区间28～34厘米，30厘米为主，次为31、32厘米，其他尺寸少见；纹饰同前。

南朝晚期仅见长方形单室及双室合葬墓并以前者为多。单室墓长度有1座超过6米，为单室墓中最长者，余皆3～4米；合葬墓长多4～5米，另见2～3米和5～6米各1座。单室墓长宽比有的小于3，有的大于4，有的介于3～4之间，比例无明显差距；合葬墓长宽比特征与南朝早期相同。Ⅰ区墓向区间45～180°，以90～135°为主，其他范围很少；Ⅱ区1座，墓向区间90～135°；Ⅲ区墓向区间225～270°。墓底以铺"人"字形砖为主，有1/3铺"两纵两横"。合葬墓墓室互不相通。除砖托较常见外，其他附属设施如壁龛、承券、排水设施等出现频率很低。砖长度区间28～32厘米，30、31厘米为主，次为32厘米。

隋墓以长方形单室墓为主，合葬墓中开始出现三室。单室墓多长3～4米，另见5～6米者；合葬墓长4～6米。单室墓长宽比3～4或大于4；合葬墓长宽比皆大于4。墓向区间分散，仅Ⅱ区2座为90～135°，其余每墓区间各不相同。墓底全铺"两纵两横"。合葬墓墓室间设门相通。砖托、台阶比较流行，亦见排水设施、护砖、直棂通窗、天井等。砖长度区间29～33（缺30）厘米，31、32厘米较多；纹饰有叶脉纹、"米"字圆圈纹等。

初唐墓全为双室或三室合葬墓，双室为主。墓室一般长5～6米，有1座6～7米，为合葬墓中最长者。墓室长宽比皆大于4。墓向区间90～135°。墓底铺法同隋墓，墓室间设门相通。各墓皆设台阶、砖托和直棂通窗，排水设施、天井和封门重券的置法常见。砖长度区间32～34厘米，各种尺寸均较多；纹饰似隋砖。

盛唐至中唐墓基本都是长方形单室墓，合葬墓皆双室，数量稀少。单室墓长2～4米，合葬墓长3～4米，墓型偏小。墓室长宽比皆3～4。墓向区间极大，Ⅰ区135～180°和225～270°稍多，另有0～90°、180～225°者；Ⅱ区90～135°较多，另有45～90°、180～225°者；Ⅲ区为225～270°。墓底基本都铺"两纵两横"，仅1座铺"人"字形。合葬墓墓室互不相通。砖托、立砖的设置较普遍，亦见壁龛、垫砖，偶见台阶和排水设施。砖长度区间25～30（缺29）厘米，26～28厘米较多；纹饰较少，皆叶脉纹。

晚唐墓皆长方形单室墓，墓室长3～4米，长宽比3～4。墓向主要区间90～135°，次要区间225～270°。墓底一般铺"两纵两横"，有"单斜"铺法。墓内皆设立砖，流行砖托。砖长度区间27～28厘米，28厘米为主；皆素面。

泽桥山六朝隋唐墓具有如下变化规律：

墓形："凸"字形单室墓流行于东晋晚期，消失于南朝早期。除初唐外，其他各期皆以长方形单室墓为主，晚唐全为长方形单室墓。双室合葬墓在东晋晚期至隋均比较流行，初唐皆合葬墓且形制相仿；三室合葬墓只见于隋及初唐，比例较低。

墓室长度：视长2～4米为小型、4～6米为中型，大于6米为大型。单室墓中大型仅见于南朝晚期，数量极少；东晋晚期中、小型各半，南朝早期中型为主，其他各期皆多见小型，盛唐至晚唐更全属小型，长2～3米的超小型墓见于东晋末至南朝初及盛唐至中唐两期。合葬墓中大型仅见于初唐，除盛唐至中唐俱属小型、东晋晚期和南朝晚期各有少量小型外，皆以中型为主或全属中型；长2～3米的超小型合葬墓见于南朝晚期。合葬墓一般较单室墓长。南朝晚期墓型差别较大；初唐合葬墓规模一般较大；盛唐开始，墓葬趋于小型化。

墓室长宽比：视小于3者为方宽形，3～4为居中形，大于4为狭长形。各种墓形基本都有向狭长渐变的趋势，但变化程度不一。"凸"字形单室墓在东晋晚期为方宽形，到东晋末至南朝早期全部变为居中形；长方形单室墓各期基本以居中形为主，南朝至隋狭长形增多，但盛唐开始全部属居中形；合葬墓从东晋晚期的居中形为主演变到南朝的狭长形占优再到隋及初唐全部的狭长形，变化规律最为明显；合葬墓在盛唐又成居中形。

墓向区间：Ⅰ、Ⅱ区主要区间为90～180°，以90～135°最多；Ⅲ区范围大。墓向区间宽窄和墓葬分布集中程度相关，凡分布集中者，区间范围窄；主要区间范围，由墓葬地理位置决定，与墓葬时代关系不大。

墓底砖铺法：南朝晚期以前皆铺"人"字形，南朝晚期开始出现"两纵两横"，隋代以后除盛唐至晚唐偶见"人"字形或其他形外，皆铺"两纵两横"。

合葬墓墓室间东晋晚期、隋至初唐皆设门相通，其余各期互不相通。隋至初唐合葬墓的每个墓室皆据墓底的高低不同而区分为前室、后室或天井（前院）、前室、后室，墓室横剖面无一例外都呈台阶状，此种情况始见于南朝晚期，但不多见；初唐以后消失。盛唐至中唐墓中尚有1座墓室横剖面呈台阶状者（ⅠM43），但此墓台阶乃普通意义上的"台阶"，并不具备进行墓室内部结构区分的功能。

附属设施：砖托在各期均比较流行。承券常见于东晋至南朝早期。南朝至初唐墓比较多见排水沟、排水孔等排水设施。天井和直棂通窗是隋至初唐合葬墓中比较通行的做法，初唐合葬墓封门流行重券。立砖始见于南朝晚期，盛行于盛唐至晚唐。

墓砖规格：东晋南朝，长多30、31厘米，最短28厘米，最长一般为32厘米，仅南朝早期偶见33和34厘米。隋至初唐墓砖变大，基本在31厘米以上，多32、33厘米，也有不少34厘米者。盛唐开始墓砖又变小，以27、28厘米为主，也有25、26厘米者，最长30厘米，数量较少。

以上分析参看表七。

除墓向区间之外的诸多特征，在广东其他地区同时期墓葬中，均有不同程度的表现。曲江南朝初期墓葬，券顶已无东晋时期"前低后高的二座建筑形式"[1]，泽桥山东晋晚期ⅡM2和东晋末南朝初ⅡM14的甬道券顶均低于墓室券顶，所谓"前低后高的二座建筑形式"，实际上是"凸"字形单室墓特有的一种结构，随南朝早期"凸"字形墓的消失，这种券顶形式自然不复存在。韶关南朝墓中合葬墓也比较流行[2]，始兴东晋墓长方形和"凸"字形"同时并行"，南朝不见"凸"字形墓，墓底铺"双横双直相间（即两纵两横）或'人'字形"[3]，承券、砖托是"晋代有代表性的一种设制"[4]等，与泽桥山的情况相似。

泽桥山六朝隋唐墓也表现出一些差异和不同：壁龛的设置，在各时期均不多见[5]；南朝墓砖尺寸与东晋相比，并无明显差别；三室合葬始见于隋，南朝合葬墓墓室互不相同，设门相通见于东晋、隋至初唐；直棂窗仅见于隋至初唐合葬墓[6]；唐砖并非全比六朝砖小，墓砖规格到

1）广东省文物管理委员会：《广东曲江东晋、南朝墓简报》，《考古》1959年第9期。

2）杨豪：《广东韶关市郊的南朝墓》，《考古学集刊（3）》，中国社会科学出版社，1983年。

3）广东省博物馆：《广东始兴晋—唐墓发掘报告》，《考古学集刊（2）》，中国社会科学出版社，1982年。

4）杨豪：《广东韶关市郊的晋墓》，《考古学集刊（1）》，中国社会科学出版社，1981年。

5）韶关市郊的一批南朝墓多设壁龛。参看广东省博物馆《广东韶关市郊古墓发掘报告》，《考古》1961年第8期。

6）始兴南朝墓砖尺寸较东晋略小，南朝墓"似首次发现"了"三棺室合葬墓"，南朝合葬墓"在隔墙上增加了使棺室相互通气的小门和壁窗，这是与东晋墓不同的"。参看广东省博物馆《广东始兴晋—唐墓发掘报告》，《考古学集刊（2）》，中国社会科学出版社，1982年。

了盛唐开始才明显变小[1]；唐墓铺"人"字形底已极不流行[2]等等。

　　需注意的是，泽桥山六朝隋唐墓葬的砖建结构中，封门的砌法非常多样，就合葬墓而言，这种多样化可能具有实际意义。合葬之俗上承于汉。汉俗，"妇从其夫葬为合葬，凡夫妇以合葬为常"，"合葬者以同棺椁相接为常"，"亦有嫌其不便，同坟而异臧者"。泽桥山墓地的合葬墓皆分室合葬，主流的合葬形式与汉已不相同。不过，凡合葬者，总有"前丧"和"新丧"之别。汉之合葬"或取新丧送至前丧葬所合葬"，"或取前丧至新丧之所与新丧合葬"[3]。一般情况下，各墓室封门完全独立或封门分内、外两道，内道独立，外道连通者，比较适合于前者；各室封门属一次性连通构筑则比较适合于后者。上述封门在泽桥山合葬墓中都有，概亦分别对应于"新与前合"及"前与新合"。

第四节　墓葬特征概率分析

　　泽桥山墓地无纪年和随葬品保存的六朝墓有长方形单室墓Ⅰ M15、Ⅰ M32、Ⅰ M54 和Ⅲ M6，长方形双室合葬墓Ⅰ M17、Ⅰ M40 和Ⅱ M4；隋唐墓有长方形单室墓Ⅰ M44、Ⅲ M15 和Ⅲ M16，长方形双室合葬墓Ⅱ M5，残存局部、结构不详的Ⅱ M20 等共 12 座。其具体时代，可据位置、形制和结构进行推断。为便于分析，本报告通过墓葬分期特征表（表七），对墓向及墓葬特征概率进行了计算，结果详见表八、表九。

　　从墓向和墓葬特征概率表中可知，六朝和隋唐墓葬比较显著的区分标准有墓室形状、墓底铺法、合葬墓墓室关系、墓砖规格等。例如，"凸"字形单室墓属于六朝时期的概率（参看表九"总概率"栏，下同）为 100%，"人"字形底属于六朝时期的概率为 98%，"两纵两横"底属于隋唐时期的概率为 91%，合葬墓墓室互不相通者属于六朝时期、相通者属于隋唐时期的概率均为 67%，墓砖长 25～27 厘米者属于隋唐时期的概率为 100%，墓砖长 28 厘米者属于隋唐时期的概率为 76%，墓砖长 30 厘米者属于六朝时期的概率为 90% 等。

　　上述 12 座墓葬除Ⅰ M54 墓底铺法特殊、Ⅱ M20 结构残缺外，Ⅰ M15、Ⅰ M17、Ⅰ M32、Ⅰ M40、Ⅱ M4 和Ⅲ M6 等 6 座墓葬的墓葬形制特别是墓底铺法、墓砖规格和纹饰与泽桥山六朝墓葬相似而明显有别于泽桥山隋唐墓葬；Ⅰ M44、Ⅱ M5、Ⅲ M15 和Ⅲ M16 等 4 座墓葬的上述特征与泽桥山隋唐墓葬则具有相当一致的共性；上述墓葬之所以区分为六朝和隋唐两个时期（Ⅰ M54 和Ⅱ M20 两座墓葬时代判断下述），其原因就在于此。结合分布位置及特征概率，部分墓葬所属具体时代还可进一步判别。

　　六朝时期的Ⅰ M15 位于泽桥山东南坡，在垂直于等高线的分组中与南朝早期Ⅰ M13 同组并且比高较大，和东晋晚期Ⅰ M14、Ⅰ M16 平行，故相对年代较Ⅰ M13 早；墓室长度、墓室

　　1）"（唐墓）墓砖较南朝的墓砖小、薄，花纹砖少，这是广东唐朝墓砖的一般特点"，参看广东省博物馆《广东梅县古墓葬和古窑址调查、发掘简报》，《考古》1987 年第 3 期。

　　2）英德浛洸中唐墓全为"人"字形底，参看徐恒彬《广东英德浛洸镇南朝隋唐墓发掘》，《考古》1963 年第 9 期；始兴Ⅰ型唐墓墓底铺法多样，"人"字形最盛，参看广东省博物馆《广东始兴晋—唐墓发掘报告》，《考古学集刊（2）》，中国社会科学出版社，1982 年。

　　3）本段关于汉代合葬的引文，皆引自杨树达《汉代婚丧礼俗考》（上海古籍出版社，2000 年）第二章第十节"合葬"。

长宽比属东晋晚期的概率（参看表九"大期概率"栏内六朝部分，下同）较南朝早期高，故Ⅰ
M15为东晋晚期墓的概率高。Ⅰ M17与Ⅰ M15位置特征一致，其下坡方向也有南朝早期Ⅰ M20，
相对年代当较之为早；该墓为墓室互不相通的双室合葬墓，六朝时期有此特征的合葬墓属于南
朝时期的概率为100%，故Ⅰ M17应为南朝早期墓。Ⅰ M32墓葬特征概率表现不一致，位置特
征显示其属于南朝早期的可能性稍大。Ⅰ M40双室互不相通，属南朝；墓室长度、墓室长宽比、
墓砖规格属南朝早期的概率一般稍高于南朝晚期，故属南朝早期的可能性较大。Ⅰ M54墓葬规
模小，墓底铺法特殊，在泽桥山没有可供比较的对象；墓砖规格、纹饰与六朝墓葬相同；与其
位置相同的泽桥山西南谷地西坡墓葬也以六朝为主；Ⅰ M54墓葬规格、墓底铺法与英德南齐墓
"底铺平放顺砖或平放一横一顺砖"[1]相似，因Ⅰ M54残缺甚重，墓顶完全垮塌，其与英德南
齐墓的形制是否完全一致尚无法判断；墓底"平放横砖、平放一横一顺"的做法，还可见于韶
关晋墓[2]；综合来看，Ⅰ M54时代大致属于六朝时期。Ⅱ M4双室互不相通，属南朝；墓室长
短不同，和南朝晚期Ⅰ M4类似，时代宜属南朝晚期。Ⅲ M6的墓向概率100%属于南朝晚期，
时代同此。

　　隋唐时期的Ⅰ M44、Ⅱ M5墓砖概率（参看表九"大期概率"栏内隋唐部分，下同）100%
属隋至初唐。Ⅱ M5的两个墓室间设门相通，每个墓室据墓底高低的不同可分为前院、前室和
后室，前院设排水孔等做法，与隋至初唐双室墓相同。在没有随葬品的情况下，隋墓与初唐墓
较难区分；故两墓属隋至初唐，具体时代难定。Ⅱ M20、Ⅲ M15和Ⅲ M16墓砖概率100%属盛
唐至晚唐，由于晚唐墓砖已无叶脉纹，此三墓时代概属盛唐至中唐。

第五节　相关问题探讨

一　墓地属性

　　泽桥山墓地Ⅰ、Ⅱ两区位置相邻。由于岗丘比高不大，起伏平缓，地形特征相似，弱化了
分水岭等地理分区界线，两区通过中心岭连为一体，可以视为同一地理单元。泽桥山墓地绝大
多数墓葬分布于Ⅰ、Ⅱ两区，两区墓葬分布规律成为探索墓葬关系和墓地属性的关键。

　　前述墓葬平面分布规律显示，Ⅰ、Ⅱ区东晋晚期至南朝初期墓葬皆成组分布，组间距离较
大，各组所在地形、方位不尽相同。每组墓葬数量大致相当，但都仅有3或4座。组内墓葬以
平行于等高线的方向排列，间距有疏密之分，墓葬类型一般比较多样。

　　到了南朝，两区墓葬分布变化显著：泽桥山东南坡成为墓葬分布最密集的中心墓地，中心
内的合葬墓形成了独立的亚区；墓葬相对比较集中的泽桥山西南谷地西坡成为次要墓区，其余
墓葬则单座零散分布。

　　隋墓互不相邻，有的更呈完全孤立状——其附近既无同期墓葬，也无其他时期墓葬。隋墓
的区间分布以Ⅱ区为主，在南朝晚期形成的中心墓地和次要墓区范围内皆无分布。

1）广东省文物管理委员会等：《广东英德、连阳南齐和隋唐古墓的发掘》，《考古》1961年第3期。
2）杨豪：《广东韶关市郊的晋墓》，《考古学集刊（1）》，中国社会科学出版社，1981年。

初唐墓葬继续集中分布在南朝形成的中心墓地内,其合葬墓也位于该中心内的合葬墓亚区。除两座晚唐墓位置相邻外,其余盛唐至晚唐墓葬分布特征与隋墓相仿。

汉代葬俗中有"子孙从其父祖葬为祔葬,所谓归旧茔,是也","以此往往一地而一家数世父子兄弟并葬焉"[1)]。及至六朝,帝王及世家大族聚族而葬仍相当风靡[2)]。广州黄埔姬堂晋墓出土与墓主身份相关的滑石铭牌、谒牌,墓葬分布及出土文物显示该墓群"可能是同一家族的墓地"[3)],看来族葬之制并非六朝皇室及江南望族的专美,其影响已经波及到岭南。聚族而葬为泽桥山墓地墓葬分布规律提供了一种合理的解释:东晋至南朝初期墓葬全部成组分布,无一散墓,是贯彻族葬制度最为彻底的时期;南朝的中心墓葬区、次要墓葬区和零散孤墓并存,说明族葬制度有了强族中兴盛和弱族中衰亡的两种发展方向;隋代不流行族葬;族葬制度在初唐复苏以后,趋于完全消失。

由于缺乏直接文字证据,而所谓的"族"实由"户"构成,"户"是"口"之上的最基本单位,泽桥山东晋南朝初期墓葬的组别,对应不同的"族"还是同族内不同的"户",即泽桥山墓地是否存在多族共有的情况还需研究。《晋书》卷十五《地理志下》记录晋始兴郡户5000,但未录口数,可供参考的户均人数约为4.66人[4)];《宋书》卷三十七《州郡志三》记录宋广兴郡(即晋始兴郡)户11756,口76328,平均每户约6.49人;可见泽桥山东晋至南朝初期的墓葬组别如果就是族别,族间除无明显强弱之分外,族的规模均不大。对比户均人口与各组墓葬数量,该期尚有族数少于组数、组与户对应的可能。

多族共有且族的势力不同,在南朝时期主、次墓区与散墓共存的分布特征中表现得也比较充分。泽桥山南朝时期的中心墓地不仅墓葬数量多,分布密集,而且还有独立的合葬墓亚区,家族墓地的特征最为突出。中心墓地属性的确立,族别就成为形成上述分布特征最根本的原因。显然,这一时期"族"的数量不会少于3个,"族"的势力也有强、中、弱3种。由于主、次墓区可以看成泽桥山东南坡和泽桥山西南谷地西坡的两组早期墓葬分别发展而来,多族共有的墓地属性应该可以上溯至东晋晚期。综合看来,地理位置最佳的泽桥山东南坡为泽桥山墓地中的望族墓地,该族发轫于东晋,盛于南朝并可能延至初唐(隋代葬制不同,且时间不长,故略其缺环)。

泽桥山墓地东晋晚至初唐基本属于多族共有的家族墓地。家族内墓葬形制虽存在差异,但无论"带状组合"还是"板块结合",墓葬的平面位置和墓葬等级的关系皆非一目了然。南京地区六朝豪族墓群,有着以点为线的"带状"分布模式,墓葬排列虽然呈现出"北长南幼"或"西长东幼"的规律,但这一规律并不十分严格[5)]。比较而言,泽桥山家族墓地中除墓主同属一族外,和墓主长幼尊卑及墓葬等级有关的墓葬排序方式则更显模糊和随意。不过,时代相

1)杨树达:《汉代婚丧礼俗考》第二章第十一节"祔葬",上海古籍出版社,2000年。

2)a.罗宗真:《六朝陵墓及其石刻》二"六朝陵墓的埋葬制度",罗宗真著《探索历史的真相——江苏地区考古、历史研究文集》,江苏古籍出版社,2002年;b.罗宗真等:《六朝文物》第四章第一节"门阀制度盛行下的世家大族墓",南京出版社,2004年。

3)广州市文物考古研究所:《广州晋代考古的重要发现——黄埔姬堂晋墓》,广州市文物考古研究所《广州文物考古集》,文物出版社,1998年。

4)转引自胡守为《岭南古史》(广东人民出版社,1999年)十二(一)"岭南户籍、人口概况"。

5)南京地区六朝"豪门士族的家族墓群,辄以辈分排列,或北长南幼,或西长东幼,成一规律;虽即如此,但亦不十分严格……个别较低辈的放在长辈之间,也是允许的……"参看罗宗真《江苏宜兴晋墓的第二次发掘》,罗宗真著《探索历史的真相——江苏地区考古、历史研究文集》,江苏古籍出版社,2002年。

同、位置毗邻、结构相仿的墓葬呈平行分布,不仅说明墓主身份地位相似,而且他们之间的关系和族内其他人相比更加紧密。具有上述特征的墓葬若在家族墓地中处于相对中心的位置或形成了相对独立的亚区,墓主族内地位一般较高,泽桥山东南坡的合葬墓亚区即如此。

二　家族墓葬的墓上标志

墓上(外)标志有效避免了墓葬之间发生打破关系。泽桥山墓地东晋、南朝和初唐时期的家族墓地中墓葬分布相对比较密集,墓上标志更显重要。

六朝帝陵和世家大族墓或"起坟",或设"坟垄","不起坟"者亦多;其他标志有"碑"(多"神道碑")、"石柱"(标识地界等)、石兽等[1],为推断泽桥山墓地的墓上标志提供了一些线索。

魏晋以来葬制"大体同汉",即"古者天子诸侯葬礼粗备,汉世又多变革。魏晋以下世有改变,大体同汉之制"。葬制变革,大抵"随时之宜",删繁就简。"而魏武以礼送终之制,袭称之数,繁而无益,俗又过之,豫自制送终衣服四箧,……金珥珠玉铜铁之物,一不得送。文帝遵奉,无所增加。及受禅,……以示陵中无金银诸物也。汉礼明器甚多,自是皆省矣"。"不坟不树"、"不设明器"为帝陵所遵从,"宣帝豫自于首阳山为土藏,不坟不树,作《顾命终制》,不设明器。景、文皆谨奉成命,无所加焉。……江左初,元、明崇俭,且百度草创,山陵奉终,省约备矣"[2]。

南朝葬制和晋制一样,始终处于变革之中。葬制"历晋至宋,时代移改,各随事立"[3];南齐"尚书令王俭制定新礼","因集前代,撰治五礼,……事有变革,宜录时事者,备今志。其舆辂旗常,与往代同异者,更立别篇"[4];"梁武帝始命群儒,裁成大典。……陈武克平建业,多准梁旧……或因行事,随时取舍"[5]。这些变革皆与南朝政府偏居江南的政治格局和比较动荡的社会形势有关,丧礼从简的原则得到了普遍推崇并延续至隋,《隋书》卷八《礼仪志三》载隋丧纪云"棺内不得置金银珠玉"。

制度纵虽如此,从魏晋宋梁屡次颁布的葬制禁令中可以看出,实际上碑、表、兽、柱等墓上设施仍然大行其道。《宋书》卷十五《礼志二》云:"汉以后,天下送死奢靡,多作石室石兽碑铭等物。建安十年,魏武帝以天下凋敝,下令不得厚葬,又禁立碑。……此则碑禁尚严也。此后复弛替。晋武帝咸宁四年,又诏曰:'此石兽碑表,既私褒美,兴长虚伪,伤财害物,莫大于此。一禁断之。……'至元帝太兴元年,有司奏:'……求立碑。'诏特听立。自是后,禁又渐颓。大臣长吏,人皆私立。义熙中,……裴松之又议禁断,于是至今";《隋书》卷八《礼仪志三》载梁天监六年(507年)"申明葬制,凡墓不得造石人兽碑,唯听作石柱,记名位而已"。

泽桥山六朝墓葬等级与帝陵和世家大墓虽相去甚远,但由于远离六朝政治中心,葬制的尊奉可能大有折扣,其墓上标志最简单者莫过于设以"坟垄",亦可能存在标识墓主、地界的小型石铭或石碑。

---

1)a. 张敦颐:《六朝事迹编类》(张忱石点校本)卷十三《坟陵门》,上海古籍出版社,1995年;b. 罗宗真:《六朝陵墓及其石刻》三"六朝陵墓前的石刻",罗宗真著《探索历史的真相——江苏地区考古、历史研究文集》,江苏古籍出版社,2002年。

2)本段引文,皆出自《晋书》卷二十《礼志中》。

3)《宋书》卷十四《礼志一》。

4)《南齐书》卷九《礼志上》。

5)《隋书》卷六《礼仪志一》。

三 泽桥山六朝墓与流民南迁及线路

泽桥山两晋时期从属的始兴郡,其辖区大致与今天的韶关、清远两市相当。韶关、清远是广东六朝墓葬分布最集中的地区之一,韶关市区、始兴、曲江、乳源、英德等地均有六朝墓葬的报道,始兴赤土岭和乳源泽桥山一样均达到了数十座的庞大规模。六朝墓葬如满天星斗分布在粤北大地绝非偶然。始兴郡历晋至陈建置沿革的多次变迁虽使问题的探讨趋于复杂,但六朝时期粤北地区人口数量和人口结构发生的深刻变化对墓葬数量、分布及其结构的直接影响,却依然彰明较著。

比较《晋书·地理志》和《宋书·州郡志》的记载,晋始兴郡编户人口到了刘宋时期(宋称广兴郡)猛增1倍以上,宋广兴郡入户数目较当时的南海郡还多,名副其实成为岭南第一人口大郡。入籍数量虽不全面,其迸发式的增涨势头却不容否认。六朝是人口大规模流动非常频繁的一个时期,逾岭南迁者亦川流不息,并在东晋形成了滔滔洪流,成为岭南人口数量大幅上升最主要原因。同时,"北人"蜂拥而至也使岭南人口结构融入了新的成分,新、旧侨民与世居岭南的少数民族之间交流融合、矛盾斗争成为岭南六朝历史的主旋律。韶关、清远的粤北地区在流民浪潮中人口数量和人口结构的变化如此明显,根本原因是韶关、清远扼逾岭南下之交通要冲,韶关的浈、武两江和清远的连江是当时翻越五岭,北旨湘赣的主要通道,为流民陆路入粤的必由之路[1]。目前粤北发现的六朝墓葬,也基本分布于这些交通要道之上。

结合今人的研究,上述通道分为东、中、西三线:东线从赣江流域的江西赣州、大余过大庾岭梅关入粤,经浈江流域的南雄、始兴到韶关;中线从湖南郴州过骑田岭入粤,经乐昌的坪石至韶关;西线从湖南零陵、道县、蓝山过阳山关入粤,经连江流域的连县、阳山至英德。韶关、英德居北江干流,南达广州已成坦途。中、西两线经疏浚开凿,东汉时已成为"湘南峤道"通往岭南的重要组成部分;东晋南朝因政治中心的转移,东线连接长江下游地区最为便捷,文献所载当时的"岭道"一般专指此线,其繁盛之状当在中、西两线之上[2]。

不过,越岭之路皆循大江支流,兼行陆路。蜿蜒于山区之间的江流多湍急狭窄,《晋书》卷一百《卢循传》载始兴太守徐道覆"密欲装舟舰,乃使人伐船材于南康山,伪云将下都货之。后称力少不能得致,即于郡贱卖之,价减数倍,居人贪贱,卖衣物而市之。赣石水急,出船甚难,皆储之",通行之难可见一斑。乳源泽桥山并不在上述3条线路之上,但与湖南郴州过骑田岭入粤的中线最近。此线入粤后若顺武江南抵韶关,其道之苦,远较西、东两线为甚。坪石至

---

1)相关问题的详细论述和资料来源,参看附录二《广东六朝墓葬历史背景考略》。

2)线路开凿的历史、经过的地方和"湘南峤道"的具体情况,参看中国公路交通史编审委员会《中国古代道路交通史》(人民交通出版社,1994年)第二章第一节"道路的开辟和扩展"、第三章第一节"道路交通的恢复与建设"。韶关顺北江达于广州的水路非常便捷,《宋书》卷一《武帝纪上》载东晋义熙六年(410年)十一月,"循广州守兵,不以海道为防。是月,建威将军孙季高乘海奄至,而城池峻整,兵犹数千。季高焚贼舟舰,悉力而上,四面攻之,即日屠其城。循父以轻舟奔始兴";《陈书》卷十一《章昭达传》亦载"欧阳纥据有岭南反,诏昭达都督众军讨之。昭达倍道兼行,达于始兴。纥闻昭达奄至,恇扰不知所为,乃出顿洭口,多聚沙石,盛以竹笼,置于水栅之外,用遏舟舰。昭达居其上流,装舻造拍,以临贼栅。又令军人衔刀,潜行水中,以斫竹笼,笼篾皆解。因纵大舰随流突之,贼众大败,因而擒纥,送于京师,广州平"。"岭道"的记载,见《宋书》卷四十九《孙处传》:"……循于左里奔走,而众力犹盛,自岭道还袭广州"。从《陈书》卷一《高祖纪上》载太清三年(549年)十一月"高祖遣杜僧明、胡颖将二千人顿于岭上,并厚结始兴豪杰同谋义举,侯安都、张偲等率千余人来附。……大宝(550年)正月,高祖发自始兴,次大庾岭"来看,岭上交通,东线为盛。

乐昌的武江乐昌峡位于"坚硬岩石地段"[1]，以"九泷十八滩"闻名，"崖峻险阻，岩岭干天"，"悬湍回注，崩浪震山"[2]，是否从坪石另有通道达于韶关便值得关注。

乳源县志有"西京路"、"西京古道"的记载。该道"相传唐武德间开"，疑者言"未必然也"；韩愈入粤，"取道于乳"。按县志的说法，西京古道概从县西经乳源大桥、红云抵达乐昌坪石，再通往岭北的湖南宜章，其中坪石以南多为山路，因"岁久蓁芜"，明嘉靖和万历年间曾加疏筑[3]。《广东新语》言："初梅岭未辟，小岭为西京孔道。韩昌黎赴潮时，以昌乐泷险恶，舍舟从陆道出乳源蓝关"[4]，与县志记载如出一辙。虽然"西京古道"一说时代较晚，其开凿是否始于唐代或者更早，疑云重重，但以泽桥山为代表的六朝墓葬的大量发现，使得这一问题的探讨，有了峰回路转、拨云见日的感觉[5]。

乳源位于北江支流南水上游，可畅达韶关。六朝时期沿中线入粤至坪石的北方流民，经山路跋涉至乳源，或再经乳源顺南水转道韶关，并不比穿越乐昌峡直奔韶关更为艰苦，"西京古道"之雏形上溯到六朝成为可能。韶关地区由浈、武二江及其支流构成比较发达的水网，容易掩盖陆路交通的真实状况。南宋隆兴二年（1164年），"本路诸司言，本州诸县不通水道，欲就曲江县管下洲头置乳源县，便于催科，水道可通州城，诏从之"[6]，可见水道畅通与否，确需具体而论。

另一方面，流民南迁使得"占山护泽"的情况愈演愈烈。东晋南朝政府为缓解流民迁入的压力，缓和无序状态下"占山护泽"滋生出的尖锐社会矛盾，实际上大都采取了开放山林川泽的土地政策[7]。对于亟需安居谋生的北方流民而言，可以比较合法的垦荒无疑至关重要。泽桥山和乳源其他地区六朝墓葬的涌现，亦可能是在上述背景下乳源开发、人口聚集的产物，其中的主角，仍然是流民。

四　侯公渡与侯安都——泽桥山六朝墓葬族属考

泽桥山墓地所在的侯公渡镇因渡口而得名，"侯公渡，昔民私建，以为度者也"[8]。侯公渡始于何时，其名从何而来无载。

巧合的是，陈朝大将侯安都出自始兴曲江，其与侯公渡的来源和泽桥山六朝墓葬亦可能有关。"侯安都字成师，始兴曲江人也。世为郡著姓。父文捍，少仕州郡，以忠谨称，……安都……兼善骑射，为邑里雄豪"。陈文帝天嘉四年（563年），侯安都因"侵暴"、"纵诞"，"于西省赐死，时年四十四。寻有诏，宥其妻子家口，葬以士礼，丧事所须，务加资给"[9]。陈寅恪先生考证"侯安都颇有俚族的嫌疑"。同时，长沙临湘欧阳颁一族疑"本自始兴迁来。……欧阳氏疑

1）曾昭璇等主编：《广东自然地理》第二章四（四）"河谷发育史"，广东人民出版社，2001年。

2）郦道元：《水经注》（谭属春等点校本）卷三十八《溱水》，岳麓书社，1995年。

3）有关"西京路"、"西京古道"和韩愈的记载，见《（康熙二年）乳源县志》（1984年重刻本）卷之四《建置志》、卷之六《祠祀志》、卷之十二《艺文志下》和《（康熙二十六年）乳源县志》（1983年重刻本）卷之四《礼教志》。

4）屈大均：《广东新语》卷三《山语·腊岭》，中华书局，1985年。"以昌乐泷险恶"疑为"以乐昌泷险恶"之误。

5）《（康熙二年）乳源县志》（1984年重刻本）、《（康熙二十六年）乳源县志》（1983年重刻本）和屈大均的《广东新语》（中华书局，1985年）在西京古道和韩愈入粤的叙述中，概因年代久远，多加"相传"、"或"等语，可见其述留有余地。乳源发现的六朝墓除泽桥山外，桂头镇亦有不少。其他已报道者详见附录二《广东六朝墓葬历史背景考略》。

6）《（光绪）韶州府志》卷二《郡县沿革表》。

7）相关论述，参看许辉等《六朝经济史》（江苏古籍出版社，1993年）第二章第三节"占山护泽"。

8）《（康熙二年）乳源县志》（1984年重刻本）卷之十一《艺文志上·侯公渡记》。

9）《陈书》卷八《侯安都传》。

出俚族或溪族"[1]。俚族作为六朝时期分布于粤北最主要的少数民族,成为粤北六朝墓葬族属考证必须考虑的对象[2]。

始兴俚族,频见史籍。宋元嘉初,始兴太守徐豁"表陈三事,其一曰:'……且十三岁儿,未堪田作,……既遏接蛮、俚,去就益易'……其三曰'中宿县俚民课银……,又俚民皆巢居鸟语,不闲货易之宜……,山俚愚怯,不辨自申,官所课甚轻,民以所输为剧'"[3]。在大批北人逾岭而下侨居始兴的流民浪潮中,俚族势力并未衰退,"愚怯"也渐成往事。齐明帝时,范云"复出为始兴内史。郡多豪猾大姓,二千石有不善者,谋共杀害,不则逐去之。边带蛮俚,尤多盗贼,前内史皆以兵刃自卫"[4],始兴郡的"豪猾大姓"和"盗贼",断少不了俚族的影子。南朝后期,俚族豪强侯安都家族"世为郡著姓",陈霸先虽然感叹"始兴郡顷无良守,岭上民颇不安"[5],但面对"群凶竞起,郡邑岩穴之长,村屯坞壁之豪,资剽掠以致强,恣陵侮而为大"[6]之势,却不得不依靠侯安都、欧阳颁等少数民族势力,获取改朝换代的政治筹码,俚族势力的高涨,也达到了空前的地步。

不过,俚乃"南蛮"的一支,六朝始兴郡民族状况概述为"南蛮杂类,与华人错居"[7]才切中肯綮。始兴郡的"华"人除世居的汉人或曰"侨旧"和流徙而来的流民或曰"新民"外,亦可能包括少量"归附"后已经汉化的"蛮族"。从前述泽桥山六朝墓与流民的紧密关系及相关墓葬形制和随葬品特征看,包括泽桥山在内的粤北六朝墓葬和广东其他地方的六朝墓葬一样,绝大多数墓主族属仍为"华"[8]。侯安都虽为俚族,死后却被"葬以士礼",据此推测,一些少数民族亦可能遵丧葬制度之规,从华人的丧葬习俗。由于这部分墓葬的族属特征不明显或者完全丧失,故只能视之为"华"。

---

1)《陈寅恪魏晋南北朝史讲演录》(万绳楠整理)第十二篇《梁陈时期士族的没落与南方蛮族的兴起》,黄山书社,1987年。有关欧阳颁的记载,见《陈书》卷九《欧阳颁传》。

2)关于广东六朝时期的民族构成和民族关系,详见附录二《广东六朝墓葬历史背景考略》。

3)《宋书》卷九十二《良吏传》。

4)《梁书》卷十三《范云传》。

5)《梁书》卷四十一《萧介传》。

6)《陈书》卷三十五《熊昙朗等传》。

7)《隋书》卷八十二《南蛮传》。

8)广东六朝墓葬墓主族属详见附录二《广东六朝墓葬历史背景考略》。

表六　　　　　　　　　　　　　　　　六朝隋唐墓葬分期分布统计表

时代	区、类	分类统计 凸单	长单	双合	三合	I区 凸单	长单	双合	三合	II区 凸单	长单	双合	三合	III区 长单	双合
东晋晚期	墓数	3	5	3		2	3	1		1	2	2			
	分类比例	100	100	100		66.7	60	33.3		33.3	40	66.7			
	小计/比例	11/100				6/54.5				5/45.5					
	分布比例	墓数/各区墓数				13.6				25					
东晋末南朝初	墓数	1	2				1			1	1				
	分类比例	100	100				50			100	50				
	分区小计	3/100				1/33.3				2/66.7					
	分区比例	墓数/各区墓数				2.3				10					
南朝早期	墓数	1	14	7		1	8	7			1			5	
	分类比例	100	100	100		100	57.1	100			7.1			35.7	
	小计/比例	22/100				16/72.7				1/4.5				5/22.7	
	分布比例	墓数/各区墓数				36.4				5				55.6	
南朝晚期	墓数		8	4			5	4			1			2	
	分类比例		100	100			62.5	100			12.5			25	
	小计/比例	12/100				9/75				1/8.3				2/16.7	
	分布比例	墓数/各区墓数				20.5				5				22.2	
六朝其他	墓数		4	3			3	2				1		1	
	分类比例		100	100			75	66.7				33.3		25	
	小计/比例	7/100				5/71.4				1/14.3				1/14.3	
	分区比例	墓数/各区墓数													
隋	墓数	3	1	1				1		2			1	1	
	分类比例	100	100	100				100		66.7			100	33.3	
	小计/比例	5/100				1/20				3/60				1/20	
	分布比例	墓数/各区墓数				2.3				15				11.1	
初唐	墓数			3	1			3	1						
	分类比例			100	100			100	100						
	小计/比例	4/100				4/100									
	分布比例	墓数/各区墓数				9.1									
盛唐中唐	墓数		11	2			6	1			4	1		1	
	分类比例		100	100			54.5	50			36.4	50		9.1	
	小计/比例	13/100				7/55.8				5/38.5				1/7.7	
	分布比例	墓数/各区墓数				15.9				25				11.1	
晚唐	墓数		3								3				
	分类比例		100								100				
	小计/比例	3/100								3/100					
	分布比例	墓数/各区墓数								15					
隋唐其他	墓数		3	1			1					1		2	
	分类比例		100	100			33.3					100		66.7	
	小计/比例	4/100				1/25				1/25				2/50	
	分布比例	墓数/各区墓数													

说明：

1）除IIM20墓形残外，本表统计六朝隋唐砖室墓共84座。

2）分布比例中各区墓数不包括六朝其他墓和隋唐其他墓，只计时代明确的73座，其中I区44座，II区20座，III区9座。

表七 六朝隋唐墓葬分期特征表

时代			东晋晚期		东晋末南朝初		南朝早期		南朝晚期		隋代		初唐		盛唐至中唐		晚唐	
总数			11		3		22		12		5		4		13		3	
I区数（比例）			6(54.5)		1(33.3)		16(72.7)		9(75)		1(20)		4(100)		7(53.8)		0	
II区数（比例）			5(45.5)		2(66.7)		1(4.5)		1(8.3)		3(60)		0		5(38.5)		3(100)	
III区数（比例）			0		0		5(22.7)		2(16.7)		1(20)		0		1(7.7)		0	
项目			墓数	比例	墓数	比例	墓数	比例	墓数	比例	墓数	比例	墓数	比例	墓数	比例	墓数	比例
墓向(°)	I区	0~45													1	14.3		
		45~90							1	11.1	1	100			1	14.3		
		90~135	4	66.7			12	75	7	77.8			4	100				
		135~180	2	33.3	1	100	3	18.8	1	11.1					2	28.6		
		180~225													1	14.3		
		225~270					1	6.3							2	28.6		
	II区	45~90													1	20		
		90~135	3	60	1	50			1	100	2	66.7			3	60	2	66.7
		135~180	2	40	1	50	1	100										
		180~225													1	20		
		225~270															1	33.3
		315~360									1	33.3						
	III区	135~180					2	40										
		180~225					1	20										
		225~270							2	100	1	100			1	100		
		270~315					2	40										
墓室形状	单室	凸字形	3	27.3	1	33.3	1	4.5										
		长方形	5	45.6	2	66.7	14	63.6	8	66.7	3	60			11	84.6	3	100
	合葬	双室	3	27.3			7	31.8	4	33.3	1	20	3	75	2	15.4		
		三室									1	20	1	25				
墓底		人字形	11	100	3	100	22	100	8	66.7					1	8.3		
		两纵两横							4	33.3	5	100	4	100	11	91.7	2	66.7
		其他															1	33.3
		残													1			
墓室长度(m)	单室	2~3			2	66.7									3	42.9		
		3~4	4	50			4	30.8	5	83.3	2	66.7			4	57.1	3	100
		4~5	3	37.5			8	61.5										
		5~6	1	12.5	1	33.3	1	7.7			1	33.3						
		6~7							1	16.7								
		残					2		2						4			
	合葬	2~3							1	25								
		3~4	1	33.3											2	100		
		4~5	2	66.7			6	85.7	2	50	1	50						
		5~6					1	14.3	1	25	1	50	3	75				
		6~7											1	25				

续表七

时代			东晋晚期		东晋末南朝初		南朝早期		南朝晚期		隋代		初唐		盛唐至中唐		晚唐	
总数			11		3		22		12		5		4		13		3	
I区数（比例）			6(54.5)		1(33.3)		16(72.7)		9(75)		1(20)		4(100)		7(53.8)		0	
II区数（比例）			5(45.5)		2(66.7)		1(4.5)		1(8.3)		3(60)		0		5(38.5)		3(100)	
III区数（比例）			0		0		5(22.7)		2(16.7)		1(20)		0		1(7.7)		0	
项目			墓数	比例	墓数	比例	墓数	比例	墓数	比例	墓数	比例	墓数	比例	墓数	比例	墓数	比例
墓室长宽比	凸单	小于3	2	100														
		3~4			1	100	1	100										
	长单	小于3					2	16.7	2	33.3								
		3~4	4	80	2	100	5	41.7	2	33.3	1	50			6	100	3	100
		大于4	1	20			5	41.7	2	33.3	1	50						
	长合	3~4			2	66.7	1	14.3	1	25					2	100		
		大于4			1	33.3	6	85.7	3	75	2	100	4	100				
	残		1				2		2		1				5			
附属设施	壁龛		1	9.1			4	18.2	1	8.3					2	15.4		
	砖托		5	45.5	1	33.3	7	31.8	3	25	2	40	4	100	6	46.2	2	66.7
	承券重券		4	36.4	1	33.3	6	27.3	1	8.3					2	50		
	排水设施		1	9.1			4	18.2	1	8.3	1	20	4	100	1	7.7		
	砖柱						1	4.5										
	护砖						1	4.5			1	20						
	立砖								1	8.3					6	46.2	3	100
	台阶								1	8.3	2	40	4	100	1	7.7		
	直棂窗										1	20	4	100				
	天井										1	20			3	75		
	垫砖														2	15.4		
墓室关系	相通		2	100							2	100	4	100				
	不通						7	100	4	100					2	100		
	残		1															
长方形砖常见长度（cm）	25														1	7.7		
	26														3	23.1		
	27														4	30.8	1	33.3
	28		2	18.2			1	4.5	1	8.3					4	30.8	2	66.7
	29		2	18.2	1	33.3	1	4.5	1	8.3	1	20						
	30		5	45.5	2	66.7	11	50	6	50					3	23.1		
	31		3	27.3			5	22.7	6	50	2	40						
	32		1	9.1			5	22.7	2	16.7	2	40	2	50				
	33						1	4.5			1	20	1	25				
	34						1	4.5					2	50				

说明：

1）本表统计墓葬总数为73座，无随葬品亦无纪年砖的六朝墓7座、隋唐墓5座，宋明及残墓14座未涉及。

2）墓室长度皆不包括墓道、墓圹，双室墓长度不一者，计长者。

3）墓室长度有多种尺寸者，皆做统计，故本栏统计数目之和可能大于实际墓葬数目；墓砖尺寸精确到厘米。

4）比例计算因项目不同各有差异，分别说明如下：墓向，分期并分区计算；墓室形状、墓底、附属设施、长方形砖常见长度均为分期计算；墓室长度、墓室长宽比分期分类（长度分单室与双、三室合葬两类，长宽比分凸字形单室、长方形单室和合葬墓三类）计算，合葬墓长宽比只计单个墓室；墓室关系在合葬中分期计算。

5）墓数统计有残缺者，计算比例时皆除外。

6）墓向中90~135度为主要区间，凡墓向等于90或135度者皆记入此区间。

7）表八、表九计算数据引自本表。

表八　　　　　　　　　　　　　　　　六朝隋唐墓葬墓向分布概率表

分区	墓向(°)	东晋晚期	东晋末南朝初	南朝早期	南朝晚期	六朝小计	隋代	初唐	盛唐至中唐	晚唐	隋唐小计	合计
I区	0~45								14.3		14.3	14.3
	大期概率								100		100	
	总概率								100			100
	45~90				11.1	11.1	100		14.3		114.3	125.4
	大期概率				100	100	87.5		12.5		100	
	总概率				8.9		79.7		11.4			100
	90~135	66.7		75	77.8	219.5		100			100	319.5
	大期概率	30.4		34.2	35.4	100		100			100	
	总概率	20.9		23.5	24.4			31.3				100.1
	135~180	33.3	100	18.8	11.1	163.2			28.6		28.6	191.8
	大期概率	20.4	61.3	11.5	6.8	100			100		100	
	总概率	17.4	52.1	9.8	5.8				14.9			100
	180~225								14.3		14.3	14.3
	大期概率								100		100	
	总概率								100			100
	225~270			6.3		6.3			28.6		28.6	34.9
	大期概率			100		100			100		100	
	总概率			18.1					81.9			100
II区	45~90								20		20	20
	大期概率								100		100	
	总概率								100			100
	90~135	60	50		100	210	66.7		60	66.7	193.4	403.4
	大期概率	28.6	23.8		47.6	100	34.5		31	34.5	100	
	总概率	14.9	12.4		24.8		16.5		14.9	16.5		100
	135~180	40	50	100		190						190
	大期概率	21.1	26.3	52.6		100						
	总概率	21.1	26.3	52.6								100
	180~225								20		20	20
	大期概率								100		100	
	总概率								100			100
	225~270									33.3	33.3	33.3
	大期概率									100	100	
	总概率									100		100
	315~360					33.3					33.3	33.3
	大期概率					100					100	
	总概率					100						100
III区	135~180			40		40						40
	大期概率			100		100						
	总概率			100								100
	180~225			20		20						20
	大期概率			100		100						
	总概率			100								100
	225~270				100	100	100		100		200	300
	大期概率				100		50		50			
	总概率				33.3		33.3		33.3			
	270~315			40		40						40
	大期概率			100		100						
	总概率			100								100

表九　　　　　　　　　　　　　　　　六朝隋唐墓葬特征概率表

项目			东晋晚期	东晋末南朝初	南朝早期	南朝晚期	六朝小计	隋代	初唐	盛唐至中唐	晚唐	隋唐小计	合计
墓室形状	单室	凸字形	27.3	33.3	4.5		65.1						65.1
		大期概率	41.9	51.2	6.9		100						
		总概率	41.9	51.2	6.9								100
		长方形	45.6	66.7	63.6	66.7	242.6	60		84.6	100	244.6	487.2
		大期概率	18.8	27.5	26.2	27.5	100	24.5		34.6	40.9	100	
		总概率	9.4	13.7	13.1	13.7		12.3		17.4	20.5		100.1
	合葬	双室	27.3		31.8	33.3	92.4	20	75	15.4		110.4	202.8
		大期概率	29.5		34.4	36	99.9	18.1	67.9	13.9		99.9	
		总概率	13.5		15.7	16.4		9.9	37	7.6			100.1
		三室						20	25			45	45
		大期概率						44.4	55.6			100	
		总概率						44.4	55.6				100
墓底		人字形	100	100	100	66.7	366.7			8.3		8.3	375
		大期概率	27.3	27.3	27.3	18.2	100.1			100		100	
		总概率	26.7	26.7	26.7	17.8				2.2			100.1
		两纵两横				33.3	33.3	100	100	91.7	66.7	358.4	391.7
		大期概率				100	100	27.9	27.9	25.6	18.6	100	
		总概率				8.5		25.5	25.5	23.4	17		99.9
		其他									33.3	33.3	33.3
		大期概率									100	100	
		总概率									100		100
墓室长度	单室	2~3m		66.7			66.7			42.9		42.9	109.6
		大期概率		100			100			100		100	
		总概率		60.9						39.1			100
		3~4m	50		30.8	83.3	164.1	66.7		57.1	100	223.8	387.9
		大期概率	30.5		18.8	50.8	100.1	29.8		25.5	44.7	100	
		总概率	12.9		7.9	21.5		17.2		14.7	25.8		100
		4~5m	37.5		61.5		99						99
		大期概率	37.9		62.1		100						
		总概率	37.9		62.1								100
		5~6m	12.5	33.3	7.7		53.5	33.3				33.3	86.8
		大期概率	23.4	62.2	14.4		100	100				100	
		总概率	14.4	38.4	8.9			38.4					100.1
		6~7m				16.7	16.7						16.7
		大期概率				100	100						
		总概率				100							100
	合葬	2~3m				25	25						25
		大期概率				100	100						
		总概率				100							100
		3~4m	33.3				33.3			100		100	133.3
		大期概率	100				100			100		100	
		总概率	25							75			100
		4~5m	66.7		85.7	50	202.4	50				50	252.4
		大期概率	33		42.3	24.7	100	100				100	
		总概率	26.4		34	19.8		19.8					100
		5~6m			14.3	25	39.3	50	75			125	164.3
		大期概率			36.4	63.6	100	40	60				

续表九

		项目	东晋晚期	东晋末南朝初	南朝早期	南朝晚期	六朝小计	隋代	初唐	盛唐至中唐	晚唐	隋唐小计	合计
墓室长度	合葬	总概率			8.7	15.2		30.4	45.6				99.9
		6~7m							25			25	25
		大期概率							100			100	
		总概率							100				100
墓室长宽比	凸字形单室	小于3	100				100						100
		大期概率	100										
		总概率	100										100
		3~4		100	100		200						200
		大期概率		50	50		100						
		总概率		50	50								100
	长方形单室	小于3			16.7	33.3	50						50
		大期概率			33.4	66.6	100						
		总概率			33.4	66.6							100
		3~4	80	100	41.7	33.3	255	50		100	100	250	505
		大期概率	31.4	39.2	16.4	13.1	100.1	20		40	40	100	
		总概率	15.8	19.8	8.3	6.6		9.9		19.8	19.8		100
		大于4	20		41.7	33.3	95	50				50	145
		大期概率	21.1		43.9	35.1	100.1	100				100	
		总概率	13.8		28.8	23	34.5						100.1
	长方形合葬	3~4	66.7		14.3	25	106			100		100	206
		大期概率	62.9		13.5	23.6	100			100		100	
		总概率	32.4		6.9	12.1				48.5			99.9
		大于4	33.3		85.7	75	194	100	100			200	394
		大期概率	17.2		44.2	38.7	100.1	50	50			100	
		总概率	8.5		21.8	19		25.4	25.4				100.1
附属设施		壁龛	9.1		18.2	8.3	35.6			15.4		15.4	51
		大期概率	25.6		51.1	23.3	100			100		100	
		总概率	17.8		35.7	16.3				30.2			100
		砖托	45.5	33.3	31.8	25	135.6	40	100	46.2	66.7	252.9	388.5
		大期概率	33.6	24.6	23.5	18.4	100.1	15.8	39.5	18.4	26.4	100.1	
		总概率	11.7	8.6	8.2	6.4		10.3	25.7	11.9	17.2		100
		承券重券	36.4	33.3	27.3	8.3	105.3		50			50	155.3
		大期概率	34.6	31.6	25.9	7.8	99.9		100			100	
		总概率	23.4	21.4	17.6	5.3			32.2				99.9
		排水设施	9.1		18.2	8.3	35.6	20	100	7.7		127.7	163.3
		大期概率	25.6		51.1	23.3	100	15.7	78.3	6		100	
		总概率	5.6		11.1	5.1		12.2	61.2	4.7			99.9
		砖柱			4.5		4.5						4.5
		大期概率			100		100						
		总概率			100								100
		护砖			4.5		4.5	20				20	24.5
		大期概率			100		100	100				100	
		总概率			18.4			81.6					100
		立砖			8.3		8.3			46.2	100	146.2	154.5
		大期概率			100		100			31.6	68.4	100	
		总概率			5.4					29.9	64.7		100
		台阶			8.3		8.3	40	100	7.7		147.7	156
		大期概率			100		100	27.1	67.7	5.2		100	

续表九

	项目	东晋晚期	东晋末南朝初	南朝早期	南朝晚期	六朝小计	隋代	初唐	盛唐至中唐	晚唐	隋唐小计	合计
附属设施	总概率				5.3		25.6	64.1	4.9			99.9
	直棂窗						20	100			120	120
	大期概率						16.7	83.3			100	
	总概率						16.7	83.3				100
	天井						20	75			95	95
	大期概率						21.1	78.9			100	
	总概率						21.1	78.9				100
	垫砖								15.4		15.4	15.4
	大期概率								100		100	
	总概率								100			100
墓室关系	相通	100				100	100	100			200	300
	大期概率	100				100	50	50			100	
	总概率	33.3					33.3	33.3				99.9
	不通			100	100	200			100		100	300
	大期概率			50	50	100			100		100	
	总概率			33.3	33.3				33.3			99.9
长方形砖常见长度(cm)	25								7.7		7.7	7.7
	大期概率								100		100	
	总概率								100			100
	26								23.1		23.1	23.1
	大期概率								100		100	
	总概率								100			100
	27								30.8	33.3	64.1	64.1
	大期概率								48	52	100	
	总概率								48	52		100
	28	18.2		4.5	8.3	31			30.8	66.7	97.5	128.5
	大期概率	58.7		14.5	26.8	100			31.6	68.4	100	
	总概率	14.2		3.5	6.5				24	51.9		100.1
	29	18.2	33.3	4.5	8.3	64.3	20				20	84.3
	大期概率	28.3	51.8	7	12.9	100	100				100	
	总概率	21.6	39.5	5.3	9.8		23.7					99.9
	30	45.5	66.7	50	50	212.2			23.1		23.1	235.3
	大期概率	21.4	31.4	23.6	23.6	100			100		100	
	总概率	19.3	28.3	21.2	21.2				9.8			99.8
	31	27.3		22.7	50	100	40				40	140
	大期概率	27.3		22.7	50	100	100				100	
	总概率	19.5		16.2	35.7		28.6					100
	32	9.1		22.7	16.7	48.5	40	50			90	138.5
	大期概率	18.8		46.8	34.4	100	44.4	55.6			100	
	总概率	6.6		16.4	12.1		28.9	36.1				100.1
	33			4.5		4.5	20	25			45	49.5
	大期概率			100		100	44.4	55.6			100	
	总概率			9.1			40.4	50.5				100
	34			4.5		4.5	50				50	54.5
	大期概率			100		100	100				100	
	总概率			8.3			91.7					100

说明：表八、表九的"大期概率"皆指按六朝和隋唐两个大的时期分别计算出的概率。

附

泽桥山北宋墓

本次发掘的北宋墓葬有Ⅰ M33 和Ⅰ M36 两座，皆长方形竖穴土坑墓，未见葬具、尸骨。

1．Ⅰ M33

1）墓葬概况

主要位于Ⅰ T4024 西侧偏北，打破Ⅰ M29。长 5.82、宽、残深 1.77 米。方向 106°。东端设宽 0.48、高 1.29 米的土台；中、西部墓底用褐黄色土填平，厚 0.60 米。壁直底平。（图一）

平面位置基本与Ⅰ M29 重合并位于其上方。发掘情况显示，Ⅰ M33 的土台下方即Ⅰ M29封门，Ⅰ M33 墓底堆填的褐黄色土正好覆盖Ⅰ M29 垮塌的券顶。据此我们推测在挖建Ⅰ M33时，其下方的Ⅰ M29 已部分坍塌，唯封门保存状况较好，为避开突起的封门，Ⅰ M33 向西位移而成其东端的土台。

随葬品俱成碎片，原始位置无考，经甄别至少有瓷四耳罐 1 件、瓷碗 11 件、瓷盘 2 件和铜钱 7 枚。其中 5 件瓷碗仅存残片，已无法复原，铜钱皆存残痕。

2）出土器物

四耳罐　1 件。Ⅰ M33：014，灰胎，酱褐釉。尖唇，卷沿，束颈，溜肩，斜直腹，平底。颈、肩饰弦纹，瓦棱状腹。附耳的做法是先捏泥条圆环，再将圆环的一半压扁与罐肩相连。底部有四个支烧点。口径 8、底径 8.2、高 13.8 厘米（图一；彩版一一五，1）。

碗　11 件。可复原 6 件。

高圈足碗　4 件。Ⅰ M33：07，灰白胎，青白釉。尖圆唇，深腹略弧，内底微凹。外腹釉下饰弦纹。口径 15、底径 5.5、高 7.6 厘米（图一；彩版一一六，1）。Ⅰ M33：08，灰白胎，青白釉。圆唇略外翻，足壁刻细弦纹，余同Ⅰ M33：07。口径 14.8、底径 5.6、高 7.6 厘米（图一；彩版一一六，2）。Ⅰ M33：09，灰白胎，青白釉。圆唇，敞口，深腹略弧。口径 14.4、底径5.8、高 7.2 厘米（图一；彩版一一六，3）。Ⅰ M33：010，灰白胎，青白釉。圆唇，敞口，斜直腹。口径 10.2、底径 3.5、高 4.9 厘米（图一；彩版一一六，4）。

五出葵口高圈足碗　1 件。Ⅰ M33：01，灰白胎，青白釉。圆唇外翻，敞口，深直腹。内壁出筋。口径 13.6、底径 5.5、高 8 厘米（图一；彩版一一六，5）。

六出葵口高圈足碗　1 件。Ⅰ M33：02，灰白胎，青白釉。尖唇，敞口，深弧腹。内壁出筋。口径 12.4、底径 5、高 7.6 厘米（图一；彩版一一六，6）。

盘　2 件。Ⅰ M33：012，灰白胎，青白釉。尖唇，敞口，斜弧浅腹，圈足。外腹釉下刻菊瓣纹。口径 18、底径 7、高 4 厘米（图一；彩版一一五，2）。Ⅰ M33：013，灰白胎，青白釉。尖圆唇，余同Ⅰ M33：012。口径 18.4、底径 7、高 4 厘米（图一〇〇；彩版一一五，3）。

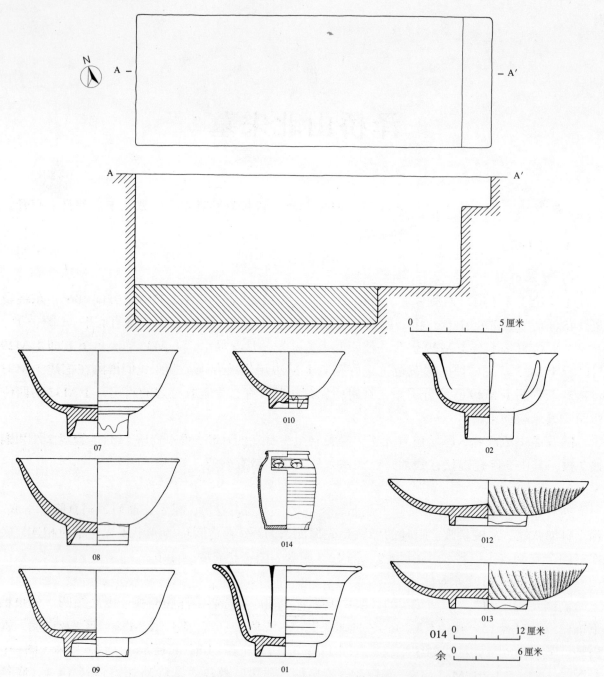

图一　ⅠM33平、剖面图及其出土青釉高圈足碗，豆青釉高圈足碗、盘和酱褐釉四耳罐
01、02. 青釉五出葵口高圈足碗　07~010. 豆青釉高圈足碗　012、013. 豆青釉盘　014. 酱褐釉四耳罐

2．ⅠM36

1）墓葬概况

主要位于ⅠT4124东北角，打破ⅠM31。长3.75、宽1.26、残深0.34米。方向102°。保存状况较差，壁直底平。（图二）

随葬品多成碎片，位置散乱（彩版一一七，1），经比对至少有瓷罐2件、瓷碗14件和瓷盆2件，其中1件六耳罐和6件碗可以复原。

2）出土器物

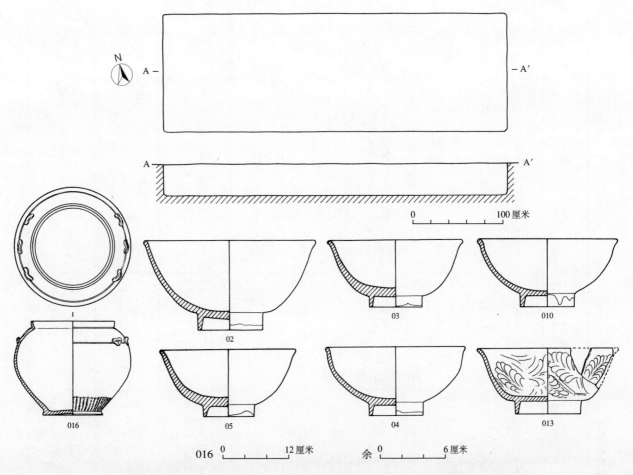

图二　Ⅰ M36 平、剖面图及其出土青釉高圈足碗、六耳罐和青白釉高圈足碗
02~05、013. 青釉高圈足碗　010. 青白釉高圈足碗　016. 青釉六耳罐

　　六耳罐　1件。Ⅰ M36：016，灰胎，釉脱落。方圆唇，略呈盘口，溜肩，上腹鼓，下腹斜直内收，平底略凹，底外放。耳两组相对附于肩部，做法与Ⅰ M33：014同。耳间饰弦纹，下腹刻细条纹。口径14.4、底径10.8、高16.8厘米（图二；彩版一一七，2）。

　　碗　14件。6件可复原。皆高圈足碗。Ⅰ M36：05，灰白胎，青白釉泛黄。圆唇，敞口，深直腹。口径11.8、底径4.6、高6厘米（图二；彩版一一八，4）。Ⅰ M36：02，灰白胎，青釉泛黄。器形似Ⅰ M36：05。口径15.2、底径5.9、高8厘米（图二；彩版一一八，1）。Ⅰ M36：03，灰白胎，青白釉泛黄。器形似Ⅰ M36：05。口径11.9、底径4.8、高6厘米（图二；彩版一一八，2）。Ⅰ M36：04，灰白胎，青白釉泛黄。圆唇，略呈弇口，斜弧腹。口径12.6、底径4.9、高6.1厘米（图二；彩版一一八，3）。Ⅰ M36：010，灰白胎，青白釉。圆唇外翻，敞口，斜弧腹。口径12.5、底径4.9、高6.1厘米（图二；彩版一一八，5）。Ⅰ M36：013，灰白胎，青白釉泛黄。圆唇外翻，敞口，斜直腹。内外壁釉下印花。口径12.8、底径6、高5.9厘米（图二；彩版一一八，6）。

　　上述墓葬出土的四、六耳罐，与韶关曲江白土北宋窑出土的四、六耳罐相同；高圈足碗、葵口高圈足碗和盘的胎釉特征和器物造型，均与典型的北宋时期器物相同，故这两座墓葬的时代当为北宋。

附表

墓葬登记表

墓号	规格：长×宽-高 (cm)	方向	形状	结构					附属设施	其他	墓砖		随葬品	时代纪年
				组成	墓底	墓顶	墓门	墓壁			规格 (cm)	纹饰文字		
I M1	总432×200；单432× 94-119、432×106-119	105°	长双合葬	双室	人字形	单券	双门宽，错缝平铺叠砌	错缝平铺叠切	壁龛	两室不通、封门重券	长30×15-5，刀30×15-5-4	"大吉羊道"	碗III7，特殊碗1（采），碟A1（采），滑石猪1	南朝早期
I M2	总450×216；单450× 106-115、450×110-115	110°	长双合葬	双室	人字形	单券	三门宽，平铺	错缝平铺叠砌	壁龛	两室不通、封门重券	长30/31× 15/16-5，刀 30/31×15/16-5-4	菱格纹，叶脉纹	碗III1（采），IV1（采），碟A1	南朝早期
I M3	总576×212；单576× 106-134、576×106-134	90°	长双合葬	双室	两纵两横	单券	三门宽，平铺	错缝平铺叠切	砖托	两室不通、封门重券	长30/31× 15/16-5，刀 30/31×15/16-5-4	菱格纹，叶脉纹，"大吉"	四（六）耳罐AIV3，碗V2，钵形碗I2，碟B2，滑石猪2	南朝晚期
I M4	总448×192；单448× 106-106、343×86-79	110°	长双合葬	双室	人字形	单券	双门宽，错缝平铺叠砌	错缝平铺叠切	壁龛	墓室一长一短，不通。	长30×15-5，刀30×15-5-3	叶脉纹，菱格纹	碗IV6	南朝晚期
I M5	446×186-172	101°	凸单	甬道墓室	人字形	单券	三门，错缝平铺叠砌	错缝平铺叠砌	壁龛、承券	甬道三重券	长31×16-5，刀30×15-5-4	叶脉纹	碗III1（采）	东晋晚期
I M6	总596×266；单596× 133-160、596×133-160	116°	长双合葬	双室	两纵两横	单券	双门宽，错缝平铺叠砌	错缝平铺叠砌	天井、台阶、通门、直棂窗、砖托、排水口？	封门重券	长32×17-5，刀32×17-5-4		宽耳罐I1，四耳梭腹罐1，假圈足碗1，盆1	初唐
I M7	总434×218；单434× 109-116、434×109-114	120°	长双合葬	双室	人字形	单券	双门，错缝平铺叠砌	错缝平铺叠砌	砖托	两室不通	长31×15-5，刀30×15-5-4		四耳罐AIII2（采），IV3，特殊碗1（采），碗III7（采），陶四耳罐2	南朝早期
I M8	总580×266；单580× 133-153、580×133-157	113°	长双合葬	双室	两纵两横	单券	双门宽，错缝平铺叠砌	错缝平铺叠砌	天井、台阶、通门、直棂窗、砖托、排水孔		长34×16-5，刀34×16-5-3	叶脉纹，车轮形纹，"□□王十"	宽耳罐I1，钵形碗II7，残罐1	初唐

续附表

墓号	规格：长×宽-高 (cm)	方向	结构								墓砖		随葬品	时代纪年
			形状	组成	墓底	墓顶	墓门	墓壁	附属设施	其他	规格 (cm)	纹饰文字		
I M9	总450×214；单450×108-111、450×106-111	123°	长双合葬	双室	人字形	单券	双门宽，错缝平铺叠砌	错缝平铺叠砌		两室不通	长30×15-5、刀30×15-5-4		四耳罐BaII1（采），碗III（采），III5（采），盆1，砚台1，陶盆1（采），滑石猪1	南朝早期
I M10	总597×260；单597×131-159、597×129-159	113°	长双合葬	双室	两纵两横	单券	双门宽，平铺叠砌	错缝平铺叠砌	天井、合阶、通门、直棂窗、砖托、排水沟、排水孔		长33×15/16-5、刀33×15/16-5-4	菱格纹、叶脉纹、"吉+车轮形纹"	宽耳罐2，钵形碗II9（采1），残瓷器8（采）	初唐
I M11	总442×212；单442×106-120、442×106-116	108°	长双合葬	双室	两纵两横	单券	双门宽，错缝平铺叠砌	错缝平铺叠砌	合阶、排水沟	两室不通	长31×15-5、刀30×15-5-4	叶脉纹	碗IV2、II（混）、III1	南朝晚期
I M12	458（残）×164-128（残）	110°	凸单	甬道墓室	人字形	单券	残缺	错缝平铺叠砌		墓室前部为双层券顶			四耳罐AII1（采）、BaI4（采）、碗I5（采2）、II（采），残罐2	东晋晚期
I M13	475×130-130	150°	长单	单室	人字形	单券	双门宽，错缝平铺叠砌	错缝平铺叠砌	承券、砖托		长32×15-5、刀32×15-5-3	叶脉纹	碗III1	南朝早期
I M14	392×90-92	153°	长单	单室	人字形	单券	双门，平铺叠砌	错缝平铺叠砌	砖托		长32/31×15/14-4/5、刀32/31×15/14-4/5-3	叶脉纹	四耳罐AI1、Bb1、碗II9（采2）	东晋晚期
I M15	355×94-100	163°	长单	单室	人字形	单券	双门宽，错缝平铺叠砌	错缝平铺叠砌	圭形通门		长30×15-4、刀30×15-4-2		无	东晋晚期？
I M16	总432×206；单432×99-114、432×107-114	149°	长双合葬	双室	人字形	单券	双门宽，平铺叠砌	错缝平铺叠砌		封门重券，砖印"泰元十八年十月□□□十日"	长28/29×14-4、刀28/29×14-4/5-3	叶脉纹、直棂条纹、纪年砖	四耳罐AI3（采），AII1（采），碗I2（采）、II2（采）	东晋晚期泰元十八年

续附表

墓号	规格：长×宽·高 (cm)	方向	结构								墓砖		随葬品	时代纪年
			形状	组成	墓底	墓顶	墓门	墓壁	附属设施	其他	规格 (cm)	纹饰文字		
I M17	总429×200；单429× 92-96、429×108-115	153°	长双合葬	双室	人字形	单券	双门	错缝平铺叠砌	砖托、假直棂窗、加券？	两室一大一小，不通	长30×15-5、刀30×15-3-2		无	南朝早期？
I M18	总648×402；单648× 132-160、648×134-182、648×136-158	115°	长三合葬	三室	两纵两横	单券	双门宽，错缝平铺叠砌	错缝平铺叠砌	台阶、通门、直棂窗托、排水孔	封门重券	长34/32× 16/15-5、刀34×16-6-4	叶脉纹	六耳梭腹罐2、大敞口碗III、钵形碗III、残碗1（采），盆1、残罐2（采）、残罐1（泥），铜钱1（采）	初唐
I M19	214（残）×102-68（残）	139°	长单	单室	两纵两横	单券	残缺	错缝平铺叠砌			长27×13-4.5、刀27×13-4.5-3	叶脉纹	盘1、银手镯2	盛唐至中唐
I M20	398×140-42（残）	171°	长单	单室	人字形	残缺	单门宽，错缝平铺叠砌	错缝平铺叠砌			长32/31× 15/14-5	叶脉纹	四耳罐AII1、Bb1、碗II1、III5	南朝早期
I M21	328×116-120	135°	长单	单室	人字形	单券	双门，错缝平铺叠砌	错缝平铺叠砌			长30×15-5、刀30×15-5-3	叶脉纹	碗IV1	南朝晚期
I M22	总522×274；单522× 137-156、522×137-156	102°	长双合葬	双室	人字形	单券	双门，错缝平铺叠砌	错缝平铺叠砌	壁龛	封门和墓室后壁重券，两室不通	长32×16-5、刀32×16-5-3		四耳罐AIII3（采1）、AIV1（采），BaII2、碗III6（采4）、盆2（采）、残碗1（采）	南朝早期
I M23	总480×210；单480× 105-128、480×105-128	123°	长双合葬	双室	人字形	单券	双门宽，错缝平铺叠砌	错缝平铺叠砌	承券、砖托、排水沟	封门、墓后部重券，两室不通	长31×15-4.5、刀31×15-4.5-3	叶脉纹、"大吉羊道"	碗III1（采），滑石猪2	南朝早期
I M24	242×90-50（残）	105°	长单	单室	单横	残缺	单门，错缝平铺叠砌	错缝平铺叠砌			长25×12-5		无	明代

续附表

墓号	规格：长×宽·高 (cm)	方向	形状	结构							墓砖		随葬品	时代纪年
				组成	墓底	墓顶	墓门	墓壁	附属设施	其他	规格 (cm)	纹饰文字		
Ⅰ M25	220×78-48（残）	160°	长单	单室	?	残缺	单门错缝平铺叠砌	错缝平铺叠砌			长25×13-5		无	明代
Ⅰ M26	残缺													
Ⅰ M27	404×104-109（残）	106°	长单	单室	人字形	单券	双门宽，平铺叠砌	错缝平铺叠砌			长33/34×16-5，刀33/34×16-5-4	叶脉纹	碗III2（采1）	南朝早期
Ⅰ M28	396×108-110	105°	长单	单室	人字形	单券	双门，错缝平铺叠砌	错缝平铺叠砌	砖托		长30.5×15-5，刀30.5×15-5-3	叶脉纹	碗III1（采），III2（采1）	南朝早期
Ⅰ M29	632×220-176（残）	110°	长单	单室	人字形	单券	双门？	错缝平铺叠砌			长29/30×14-5，刀29/30×14-5-4	叶脉纹，"大吉羊口"	碗III1（采），IV2（采），碟B2（采），残碗4（采），残瓷器1（采），残陶器1（采）	南朝晚期
Ⅰ M30	562×182-146（残）	116°	凸字形	甬道墓室	人字形	单券	双门宽，错缝平铺叠砌	错缝平铺叠砌	承券、砖柱		长30×15-5	叶脉纹，"大吉羊口"	四耳罐AIII4（采2），碗III4（采2），砚台1，残砚碗1（采），滑石猪2	南朝早期
Ⅰ M31	总600×326：单600×163-？，600×163-？	125°	长双合葬	双室	残缺	残缺	残缺	残缺			残缺		无	不详
Ⅰ M32	390×106-99	120°	长单	单室	人字形	单券	双门，错缝平铺叠砌	错缝平铺叠砌	砖托		长30×14-4，刀30×14-4-3	叶脉纹	无	南朝早期？
Ⅰ M33	582×210-177(残)	106°	长方形竖穴土坑	单室	残缺	残缺	残缺	残缺			残缺		碗11、四耳罐1、盘2、铜钱7	北宋
Ⅰ M34	320（残）×?-15（残）	160°	长单	单室	残缺	残缺	残缺	残缺			长30×15-5		宽耳罐II1	盛唐至中唐

续附表

墓号	规格：长×宽×高（cm）	方向	形状	结构					附属设施	其他	墓砖		随葬品	时代纪年
				组成	墓底	墓顶	墓门	墓壁			规格（cm）	纹饰文字		
I M35	残缺													
I M36	375×126-34(残)	102°	长方形竖穴土坑										碗14、盆2、罐2	北宋
I M37	277×84-69（残）	215°	长单	单室	两纵两横	单券	双门，错缝平铺叠砌	错缝平铺叠砌	砖托		长25×12-4，刀25×12-4-3	叶脉纹	大敞口碗II1、盘1	盛唐至中唐
I M38	总436×212；单436×（残）、436×106-25（残）、106-15（残）	160°	长双合葬	双室	人字形	残缺	残缺	错缝平铺叠砌	排水沟	两室不通	长30×15-5	"大吉羊道""元嘉十年八月一日"	无	南朝早期元嘉十年
I M39	374×129-114	253°	长单	单室	人字形	单券	双门，错缝平铺叠砌	错缝平铺叠砌		加券门	长29×14-4.5，刀29×14-4.5-3	叶脉纹、网格纹、"大明三年十月"	四耳罐AIII1、AIV1、碗III3、IV1、碟A4	南朝早期大明三年
I M40	总470×218；单470×110-143、470×108-143	77°	长双合葬	双室	人字形	单券	双门宽，错缝平铺叠砌	错缝平铺叠砌		两室不通封门重券	长30/32×15-5，刀30/32×15-5-4	叶脉纹	无	南朝早期？
I M41	350×92-48(残)	71°	长单	单室	人字形	残缺	单门宽，错缝平铺叠砌	错缝平铺叠砌			长30×15-5		四（六）耳罐AIV3（采），碗III2（采）、IV2（采），碟A7（采）	南朝晚期
I M42	总550×228；单550×114-114、550×114-114	78°	长双合葬	双室	两纵两横	单券	双门宽，错缝平铺叠砌	错缝平铺叠砌	天井、台阶、砖托		长32/33×16-5，刀32/33×16-5-3/4	车轮形纹、叶脉纹	钵形碗II2、滑石猪1、铜钱1	隋代
I M43	总402（残）×97；墓室356×91-79	5°	长单	墓道墓扩墓室	两纵两横	单券	三门，错缝平铺叠砌	错缝平铺叠砌	墓道、台阶		长26×13-3，刀26×13-3-1.5		大敞口碗II1	盛唐至中唐

续附表

墓号	规格：长×宽·高 (cm)	方向	形状	结构							墓砖		随葬品	时代纪年
				组成	墓底	墓顶	墓门	墓壁	附属设施	其他	规格 (cm)	纹饰文字		
I M44	377×101-84(残)	251°	长单	单室	两纵两横斜铺	单券	双门、错缝平铺叠砌	错缝平铺叠砌			长31.5×16.5-4.5, 刀31.5×16.5-4.5-2	叶脉纹	无	隋至初唐?
I M45	总336×202; 单326×100-93, 336×102-68(残)	266°	长双合葬	双室	两纵两横	单券	双门	错缝平铺叠砌	砖托、立砖、垫砖	两室不通	长28×14-3.5, 刀28×14-3.5-2		宽耳罐II4, 大敞口碗I6, 盘2	盛唐至中唐
I M46	312×104-80	266°	长单	单室	两纵两横	单券	残缺	错缝平铺叠砌	砖托		长28×14-4, 刀28×14-4-2		大敞口碗I2	盛唐至中唐
I M47	总294×160; 单294×80-73(残), 294×80-73(残)	110°	长双合葬	双室	两纵两横	单券	单门	错缝平铺叠砌		两室不通	长31/32×15-5, 刀31/32×15-5-3/4	叶脉纹	四耳罐AIV1(采), 碗IV1(采), 碟A2(采), B1(采), 陶罐1(采)	南朝晚期
I M48	285(残)×88-83	76°	长单	单室	两纵两横	单券	残缺	错缝平铺叠砌	壁龛、立砖		长27×13-4, 刀27×13-4-3	叶脉纹	宽耳罐III1(采), 大敞口碗I2(采), 盘1	盛唐至中唐
I M49	326×100-?	90°	长单	单室	残缺	残缺	残缺	残缺			残缺		无	不详
I M50	386×104-110	110°	长单	单室	人字形	单券	双门宽、错缝平铺叠砌	错缝平铺叠砌	砖托		长30×15-5, 刀30×15-5-3	叶脉纹	四耳罐AII1(采), 碗II2(采)	东晋晚期
I M51	444×100-107	109°	长单	单室	人字形	单券	双门错缝平铺叠砌	错缝平铺叠砌			长30×15-5, 刀30×15-5-3	"元嘉九年八月十日"纪年砖, 叶脉纹	四耳罐AII1, AIII1, 碗II2, III6, 盆1, 陶四耳罐1	南朝早期元嘉九年
I M52	388×102-120	112°	长单	单室	人字形	单券	双门、错缝平铺叠砌	错缝平铺叠砌			长29×15-5, 刀29×15-5-3	叶脉纹	四耳罐AI2, AII1, 碗II8, 托盏1, 银钗1, 银手镯2, 金指环1, 指环1, 绿松石珠饰1	东晋晚期

续附表

墓号	规格：长×宽-高(cm)	方向	结构								墓砖		随葬品	时代纪年
			形状	组成	墓底	墓顶	墓门	墓壁	附属设施	其他	规格(cm)	纹饰文字		
I M53	250×80-85	140°	长单	单室	人字形	单券	双门宽，错缝平铺叠砌	错缝平铺叠砌			长29×15-5，刀门29×15-5-3	"□年□月十三日"	碗II2、III2、盖钵1	东晋末南朝初
I M54	176×64-55（残）	107°	长单	单室	一横一纵	残缺	单门，错缝平铺叠砌	错缝平铺叠砌			长30×15-5	叶脉纹	无	六朝？
I M55	357×73-85	129°	长单	单室	人字形	单券	双门宽，错缝平铺叠砌	错缝平铺叠砌	砖托		长30/31×15-4/5，刀30/31×15-4/5-3	叶脉纹	四耳罐AIV1、碗IV8、钵形碗II1、滑石猪1	南朝晚期
I M56	442×106-120	135°	长单	单室	人字形	单券	三门宽，错缝平铺叠砌	错缝平铺叠砌	壁龛		长30×15-5，刀30×15-5-3	"元嘉十年"	四耳罐AII1、AIII1、BaII1、碗II2、III6、滑石猪2	南朝早期元嘉十年
I M57	408×98-120	122°	长单	单室	人字形	单券	双门宽，错缝平铺叠砌	错缝平铺叠砌			长32×15.5-5，刀32×15.5-5-3	叶脉纹	四耳罐AIV3、碗IV4、钵形碗III10、滑石猪2、铁剪刀1、木狮子1	南朝早期
I M58	392×95-118	168°	长单	单室	人字形	单券	双门宽	错缝平铺叠砌	砖托		长31×15-5，刀31×15-5-4	叶脉纹	四耳罐AIV3、碟B3、碗II1、滑石猪2、银指环2	南朝晚期
II M1	总415×240；单415×125-30（残）、415×115-30（残）	106°	长双合葬	双室	人字形	残缺	双门	错缝平铺叠砌		残、两室通否不详	长31×15-5，刀30×15-5-4		四耳罐AI6（采3）、AII2（采）、碗I2（采）、II9（采）、陶釜1（采）、滑石猪2（采）	东晋晚期
II M2	总756（残）×220；墓室570×200-190	103°	凸单	墓道墓室扩甬道前后室	人字形	单券	五门平铺	错缝平铺叠砌	墓道、承券、砖托、排水沟	甬道四重券、墓室后部中、各一重券	长30×15-5，刀30×15-5-3		陶釜1、滑石猪1	东晋晚期泰和三年

续附表

墓号	规格：长×宽·高 (cm)	方向	形状	结构							墓砖		随葬品	时代纪年
				组成	墓底	墓顶	墓门	墓壁	附属设施	其他	规格 (cm)	纹饰文字		
ⅡM3	420×116-117	104°	长单	单室	人字形	单券	双门宽错缝平铺叠砌	错缝平铺叠砌	砖托		长30×15-5, 刀30×15-5-3		四耳罐AI1, BaII2, C1, 碗II10, 陶罐1, 铜镜1, 铜饰1, 铁剪刀1	东晋晚期
ⅡM4	总436×184; 单436×101-110, 343×83-92	90°	长双合葬	双室	人字形	单券	双门错缝平铺叠砌	错缝平铺叠砌		两室不通, 墓室一长一短	长30×15-5, 刀30×15-5-3		无	南朝晚期？
ⅡM5	总549×220; 单549×111-128, 549×109-128	85°	长双合葬	双室	两纵两横	单券	双门平铺叠砌	错缝平铺叠砌	台阶, 通门, 排水孔		长31×15.5-4.5, 刀31×15.5-4	叶脉纹	无	隋至初唐？
ⅡM6	392×99-120	101°	长单	单室	人字形	单券	单门宽错缝平铺叠砌	错缝平铺叠砌	立砖		长31×15-5, 刀31×15-5-3	叶脉纹, 菱格纹	碗IV2, 钵形碗I2（采）, 滑石猪2	南朝晚期
ⅡM7	326×92-93	93°	长单	单室	两纵两横	单券	双门宽错缝平铺叠砌	错缝平铺叠砌	砖托		长31×15/16-4, 刀31×15/16-4-3		钵形碗II1, 滑石猪2	隋代
ⅡM8	440×110-?	97°	长单	单室	残缺	残缺	残缺	残缺			残缺		无	不详
ⅡM9	296×89-80（残）	220°	长单	单室	两纵两横	单券	双门, 平错缝铺叠砌	错缝平铺叠砌	砖托, 立砖		长28/27×14/13-4, 刀28/27×14/13-4-3		宽耳罐II2, 大敞口碗I3	盛唐至中唐
ⅡM10	总326×192; 单326×96-62（残）, 326×96-62（残）	114°	长双合葬	双室	两纵两横	单券	单门, 错缝平铺叠砌	错缝平铺叠砌		两室不通	长26/27×13-4, 刀26/27×13-4-3		宽耳罐II3, 大敞口碗I5, 盘1	盛唐至中唐

续附表

| 墓号 | 规格：长×宽、高 (cm) | 方向 | 结构 | | | | | | | | 墓砖 | | 随葬品 | 时代纪年 |
			形状	组成	墓底	墓顶	墓门	墓壁	附属设施	其他	规格 (cm)	纹饰文字		
ⅡM11	总640（残）×386；单 492×116-146、492×116-150、492×112-132	340°	长三合葬	墓道墓扩三墓室	两纵两横	单券	双门，平铺叠砌	错缝平铺叠砌	墓道、台阶、直棂窗、通门、排水沟		长32×16-6, 刀32×16-6-3/4		碗VI6（采），滑石猪5（采），银指环4（采）	隋代
ⅡM12	586×130-157	95°	长单	单室	两纵两横	单券	双门宽，平铺叠砌	错缝平铺叠砌	护砖		长31×16-5, 刀31×16-5-4		碗VII1	隋代
ⅡM13	总405（残）×102；墓室293×90-58（残）	95°	长单	墓道墓扩墓室	两纵两横	残缺	双门，平铺叠砌	错缝平铺叠砌	立砖		长26×13-4		宽耳罐II2、大敞口碗II2、盘2	盛唐至中唐
ⅡM14	580×180-172	110°	凸单	甬道墓室	人字形	单券	双门，错缝平铺叠砌	错缝平铺叠砌	砖托、承券	与甬道连接处有三重券	长30×15-5, 刀30×15-5-3		四耳罐AI1、Ba1、Bb1、碗I2、II7、III4、铁剪刀1、铁镜1、陶盅1	东晋末南朝初
ⅡM15	总396×209；单396×105-115、396×104-115	156°	长双合葬	双室	人字形	单券	双门宽，错缝平铺叠砌	错缝平铺叠砌	砖托、拱形通门	墓室前部重券	长30×15-5, 刀30×15-5-3		四耳罐AI2、AII2、碗I2、II14、钵1、滑石猪2	东晋晚期
ⅡM16	315×85-73	123°	长单	单室	单斜	单券	双门，错缝平铺叠砌	错缝平铺叠砌	立砖		长28×14-4, 刀28×14-4-3		四耳梭腹罐2、大敞口碗II3	晚唐
ⅡM17	334×108-89	120°	长单	单室	两纵两横	单券	双门，错缝平铺叠砌	错缝平铺叠砌	砖托、立砖		长28×14-4, 刀28×14-4-3		罐2、罐盖2、大敞口碗III1、灯盏1、铜钱1	晚唐
ⅡM18	总494（残）×118；墓室407×96-107	157°	长单	墓道墓扩墓室	人字形	单券	双门宽，错缝平铺叠砌	错缝平铺叠砌	砖托、排水沟、护砖		长28×14-4, 刀28×14-4-3		四耳罐AIII2、碗III3、莲瓣碗1、滑石猪2、铁器1、铜镜1	南朝早期

续附表

墓号	规格：长×宽-高 (cm)	方向	形状	结构							墓砖		随葬品	时代纪年
				组成	墓底	墓顶	墓门	墓壁	附属设施	其他	规格 (cm)	纹饰文字		
ⅡM19	314×86-45（残）	160°	长单	单室	人字形	残缺	双门宽，错缝平铺叠砌	错缝平铺叠砌			长28×14-5		四耳罐AI2、碗Ⅱ6（采1）	东晋晚期
ⅡM20	209（残）×50（残）-22（残）	130°	不详	不详	两纵两横	残缺	残缺	错缝叠砌	立砖		长27×13-7		无	盛唐至中唐？
ⅡM21	314×96-94	114°	长单	单室	人字形	单券	双门，错缝平铺叠砌	错缝平铺叠砌	砖托、立砖、垫砖		长30×15-5，刀30×15-5-3		宽耳罐Ⅱ2、大敞口碗I4、铜钱1（"开元通宝"6枚）	盛唐开元通宝
ⅡM22	285×83-105	158°	长单	单室	人字形	单券	双门宽，错缝平铺叠砌	错缝平铺叠砌			长30×15-5，刀30×15-5-3		四耳罐AⅡ1、Bb1、碗Ⅱ7、Ⅱ2	东晋末南朝初
ⅡM23	312×103-94	251°	长单	单室	两纵两横	单券	双门，错缝平铺叠砌	错缝平铺叠砌	砖托、立砖		长27×13.5-4，刀27×13.5-4-2		大敞口碗Ⅱ3、盘2	晚唐
ⅡM24	总304（残）×113；墓室300（残）×105-70（残）	57°	长单	墓扩墓室	两纵两横	残缺	残缺	错缝平铺叠砌	砖托		长30×15-5		宽耳罐I1（采）、Ⅱ1（采）、大敞口碗I2	盛唐至中唐
ⅢM1	281（残）×95-84（残）	259°	长单	单室	两纵两横	单券	残缺	错缝平铺叠砌			长32×15-5，刀32×15-5-3	叶脉纹	碗Ⅴ1、滑石猪2	南朝晚期
ⅢM2	360×109-110	271°	长单	单室	人字形	单券	双门宽，错缝平铺叠砌	错缝平铺叠砌			长32×15-5，刀32×15-5-3		四耳罐AⅢ2、BaⅡ1、碗Ⅲ6、铁剪刀1	南朝早期

续附表

墓号	规格：长×宽-高(cm)	方向	形状	结构					附属设施	其他	墓砖		随葬品	时代纪年
				组成	墓底	墓顶	墓门	墓壁			规格(cm)	纹饰文字		
ⅢM3	53（残）×98-60（残）	250°	长单	单室	人字形	残缺	双门宽，错缝平铺叠砌	错缝平铺叠砌			长28×14-5，刀28×14-5-3		碗Ⅳ1	南朝晚期
ⅢM4	总84（残）×306；单84（残）×102-48（残）、82（残）、102-30（残）、60（残）×102-30（残）	215°	长三合葬	三室	单横	残缺	单门，错缝平铺叠砌？	错缝平铺叠砌		墓底边槽	长28×14-6		无	明代
ⅢM5	总540×300；单540×100-?、540×100-?、540×100-?	225°	长三合葬	三室	残缺	残缺	残缺	残缺			残缺		无	不详
ⅢM6	146（残）×98-25（残）	257°	长单	单室	人字形	残缺	残缺	错缝平铺叠砌			长30×15-5	叶脉纹	无	南朝晚期？
ⅢM7	390×110-?	283°	长单	单室	残缺	单券	残缺	残缺			残缺		无	不详
ⅢM8	350（残）×145-144	278°	长单	单室	人字形	残缺	残缺	错缝平铺叠砌	砖托		长30×15-5，刀30×15-5-3	叶脉纹	四耳罐AⅢ1、BaⅡ2、Bb1，碗Ⅲ3，滑石猪1，托盘4	南朝早期
ⅢM9	总350×210；单350×105-?、350×105-?	198°	长双双葬	双室	残缺	残缺	残缺	残缺			残缺		无	不详
ⅢM10	总287×240；单287×120-120、287×120-116	201°	长双双葬	双室	一横一纵	重券	双门，平错缝叠砌？	错缝平铺叠砌	壁龛。两室不通，墓底边槽	上层券平砖，下层券立砖。	长27×14-7，刀27×14-7-4		无	明代
ⅢM11	428×100-44（残）	157°	长单	单室	人字形	残缺	单门，错缝平铺叠砌	错缝平铺叠砌	排水沟		长30×15-5	"元嘉年八月十日"纪年砖	碗Ⅲ1	南朝早期元嘉

续附表

墓号	规格:长×宽-高(cm)	方向	形状	组成	墓底	墓顶	墓门	墓壁	附属设施	其他	墓砖规格(cm)	墓砖纹饰文字	随葬品	时代纪年
ⅢM12	52(残)×100-40(残)	176°	长单	单室	人字形	残缺	残缺	错缝平铺叠砌			长30×14-5		碗Ⅲ2	南朝早期
ⅢM13	412×105-116	182°	长单	单室	人字形	单券	双门宽,错缝平铺叠砌	错缝平铺叠砌	砖托		长30×15-5, 刀30×15-5-3		四耳罐AⅢ2, 碗Ⅲ3, 盆1, 滑石猪2	南朝早期
ⅢM14	304×94-93	253°	长单	单室	两纵两横斜铺	单券	单门错缝平铺叠砌	错缝平铺叠砌	壁龛、立砖、排水沟		长28×14-4, 刀28×14-4-3		宽耳罐Ⅱ1, 大敞口碗Ⅲ3, 碗Ⅵ2, 铜镜1, 残铜器1	盛唐至中唐
ⅢM15	117(残)×66-49(残)	180°	长单	单室	两纵两横斜铺	单券	残缺	错缝平铺叠砌			长28×14-4, 刀28×14-4-3	叶脉纹	无	盛唐至中唐?
ⅢM16	182(残)×92-92(残)	193°	长单	单室	两纵两横	单券	残缺	错缝平铺叠砌	壁龛		长26×13-4, 刀26×13-4-2	叶脉纹	无	盛唐至中唐?
ⅢM17	314(残)×96-56(残)	250°	长单	单室	两纵两横	残缺	残缺	错缝平铺叠砌			长29×14-5		六耳罐AⅤ1, 碗Ⅶ2, 大敞口碗Ⅶ2, 残盂1, 青铜豆1, 铜镶斗1, 铜匜1, 铁剪刀1	隋代

说明:
1) 规格栏:"总"指总尺寸,包括墓扩及墓道;"单"指分室尺寸;以面对封门的方向先登记左室,后中室、右室;墓室因高度不一而区分为前、后室者,高度一般登记后室;尺寸无法复原者标注"残";凡结构、墓砖完全残缺段,亦无随葬品出土者,墓砖形制及年代任无从考辨,皆在此栏登记为残缺。

2) 形状全结构栏:长方形双室合葬,记为"长双室合葬";长方形单室,认为"长单";凸字形单室,记为"凸单",两侧干侧壁相等者记为"双门",其余类推。

3) 墓门结构栏:封门厚度与侧壁厚度相等者记为"单门"。

4) 墓底结构栏:登记墓底砖铺形。

5) 墓砖规格栏:"长"指长方形砖,"刀"指刀形砖,登记规格,以长-宽×厚,以长-厚登记;凡登记规格仅为常见规格,如常见规格有A×B-C与A'×B'-C'等两种,标如A/A'×B/B'-C/C';刀形砖厚度有两个尺寸,标如-C-C'

6) 随葬品栏:未注明质地者皆瓷器。器形无法复原者,注为"残"。器形可辨而多被盗墓器物,以"(采)"标明,这部分器物多被盗墓或盗墓者抛弃于墓室或盗洞中,故将其视为该墓随葬品的,以"采"标明,其他各项不详。

7) 墓号为斜体字者,其规格、方向和形状据残痕断断而出,其他各项不详。

乳源泽桥山六朝隋唐墓葬出土瓷片测试样品登记表

标本编号	项目	内容			
RZS1	墓号	2000RZIIM11	墓葬年代	隋	器物种类	碗	器物部位	口至腹部残片
	胎	灰黑色，有细小孔隙，质地坚硬，扣之有金属声，肉眼可见微白色砂粒
	釉	青绿色，玻化极好，开细小冰裂；虽保存较好，积釉处深色；薄釉	施釉部位	内满釉，外腹有明显积釉，积釉处釉层增厚，釉色成深绿色；薄釉，外釉不及下腹和底	取样时间	2004年9月2日
	制坯方法	轮制
	饰纹	内底釉下印花
RZT1	墓号	2000RZIM10	墓葬年代	初唐	器物种类	宽耳罐	器物部位	口沿残片
	胎	灰色、细腻，质地坚硬，扣之有金属声
	釉	青绿色泛黄，玻化极好，开冰裂；釉虽保存较好，但易剥落；施釉部位	内、外壁皆有流釉，积釉，积釉处色深绿；薄釉	取样时间	2004年9月2日
	制坯方法	轮制
	饰纹	无	其他	内壁似有泡点和针眼，可能过烧
RZJ1	墓号	2000RZIM12	墓葬年代	东晋晚期	器物种类	四耳罐	器物部位	腹部残片
	胎	灰色，极细腻，肉眼可见少量大、小不匀的孔隙和极少量可以反光的白色石英细砂，烧结极好，扣之有金属声
	釉	青绿色，玻化极好，开冰裂；胎釉结合一般，局部已成素胎；内外壁有明显流釉，流釉处釉层变厚，色呈深绿色；施釉较薄	施釉部位	内外皆施	取样时间	2000年11月28日
	制坯方法	轮制
	饰纹	未见
RZN1	墓号	2000RZIM9	墓葬年代	南朝早期	器物种类	?	器物部位	腹部残片
	胎	灰色，孔隙稍多，烧结好，质地坚硬，扣之有金属声
	釉	青绿色，玻化良好，开细小冰裂；胎釉结合程度一般，施釉薄而匀	施釉部位	内外皆施	取样时间	2000年11月28日
	制坯方法	轮制
	饰纹	未见
RZN2	墓号	2000RZIM21	墓葬年代	南朝晚期	器物种类	?	器物部位	腹部残片
	胎	灰色、细腻，烧结好，质地坚硬，扣之有金属声，有细小孔隙
	釉	青绿色泛黄，玻化好，开冰裂；胎釉结合程度一般，釉易剥落；施釉薄，勺	施釉部位	内外皆施	取样时间	2000年11月18日
	制坯方法	轮制
	饰纹	内壁有轮制旋痕
RZN3	墓号	2000RZIM30	墓葬年代	南朝早期	器物种类	四耳罐?	器物部位	腹部残片
	胎	灰色，孔隙较多，外壁局部和内壁全部已成素胎；胎釉结合程度不好，烧结好，扣之有金属声
	釉	青绿色，玻化极好，开冰裂；略有流釉，积釉处成绿色，勺	施釉部位	内外皆施	取样时间	2000年11月28日
	制坯方法	轮制
	饰纹	未见

说明：标本从无法复原的墓葬出土瓷片中采集。　　填表时间：2004年9月　　填表人：邓宏文

附录一

泽桥山六朝隋唐墓出土瓷片物理化学测试报告

杨兆禧　　吴绍祥　　魏然波

（华南理工大学化学科学学院）

　　2004年11月，广东省文物考古研究所委托华南理工大学化学科学学院对乳源泽桥山六朝隋唐墓葬出土的6个瓷片标本进行了理化测试。

　　按层位关系清楚，所属时代明确，不影响随葬器物的复原及随葬品组合的完整性，形状、大小、厚度符合测试要求等选样原则，标本分别从东晋晚、南朝早、南朝晚、隋和初唐等五个时期无法复原的墓葬出土瓷片中选取。因南朝早期墓葬数量较多，故选送标本2个，其余每期各1个，共计选送标本6个。标本编号（即测试报告中的"样号"）、出土位置（墓号）、时代、取样时间和胎釉特征等详见"乳源泽桥山六朝隋唐墓葬出土瓷片测试样品登记表"（见上页）。

　　测试内容包括标本的数码相片及外貌观察，物理性能（吸水率、显气孔率、体积密度、抗折强度、莫氏硬度），烧成温度和烧成气氛，胎、釉化学成分及坯式、釉式，显微结构等五个部分。

　　标本的选择、登记和测试内容的设计，由广东省文物考古研究所邓宏文负责。

　　广东古陶瓷考古学研究中尚有不少盲区和薄弱环节。迄今为止，广东并无确切的六朝时期瓷窑址发现，同期墓葬出土瓷器的产地问题一直悬而未决；广东六朝青瓷普遍具有胎色较深，胎釉结合不好，釉易剥落的特征，其原因则众说纷纭。凡此种种，皆因各时期尤其是历史时期陶瓷器理化测试数据稀缺而掣肘了研究的深入。泽桥山墓葬出土瓷片的物理化学测试，在丰富发掘材料提供的信息总量，更加科学、准确地把握泽桥山墓地各个时期代表性随葬瓷器品质的同时，亦使相关的科技考古学研究，开始成为可能。（编者）

一　前言

　　近来，在广东地区相继发现了各时期颇具规模的大型墓葬和遗址多处，出土了一大批古陶瓷，引起了考古学界和古陶瓷学者的极大兴趣[1]。为了深入研究广东地区的古陶瓷，我们对乳源泽桥山六朝隋唐墓葬出土瓷片进行了物理性能、化学成分、显微结构的测试分析[2]，期望对广东古陶瓷历史提供有意义的科学数据，现将测试结果报道如下。

二　实验内容与结果

（一）实验内容

实验内容由以下部分组成：

1. 样品外貌观察，包括外观颜色、质地、纹饰、烧成气氛等。

2. 物理性能测试，包括抗折强度、莫氏硬度、体积密度、吸水率、显气孔率、烧成温度等测试。

3. 化学成分分析，包括釉和坯的化学成分分析。

4. 显微结构分析，包括扫描电镜和能谱分析。

（二）外貌特征的观察

样品的外观照片见图版一一九、一二〇。样品外貌特征观察结果见表一。

表一　　　　　　　　　　　　　　　　　样品外貌观察

序　号	样　号	外　　观
1	RZN1	内外双面施青色釉。釉层光滑，很薄，有均匀细小龟裂纹。坯体厚约0.7cm，灰白色，断面密度中等，偶见气孔。
2	RZN2	内外双面施青黄色釉。釉层光滑较薄，较均匀，有均匀细小龟裂纹。内壁呈粗坑条纹状。坯体厚约0.4cm，灰白色，断面密度较细。
3	RZN3	外面施青色釉，内层未施釉。釉层光滑较薄，有均匀细小龟裂纹，釉层呈剥落状。坯体厚约0.5cm，灰白色，断面密度细。
4	RZT1	内外面青黄色釉。釉层光滑较薄，有均匀小龟裂纹，釉层呈剥落状。坯体厚约0.9cm，灰白色，断面密度中等，偶见条形气孔。
5	RZS1	内外面施青色釉，内面釉青色稍深。釉层光滑较薄，有均匀细小龟裂纹，釉层附着较好。坯体厚薄不匀，约0.3~0.9cm，断面呈灰褐色，断面密度细。
6	RZJ1	内外面施青黄色釉。釉层光滑较薄，施釉不匀，有流釉现象，并有明显龟裂纹，釉层呈剥落状。坯体厚约1.0cm，断面呈灰白色，粗糙，可见气孔。

（三）物理性能的测试

对六个古陶瓷样品进行了抗折强度、莫氏硬度、体积密度、吸水率、显气孔率、烧成温度等物理性能测试。结果见表二。

表二　　　　　　　　　　　　　样品的物理性能、烧成情况总表

序　号	样　号	莫氏硬度	抗折强度 (kg/cm^2)	吸水率 (%)	体积密度 (%)	气孔率 (%)	坯体烧成温度 (℃±30)	烧成气氛
1	RZN1	4	53.39	8.05	2.2	17.68	1030	氧化
2	RZN2	4	样品不合取样要求	11.48	1.99	22.85	1030	氧化
3	RZN3	4	43.03	11.72	2.05	24.01	1030	氧化
4	RZT1	4	59.63	10.26	1.98	20.33	1030	氧化
5	RZS1	5	43.18	6.22	2.21	13.73	1000	氧化
6	RZJ1	4	31.23	10.39	2.03	21.12	1000	氧化

（四）化学成分分析及坯式、釉式

坯体化学成分采用化学全分析方法，主要分析项目有 Si, Al, Fe, Ti, Ca, Mg, K, Na, IL（灼失）。分析结果见表三。

釉的成分采用 X 射线能谱法（EDAX），分析结果见表四。

坯式、釉式见表五, 表六。

表三　　　　　　　　　　　　　　　　坯体的化学成分

序号	样号	化学成分(%)									
		SiO_2	Al_2O_3	Fe_2O_3	TiO_2	CaO	MgO	K_2O	Na_2O	灼失	合计
1	RZN1	75.9	16.78	1.51	0.97	0.34	0.52	1.95	0.21	0.81	98.99
2	RZN2	75.46	17.52	1.47	1.07	0.42	0.47	1.62	0.12	0.94	99.09
3	RZN3	72.36	20.96	1.69	0.91	0.37	0.52	1.69	0.12	0.76	99.38
4	RZT1	76.95	16.68	1.49	1.14	0.37	0.47	1.19	0.1	0.93	99.32
5	RZS1	73.86	16.82	3.72	0.9	0.33	0.7	2.04	0.23	0.43	99.03
6	RZJ1	77.93	15.70	1.43	1.09	0.35	0.48	1.5	0.1	0.84	99.42

表四　　　　　　　　　　　　　　　　釉的化学成分

序号	样号	化学成分(%)							
		SiO_2	Al_2O_3	Fe_2O_3	TiO_2	CaO	MgO	K_2O	Na_2O
1	RZN1	58.11	13.5	4.94	1.21	18.37	1.29	2.54	0.05
2	RZN2	61.86	13.18	5.39	1.57	14.59	1.23	2.18	0
3	RZN3	57.49	11.66	2.24	0.95	21.64	2.29	3.74	0
4	RZT1	61.43	12.89	5.01	0.93	13.73	1.53	4.48	0
5	RZS1	59.34	11.64	2.77	0.86	21.33	2.48	1.59	0
6	RZJ1	58.57	12.49	4.08	1.17	20.42	1.65	1.62	0

表五 样品的坯式

序号	样号	坯式		
		R₂O+RO	R₂O₃	RO₂
1	RZN1	0.079Na₂O 0.481K₂O 0.141CaO 0.300MgO	3.821Al₂O₃ 0.219Fe₂O₃	29.334SiO₂ 0.282TiO₂
2	RZN2	0.051Na₂O 0.449K₂O 0.196CaO 0.305MgO	4.487Al₂O₃ 0.240Fe₂O₃	32.798SiO₂ 0.350TiO₂
3	RZN3	0.049Na₂O 0.456K₂O 0.168CaO 0.328MgO	5.219Al₂O₃ 0.268Fe₂O₃	30.578SiO₂ 0.289TiO₂
4	RZT1	0.050Na₂O 0.398K₂O 0.203CaO 0.359MgO	5.031Al₂O₃ 0.287Fe₂O₃	39.392SiO₂ 0.439TiO₂
5	RZS1	0.076Na₂O 0.445K₂O 0.121CaO 0.357MgO	3.392Al₂O₃ 0.478Fe₂O₃	25.278SiO₂ 0.232TiO₂
6	RZJ1	0.045Na₂O 0.446K₂O 0.175CaO 0.334MgO	4.313Al₂O₃ 0.250Fe₂O₃	36.336SiO₂ 0.382TiO₂

表六 样品的釉式

序号	样号	坯式		
		R₂O+RO	R₂O₃	RO₂
1	RZN1	0.002Na₂O 0.070K₂O 0.846CaO 0.083MgO	0.342Al₂O₃ 0.080Fe₂O₃	2.497SiO₂ 0.039TiO₂
2	RZN2	0.074K₂O 0.829CaO 0.097MgO	0.412Al₂O₃ 0.107Fe₂O₃	3.281SiO₂ 0.063TiO₂
3	RZN3	0.082K₂O 0.800CaO 0.118MgO	0.237Al₂O₃ 0.029Fe₂O₃	1.983SiO₂ 0.025TiO₂
4	RZT1	0.144K₂O 0.741CaO 0.115MgO	0.383Al₂O₃ 0.095Fe₂O₃	3.095SiO₂ 0.035TiO₂
5	RZS1	0.037K₂O 0.829CaO 0.134MgO	0.249Al₂O₃ 0.038Fe₂O₃	2.153SiO₂ 0.023TiO₂
6	RZJ1	0.041K₂O 0.862CaO 0.097MgO	0.290Al₂O₃ 0.060Fe₂O₃	2.309SiO₂ 0.035TiO₂

（五）显微结构分析

　　用电子显微镜直接对其中四个样品的釉表面、坯釉横断面用扫描电镜进行显微结构分析，另外对各个坯体的断面进行了显微结构分析。结果见图一、图二。

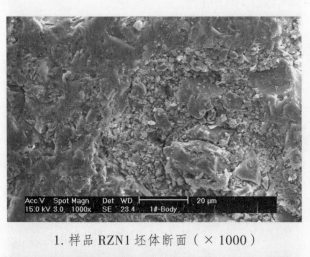

1. 样品 RZN1 坯体断面（×1000）

2. 样品 RZN2 坯体断面（×1000）

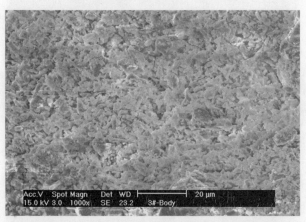

3. 样品 RZN3 坯体断面（×1000）

4. 样品 RZS1 坯体断面（×1000）

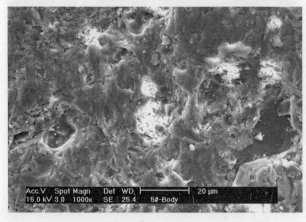

5. 样品 RZT1 坯体断面（×1000）

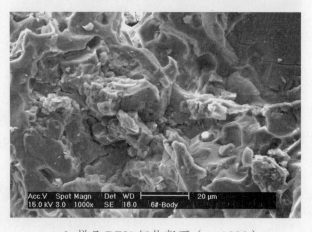

6. 样品 RZJ1 坯体断面（×1000）

图一　样品坯体断面显微照片

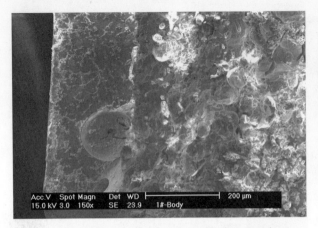

1. 样品 RZN1 坯体与釉层（×150）

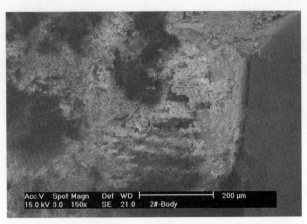

2. 样品 RZN2 坯体与釉层（×150）

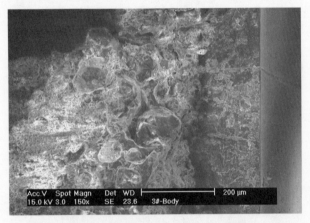

3. 样品 RZN3 坯体与釉层（×150）

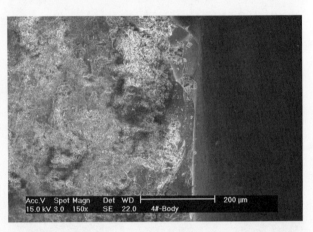

4. 样品 RZS1 坯体与釉层（×150）

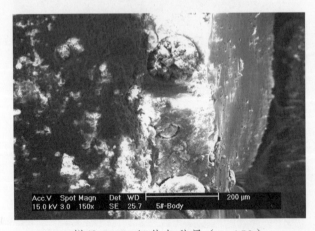

5. 样品 RZT1 坯体与釉层（×150）

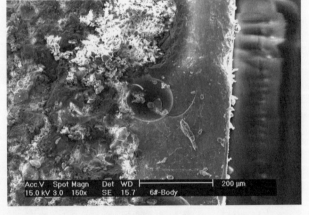

6. 样品 RZJ1 坯体与釉层（×150）

图二　样品坯体与釉层间显微照片

三　结果讨论

（一）外貌特征

大多数样品的内外层均上釉，只有样品 RZN3 内层无釉。釉色以青黄色为主。釉层幼细光滑，稍带乳浊光亮，普遍较薄，有均匀龟裂纹。釉层呈剥落状，易脱落，估计与样品长期受土壤、流水侵蚀有关。

大多数样品坯体断面呈灰白色，断面密度中等或较细，仅有RZS1样品断面呈灰褐色，断面致密。样品的原料加工较细，内壁呈粗坑条纹状和拉坯成型的加工方式有关。

（二）物理性能

1.各项物理性能的差别

六个样品的烧成温度1000～1030℃，抗折强度31.23～59.63（kg/cm^2），吸水率6.22～11.72%，气孔率13.73～24.01%，体积密度1.98～2.2（g/cm^3）。莫氏硬度除RZS1为5外，其余均为4。六个样品的烧成温度几近相同。样品吸水率较大，大于3%这一瓷器标准；坯体硬度为莫氏硬度4~5，属中等。

2.烧成气氛

主要通过坯体断口的颜色来判定。坯体断面多呈灰白色，所以样品烧成气氛以氧化气氛为主。坯体颜色通常由所含铁的量及烧成气氛决定：在还原气氛中烧成，铁以Fe^{2+}价显色，坯体颜色深；在氧化气氛中烧成，则铁以Fe^{3+}价显色，坯体颜色浅。但在铁含量高时，坯体颜色亦较深，如RZS1坯体颜色即呈灰褐色。

（三）化学成分

1.坯体的化学成分分析[2]

坯体中Al_2O_3的含量为15.70～20.96%，含量偏高；SiO_2的含量为72.36%～77.93%，坯体原料属多硅土质系统。

坯体中碱性氧化物较多，$R_2O+RO=0.8~1$，故坯体烧成温度较低。

2.釉的化学成分分析[3]

釉中CaO的含量均高于13%，釉式中分子数RO≥0.7~0.8，$K_2O+Na_2O=1.59~4.58%$，R_2O≤3%，属典型的石灰釉。我国古代瓷釉，最初都属石灰釉，唐、宋以后的熔剂转变为石灰－碱釉。石灰釉和石灰－碱釉并无严格界限，一般根据釉中CaO的含量高低及K、Na的氧化物R_2O≤3%与否来定。Fe_2O_3、TiO_2为显色剂，含量介于3~6%之间。此石灰釉在烧成后一般呈青黄色，Fe_2O_3含量少的则呈青色。

（四）显微结构特征

1.由图1可以看到坯体比较致密均匀，烧结程度较好。未见大颗粒原料和气孔。

2.从图2可以看坯釉间界面存在缝隙，坯釉间未形成明显的反应中间层。因而坯釉结合不牢固，在制样时相当困难，釉层容易剥落。RZN1、RZJ1样品釉面有明显气泡，是施釉不均匀所致。

四 结论

1.样品烧成温度1000～1030℃，抗折强度31.23～59.63（kg/cm2），吸水率6.22～11.72%，气孔率13.73～24.01%，体积密度1.98～2.2（g/cm3）；莫氏硬度为4（RZS1样品为5）。

2. 样品烧成气氛以氧化气氛为主。

3. 坯体中 Al_2O_3 的含量为 15.70～20.96%，Al_2O_3 含量偏高；SiO_2 的含量为 72.36%～77.93%，坯体原料属多硅土质系统。

4. 釉中 CaO 的含量均高于 13% 以上，釉式中分子数 RO ≥ 0.7~0.8，R2O ≤ 3%，属典型的石灰釉。Fe_2O_3、TiO_2 为显色剂，含量于 3~6% 之间。釉色一般呈青黄色。

5. 坯体的烧结程度较好，比较致密均匀。

6. 坯釉间未形成明显的反应中间层，坯釉结合不牢固，釉容易剥落。RZN1、RZJ1 样品釉面有明显气泡。

参考文献

1）广东文物考古研究所：《广东博罗银岗遗址发掘报告》，《文物》1998年7期，17～30页；邓宏文：《广东六朝墓葬出土瓷器研究》，《华夏考古》2000年3期，77～87页；杨兆禧、李双胜、杨兆雄、吴绍祥：《博罗梅花墩古陶瓷的工艺与显微结构》，《'99古陶瓷科学技术4国际讨论会论文集》（ISAC'99），上海科学技术文献出版社，1999年，23～28页。

2）胡强、胡继明：《现代分析仪器在考古学和文物鉴定上的应用》，《化学通报》1992年。

3）刘康时等：《陶瓷工艺原理》，华南理工大学出版社，1990年。

附录二

广东六朝墓葬历史背景考略

邓宏文

（广东省文物考古研究所）

第一节 墓葬概述

见诸报道的广东六朝墓葬超过200座，集中分布于广州和韶关（含始兴、曲江、乳源等）两地，亦分布于肇庆、英德、梅州、揭阳、和平、鹤山、四会、深圳、博罗等县市。这些墓葬的基本情况及其资料来源，详见附表一。另据笔者所知，六朝墓葬在阳江、云浮等地也有发现。本节论述，参看附表一、附表二（凡附表一资料来源部分中已引用的，皆不另加注释）。

广东六朝墓葬大多以数座到十余座的墓群形式出现，韶关的乳源和始兴更有规模达到数十座的大型墓地。由于与墓主身份直接相关的遗物发现较少，时代相同和相近墓葬间的关系多较模糊，如广州黄埔姬堂晋墓等具有家族墓地特征的发现就弥足珍贵。其实，仅从墓葬结构和墓葬分布上看，广东六朝墓地大多具有或多或少的家族墓地属性。因此，聚族而葬大概是广东六朝墓葬多以墓群形式出现的最主要原因，只不过多数情况下，这种"族"的规模偏小，大型墓地可能常常为多族共有，墓葬保存的不完整又支解了"族"的形式特征，使得其划分殊为不易。

纪年砖是广东六朝墓葬具体时代判定的依据。由于存在使用旧砖的情况及砖铭识读的不同，某些纪年墓的具体时代还有争议。纪年范围大致从西晋太熙元年（290年）至南齐永元元年（499年），常见西晋末、东晋和刘宋三朝的永嘉、咸康、永和、太和、元嘉等。

墓葬形制特征的归类统计显示，六朝时期基本非岭南广州管辖的始兴郡（始兴郡建置沿革情况详见报告正文），在墓葬形制方面也有着显著不同（附表二）。因此，墓葬形制的变化和不同，既纵向存在于不同的时间，又横向存在于不同的地区。忽略这种分区，横向的不同就无法体现，纵向的变化也会出现偏差。在填写附表一、附表二时，受出土和发表资料的限制，时代存疑的墓葬除极少部分笔者校改后进行归类统计外，皆从原作。为减少时代判断错误对墓葬特征的干扰，本文从墓葬特征的出现"概率"入手，孤例和概率差别不大者皆予忽略。

广东六朝墓葬有砖室、土坑和砖土混建三类，后两类极少。以下叙述除注明者，皆指砖室墓。

砖室墓分双室（或三室）合葬与单室墓两种，单室墓较多。单室墓确切的表述是"单个主室或单个棺室"。除"主室"外，单室墓中有的包括甬道（墓室最前端的通道，亦称羡道）、前室、过道（墓室各部分间的通道，亦称甬道）、耳室等一个或多个部分，这种墓内组成的不同常常表现在墓底正投影形状（除封门、墓壁及其以外部分，包括砖柱、承券等墓内设施）的差别上。本文以墓底正投影形状对单室墓进行区分，不同形状对应墓内组成的不同，以其他方式区分前后墓室（如墓底分级）但墓底正投影形状仍为长方形者则不单计，如"异形"者皆带耳室；"凸"和"刀"形者皆带甬道；"甲"形者带前室且前室较宽（前室呈方形或横长方形）等。据上述方法，单室墓中除较多的长方形和"凸"字形外，还有异形、"刀"字形、"甲"字形、"中"字形、"串"字形、"亚"字形等。合葬墓的每个墓室一般均为长方形。

以不含墓道的墓葬长度计，广东六朝墓葬最短者不到2米，最长者近10米，可分为小于4米的小型墓、介于4~6米的中型墓和大于6米的大型墓三种。单室墓中的大型墓一般为异形、"凸"字形等非长方形类，小型墓基本都呈长方形。

除"人"字形墓底外，墓底铺法有"双纵双横"、"一横一竖"、"错缝平铺"等多种。有的周边与中心、前室与后室、甬道与主室铺法不同（多数为"人"字形与其他铺法相结合）。有的墓底分级，主室（后室、棺室）较高。

绝大多数墓顶皆为券顶，但有券向不同（带耳室或横前室者）和券顶高低不一（多出现在带甬道者）的情况。此外，尚有一些叠涩顶和极少量的券顶与穹隆顶组合者。

常见附属设施有承券、砖柱、承柱、砖托、灯台（多位于后壁）、壁龛、祭台、窗（常见于合葬墓中壁）和排水设施等，此外，尚有菱角牙子和加券等。其中，承券指墓内局部紧贴墓壁加砌的一道或数道、一重或数重券，具有加固券顶、位于墓室中部者又具有形成券门、区分墓室的作用；有的承券起券部分较窄，其直壁部分即为券座。砖柱一般对称分布于墓室侧壁，少量砌于后壁，不及墓顶；及顶者为承柱；设砖柱者亦常置承券。砖托指墓壁中部向内伸出的砖，一般对称分布，上常置灯盏。祭台乃位于墓室前方或前室的矩形砖台，有的分级。加券结构与承券相似，但位于壁外。排水设施包括排水沟、排水管等。

其他情况，参看附表一说明。

始兴郡和广东其他地区的六朝墓葬具有以下不同：

单室墓墓形单调。除1座"亚"字形外，皆长方形或"凸"字形，排除墓形区分标准的不同，墓形种类未有效识别的情况，带耳室的异形墓仍难觅踪迹。

墓葬以中、小型为主，规模偏小。广东六朝时期的小型墓主要集中于此，大型墓则主要分布于广州、肇庆等地。

墓底铺"人"字形者较多，墓底两种铺法和墓底分级者较少。

不设祭台。

因此，可以将广东六朝墓葬相应划分为南北两区，南区为粤西—珠江三角洲—粤东区，包括广州、肇庆、云浮、阳江、深圳、河源、惠州、梅州等市；北区为粤北区，包括北江流域的韶关、清远两市。分区形成有两个明显的社会因素：其一，两区在六朝时期常属于不同的州，北区州治亦多遥居岭北，两区之间存在政治分水岭。广东在六朝时期的政治版图常态中包括三区，除上述两区外，粤西南的雷州半岛（今湛江市辖区）因未见六朝墓葬的报道，无墓葬分区的意义。其二，北区的武江、浈江和连江是逾岭北上和南下的交通要道，在南北交流频繁的时期，容易形成明显的区域特征。

南区墓葬规模较大，墓形多样，墓底铺法复杂，流行墓底分级和设置祭台。北区墓葬规模较小，墓形单调，墓底流行"人"字形铺法，墓底分级较少，不见祭台。

器物类型学体系的建立是墓葬分期的基础，也是重新研判个别时代存疑墓葬的依据。广东六朝墓葬出土器物以青瓷器为主，两晋和南朝典型器物形态差别显著。与东晋纪年墓和隋代纪年墓出土器物相互比较，南朝器物特征又有早晚之别。典型器物从两晋到南朝早期再到南朝晚期的演变规律，在南北两区均相同，因此两区墓葬皆可划分两晋和南朝早、晚三期。三期的细化和南朝早晚两期对应的具体时代，两区或有不同，譬如南区两晋墓葬出土器物区别虽不明显，但异形墓、穹隆顶等较早因素在东晋的衰退，显示南区晋墓分期可能性较大；北区两晋墓葬形制没有显著不同，西晋墓的确认，纪年铭文一般是唯一的依据。

南区墓葬形制的变化链条比较清楚，传承性较强。异形墓流行时代主要为两晋，南朝仅有孤例；三期之间，"凸"字形墓数量大致相当并略增（涨势未及南朝末），"人"字形墓底及包括"人"字形在内的组合形墓底铺法明显增多，墓底分级流行并渐盛，承券、砖柱和窗的设置日趋发达，壁龛、砖托（灯台）设置减少。

北区墓葬形制变化稍显迟钝和模糊。晋至陈末，"凸"字形墓数量减少，南朝晚期更基本成为长方形单室及合葬墓的天下；"人"字形墓底始终比较流行，但增长不明显；墓底分级一直较少；壁龛增多；承券、砖柱始终不甚流行。

南区耳室和北区甬道的消失，显示两区墓形均有简单化的趋势。

第二节　墓主族属的历史背景考略

墓主族属是墓主身份的组成部分。现据广东六朝时期民族构成和民族融合情况，对墓主族属划分的历史背景进行探讨。

一　广东六朝时期的民族构成

出自《隋书·南蛮传》的"南蛮杂类，与华人错居"，也是广东六朝时期民族状况的真实写照。南蛮"曰蜒、曰獽，曰俚、曰獠……古先所谓百越是也"[1]。六朝时期广东境内的"南蛮"有多支，所谓"广州诸山俚、獠，种类繁炽"[2]。结合今人的研究，这些"南蛮"大致包括俚、獠、溪等族，其中以"俚"族最是活跃，他们在广东主要分布于粤西至粤北山区[3]。

"华人"的情况比较复杂，这同六朝时期广义的人口流动——流民南迁、罪人流放和主动迁移有关。

流民的产生和大规模、长时间的人口流动，是两晋南北朝时期最值得关注的事件，达到了"不徙有事发生，徙则有大事发生"、"无一大事不与徙有关"[4]的地步。流民多因战乱而起，"自

---

1) 《隋书》卷八十二《南蛮传》。
2) 《宋书》卷九十七《夷蛮传》。
3) 《宋书》卷九十二《良吏传》载刘宋元嘉初始兴太守徐豁"表陈三事"，有中宿县"俚民"和"山俚"的记载。"在今湘、广等处山区，生活着我国南方的一支古老民族——俚族，有时亦通称之为蛮，但与荆、雍、司、郢诸州之蛮非一族"、高凉有"俚族大姓冼氏"，参看许辉等《六朝经济史》（江苏古籍出版社，1993年）第一章第二节二"南方民族的融合"。始兴曲江人侯安都"颇有俚族的嫌疑"、"疑长沙临湘欧阳一族，本自始兴迁来。……欧阳氏疑出俚族或溪族"，参看《陈寅恪魏晋南北朝史讲演录》（万绳楠整理，黄山书社，1987年）第十二篇《梁陈时期士族的没落与南方蛮族的兴起》。
4) 《陈寅恪魏晋南北朝史讲演录》（万绳楠整理）第八篇《晋代人口的流动及其影响（附坞）》，黄山书社，1987年。

中原乱离，遗黎南渡，并侨置牧司在广陵，丹徒南城，非旧土也。及胡寇南侵，淮南百姓皆渡江。成帝初，苏峻、祖约为乱于江淮，胡寇又大至，百姓南渡者转多，乃于江南侨立淮南郡及诸县，又于寻阳侨置松滋郡，遥隶扬州。咸康四年（338年），侨置魏郡、广川、高阳、堂邑等诸郡，……是时（孝武宁康二年，374年）上党百姓南渡，侨立上党郡为四县，寄居芜湖[1]。由于流民数量众多，不仅形成了独特的社会团体"侨人"，而且侨置郡、县如雨后春笋般出现在两晋南朝的政治版图上[2]。不同时期流民起因并不完全一致，两晋之际由于"时东土多赋役，百姓乃从海道入广州"[3]。产生流民的地域非常宽广，侨郡侨县又常常把这一时期的行政区划搞得分崩离析、错综复杂，"自夷狄乱华，司、冀、雍、凉、青、并、兖、豫、幽、平诸州一时沦没，遗民南渡，并侨置牧司，非旧土也。江左又分荆为湘，或离或合，……及至宋世，……太宗初，索虏南侵，青、冀、徐、兖及豫州淮西，并皆不守，自淮以北，化成虏庭"[4]。

　　今人对流民性质和流徙高峰、方向、数量的研究虽然翔实[5]，但对岭南流民数量和流徙高峰却有不同看法[6]。逾岭南迁的流民数量和规模，在后述六朝岭南部分地区编户人口变化中可管窥一二，此不赘述；流徙高峰，笔者以为当不包括梁末。虽然刘宋后期仍有"时京城危惧，衣冠咸欲远徙，后皆流离外难，百不一存"[7]的流徙事件发生，但岭南相对安定的政治环境，大率到了梁、陈之时随着"群凶竞起，郡邑严穴之长，村屯邬壁之豪，资剽掠以致强，恣陵侮而为大"[8]已不复存在，梁末岭南的动荡局面亦见于《陈书》卷一《高祖纪上》的记载。因此，从刘宋开始，北人逾岭南迁便日渐式微。

　　岭南作为流放罪人的场所早于六朝，地域遍及交、广[9]。《三国志》卷五十三《张严程阚薛传第八》载三国时沛郡竹邑人薛综"少依族人避地交州"，曾上疏说："……汉武帝诛吕嘉，开九郡，设交阯刺史以镇监之。……自斯以来，颇徙中国罪人杂居其间"。两晋南朝，流放

1）《晋书》卷十五《地理志下》"扬州"条。

2）"侨人"、"侨郡"、"侨县"，按《隋书》卷二十四《食货志》的记载为"晋自中原丧乱，元帝寓居江左，百姓之自拔南奔者，并谓之侨人。皆取旧壤之名，侨立郡县，往往散居，无有土著。"

3）《晋书》卷七十三《庾亮传附弟翼传》。另据《南史》卷七十九《夷貊传》载："……而宋人赋役严苦，贫者不复堪命，多逃之入蛮。蛮无徭役，强者又不供官税……"

4）《宋书》卷三十五《州郡志一》。

5）《陈寅恪魏晋南北朝史讲演录》（万绳楠整理）第八篇《晋代人口的流动及其影响（附坞）》："北方人民的大规模流动，是从刘渊起兵开始的。特别是在晋怀帝永嘉七年洛阳陷落之后。""从全国范围来看，当时北方人民的避难流徙的方向有三：东北、西北、南方。""至于北人南来避难，约略可以分为两条路线，一至长江上游，一至长江下游。……南来的上层阶级为晋的皇室及洛阳的公卿士大夫，而在流向东北与西北的人群中，鲜能看到这个阶级中的人物。中层阶级亦为北方士族，……大抵不以学术见长，而以武勇善战著称。下层阶级为长江以北地方低等士族及一般庶民，以地位卑下及实力薄弱，不易南来避难。人数较前二者为特少。"黄山书社，1987年。许辉等《六朝经济史》第一章第二节一"北方人口的南迁"："六朝时期，北方人口的南迁主要经历了二次迁徙高峰。第一次人口的迁徙高峰发生于东汉末三国初。""第二次人口的迁徙高峰开始于西晋末年的'永嘉之乱'。这是一次更大规模的人口迁徙狂潮，不仅迁徙的人口多，而且持续的时间长，直至南朝刘宋元嘉以后。这次南徙，大致可分为七个时期。"江苏古籍出版社，1993年。另可参看邹逸麟主编《中国历史人文地理》（科学出版社，2001年）第五章第三节"北方人口南迁与南方的开发"。

6）"六朝时期，中原或原居于长江流域的汉族人民，在吴初、东晋和梁末曾掀起三次越岭南迁高潮，南徙的总人口，据刘希为先生的推算，高达250万左右"；刘氏对南徙总人口的估算"未免漏洞多了一点"。参看许辉等《六朝经济史》（江苏古籍出版社，1993年）第一章第三节二"豫章、岭南、闽江新经济区初具规模"。"周一良先生说：'北人南迁以东晋为最盛，宋时已微，齐梁陈则大批之移民绝迹矣。'此说也符合岭南的情况。"参看胡守为《岭南古史》（广东人民出版社，1999年）十二（一）"岭南户籍、人口概况"。

7）《宋书》卷五十七《蔡廓传附子兴宗传》。

8）《陈书》卷三十五《陈宝应传》。

9）详情可参看胡守为《岭南古史》（广东人民出版社，1999年）十二（三）"历代贬徙之所"。

交、广更屡屡见于史籍。这种情况延续到了唐代，只不过到了唐末，配流岭南之目的地，一般较广州更远[1]。

　　虽然六朝时如王诞之类被放逐广州的，大抵多有"北归"的思想并最终回徙，在岭南"华人"阶层中仅为匆匆过客，但"报不得生还之想"[2]、长流岭南而客死他乡者甚众，特别是长期成为贬谪之所后，"罪人"盘踞，气势聚集，这些"罪人"就必然成为岭南华人阶层中不可小觑的组成部分。"罪人"势力纠结的典型虽见于唐代，六朝时亦必如此[3]。

　　主动南移的原因千奇百怪，比较多见的是"图利"。广州虽地际边陲，"瘴疫"猖獗，然因"四方珍怪，莫此为先，藏山隐海，环宝溢目。商舶远届，委输南州，故交、广富实，牣积王府"[4]，容易敛财暴富，故而有人亲睐：《晋书》卷八十五《刘毅传》载东晋安帝时，刘毅"表荆州编户不盈十万，器械索然。广州虽凋残，犹出丹漆之用，请依先准"，以求"加督交、广二州"；《南齐书》卷三十二《王琨传》载："南土沃实，在任者常致巨富，世云'广州刺史但经城门一过，便得三千万'也"。《晋书》卷九十《良吏传》以不同的视角和态度记载了这种情况："广州包带山海，珍异所出，一箧之宝，可资数世，然多瘴疫，人情惮焉。唯贫窭不能自立者，求补长史，故前后刺史皆多黩货"[5]。此外，《晋书》卷一百《王机传》载王机在王澄遇害后，担心祸及自己，"会广州人背刺史郭讷，迎机为刺史，机遂将奴客门生千余人入广州"；《晋书》卷七十二《葛洪传》载西晋惠帝太安中，"洪见天下已乱，欲避地南土，乃参广州刺史嵇含军事。及含遇害，遂停南土多年，征镇檄命一无所就。后还乡里，礼辟皆不赴"；东晋成帝咸和初，"闻交阯出丹，求为句漏令。……洪遂将子姪俱行。至广州，刺史邓岳留不听去，洪乃止罗浮山炼丹"。主动南来者中落籍岭南或在岭南停居经年以至数代者，则成为岭南"华人"中的一分子[6]。

　　以上分析表明，六朝时期岭南"华人"是一个动态概念，不仅其数量有着大幅度的波动，

1）六朝至唐的相关史籍可谓"汗牛充栋"，兹引数例：《晋书》卷七十五《王湛传附坦之子国宝传》："元兴初，桓玄得志，表徙其家属于交州"；《晋书》卷八十一《毛宝传附宝子安之传》："（毛安之）四子：潭、泰、邃、遁。……俄并为玄所杀，惟遁被徙广州"；《晋书》卷一百《孙恩传》："子恭死，泰传其术。然浮狡有小才，……王珣言于会稽王道子，流之于广州"；《宋书》卷五十二《王诞传》："及玄得志，……乃徙诞广州。卢循据广州，以诞为其平南府长史，甚宾礼之。诞久客思归，乃说循曰……于是诞及隐之并得还"；《宋书》卷六十七《谢灵运传》载宋文帝诏曰："灵运罪衅累仍，诚合尽法。但谢玄勋参微管，宜宥及后嗣，可降死一等，徙付广州"；《宋书》卷六十八《武二王传》载元嘉二十四年（447年）豫章胡诞世等谋反，江夏王义恭等上奏："胡诞世假窃名号，……宜徙广州远郡，放之边表，庶有防绝"；《宋书》卷六十三《沈演之传》载，沈演之子沈睦在宋孝武帝大明初年"坐徙始兴郡"；《旧唐书》卷二《太宗纪上》载贞观二年（628年）"诏：'莱州刺史牛方欲、……并于隋代俱蒙任用，乃协契宇文化及，构成弑逆。宜依裴虔通，除名配流岭表'"；《旧唐书》卷十七《文宗纪上》："僧惟真、……并配流岭南，……道士纪处玄、……并配流岭南"；《旧唐书》卷九十《李怀远传附景伯子彭年传》载天宝初，李彭年被"长流岭南临贺郡"，宋浑被流放至岭南高要郡；《旧唐书》卷十九上《懿宗纪》载咸通十年（869年）"其党杨公庆……长流儋、崖、播等州"。

2）胡守为：《岭南古史》十二（三）"历代贬徙之所"，广东人民出版社，1999年。

3）《旧唐书》卷一百八十六上《酷吏传上》："长寿二年（693年），有上封事言岭南流人有阴谋逆者，乃遣国俊就按之，……国俊至广州，遍召流人，……以次加戮，三百余人，一时并命。"

4）《南齐书》卷五十八《东南夷传》。

5）"黩货"的说法延续至唐，并成为岭南不稳定因素之一。《旧唐书》卷一百八十七上《忠义传上》载唐太宗时，冯立"拜广州都督。前后作牧者，多以黩货为蛮夷所患，由是数怨叛。"

6）胡守为先生考证了部分六朝时期赴任岭表而后落籍的例子，见胡守为《岭南古史》（广东人民出版社，1999年）十二（一）"岭南户籍、人口概况"。停南多年者尚有不少，比如《晋书》卷五十七《滕修传》："滕修字显先，南阳西鄂人也。孙皓时，代熊睦为广州刺史，甚有威惠。……广州部曲督郭马等为乱，皓以修宿有威惠，为岭表所伏，以为使持节、都督广州军事、……修在南积年，为边夷所附。……并（滕并，滕修之子）子含，……授平南将军、广州刺史。在任积年，甚有威惠，……含弟子通，交州刺史。"《晋书》卷五十七《陶璜传》："陶璜字世英，丹杨秣陵人也。父基，吴交州刺史。璜仕吴历显位。……在南三十年，威恩著于殊俗……"

构成也极为纷繁复杂。但是，对于某一特定时间段而言，岭南"华人"不外乎只有两种：一是"侨旧"，一是"新民"。简言之，一为"主"、一为"客"。广东六朝墓葬墓主族属区分，首先是绝对意义上的族别——"蛮"与"华"，其次是相对意义上的族别——"华人"中的"主"和"客"。文献记载的民族关系，为墓主族属进行如此区分提供了线索和依据。

二 广东六朝时期的民族关系

民族关系是衡量民族融合程度的重要依据。民族融合程度越高，墓主族属划分的可能性和意义就越小。有学者认为南朝早期南方蛮族（俚族）和汉人已有融合，南朝晚期融合程度更加显著，到了隋朝，"基本上已同汉族融合或自然同化于汉族了"[1]。其实，六朝时期广东地区的民族融合程度远没有如此理想。以岭南"俚"、"僚"为代表的南方蛮族，长期保持着强悍态势，势力从分散到聚集，不断强大；表演从"幕后"走到"前台"，逐渐变得抢眼。六朝政府对"蛮族"既无法有效管理，相对松弛的管理又促进了"蛮族"势力的壮大，南朝晚期岭南"土豪"、"洞主"在政治上的崛起，更成为岭南土著势力达到巅峰的标志。岭南"蛮族"充沛的政治活力使得岭南"华"、"蛮"一直处于纷争不断，泾渭分明的格局中。

正史记载南方少数民族情况用词贬抑，且位置越是偏远，民风越是怪异；虽多递接传抄，不尽真实，但都清楚地反映出"蛮"不同"华"，这种情况甚至延续到了唐代。三国时的交阯"山川长远，习俗不齐，言语同异，重译乃通，民如禽兽，长幼无别，椎结徒跣，贯头左衽，长吏之设，虽有若无"[2]，南朝时"交阯辽邈，累丧藩将，政刑每阙，抚荏惟艰。南中夐远，风谣迥隔，蛮獠狡窃，边氓荼炭，实须练实，以绥其难"[3]。广东与交阯相类，六朝时"广州，镇南海，滨际海隅，委输交部，虽民户不多，而俚獠猥杂，皆楼居山险，不肯宾服"[4]。隋代南蛮"俱无君长，随山洞而居，……其俗断发文身，好相攻讨"[5]；唐代"五岭之南，人杂夷獠，不知教义，以富为雄。尤难宾服，是以汉室尝罢弃之。大抵南方遐阻，人强吏懦，富豪兼并，役属贫弱；浮掠不忌，古今同是。其性轻悍，易兴迷节。爰自前代，及于国朝，多委旧德重臣，抚宁其地也"[6]。唐德宗时"广人与夷人杂处，地征薄而丛求于川市"[7]，虽然"杂处"，与前引《隋书·南蛮传》的华蛮"错居"一样，强调的仍然是"华"、"蛮"之不同。

以"俚"族为代表的岭南少数民族势力强劲。东吴时岭南"渠帅"达百余，民众动辄千余家、上万家，官府只好"遣以财币"、"喻以恩信，务崇招纳"[8]；南朝时岭南"俚"、"僚"除依

1）许辉等：《六朝经济史》第一章第二节二"南方民族的融合"，江苏古籍出版社，1993年。

2）《三国志》卷五十三《张严程阚薛传第八》。

3）《宋书》卷六十一《武三王传》载宋文帝元嘉九年（432年）江夏文献王义恭上表。

4）《南齐书》卷十四《州郡志上》"广州"条。

5）《隋书》卷八十二《南蛮传》。该传在"好相攻讨"之后尚有"浸以微弱，稍属于中国，皆列为郡县，同之齐人，不复详载。大业中，南荒朝贡者十余国，其事迹多湮灭而无闻。今所存录，四国而已"等文，从随后记记的四国看，范围广至东南亚地区，可见其所言"南蛮"，范围相当宽广。"列为郡县"当不等同于融合，因为隋书所言"南蛮"的风俗并没有变化。"不复详载"和"其事迹多湮灭而无闻"的原因中，皆看不出有民族融合的因素。

6）《通典》（王文锦等点校本）卷一百八十四《州郡十四》，中华书局，1988年。

7）《旧唐书》卷一百五十一《王锷传》。

8）《三国志》卷六十一《潘濬陆凯传第十六》："赤乌十一年（248年），……以（陆）胤为交州刺史、安南校尉。胤入南界，喻以恩信，务崇招纳，高凉渠帅黄吴等支党三千余家皆出降。引军而南，重宣至诚，遣以财币。贼帅百余人，民五万余家，深幽不羁，莫不稽颡，交域清泰。"

附卢循之类“叛军”“兴风作浪”外[1]，本身就因“前后屡为侵暴”而“历世患苦之”[2]。到了南朝晚期，岭南“俚”族势力有增无减，除与其他少数民族“世相攻伐”[3]外，也成为官府经常征讨的对象[4]，加剧了岭南动荡不安的政治局势。“蛮俚”势众的始兴郡更有“蛮化”的趋势，成为滋生“豪猾大姓”和“豪族”的地方[5]。这些“酋豪”在梁陈之际走上政治前台，其典型者包括“颇有俚族的嫌疑”的始兴人侯安都及“本自始兴迁来”、“疑出俚族或溪族”的欧阳頠[6]。对于这些出自“异族”的大将，陈朝政府表面上“或敦以婚姻，或处以族类”，“盖以德怀”[7]，力争同化，实际上是因为这些“蛮族”已经“坐拥大兵”、“啸聚徒众”，势力庞大到陈朝政府“不得不承认”、“以取得他们的支持”的程度[8]。

“高凉俚族大姓冼氏与高凉太守冯宝结为夫妇，共治岭南的事迹”，被誉为“俚汉融合的结晶”[9]。但是，透过民族融合的表象，民族纷争的事实便浮出水面。冼夫人之前的冼氏家族“世为南越首领，跨据山洞，部落十万余家”，冼夫人更是经历了梁、陈、隋三朝风雨，成为长盛不衰的“蛮族”代表。政府对少数民族聚居区的行政管理松弛，文化渗透微弱，“他乡羁旅，号令不行”，冼氏及其他“酋豪”得以生存和壮大。只不过因冼氏“忠义”，又与冯氏联姻，成为三朝降治岭南所依靠的重要工具，才在一定程度上弱化了冼氏作为“蛮族”力量代表的政治独立性。所谓“数郡共奉夫人，号为圣母，保境安民”，恐怕单凭冼夫人的德行并不够，冼氏应该拥有强大的武装，才能使众“俚”、“獠”归附听命；才能在陈亡后岭南无所附时，“保境安民”。即便冼氏本人可以称为“融合”的典范，是否可以据此对岭南民族的融合做乐观的推断仍需商榷。冯宝死后的岭表大乱及隋文帝时的“俚”、“獠”亡叛，说明“俚”、“獠”势力至隋未衰；冼氏的数次怀集“俚”、“獠”之举，也显示其他“俚”、“獠”与冼氏的

1）《宋书》卷九十二《良吏传》：“杜慧度，交阯朱䳒人也。……慧度，瑗第五子也。初为州主簿，流民督护，迁九真太守。……其年春（义熙七年，411年），卢循袭破合浦，径向交州。……循虽败，余党尤有三千人，皆习练兵事，李逊子李弈、李脱等奔窜石碕，盘结俚、獠，各有部曲。……弈等引诸俚帅众五六千人，受循节度。”

2）《宋书》卷九十七《夷蛮传》：“广州诸山并俚、獠，种类繁炽，前后屡为侵暴，历世患苦之。世祖大明中，合浦大帅陈檀归顺，拜龙骧将军。四年，檀表乞官军征讨未附，乃以檀为高兴太守，将军如故。遣前朱提太守费沈、龙骧将军武期帅众南伐，并通朱崖道，并无功，辄杀檀而反，沈下狱死。”

3）《陈书》卷二十三《沈君理传》：“岭南俚、獠世相攻伐……。”

4）梁陈之时，官府与俚洞常有战事。《梁书》卷三十二《兰钦传》：“经广州，因破俚帅陈文彻兄弟，并擒之。至衡州，进号平南将军，改封曲江县公。”《陈书》卷八《杜僧明传》：“梁大同中，卢安兴为广州南江督护，僧明……并为安兴所启，请与俱行。频征俚獠有功……”《陈书》卷十二《胡颖传》：“（胡颖）梁世仕至武陵国侍郎，东宫直前。出番禺，征讨俚洞……”《陈书》卷十二《沈恪传》：“（萧）映迁广州，以恪兼府中兵参军，常领兵讨伐俚洞。”《陈书》卷十二《徐度传》：“梁始兴内史萧介之郡，度从之，将领士卒，征诸山洞，以骁勇闻。”《陈书》卷二十一《萧允传》载陈宣帝时，“广州刺史马靖甚得岭表人心，而兵甲精练，每年深入俚洞……”

5）《梁书》卷十三《范云传》载齐明帝时，范云“复出为始兴内史。郡多豪猾大姓，二千石有不善者，谋共杀害，不则逐去之。边带蛮俚，尤多盗贼，前内史皆以兵刃自卫。云入境，抚以恩德，罢亭侯，商贾露宿，郡中称为神明。……有谭俨者，（曲江）县之豪族，艺鞭之，俨以为耻，诣京诉云，云坐征还下狱，会赦免。”《梁书》卷四十一《萧介传》：“高祖曰‘始兴郡顷无良守，岭上民颇不安，可以介为之。’由是出为始兴太守。介至任，宣布威德，境内肃清。”

6）侯安都和欧阳頠的记载见《陈书》卷八《侯安都传》、卷九《欧阳頠传》。二人族属考证参看《陈寅恪魏晋南北朝史讲演录》（万绳楠整理，黄山书社，1987年）第十二篇《梁陈时期士族的没落与南方蛮族的兴起》。

7）《陈书》卷三十五《陈宝应传》。

8）《陈寅恪魏晋南北朝史讲演录》（万绳楠整理）第十二篇《梁陈时期士族的没落与南方蛮族的兴起》：“……南方土豪洞主乘侯景之乱兴起，大致不出两种方式：一为率兵入援建业，因而坐拥大兵，二为啸聚徒众，乘着州郡主将率兵勤王的机会，……取代其位，……陈朝，不得不承认这种事实，以取得他们的支持。”黄山书社，1987年。

9）许辉等：《六朝经济史》第一章第二节二“南方民族的融合”，江苏古籍出版社，1993年。

关系相当松散[1]。

　　对偏居江南的东晋、南朝政府的主要威胁来自北方的"胡寇"、"夷狄"。将"俚族"聚居的始兴郡及其邻近的始安、临贺两郡，多次划归湘州管辖[2]；设"南蛮长史"、"南蛮校尉"等专门司职南蛮管理等[3]，均不能掩饰政府对"南蛮"实际控制能力的苍白，其管理的具体措施多为因势利导之举，只求经济贡献，政治介入较少。《隋书》卷二十四《食货志》言："诸蛮陬俚洞，沾沐王化者，各随轻重，收其赕物，以裨国用。又岭外酋帅，因生口翡翠明珠犀象之饶，雄于乡曲者，朝廷多因而署之，以收其利。历宋、齐、梁、陈，皆因而不改"。对俚族"官所课甚轻"[4]的政策，大致持续到初唐时"岭南俚户，旧输半课，及延祐到，遂勒全输"[5]才告一段落。

　　隋代中央集权得到加强，岭南少数民族"多来归附"[6]。因骁勇善战而赠光禄大夫、宿国公的始兴人麦铁杖和侯安都一样，皆以可疑的族属身份活跃于政治舞台[7]，民族融合在隋唐大一统的政治格局下得到了加强。但是，民族融合是一个长期渐进的过程，即便在唐代，融合程度

---

1)《隋书》卷八十《列女传》："谯国夫人者，高凉洗氏之女也。世为南越首领，跨据山洞，部落十万余家。……越人之俗，好相攻击，夫人兄南梁州刺史挺，恃其富强，侵掠傍郡，岭表苦之。夫人多所规谏，由是怨隙止息。海南、儋耳归附者千余洞。梁大同初，罗州刺史冯融闻夫人有志行，为其子高凉太守宝娉以为妻。融本北燕苗裔，初，冯弘之投高丽也，遣融大父业以三百人浮海归宋，因留于新会。自业及融，三世为守牧，他乡羁旅，号令不行。至是，夫人诚约本宗，使从民礼。每共宝参决辞讼，首领有犯法者，虽是亲族，无所舍纵。自此政令有序，人莫敢违。……及宝卒，岭表大乱，夫人怀集百越，数州晏然。至陈永定二年（558年），……后广州刺史欧阳纥谋反，……（夫人）遂发兵拒境，帅百越酋长迎章昭达。……诏使持节册夫人为中郎将、石龙太夫人。……后遇陈国亡，岭南未有所附，数郡共奉夫人，号为圣母，保境安民。……时（隋文帝时）番州总管赵讷贪虐，诸俚獠多有亡叛。夫人亲载诏书，自称使者，历十余州，宣述上意，谕诸俚僚，所至皆降。……仁寿初，卒……"另据胡守为《岭南古史》十四（四）"洗、冯的政治婚姻"："近人考说，洗姓应作冼，中原本无此姓，故往往写作'洗'。"

2)《晋书》卷十五《地理志下》："（东吴孙皓时期）荆州统南郡、……始兴、始安十五郡，……及（西晋）武帝平吴，又以始兴、始安、临贺三郡属广州"，"（西晋）怀帝又分长沙、……桂阳及广州之始安、始兴、临贺九郡置湘州。……（东晋）穆帝时，……又以广州之临贺、始兴、始安三郡及江州之桂阳，益州之巴东，合五郡来属（荆州）。"两晋时始兴、始安及临贺三郡属广州管辖的时期，始于平定东吴的西晋武帝太康元年（280年）实无疑问，截止的年代却颇难推定。据《晋书》卷五《孝怀帝纪》载，永嘉元年（307年）八月"分荆州、江州八郡为湘州"，《资治通鉴》（上海古籍出版社重印世界书局缩印胡克家覆刻本，上海古籍出版社，1987年）卷八十六《晋纪八·孝怀皇帝上》的记载从之，《通鉴》胡注引沈约曰："分荆州之长沙、衡阳、湘东、邵陵、零陵、云阳、建昌，江州之桂阳八郡立湘州，"晋志怀帝时期的记载概误。晋志"广州"条又言"……（东晋成帝时）以始兴、临贺二郡还属荆州"，与前引记载自相抵牾。《宋书》卷三十七《州郡志三》"湘州刺史"条载始兴（广兴）、临庆（临贺）、始建（始安）三郡在东晋成帝时（326～342年）"度荆州"。看来两晋时期始兴三郡属广州管辖的时间，宜定于西晋武帝太康元年（280年）至东晋成帝咸康八年（324年）间。《宋书》卷三十七《州郡志三》："宋文帝元嘉二十九年（452年），（始兴郡）又度广州，三十年，复度湘州。……泰豫元年（472年）……改始兴曰广兴，领县七……"

3)《晋书》卷六十六《陶侃传》。刘宋时期仍有"南蛮校尉"一职，如《宋书》卷五《文帝纪》载元嘉五年（428年）"以南蛮校尉萧摹之为湘州刺史"。晋宋时南蛮校尉由专人担当，《南齐书》卷二十二《豫章文献王传》载"晋宋之际，刺史多不领南蛮，别以重人居之"。

4)《宋书》卷九十二《良吏传》中徐豁上书中的说法。

5)《旧唐书》卷一百九十上《文苑传上》。

6)《隋书》卷五十四《王长述传》："……出拜广州刺史，甚有威惠，吏人怀之，在任数年，蛮夷归之者三万余人。"《隋书》卷五十五《侯莫陈颖传》载隋文帝时"朝廷以岭南刺史、县令多贪鄙，蛮夷怨叛，妙简清吏以镇抚之，于是征颖入朝。……及到官，大崇恩信，民夷悦服，溪洞生越多来归附。"

7)《隋书》卷六十四《麦铁杖传》："麦铁杖，始兴人也。骁勇有臂力，日行五百里，走及奔马。性疏诞使酒，好交游，重信义，每以渔猎为事，不治产业。陈太建中，结聚为群盗，广州刺史欧阳颜俘之以献，没为官户……炀帝即位，……后转汝南太守，……后因朝集，考功郎窦威嘲之曰'麦是何姓？'铁杖应口对曰'麦豆不殊，那忽相怪！'"对麦铁杖"日行五百里，走及奔马"这种夸张的记载和窦威的嘲讽，让人怀疑麦铁杖确非"华人"。

仍不容乐观。初唐时，广州境内势力强大的"首领"，大抵还是地方酋帅之类[1]。"中宗即位，……时议请禁岭南首领家畜兵器"[2]，这些"首领"，成为政府不得不干预的对象。中晚唐时岭南仍有"俚洞之宿恶者"[3]；唐末国力虚弱，边患不断，政府不得不提拔少数民族首领安定岭南，情况与陈朝如出一辙[4]。同时，岭南民族融合还存在逆向的趋势——至少在唐朝政府看来，这种"融合"有着"蛮化"的危险，强调"华蛮异处，婚娶不通"[5]，阻滞了融合进程。

可以肯定，六朝时期的广东"华"、"蛮"之间异大于同，对立强于融合，特别是在六朝始兴郡这样少数民族聚居且势力强盛的地方，差异更为明显，为墓主族属区分提供了可能与必要。

同属"华人"的"侨旧"和"新民"都是相对概念，"新民"处于不断向"侨旧"转变的过程中，区分比较困难。"新民"和"侨旧"常生冲突[6]，矛盾尖锐与否，和两者势力强弱都有关系。"乡族集团"和散户常常是流民势力强弱差别的外在形式。"新民"势力弱小，不仅迁移能力低下，而且多半无力与"侨旧"抗衡，只能分散杂居期间，易于为之"同化"；"新民"势力强大，多具有"乡族集团"的迁移模式，可以迁得更远，当其进入"侨旧"势力强劲的地方，虽然常常还是无法立足，只好另赴荒野"求田问舍"，但其辟据的地方容易形成新的中心，随着他们逐步转化成势力强劲的"侨旧"，这些中心通常成为新的郡县。为缓和流民与土著在土地争夺过程中产生的矛盾，东晋南朝政府实际上大多不得不采取逐步开放山林川泽的政策，客观上促进了新聚居区和新行政区的出现。甄别墓主"主"、"客"须从二者特征皆明显的地区入手，"新民"与"侨旧"皆强——即人口增长明显，新置郡县普遍的地方是首选。六朝时期广东专为"新民"设县的情况虽不多见，但仍有可供研究的地域，具备"主"、"客"分析的条件[7]。

---

1)《旧唐书》卷八十九《王方庆传》载王方庆在则天时拜广州都督，"又管内诸州首领，旧多贪纵，百姓有诣府称冤者，府官以先受首领参饷，未尝鞠问。方庆乃集止府僚，绝其交往，首领纵暴者悉绳之，由是境内清肃。"

2)《旧唐书》卷一百《郑惟中传》。

3)《旧唐书》卷一百二十二《路嗣恭传》："大历八年（773年），岭南将哥舒晃杀节度使吕崇贲反，五岭骚扰，……嗣恭擢流人孟瑶、敬冕，……遂斩晃及诛其同恶万余人，筑为京观，俚洞之宿恶者皆族诛之，五岭削平。……及平广州，商舶之徒，多因晃事诛之。"

4)《旧唐书》卷一百五十八《郑余庆传附瀚子从谠传》载唐懿宗时"五管为南诏蛮所扰，天下征兵，时有庞勋之乱，不暇边事。从谠（郑从谠，郑余庆孙，时任广州刺史、岭南节度使）在镇，北兵寡弱，夷獠梦然，乃择其土豪，授之右职，御侮扞城，皆得其效。虽郡邑屡陷，而交、广晏然。"

5)唐文宗开成元年（836年），卢钧任广州刺史、岭南节度使，据《旧唐书》卷一百七十七《卢钧传》载："先是土人与蛮獠杂居，婚娶相通，吏或扰之，相诱为乱。钧至立法，俾华蛮异处，婚娶不通，蛮人不得立田宅，由是徼外肃清，而不相犯。"从珠江流域的农业开发进程中也可以看出，宋以前的珠江流域除少数中心城市外，"流域的大部分地区还保持着原始的自然状态，林木郁闭，气候湿热，被岭北人称为烟瘴之地，唐宋时期一直……流放场所"，北人逾岭南迁由于"人数有限，对于改变整个地区落后面貌没有起到明显作用，直到南宋后期珠江流域才真正进入开发阶段"。经济面貌如此，包括民族融合的人文状况亦不会有大的变化，参看邹逸麟主编《中国历史人文地理》（科学出版社，2001年）第六章第一节三"珠江流域的农业开发"。《（光绪）韶州府志》卷二《郡县沿革表》载南宋时乳源置县前"地广人稀，山溪险阻"，亦是满目荒芜之景。

6)《宋书》卷五十《刘康祖传》："简之（刘简之，刘康祖之伯父）弟谦之，好学，撰晋纪二十卷，义熙末，为始兴相。东海人徐道期流寓广州，无士行，为侨旧所陵侮。"冲突方也包括当地土著，《南齐书》卷五十八《东南夷传》："宋泰始初，（交州）刺史张牧卒，交趾人李长仁杀牧北来部曲，据交州叛，数年病死。"

7)关于"乡族集团"的论述，参看邹逸麟主编《中国历史人文地理》（科学出版社，2001年）第五章第三节"北方人口南迁与南方的开发"。迁移人口在什么地方求田问舍，什么情况下容易被同化，参看陈寅恪先生在晋代人口流动中的相关研究，见《陈寅恪魏晋南北朝史讲演录》（万绳楠整理，黄山书社，1987年）第八篇《晋代人口的流动及其影响（附坞）》。广东六朝时期为"新民"设县、户籍人口变化、郡县设置等情况，详见后述。有关东晋南朝政府开放山林川泽的论述，参看许辉等《六朝经济史》（江苏古籍出版社，1993年）第二章第三节"占山护泽"。

第三节　墓葬分布特征的历史背景考略

一般来说，人口与墓葬在分布和变化规律上具有联动性，故文献记载的户籍人口和郡县设置情况，一定程度上反映了墓葬分布规律（湛江未见六朝墓葬的报道，略）。本节论述，参看表一。

一　史籍所见西晋至刘宋时期户籍人口和郡县设置变化

（一）晋、宋两志记载的时间

《晋书》卷十五《地理志下》"广州"条言："及太康中，平吴，遂以荆州始安、始兴、临贺三郡来属。……武帝后省高兴郡。"晋志载广州所统十郡中含上述四郡，其具体时代当在西晋武帝太康元年（280年）至太熙元年（290年）之间。有学者则将其确定为西晋太康元年（280年）统一中国时的户籍记录[1]。

《宋书》卷三十五《州郡志一》言："今志大校以大明八年为正，其后分派，随事记列。内史、侯、相，则以昇明末为定焉"，具体时间当在大明八年（464年）至昇明三年（479年）之间。

综合看来，两志反映了西晋初年至刘宋末年的郡县及户籍变化状况。

（二）晋、宋两志记载的空间

户籍、人口变化，须有恒定的空间，由于沿革变迁，单据地名实难究其详。比较《晋书》卷十五《地理志下》和《宋书》卷三十八《州郡志四》有关广州的记载，虽有"对比西晋户数，广州增6606户"的结论[2]，不过这仅仅是作为行政区划的广州编户不同而已，并非户籍变化的准确反映。《宋书》卷三十五《州郡志一》言"地理参差，其详难举，实由名号骤易，境土屡分，或一郡一县，割成四五，四五之中，亟有离合，千回百改，巧历不算，寻校推求，未易精悉……"，晋志广州户籍，是其所辖十郡编户之和。十郡中临贺、始安、始兴三郡因建置变化，宋志载入湘州，故要考察广州户籍从晋到宋的真实变化情况，须加入临贺等三郡的情况。州如此，郡、县也一样。如晋南海郡有9500户，宋南海郡仅8574户，表面看不增反降，实际上晋南海郡到刘宋时期已分成南海、新会、东官、义安、绥建五郡，合五郡户数达16528户，增幅明显。

（三）晋宋时期户籍人口和郡县设置的变化情况

相同时间不同地域的差别：

晋志广州编户最多的郡为州治南海郡，其次为苍梧、郁林、始安、始兴四郡，各有9500~5000户；其余各郡户数较少，最少的高兴、宁浦两郡各仅1200余户。

各县平均户数与上述情况略不同。广州辖县的平均户数634户，其中南海郡以县均户数约1583户仍居首位，始安郡以857户列第二位，但仅为南海郡的54%，差距显著。始兴（714户）、

1）胡守为：《岭南古史》十二（一）"岭南户籍、人口概况"，广东人民出版社，1999年。
2）同注1）。

表一　史载西晋广州辖地西晋至刘宋时期户、口统计表

郡	晋·广州 县	晋·广州 户	晋·广州 口（约）	刘宋·广州 郡	县	县合	户	户合	口	口合	疑县	刘宋·湘州 郡	县	户	口	疑县	郡治今所（约）
南海	6	9500	44270	南海	10	39	8574	16528	49157	95375							广州
				新会	12		1739		10509								新会
				东官	6		1332		15696								深圳
				义安	5		1119		5522		7						潮汕
				绥建	6		3764		14491								广宁东南
临贺	6	2500	11650									临庆	9	3715	31587	7	广西贺县
始安	7	6000	27960									始建	7	3830	22490		广西桂林
始兴	7	5000	23300									广兴	7	11756	76328		韶关
苍梧	12	7700	35882	苍梧	11	52	6593	17486	11753	63629							广西梧州
				晋康	14		4547		17710								德庆
				新宁	14		2653		10514								新兴
				宋熙	7		2084		6450		7						肇庆
				永平	6		1609		17202								广西岑溪
郁林	9	6000	27960	郁林	17	24+	1121	1679+	5727	7932+	8						广西桂平
				晋兴													广西南宁
桂林	8	2000	9320	桂林	7		558		2205								柳州武宣
高凉	3	2000	9320	高凉	7	21	1429	4666	8123	21328							阳江、茂名
				海昌	5		1724		4074		6						
高兴	5	1200	5592	宋康	9		1513		9131		6						
宁浦	5	1220	5685	宁浦													广西横县
				乐昌													？
合计	68	43120	200939		136		40359		188264								
记载	68	43120	200939		136		49726		206694								

说明：

1) 本表数据分别摘自《晋书》卷十五《地理志下》、《宋书》卷三十七《州郡志三》、《宋书》卷三十八《州郡志四》。

2) 两晋人口约数以户数×4.66得出，该倍数转引自胡守为：《岭南古史》十二，（广东人民出版社，1999年），仅作参考。

3) "郡治今所"据谭其骧主编《中国历史地图集·第三册》（中国地图出版社，1982年，以下简称"谭图"）现地名注得出。

4) "刘宋时期""疑县"数目不符者，乃据"谭图"集；另据《宋书》卷三十八《州郡志四》，将超过广"州·一百三十六"县·一百三十六"者单记入"疑县"。

5) "合计"栏内数据乃各分项数量之和。

6) "记载"栏内数据直接引自文献。

7) 刘宋时期广"州""户""口"合计与记载不符，当与晋兴等郡数据缺失有关，亦不排除其他各郡数据有误的可能。为便于比较，郡有拆分、新立者，皆据原郡排列并做小计。

8) 《宋书》卷三十八《州郡志四》载刘宋绥建郡"文帝元嘉十三立立……"问，徐又有新招县，云本属苍梧，皆在绥江河畔今广宁和四会之间，属晋南海郡故地。据谭图，绥建郡及新招县，皆在绥江河畔今广宁和四会之间；新宁、徐又有新招县，云本属苍梧，皆在绥江河畔今广宁和四会之间。据谭图，郡治在今肇庆。苍梧郡（元嘉）二十七年，更名宋隆，《宋书》卷三十八《州郡志四》载宋熙郡"元嘉……"宋海昌郡在今信宜和高凉之间，晋属高凉郡，皆属高凉郡。宋乐昌部无考。

郁林（667户）、高凉（667户）、苍梧（642户）四郡相仿，临贺郡417户，桂林（250户）、宁浦（244户）和高兴（240户）三郡最少，高兴郡仅为南海郡的15%。

晋南海郡是广州第一人口大郡。始兴郡编户虽仅列第五，但因设县较少，县均户数列第三，亦可谓广州人口大郡。

刘宋时期的广兴郡（原始兴郡）以11756户、76328口跃居原西晋广州辖区内各郡之首，南海郡以8574户、49157口退居次席。除未载户口数目的宁浦、乐昌两郡外，桂林郡以558户、2205口列末位。其余各郡户、口对应关系复杂，疑载有误。如苍梧郡6593户，口仅11753；而临庆郡户3715，口却达31587。若以口数论，40000以上的超大规模郡有广兴、南海两郡，20000~30000左右的大规模郡有临庆（原临贺）、始建（原始安）两郡，10000~20000的中等规模郡有晋康、永平、东官、绥建、苍梧、新宁、新会七郡，5000~10000的中小规模郡有宋康、高凉、宋熙、郁林、义安五郡，5000以下的小规模郡有海昌、桂林两郡。

就县均户口数目而言，广兴郡也以1679户、10904口力拔头筹，远较当时的广州第一人口大郡——南海郡的857户、4916口为多。

相同地域不同时间的变化：

西晋广州辖区到刘宋末期共设郡20，包括广州17郡（宋志载广州"领郡十七"，实列18郡，其中乐昌郡存疑，姑以17郡计）和湘州3郡，较西晋之10郡增加1倍；共设县159个（广州136县、湘州23县），较西晋68县增91县，增幅约134%；总计户数69027户（广州49726户、湘州3郡19301户），较西晋43120户增25901户，增幅约60%；总计口数337099人（广州206694人、湘州3郡130405人），晋志未录口数，按每户平均4.66人计（下同）[1]约合200939人，增136160人，增幅约68%。郡、县、户、口的增长都相当明显，其中郡、县增幅又远远超过户、口增幅，看来宋志户、口数目漏报、瞒报者可能远较晋志为多，实际增长情况更大大超过文献记载。

各郡情况也有差异：

西晋南海郡设6县，户9500，口44270。刘宋末期设南海、新会、东官、义安、绥建5郡39县，增4郡33县，县增幅550%；户16528，增7028，增幅约74%；口95375，增51105，增幅约115%。

西晋苍梧郡设12县，户7700，口35882。刘宋末期设苍梧、晋康、新宁、宋熙、永平5郡52县，增4郡40县，县增幅333%；户17486，增9786，增幅约127%；口63629，增27747，增幅约77%。

西晋郁林、桂林两郡共设17县，户8000，口37280。刘宋末期设郁林、晋兴、桂林3郡32县，其中晋兴郡所辖8县，未计入广州辖县的总数，亦缺户、口数，难以比较。从宋郁林、桂林两郡看，户、口数较西晋大为减少，合晋兴郡户口，总数亦恐难及西晋之一半。

西晋高凉、高兴两郡共设8县，户3200，口14912。刘宋末期设高凉、海昌、宋康3郡21县，增1郡13县，县增幅约163%；户4666，增1466，增幅约49%；口21328，增6414，增幅约43%。

宋湘州三郡位置毗邻，环境相似，因扼南北交通之要冲，"南通领表、唇齿荆区"[2]，六朝

1）转引自胡守为《岭南古史》（广东人民出版社，1999年）十二（一）"岭南户籍、人口概况"。
2）《南齐书》卷十五《州郡志下》"湘州"条。

时期归属变迁基本一致:

西晋临贺郡设 6 县,户 2500,口 11650。刘宋末期临庆郡设县 9,增 3 县,增幅 50%;户 3715,增 1215,增幅约 49%;口 31587,增 19937,增幅约 171%。

西晋始安郡设 7 县,户 6000,口 27960。刘宋末期始建郡设县 7,户 3830,减 2170,增幅约 -36%;口 22490,减 5470,增幅约 -20%。

西晋始兴郡设 7 县,户 5000,口 23300。刘宋末期广兴郡设县 7,户 11756,增 6756,增幅约 135%;口 76328,增 53028,增幅约 228%。

二 墓葬分布特征

上述户籍、人口数量和真实情况出入很大。其中除"不乐州县编户者"的"浮浪人"[1] 外,尚有大量"不宾属者"无法籍录[2],而为躲避赋役而"逃逸"以至于"断截支体,产子不养",使得"户口岁灭"者亦大有人在[3]。大量人口不在编户之列,使得刘宋时期岭南的一些郡县,入籍人口少得可怜。类似情况在东晋江左曾引发争议[4],但"荒小郡县"并未因此灭绝,反而呈愈演愈烈之势。纵虽如此,文献记载户籍人口的变化趋势及郡县设置情况,仍然真实可靠。

就人口增幅而言,刘宋末期原西晋始兴郡辖区内人口增幅最大,其次为西晋临贺、南海、苍梧三郡辖区,再次为西晋高凉、高兴两郡辖区;西晋郁林、桂林、始安三郡辖区人口为负增长;西晋宁浦郡情况不详。

人口和郡县增长并非完全一致:人口增幅名列前茅的西晋始兴、临贺两郡辖区在刘宋末期除改属湘州以外,仅临贺增设 3 县;人口增幅明显的西晋南海、苍梧两郡辖区,郡、县同步高速增长。人口增幅较小或呈负增长的西晋高凉、高兴、郁林等郡辖区,新增郡县也非常明显。总体而言,刘宋时期的广州郡、县数量有普涨之势;原西晋南海、苍梧、高凉和高兴等郡辖区内郡县数量的增加与人口的增长有关,除人口的自然增长外,新增人口当以新民、流民为主;一些郡县专为新增人口而置[5];"交州流寓"显示广州新增人口除北来者外,亦有南来,《梁书》卷五十四《诸夷传》载东晋末"林邑无岁不寇日南、九德诸郡,杀荡甚多,交州遂致虚弱",当是原因之一;为"归化民立"县的情况并不多见(参看前述民族关系部分)。刘宋时期的湘州三郡无论人口增长与否,郡县设置状况基本未变。

始兴郡从六朝到隋新增郡县皆少。西晋始兴郡辖曲江、桂阳、始兴、含洭、浈阳、中宿、阳山

---

1)《隋书》卷二十四《食货志》:"其无贯之人,不乐州县编户者,谓之浮浪人,乐输亦无定数,任量,准所输,终优于正课焉。"

2)《晋书》卷五十七《陶璜传》:"吴既平,晋减州郡兵,璜上言曰:'……又广州南岸,周旋六千余里,不宾属者乃五万余户,及桂林不羁之辈,复当万户。至于服从官役,才五千余家……'"

3)《宋书》卷九十二《良吏传》:"元嘉初,(徐豁)为始兴太守。三年,遣大使巡行四方,并使郡县各言损益,豁因此表陈三事,其一曰:'……且十三岁儿,未堪田作,或是单迥,无相兼通,年及应输,便自逃逸,既遏接蛮、俚,去就益易。或乃断截支体,产子不养,户口岁减,实此之由。'"

4)《晋书》卷七十五《范汪传》载范汪子范宁在东晋孝武帝时"陈时政曰:……昔中原丧乱,流寓江左,庶有旋反之期,故许其挟注本郡。自尔渐久,人安其业,丘垄坟柏,皆已成行,虽无本邦之名,而有安土之实。今宜正其封疆,以土断人户,明考课之科,修闾伍之法。……凡荒郡之人,星居东西,远者千余,近者数百,而举召役调,皆相资须,期会差违,辄致严坐,人不堪命,叛为盗贼。……今荒小郡县,皆宜并合,不满五千户,不得为郡,不满千户,不得为县。"

5)《宋书》卷三十八《州郡志四》"广州刺史"条:"文帝元嘉九年(432 年),割南海、新会、新宁三郡界上新民立宋安、新熙、永昌、始成、招集五县。……封乐令,文帝元嘉十二年(435 年),以盆允、新夷二县界归化民立。……宋熙太守,文帝元嘉十八年(441 年),以交州流寓立昌国、义怀、绥宁、新建四县为宋熙郡。"

七县，刘宋时期设县情况完全一样；萧齐时新增仁化、令阶（正阶）、灵溪三县和齐康郡（据隋志）。梁、陈缺志，设郡情况尤其是各郡辖县情况不甚了了，其建置变化主要为改县设州、置郡：梁时齐康郡改清远郡，分置威正等四县；于含洭置衡州阳山郡；正阶改始兴，并置东衡州[1]、安远郡；新增翁源、梁化并从梁化分置平石县；仍有始兴郡、桂阳县、阳山县可考。陈时原曲江置东衡州、始兴郡，含洭置西衡州、阳山郡，于翁源置清远郡，有桂阳、浈阳、中宿三县可考。隋有曲江、含洭、始兴、翁源、乐昌、清远六县，归南海郡（表二）。假定旧县俱存，设县最多的梁有县17，较西晋增10县，增幅约143%，同前述西晋南海、苍梧两郡辖区相比，不仅时间偏晚，增幅也明显偏低。

表二   两晋始兴郡辖地六朝至隋建置沿革表

时代	晋	宋	齐	据隋志补（括号内根据谭图补）			隋	治所今在（约）
				齐	梁	陈		
州	广州	湘州	湘州				南海郡	
郡	始兴郡	广兴郡	始兴郡					
县	曲江	曲江	曲江		（始兴郡）	（东衡州始兴郡）	曲江	韶关市
	桂阳	桂阳	桂阳		（桂阳）	（桂阳）		连县
	始兴	始兴	始兴					始兴西仁化南
	含洭	含洭	含洭		置衡州、阳山郡	（西衡州阳山郡）	含洭	英德洸洸
	浈阳	贞阳	浈阳			（浈阳）		英德
	中宿	中宿	中宿			（中宿）		清远市西北
	阳山	阳山	阳山		（阳山）		阳山	
			仁化					仁化北
		正阶	令阶		始兴。又置安远郡，置东衡州		始兴	始兴
			灵溪					无考
					翁源	置清远郡	翁源	翁源
					梁化，又分置平石县。		乐昌	乐昌？
			齐康郡		旧置清远郡，又分置威正、廉平、恩恰、浮护等四县		清远	清远市

说明：
1) 本表晋、宋、齐、隋沿革分别录自《晋书》卷十五《地理志下》、《宋书》卷三十七《州郡志三》、《南齐书》卷十五《州郡志下》、《隋书》卷三十一《地理志下》（表中简称"隋志"）。
2) 表中"谭图"指谭其骧主编《中国历史地图集·第三册》和《中国历史地图集·第四册》（中国地图出版社，1982）现地名注记得

    人口大幅增长是人口流动的直接产物。六朝时期岭南多数郡县皆"地广人稀"，在"占山护泽"之风侵袭下，新增人口比较容易于山野之间求田问舍，新聚居区的出现实属必然。刘宋时期广州人口和郡县同步增长，说明新聚居区一般远离旧有郡县治所，随着新聚居区数量增加和规模扩大，增设郡县加以管理便顺理成章。如前所述，这是"侨旧"和"新民"势力均比较

---

1) 设置年代参看：a.《元和郡县图志》（贺次君点校本）卷第三十四《岭南道一》，中华书局，1983年；b.《梁书》卷二《武帝纪中》载，武帝天监六年（507年）"分湘广二州置衡州"。《梁书》卷二十四《萧景传》载，武帝天监九年（510年）"分湘州置衡州"。《陈书》卷九《欧阳頠传》："……梁元帝承制以始兴郡为东衡州。"《隋书》卷三十一《地理志下》："曲江旧置始兴郡。……始兴齐曰正阶，梁改名焉，又置安远郡，置东衡州。……含洭，梁置衡州，阳山郡。"据《（光绪）曲江县志》卷一《表一历代沿革》，梁、陈之时，曲江县均属始兴郡东衡州。贺次君考证，东衡州之置，当在陈世祖、文帝之时［参看《元和郡县图志》（贺次君点校本）卷第三十四《岭南道一》］。《陈书》卷三《世祖纪》载，文帝天嘉元年（560年）"分衡州之始兴、安远二郡置东衡州"。《陈书》卷五《宣帝纪》载，宣帝太建十三年（581年）"分衡州始兴为东衡州，衡州为西衡州"。

强悍的结果。刘宋时期的湘州三郡，人口增长明显，郡县变化微弱，显示新、旧居民融合程度较高，新聚居区多依附于旧有郡县，"侨旧"势力既无法排斥新民，新民也无力形成新的郡县。看来始兴、始安、临贺三郡长时间归属岭北的荆州或湘州管辖，对削弱"侨旧"势力起到了一定作用，广州与湘州三郡的人口与郡县，因此具有了不同的增长关系。

人口和郡县情况勾画出广东六朝墓葬的主要分布特征：

广东晋墓的主要分布区为广州（晋南海郡），肇庆、云浮（晋苍梧郡），韶关、清远（晋始兴郡）；次要分布区为阳江、茂名（晋高凉、高兴郡）。墓葬分布的密集程度以前者为最，后三者差别不大。

广东南朝墓的主要分布区为韶关、清远（宋广兴郡），广州（宋南海郡）；次要分布区为肇庆、云浮（宋晋康、绥建、新宁、宋熙郡），深圳（宋东官郡）和新会（宋新会郡）；亦分布于阳江、茂名（宋高凉、宋康、海昌郡）和汕头、潮州（宋义安郡）。墓葬分布的密集程度以韶关为最，广州、肇庆、云浮次之。

广东南朝墓葬数量较晋墓有明显增长，韶关、清远南朝墓葬数量较晋墓的增长幅度在广东位居首位。结合晋宋编户的具体时间、迁移高峰和墓葬数量较人口数量的变化有一定滞后等因素，广东东晋墓葬数量已有大幅增长的趋势，其绝对增幅则在南朝初期达到峰值。

刘宋时期的广州与湘州三郡人口与郡县增长关系的不同，使得韶关、清远的南朝墓与广东其他地区相比，具有不同的分布特点：韶关、清远南朝墓除分布于郡、县治所附近，在远离治所的"山野"之间亦可能出现比较密集的分布，这些位于"山野"的墓葬虽与新聚居区有关，却无新的郡县依托。广东其他地区南朝墓葬的这种分布特点，当不如韶关、清远的典型。

刘宋时期的广州与湘州三郡因侨旧势力强弱不同，新民、流民与侨旧的融合程度相异。广东南朝墓葬墓主身份是否有"主"、"客"之分，工作的重点当是除韶关、清远在外的广东其他地区。

第四节　史学分期及丧葬制度考略

一　史学分期考略

陈寅恪先生以统治阶层的不同，将南朝的历史分为东晋、宋至梁和陈三个阶段[1]，为广东六朝墓葬分期提供了参考。墓葬分期依据的随葬器物、墓葬形制、结构等实物资料，是丧葬习俗变化的直接反映。经济基础和上层建筑都会对丧葬习俗产生影响。六朝时期的广东基本处于相对独立、封闭的地理环境中，丧葬习俗的渐变是常态，突变相对少见，葬俗传承性较强。和史学分期相比，依据于实物资料的墓葬分期常常更加细微并具有独立体系，在某些阶段亦可能表现得超前或迟缓。封建社会的丧葬习俗直接受制于丧葬制度，就是概为俚族的侯安都死后也被"葬以士礼"[2]，不能脱俗。东晋、宋至梁和陈统治阶级的身份各不相同，丧葬制度具备了改

1）《陈寅恪魏晋南北朝史讲演录》（万绳楠整理）第九篇《东晋与江南士族之结合》："南朝的历史可分为三个阶段，一为东晋，二为宋、齐、梁，三为陈。东晋为北来士族与江东士族协力所建，宋、齐、梁由北来中层阶级的楚子与南北士族共同维持，陈则为北来下等阶级（经土断后亦列为南人）与南方土著掌握政权的朝代。"黄山书社，1987 年。

2）《陈书》卷八《侯安都传》载陈文帝天嘉四年（563 年）侯安都因"侵暴"、"纵诞"，"于西省赐死，时年四十四。寻有诏，宥其妻子家口，葬以士礼，丧事所须，务加资给。"

变的前提。重要的是，不同身份的统治者皆因势而立，这种社会形势的深刻变化更覆盖了包括岭南在内的边缘区域，由此对丧葬文化载体——墓葬所产生的作用，虽不一定立竿见影，却定会入木三分。笔者以为，两晋、以宋为代表的南朝早期和以陈为代表的南朝晚期广东社会背景均有显著不同，上述三个时期墓葬单独成期的外部条件相当成熟[1]。

广东东晋社会因北人逾岭南迁而波澜骤起。南迁高峰出现在东晋，丧葬习俗受到最大冲击的时间，理应出现在东晋。刘宋和东晋相比最大的不同就是北人南迁由盛转衰，由多变少，伴随大规模人口流动而产生的文化碰撞、渗透、交流、融合等不稳定因素逐渐衰减[2]。从现有材料分析，由于葬俗的传承性、墓葬形制和随葬品形态较社会背景变化的滞后性，广东东晋墓葬实际仍处于西晋葬制葬俗的延续渐变期，典型的变化发展期则被推迟到了南朝早期。南朝早期墓葬形制和随葬器物聚合了较多变化因素，其共性特征形成速度较快，与两晋墓葬的差别——尤其是随葬品方面的差别非常明显。因此，存在于个案中的转型阶段东晋末南朝初并非分期的主线，大的期别首先应是两晋，其次则为南朝早期，而刘宋时期的社会环境则为南朝早期墓葬的发展营造了相对稳定的氛围。

和前两个阶段相比，广东南朝晚期的社会形势发生了更加深刻的变化，变化的开始，大致可以上溯至梁或梁末。梁代以前，广东基本处于政治舞台的边缘，除了成为逃避饥荒和战乱的天堂外，更成为滋养少数民族势力的"温床"。"在吴人不习战声中，酝酿着南方郡邑岩穴之长、村屯坞壁之豪的兴起。但要有时机。这个时机便是侯景之乱"[3]。俚獠乘乱起事，地方官吏也不甘寂寞，"交阯叛换，罪由宗室，遂使僭乱数州，弥历年稔"[4]。梁末陈霸先长期征战驰骋于岭南，非常清楚要在岭南有所作为以至于问鼎江南，唯有取得岭南土著的支持，而陈氏自己的身份，也使得双方的结合极为容易。[5] 随着陈朝广东土著的崛起，五岭在政治地理上对广东的阻

1）有学者将两广六朝墓葬分为"东吴—东晋中期、东晋晚期刘宋、南朝中晚期"三个时期，参看韦正《长江中下游、闽广地区六朝墓葬的分区和分期》（笔者查阅的是未正式刊行的北京大学2002年度博士研究生学位论文）。宿白先生将长江中下游三国两晋南朝墓葬分为东汉末至吴初、吴中期至东晋初、东晋至刘宋和齐至陈共四期，参看《中国大百科全书·考古学》"三国两晋南北朝考古"条，中国大百科全书出版社，1986年。蒋赞初先生将长江下游的六朝墓葬分为吴西晋、东晋刘宋和齐至陈三期，长江中游则区分为东汉末至吴、西晋至东晋初、东晋中后期和南朝四期，分别参看《关于长江下游六朝墓葬的分期和断代问题》、《长江中游六朝墓葬的分期和断代》，均刊蒋赞初《长江中下游历史考古论文集》，科学出版社，2001年。地区不同，分期就可能不一样。广东东晋、南朝早期和南朝晚期不仅社会背景显著不同，而且墓葬出土典型器物的类型学差异也很明显，晋宋两朝殊难划为一期。

2）人口迁移的高峰、数量详见前述。

3）《陈寅恪魏晋南北朝史讲演录》（万绳楠整理）第十二篇《梁陈时期士族的没落与南方蛮族的兴起》，黄山书社，1987年。

4）《陈书》卷一《高祖纪上》。

5）陈霸先的身份为经土断后列为南人的北来下等阶级，参看《陈寅恪魏晋南北朝史讲演录》（万绳楠整理，黄山书社，1987年）第九篇《东晋与江南士族之结合》。陈寅恪先生考证"陈霸先为晋成帝咸和土断之后，被列为南方土著之一的吴兴长城下若里人"，参看《陈寅恪魏晋南北朝史讲演录》第十二篇《梁陈时期士族的没落与南方蛮族的兴起》。陈霸先在岭南征战的情况，见《陈书》卷一《高祖纪上》："大同初，……及映为广州刺史，高祖为中直兵参军，随府之镇。映令高祖招集士马，众至千人，仍命高祖监宋隆郡。所部安化二县元不宾，高祖讨平之。寻监西江督护、高要郡守。先是，武林侯萧咨为交州刺史，……土人李贲连结数州豪杰同时反，……子雄弟子略与囧子姪及其主帅杜天合、杜僧明共举兵，执南江督护……，进寇广州，昼夜苦攻，州中震恐。高祖率精兵三千，卷甲兼行以救之，……其年冬，萧映卒。明年，高祖送丧还都，至大庾岭，会有诏高祖为交州司马，领武平太守，与刺史杨暕南讨。……高祖与众军发自番禺。……十一年六月，军至交州，贲众数万于苏历江口立城栅以拒官军。……高祖勒所部兵，乘流先进，……贼众大溃，贲窜入屈獠洞中，屈獠斩贲……贲兄天宝遁入九真，与劫帅李绍隆收余兵二万，……高祖仍率众讨平之。……（太清）三年七月，集义兵于南海，驰檄以讨景仲。……高祖迎萧勃镇广州。是时临贺内史欧阳頠监衡州，兰裕、兰京礼扇诱始兴等十郡，共举兵攻頠……十一月，高祖遣杜僧明、胡颖将二千人顿于岭上，并厚结始兴豪杰同谋义举，侯安都、张偲等率千余人来附。……大宝元年正月，高祖发自始兴，次大庾岭。"

断作用变得比以往任何时候都要微弱。这种开放状态，为隋唐结束南北对峙，重建大一统的政治格局提前做了铺垫，一定程度上缓解了社会转型对丧葬文化的冲击，使得广东南朝晚期墓葬和隋墓之间过渡得非常自然。隋墓表现出来的种种不同，大多可在南朝晚期墓葬中找到雏形，因此，广东南朝晚期墓葬既是广东六朝墓葬的发展终结期又是广东隋唐墓葬的酝酿萌芽期。

二　丧葬制度考略

墓葬是丧葬制度的表现形式。葬制影响丧葬习俗，葬俗影响墓葬形制、结构和随葬品特征等墓葬的具体形态。《通典》卷八十至一百五辑录虞、殷、周至唐凶礼传承过程显示魏晋南朝是凶礼变化明显的时期，凶礼变化又常常不及朝代更迭来得迅猛，各朝新礼殊难齐备、规范。凶礼的支离善变赋予争论的自由和执行的灵活，六朝时期广东并非政治中心，新礼遵循力度还可能存在折扣，因此，葬制的记载对广东墓葬分期仅有参考作用。

两晋丧葬制度，按《晋书》卷二十《礼志中》的记载，"魏晋以来，大体同汉"、"古者天子诸侯葬礼粗备，汉世又多变革。魏晋以下世有改变，大体同汉之制"。两晋葬制是遵汉魏之制还是崇周礼，存在过长期的争论。这种争论虽围绕对"凶礼"的不同解读而展开，实际上反映了丧葬制度是否需因时因势而变的不同态度。在新礼的酝酿和定制过程中，嬗变颇多[1]。

自魏晋始，丧葬制度和明器趋于简约。"而魏武以礼送终之制，袭称之数，繁而无益，俗又过之，豫自制送终衣服四箧，……金珥珠玉铜铁之物，一不得送。文帝遵奉，无所增加。及受禅，……以示陵中无金银诸物也。汉礼明器甚多，自是皆省矣"。又"宣帝豫自于首阳山为土藏，不坟不树，作《顾命终制》，敛以时服，不设明器。景、文皆谨奉成命，无所加焉。……江左初，元、明崇俭，且百度草创，山陵奉终，省约备矣"[2]。晋贺循云用器为"饰棺衣以布，玄上纁下。画帷荒云气，不为龙。笒帷易布以绀缯。池以象承溜，以竹为笼，如今车笒，帷以青绢代布。纽，玄纁二。其明器：凭几一，酒壶二，漆屏风一，三穀三器，瓦唾壶一，脯一箧，屦一，瓦鐏一，甒一，瓦杯盘杓杖一，瓦烛盘一，箸百副，瓦㪺一，瓦灶一，瓦香炉一，釜二，枕一，瓦甑一，手巾赠币玄三纁二，博充幅，长尺，瓦炉一，瓦盥盘一"[3]，较之汉代"凡生人所用之器"——

---

1)《晋书》卷二十《礼志中》："武帝亦遵汉魏之典，既葬除丧，然犹深衣素冠，降席撤膳。太宰司马孚……等奏曰：'……大晋绍承汉魏，有革有因，期于足以兴化而已，故未得皆返太素，同规上古也。陛下既已俯遵汉魏将丧之典，以济时务……方今荆蛮未夷……臣等以为陛下宜割情以康时济俗'……又诏曰：'……三年之丧，自古达礼……不宜反覆，重伤其心……'帝遂以此礼终三年……孚等重奏曰：'臣闻上古丧期无数，后世乃有年月之渐。汉文帝随时之义，制为短丧，传之于后。陛下以社稷宗庙之重……进退无当。不敢奉诏。'……孚等又奏曰：'臣闻圣人制作，必从时宜……陛下随时之宜，既降心克己，俯就权制，既除衰麻，而行心丧之礼，今复制服，义无所依……'……泰始四年，皇太后崩……但令以布衣车而已，其余居丧之制，不改礼文……群臣又固请，帝流涕久之乃许。文明皇后崩及武元杨后崩，天下将吏发哀三日止……泰始十年（274年），武元杨皇后崩，及将迁于峻阳陵，依旧制，既葬，帝及群臣除丧服即吉……博士陈逵议，以为'今制所依，盖汉帝权制，兴于有事，非礼之正……'……尚书杜预以为：'……至今世主皆从汉文轻典，由处制者非制也……宜复古典。'……于时外内卒闻预异议，多怪之。或者乃谓其达礼以合时。时预亦不自解说，退使博士段畅博采典籍，为之证据……惠帝太安元年（302年）三月，皇太孙尚薨……诏下通议……魏氏故事，国有大丧，群臣凶服，以帛为绶囊，以布为剑衣。新礼，以传称'去丧无所不佩'，明在丧则无佩也，更制齐斩之丧不佩剑绶。挚虞以为：'……宜定新礼布衣剑如旧，其余如新制。'诏从之……汉魏故事，将葬，设吉凶卤簿，皆以鼓吹。新礼以礼无吉驾导从之文，臣子不宜释其衰麻以服玄皇，除吉驾卤簿……挚虞以为：'……宜定新礼设吉服导从如旧，其凶服鼓吹宜除。'诏从之……汉魏故事，大丧及大臣之丧，执绋者挽歌。新礼以为挽歌出于汉武帝役人之劳歌……不宜以歌为名，除不挽歌。挚虞以为：'……宜定新礼如旧。'诏从之。"

2)《晋书》卷二十《礼志中》。

3)《通典》卷八十六《凶礼八》。

如珠玉珍宝、金银财物、器皿杂件乃至偶人伪物等等，"无不可为从葬之器"[1]，已是大为俭省。

刘宋葬制承袭晋制，其"随时之宜"、"各随事立"的特征与晋相同。"夫有国有家者，礼仪之用尚矣。然而历代损益，每有不同，非务相改，随时之宜故也。……司马彪集后汉众注，以为《礼仪志》，……历晋至宋，时代移改，各随事立。……晋始则……详定晋礼；江左则……缉理乖紊"[2]。有关的争议及葬制从简，与两晋亦大抵相仿[3]。

"随时之宜"、"各随事立"的礼仪特征延续到齐、梁、陈以至于隋。南齐因"宋初因循改革，事系群儒，……永明二年，太子步兵校尉伏曼容表定礼乐。于是诏尚书令王俭制定新礼，……因集前代，撰治五礼，……事有变革，宜录时事者，备今志。其舆辂旗常，与往代同异者，更立别篇"[4]。"梁武帝始命群儒，裁成大典。……陈武克平建业，多准梁旧……或因行事，随时取舍"[5]。

隋礼"采梁及北齐仪注"、"悉用东齐仪注以为准，亦微采王俭礼"[6]。参与制定隋礼的牛弘对汉晋礼制"随俗因时"的变化虽未贯以"违古法"之名，却罗列了"违古法"之实，和其对南齐礼制的评价没有实质性不同[7]，从侧面反映了汉晋至南齐礼制"随俗因时"或"随时之宜"、"各随事立"的特征。其实隋礼无论多大程度的重返"古法"，也仍然充满着"随俗因时"的成分，《隋书》卷八《礼仪志三》载隋丧纪云："棺内不得置金银珠玉"就是魏晋丧礼简约化的延续。

六朝丧礼传承中的变化为墓葬分期提供了参考；而丧礼变化中的传承，又使丧葬制度难以准确体现墓葬分期的具体界限和特征。梁时礼仪"裁成大典"并延及陈、隋，较之晋、宋更为规范和刻板。不过，梁礼的考订参详也是礼典"随时之宜"后的集成，内容上因袭前代者颇多，《隋书》卷八《礼仪志三》载梁天监六年（507年）"申明葬制，凡墓不得造石人兽碑，唯听作石柱，记名位而已"，就是晋、宋葬制因时改动的翻版，并非完全"另起炉灶"、"推陈出新"，也不能单独作为墓葬分期的依据。

1）杨树达：《汉代婚丧礼俗考》第二章第六节"从葬之物"，上海古籍出版社，2000年。
2）《宋书》卷十四《礼志一》。
3）《宋书》卷十五《礼志二》："宋武帝永初元年（420年），黄门侍卫王准之议：'郑玄丧制二十七月而终，学者多云得体。晋初用王肃议，祥禫共月，遂以为制。江左以来，唯晋朝施用；搢绅之士，犹多遵玄议。宜使朝野一体。'诏可。……元嘉十七年（440年），元皇后崩。皇太子心丧三年。礼心丧者，有禫无禫，礼无成文，世或两行。皇太子心丧毕，诏使博议。有司奏：'……不应复有禫。宜下以为永制。'诏可。……汉以后，天下送死奢靡，多作石室石兽碑铭等物。建安十年（205年），魏武帝以天下凋敝，下令不得厚葬，又禁立碑。……此则碑禁尚严也。此后复弛替。晋武帝咸宁四年（278年），又诏曰：'此石兽碑表，既私褒美，兴长虚伪，伤财害物，莫大于此。一禁断之……'至元帝太兴元年（318年），有司奏：'……求立碑。'诏特听立。自是后，禁又渐颓。大臣长吏，人皆私立。义熙中……裴松之又议禁断，于是至今。"
4）《南齐书》卷九《礼志上》。
5）《隋书》卷六《礼仪志一》。
6）《隋书》卷六《礼仪志一》："高祖命牛弘、辛彦之等采梁及北齐《仪注》，以为五礼云。"《隋书》卷八《礼仪志三》："撰《仪礼》百卷。悉用东齐《仪注》以为准，亦微采王俭礼。"其后"诏遂班天下，咸使遵用焉。"
7）《隋书》卷八《礼仪志三》载牛弘奏曰："……汉、晋为法，随俗因时，未足经国庇人，弘风施化。……江南王俭，偏隅一臣，私撰仪注，多违古法……"

第五节 结语

一 墓主族属

广东六朝墓葬除有砖室墓的南北分区外,还有土坑墓、土坑砖墓两类葬俗完全不同的墓葬。后两种墓葬数量虽少,也仅见于韶关和深圳两地,但由于广东六朝时期始终存在着"华"、"蛮"两大族群,在墓主身份的族属分析时,这种数量稀少,结构简单,随葬品大都不甚丰富的土坑和土坑砖墓,自然成为甄别"蛮"族墓葬的首选。

韶关土坑砖墓规模较大,深圳土坑墓随葬器物时代特征鲜明,形成了诠释特殊葬俗比较完整的证据链条。不过,土坑墓、土坑砖墓保存和发现的概率相对较低,数量缺乏,个案就无法构建体系,葬俗的覆盖范围和普及程度也不清楚。故对非砖室墓而言,目前仅可完成墓主族属选项的排序。

砖室墓的族属特征相对比较明显,原因有三:其一,广州晋墓和东汉晚期、三国墓的关系紧密;其二,广东六朝砖室墓中有少量墓主身份比较明确者,如广州黄埔姬堂 M3、广州北牌 M002、广州东龙 M030 等,从墓葬分布地域、岭南"蛮"族政治地位崛起的时间等观察,墓主无疑当非"蛮"族;其三,南北两区的砖室墓之间首先具有同为砖构墓室的共性,其次在墓室形状、封门、墓底、墓壁、墓顶的砌法、附属设施和典型器物的类型学体系方面,也存在相同或相似的因素。可见,将砖室墓确定为"华"人丧葬传统的表现,并将大多数砖室墓墓主族属确定为"华",较在砖室墓的南北两区之间区分"华"、"蛮"更显合理[1]。

南北两区的华人集团中,"侨旧"势力强弱有别,"新民"与"侨旧"融合程度相异,这些结构性差异,反映在两区砖室墓墓葬等级、形制及变化规律的不同等方面。相较于北区,南区地理范围宽广,"侨旧"势力强盛,"新民"力量雄厚,"新民"与"侨旧"融合程度不高,理论上看,典型的"侨旧"墓葬和"新民"墓葬,皆主要分布于南区。笔者观察,以肇庆为中心的南区西翼既有为"新民"和"交州流寓"新置郡县的确凿记载,又有着星罗棋布般的六朝墓葬,是解决问题的关键地区。

二 墓葬分布特征

广东六朝时期人口状况显示两晋、南朝墓葬皆有范围不尽相同的主要、次要和一般分布区,墓葬分布的密集程度和数量的增长幅度因时因地而异,目前已知墓葬的分布特征基本与之相符。广东发现的六朝墓葬,皆处于各分布区内;据发现数量,广州、韶关(含清远)及近来屡有大墓和群墓发现的肇庆(含云浮)当为已知三大中心。表现尚不充分的分布特征,为今后的发掘和研究提供了思路。作为重要分布区的肇庆(含云浮),探查、发掘和研究潜力极大,以肇庆为中心的南区西翼应区别于以广州为中心的南区中东翼,形成独立的亚区,提供解码"新民"墓葬的钥匙。

受保存和发现的限制,已知墓葬的密集程度、墓葬数量及其变化与真实情况之间,始终存在距离,但对于已有相同或相似特征的区域和单个墓地而言,墓葬分布和数量变化则明显具有

---

1)广州发现的三国墓葬,见张金国等《广州永福路王莽、三国时期墓葬清理纪要》,广州市文物考古研究所编《广州文物考古集》,广州出版社,2003年。引述墓葬未出注者,资料来源检索表一即可。

社会因素尤其是人口状况等方面的原因。六朝时期大规模人口流动导致岭南人口与墓葬数量、分布的同步变化,较人口结构性调整和经济文化互动交流对葬俗葬制的影响,更加显性和直接。

乳源六朝墓葬的屡次发现,成为北区墓葬在远离郡、县治所也有密集分布的例证。

三　墓葬分期和丧葬制度

广东六朝墓葬南北两区相同的两晋、南朝早期和南朝晚期三大分期与史学分期基本吻合。各期墓葬分别具有的延续渐变、变化发展和过渡转型特征,说明各期墓葬之间区别与联系的形成,历史背景、原因及性质各不相同。

对比华南地域东汉砖室墓的研究结果[1],南区六朝墓葬延续的早期因素如方形或横长方形前室、耳室、祭台和穹隆顶等比北区明显和典型。其中,方或横前室、耳室、穹隆顶等在六朝均处于衰变的过程中,使得南区墓葬分期的轮廓较北区清晰。东汉晚期前室祭台的出现,标志着华南地区与中原葬制具有相当程度的一致和相同的墓内祭祀葬俗。南区六朝墓葬祭台的保留,既透射出墓葬形制较高的传承性,又蕴藏着南北区葬俗不同的可能,这或许就是两区墓主身份结构性差异的一种表现。祭台主要流行于广州,其他的几例分布在肇庆、梅州和深圳等地,其墓主身份应为南区的“侨旧”。

丧葬制度的某些具体记载如葬制从简、丧葬器用、墓上设施等在广东六朝墓葬中有所体现,但文献记载和实物资料的对应关系没有排他性,因此,广东不是六朝丧葬制度物化的典型地区。广东六朝墓葬地际偏远、独立,加之六朝丧葬制度多变的特征和记载的残缺,使得两者之间的联系,大多要加“可能”二字。

1）华南地域东汉砖室墓的研究,参看黄晓芬《汉墓的考古学研究》(岳麓书社,2003年)第五章第一节“各地域的东汉墓”。

附表一

广东六朝墓葬登记简表

地点/墓数	规格（长/宽/高 cm）	结构								墓砖		时代纪年	资料代码/来源
		形状	组成	墓底	墓顶	墓门	墓壁	附属设施	其他	规格（cm）	纹饰		
韶关/11	272～590/76～155/106～163	长、凸 单券砖室	通道、前室、棺室	平放横、一横一顺"人"	船篷形单券/3座双券	双层横/一横一竖	单砖平放/顺砖叠砌	承券/砖托/龛	有的棺室较前室、通道两种高/等级,设龛者形制较小	长/刀/28～34/14～17/5～6。31/15/5最多	花纹/文字/纪年	永嘉四/310,咸康七/341,咸康八/342,永和三/347,泰元二/377?	1/杨豪:《广东韶关市郊的晋墓》,《考古集刊(1)》,中国社会科学出版社,1981年。
梅县/M1	438/88、438/86	长 合	羡道、两室	"人"	券顶	三横一竖		祭台/隔端设窗	两室不通	29～30/13.5～14.5/5,楔6～4	方格/叶形纹,多有花纹	晋?	2/广东省文物工作队:《广东梅县大墓及晋唐墓清理简报》,《考古通讯》1956年第5期。
高要肇庆/1	590/176/172	凸 单	主室、前室、甬道	主、甬铺"人"字形/前室横直行顺铺	单券			前室设砖台/菱角牙子/承券/承柱座	主室较前室高/承座.上支墓顶	长/刀/38/16/4		东晋?	3/广东省博物馆:《广东高要晋墓和罗罗唐墓》,《考古》1961年第9期。
曲江/M1.M4	M1:378/羡44 室118。M4:477室139 羡33	凸 单	羡道、主室	平铺	单券		单偶	后壁加砌一券拱	前室拱比后室低	31/16/5	侧压叶脉纹/平面斜方格	咸康八/342,建元一/343	4/广东省文物管理委员会:《广东曲江东晋、南朝墓简报》,《考古》1959年第9期。
揭阳/2	554/124/102 残 417/200～残甬58/117残	刀形 单	甬道、主室	"人"	券	残砖竖砌	平砖与丁砖结合	壁龛	M2底下夯白膏泥	36/12～16/5.5～6	方格/绳	东晋?	5/广东省博物馆等:《广东揭阳东晋、南朝唐墓发掘简报》,《考古》1984年第10期。
始兴/39	I:350～436/70～142。II:500～576/100～180	I:长单 29。II:凸单 7。III:长双 1	I:室。II:羡道、主室	"人"为主	单券。I式1座叠涩式顶			龛(I式6座)/砖1座/1座有排水沟		34～36/16/6。31/15/5～6。刀3～3.6	半重圆/方格/对角文叉/复线菱形/钱纹/花瓣/叶脉	建元二/344,泰和六 371?	6/广东省博物馆:《广东始兴晋—唐墓》,《考古集刊(2)》,中国社会科学出版社,1982年。

续附表一

地点/墓数	规格(长/宽/高 cm)	结构								砖		时代纪年	资料代码/来源
		形状	组成	墓底	墓顶	墓门	墓壁	附属设施	其他	规格(cm)	纹饰		
韶关/2	370/93/103。174/52/48	长单	室	"人"	券1。叠涩1	横砖平叠 横直砖平砌	顺行平砌			32/16/5。刀5~3.5	叶脉/几何/复线半圆圈	东晋	7/广东省文物管理委员会:《广东韶关附近唐墓清理简报》,《考古》1965年第5期。
韶关市郊/1	524/164	长单	棺室、前室、通道	横砖平铺	单券			圹坑/假柱/承券台/排水沟道	棺室高出前室一砖		叶脉	建元一/343,永和二/346	8/广东省博物馆:《广东韶关市郊古墓发掘报告》,《考古》1961年第8期。
和平/M2	残长630/宽170	长单	室	长方形砖平铺	券					25/19/8。刀 25/19/8~10。楔卵 34/11/8.5	叶脉	西晋末东晋初	9/广东省文物考古研究所等:《广东和平县晋至五代墓葬的清理》,《考古》2000年第6期。
肇庆坪石岗/8	955	异	墓道、前室、过道、后室、耳室、壁龛	长方形砖错缝平铺	券。墓道过道后室与前室耳室券向不同	两排竖砖	单隅	龟/砖托/排水渠/祭台/排水设施	墓道实为甬道/墓主为"广州苍梧广信侯"	36~37/16~17/4.5~5.5。刀3~4.5。方16/17/5	曲折纹/菱格纹	泰宁三/325	10/广东省文物考古研究所等:《广东肇庆市坪石岗东晋墓》,广东省文物考古研究所编《华南考古(1)》,文物出版社.2004年。
鹤山大冈/M1	残长518/240/残高125	长单	室	错缝平铺	券	叠砌	单隅	砖托	墓室前部曲尺形土坑/支撑塞墓砖	39~40/18~20/5.5~6。刀3		东晋	11/广东省文物考古研究所等:《广东鹤山市大冈东晋南朝墓》,《考古》1999年第8期。
四会/M1、M2	M1:810/195/202~212。M2:485/150/165	M1凸单/M2凸单	M1甬道前后室/M2南道墓室	M1"人"/M2错缝平铺	单券	叠砌	单隅	前室台阶/承券台(券门)/券座/后壁砖台/M2龛/砖托	M1南道券/顶故墓室底	M1:40/16/5.5。36/16.5/5~2.5。M2:36/16/5.5	菱格/叶脉/M1文字	M1东晋晚/M2东晋	12/广东省文物考古研究所等:《广东肇庆、四会市六朝墓葬发掘简报》,《考古》1999年第7期。

续附表一

地点/墓数	规格(长/宽/高 cm)	形状	结构							墓砖		时代纪年	资料代码/来源
			组成	墓底	墓顶	墓门	墓壁	附属设施	其他	规格(cm)	纹饰		
广州南田M1	残长500/146/残高50	长方形分室	前室/过道/后室	一横一纵			单隅	衬券/后壁假柱			双面网格纹	西晋末东晋初	13广州市文物考古研究所:《广州南田路古墓葬》，广东省文物考古研究所等编《华南考古(1)》，文物出版社，2004年。
广州沙河顶M4	长790	异	甬道/前室/过道/墓室/耳室	前室甬道横铺"人"	前室穹隆/券顶			前室祭台	前室横长方形			太熙元290?	14广州市文物管理委员会考古组:《广州沙河顶西晋墓》，《考古》1985年第9期。
广州黄埔姬堂/4	M1:515/152/143。M2:全长718。M3:全长852	M1长单/M2中字形/M3异	M2甬道/前室/后室/M3甬道/前室/耳室/过道/棺室		M1券顶/M2竖券/M3前室横券余竖券			M1釜,灯台(砖托)/M2釜,灯台,排水道/M3灯台,釜,壁台	家族墓地/M3还有旧砖,有东汉"熹平四/175纪年砖			西晋后期/M2永嘉元/307	15广州市文物考古研究所:《广州考古的重要发现——黄埔姬堂晋墓》，广州市文物考古研究所编《广州文物考古集》，文物出版社，1998年。
穗先烈南M6	276/64/残高66	长单	室	纵列错缝平铺四行砖		双重"人"字形砖	单隅			36/17/4		东晋	16广州市文物考古研究所:《广州市先烈南路晋南朝墓发掘简报》，广州市文物考古研究所编《广州文物考古集》，文物出版社，1998年。
穗先烈南M14	总长432	长方形分室	前室/后室/耳室	横列平铺		顺砖叠砌	单隅	釜	前室较后室低	38/16/5		东晋	17同16。
穗先烈南M12	总长547	凸单	甬道/棺室	甬道横列平铺/棺室文情纵横无规律		双重"人"字形砖	单隅		甬道较棺室低	36/18/5		东晋	18同16。

续附表一

地点/墓数	规格(长/宽/高cm)	结构						附属设施	其他	墓砖		时代纪年	资料代码/来源
		形状	组成	墓底	墓顶	墓门	墓壁			规格(cm)	纹饰		
穗先烈南 M13	总长688	异	甬道/前室/过道/后室/左右耳室	纵横交错	右耳室叠涩顶,余券顶	双重直墙	单隅	无	各部分分别起券	38/16/5		东晋	19/同16。
广州下塘狮带岗 M3~M6	M3长520/M5长540	M4同穴双室,每室独立,为甲字形/M3甲单/M5凸单/M6残,长单	M3~M5甬道/前室/后室,M6甬道/椁室	M3横直相间/M5前"人"后横直相间/M6椁室"人"/M4"人"	券顶	M3~M5双层砖门/	单隅/顺砖平摆错缝	M4、M5前室祭台/M3龛/M5砖柱承券/M6砖柱承券/M4设过道门洞连接两室	前室方形较后室宽/M3短甬道/底不分级/M5甬道另券后室较高/M6甬道同宽,椁室较高,棺室较高,封门多重券,设挡土墙/M4后室较高	40~42/18~19/5,祭台铺地刀砖35/14~15/3~3.5	面斜方格刀/M5有国外器物	M5、M6砖柱实为券座/M6出墓志砖最早墓/M3、M5为M4的陪葬墓、家族墓/M3、M4西晋晚期/M5两晋之际到东晋早/M6东晋中晚?	20广州市文物管理委员会:《广州市下塘狮岗晋墓发掘简报》《考古》1996年第1期。
广州西郊	632	凸A合葬	羡道/主室	纵横两种		侧立人形	单隅	小龛/砖柱/砖托	主室较高/使用东汉墓砖	36/18/4	纪年吉语/造者少量侧印儿何纹	永嘉七/建兴元/313	21麦英豪等:《广州西郊晋墓清理简导》,《文物参考资料》1955年第3期。
穗沙河狮子岗	958/714	双室合葬	每室皆分甬道/前室/过道/椁室	过道横列竖砌一行外,皆"人"	横券/直券			砖托/祭台/龛	前室以通道相接	38/18/5,刀/楔	图案/文字	建兴四/316	22广州市文物管理委员会:《广州沙河镇狮子岗晋墓》,《考古》1961年第5期。
广州西北郊 M2~M4	M3:424/M4:440/M2:360	长单(M3似甲形)			券/M2两级坡状			M3砖台/M4砖柱	M2疑为M5	M3:35/14/4,楔4.5~2.5。M4:37/18/4.5	M3、M2面斜方格/M4文字砖/M2纪年文字砖多	M2永嘉五/311	23广州市文物管理委员会:《广州西北郊晋墓清理简报》,《考古通讯》1955年第5期。
穗72北牌 M002	594	凸单	甬道/主室	纵置平铺	券	双砖平砌	单砖顺砌	排水沟/主室前设砖桌/龛	"部曲督印"铜印		侧印几何纹/纪年/文字	大兴二/319	24广州市文管理处:《广州晋墓清理简报(8)》,《文物资料丛刊(8)》,文物出版社,1983年。

续附表一

地点/墓数	规格(长/宽/高 cm)	结构 形状	结构 组成	结构 墓底	结构 墓顶	结构 墓门	结构 墓壁	结构 附属设施	结构 其他	墓砖 规格(cm)	墓砖 纹饰	时代纪年	资料代码/来源
穗53东龙M030	596	凸单	甬道/主室		券	双砖	单砖	封门下设下水道/主室前设砖桌	"部曲将印"铜印			东晋	25/同24。
穗57西黄M31	346	长单			叠涩		单两		用东、晋砖			永嘉三/309	26/区泽:《广州西郊发现晋墓》,《考古通讯》1957年第6期。
深圳南头/9		M5凸单/长土坑4	凸:甬道/墓室 长:墓室	M5横铺	券/长单1座无顶		单两				面方格纹	东晋?	54/古运泉等:《深圳市南朝隋墓发掘简报》,东晋南朝隋墓编:《深圳考古发现与研究》,文物出版社,1994年。
始兴太平岭/2	M1:264/M2:145	M1长单/M2亚字形		M1斜铺/M2平铺	券					M2:27/13/5, M1:34/16/5.5	M1半圆圈纹	晋?	59/始兴县博物馆:《广东始兴两座晋墓》,《考古》1991年第11期。
始兴赤土岭/7		长单6/土坑1	室	"人"双横双直/横铺错缝	券				M1承柱/M2龛/M6、M9砖托		叶脉等/文字	晋?	60/始兴县博物馆:《广东始兴南朝、唐墓清理简报》,考古1990年第2期。
始兴老虎岭M1	495/125	长单		"人"	券				墓砖有的有釉	32~34/15/6	纪年/纹饰	咸康元/335	62/始兴县博物馆:《广东始兴老虎岭古墓清理简报》,《考古》1990年第12期。
始兴老虎岭/4	M2:420/M3:360/M4:380/M6:430	长单		M2、M4双横双直/M3、M6错缝平铺	券			M2承券/M2墓室有土坑("柑穴")			33~34/15~16/6~7	双线半圆圈等/面绳纹	晋?	63/同62。

续附表一

地点/墓数	规格(长/宽/高 cm)	结构								砖		时代纪年	资料代码/来源
		形状	组成	墓底	墓顶	墓门	墓壁	附属设施	其他	规格(cm)	纹饰		
始兴老虎岭 M5	450	长单		错缝平铺	叠涩					32~33/15.5/5.5	文字/纪年/纹饰	咸和四/329	64/同62。
始兴缫丝厂 M4	500	长合		平铺	券			砖柱			文字/面/绳纹	东晋?	65/廖晋雄:《广东始兴县的发掘》，丝厂晋南朝墓的发掘，《考古》1996年第6期。
乳源虎头岭/3	M1:300/ M2:310/ M3:残420	M3凸单/余长单	室。甬道。主室	M1"人"/ M2平铺	券			M1排水沟/ M1,M2灯台/ M3砖托	M3主室较高	27~31/ 14~15/ 4~5	叶脉等	晋(永明十一/493)	67＊/韶关市文物管理办公室等：《广东乳源县虎头岭南朝墓清理简报》，《考古》1988年第6期。随葬器物特征显示其时代当不会晚于东晋，原文判断疑误。
曲江/4	315/室96·道60	长单	甬道·墓室	"人"/平行	券			砖柱		31/16/5	叶脉	永初二/421	27/同4。
揭阳/3	M1:415/90	长单	棺室	"人"	券	丁顺	丁顺			38/18/6	正面方格	南朝	28/同5。
	M2:690/125	凸单	甬道、前室、棺室	"人"	双券		双阙	出水井/天井/假直棂窗/砖柱	前室顶高出棺室				
始兴/11	M3:	三人合	甬道、前室、棺室	"人"	双券		双阙	出水井龛		37/18/6, 32/15/5		方格/莲花/圆圈	29/同6。
	II:600/200/170。 IV:438/360/150~160。	I长单5。 II中字形双1。 III长方形双3。 IV三棺合葬1。	I:室。 II:甬道/前室棺室 III:同II。	I:"人"/双横双直。 II:前室双横双直,棺室"人"。 III:同II。 IV:双横双直	券	丁顺/平铺错缝	平铺错缝,有双阙。	II隔墙设券门/III隔墙设叠涩式小门、窗/IV隔墙设券门、假窗		28~30/ 14~15/6, 刀3.5~4	叶脉/卷草/朱雀/轮/方格/半圆圈	南朝	

续附表一

地点/墓数	规格(长/宽/高 cm)	形状	组成	墓底	墓顶	墓门	墓壁	附属设施	其他	墓砖 规格(cm)	墓砖 纹饰	时代纪年	资料代的/来源
韶关/4	325~436/50~83/77	长单	室	"人"	券	横砖平叠横直平侧叠	顺行平砌	砖托/M26 龛		32/16/5。刀5~3.5	叶脉/几何	南朝	30/同7。
英德连阳/2	157~164/32~42/42~45	长单	室	平放顺/一横一顺	叠涩式	无封门				32/16/6	叶脉	建武四/497、永元元499	31/广东省文物管理委员会:《广东英德连阳南齐和隋唐古墓的发掘》,《考古》1961年第3期。
韶关市郊/9	230~480/55~100	长单5、长合4	室	"人"	单券	单砖/双券2	单行平放	龛			叶脉/鱼/钱形	南朝	32/同8。
韶关市郊/11	260~630/60~180/100~162	单券砖1/双券1/单券合2/土坑砖1	室/涌道(呈凸形)、室	"人"	单/双券	横顺叠砌/双行横砖	单砖平放等	双券进门/直棂窗(合)/2座墓室后端设龛	底为一平面,墓门外加一券			宋文帝前后	33/杨豪:《广东韶关市郊的南朝墓(3)》,《考古学集刊》(3),中国社会科学出版社,1983年。
博罗/八	730/240/170~220	长单	甬道、前室、棺室	"人"	券			灯台(砖托)	甬道前室、棺室逐次抬高	34~35/16~17/4~5		南朝	34/毛衣明等:《广东博罗县砖室墓发掘简报》,《广东文博》1987年第1~2期。
梅县/3	凸529/94~178。长双460/173	凸1、长单1、长双1	凸:甬道、主室	凸:"人"。长双:平长斜铺砌	券	三横一竖		凸:砖柱。双:直棂窗/灯台(砖托)		36/14/6、27/12/6	菱格/卷草/串圆圈	凸:南朝早。长:南朝晚	35/广东省博物馆:《广东梅县古墓址调查、发掘简报》,《考古》1987年第3期。
英德/2	200/80	长		平放横铺	叠涩	无封门		龛/灯台		33/16/7	叶脉	南朝	36/徐恒彬:《广东英德镇南朝隋唐墓的发掘》,《考古》1963年第9期。
	500/100	长单			券	卧丁砖			前室底干后室	29~35/14~18/5	叶脉		

续附表一

地点/墓数	规格(长/宽/高 cm)	结构								墓砖		时代纪年	资料代码/来源
		形状	组成	墓底	墓顶	墓门	墓壁	附属设施	其他	规格(cm)	纹饰		
曲江/13	250~400/56/128。凸:300/94。双:478/214	长单 11、凸 1、双室合 1		"人"		横放平砖		龛(M8)/双室墓有砖柱、承券			叶脉	元嘉 18/441,景平元/423	37/广东省博物馆:《广东曲江南华寺古墓发掘简报》,《考古》1983 年第 7 期。
和平/13	M8:330/75 M13:残 550/195	长方形砖室墓	M13 分前后室	M8 叠涩顶/顺砖铺底/M13"人"字底	11 座券顶/2 座叠涩顶					M13:30/14/5	斜方格/花纹	南朝。M13 建元四/482	38/同 9。
鹤山大冈/M2	残长 140/宽 240/残高 60	长单		成排纵置和顺置交错平铺			双隅			30~32/15/5	文字砖	元嘉十二/435	39/同 11。
肇庆牛冈/M1	残长 960/232~268/344	凸单	前、后室	"人"	券		双隅(按厚度计)	砖柱/假直棂窗/台阶/承券座/"砖台"	前室低于后室	长 36/18/5 方 18/16/5 长条 37/6.5/6.5 刀模		南朝早期	40/同 12。
广州南田 M2	残长 286/68/残高 40	长单		中部纵砖 1 列,两旁横砖平行横铺		平竖相间	单隅			33~34/13~15/3~4	两面网格	西晋晚至南朝初	41/同 13。
广州南田 M3	450/110~79/残高 36	凸形分室	前、后室	前室"人"/后室一列横一列纵		平竖相间	单隅	衬券/后壁中部假砖柱	前室方正后/室狭长/前室低于后室	33/14/4	两面网格	西晋晚至南朝初	42/13。
广州南田 M9	残长 115/58/残高 18	长单		一纵二横交错			竖立斜放	排水沟		38~39/18~19/5	网纹	南朝晚期	43/同 B13。
穗先烈南 M16	总长 528	长方形分室	前、后室	前室纵平铺/错缝平铺/后室一纵一横	券	一横一竖	单隅	衬券/砖柱/祭台		36/15/4~4.5	面网格	南朝初期	44/同 16。

续附表一

地点/墓数	规格(长/宽/高 cm)	结构								墓砖		时代纪年	资料代码/来源
		形状	组成	墓底	墓顶	墓门	墓壁	附属设施	其他	规格(cm)	纹饰		
穗先烈南 M9	总长770	长方形分室	甬道/前室/过道/后室	过道铺一列纵向砖,余"人"	券	一横一竖	双隅	重券/砖柱/菱角牙子/祭台	过道,后室较高前室高	38/16/4~5	面网格	南朝初期	45/同16。
穗先烈南 M3	总长596	凸字形分室	甬道/前室/后室	甬道,前室横列后室一纵	券	双重"人"字形	单隅	衬券/砖柱/砖托/前室设祭台	后室较高	36~38/16~17/4~4.5		南朝初期?	46/同16。
穗先烈南 M8/M10	M10总长800/M8总长766	凸	甬道/前室/过道/后室	M10过道一纵一横,余"人"	券	一横一竖	双隅	重券(衬券)/直枨角/M10前室设祭台/M1砖柱	M10墓底分级	M10:35/16/4.5		南朝初期?	47/同16。
穗先烈南 M11	全长676	中字形	甬道/前室/过道/后室	甬道,前室"人"/过道后室纵一列横一排	券	一横一竖	单隅	衬券(重券)/2级祭台/砖柱	墓底分2级,过道后室较高	34/15/4	网格纹	南朝初期?	48/同16。
穗梅花村 M1	长428	凸单	斜坡墓道/甬道前室	半截砖铺砌	券			承券/券座	甬道口未铺砖/多用残砖	34~35/17~18/5 方:21/21/5.5,刀:3~3.5	刻划纹/手掌印	晋~南朝	49/广州市文物考古研究所:《广州东山梅花村南朝墓发掘简报》,广州市文物考古研究所编:《广州考古集》,文物出版社,1998年。
穗梅花村 M2	全长730	串字形单室	甬道/前室/过道/后室	两层/甬道前室上层"人"/过道缝平铺放砖顺平铺	券	双层砖	单隅	承券(承券座/砖柱)/小龛/前室砖台	甬道,前室较低过道,后室低/砖专门恋/规格多	长:40/18/4.5,27/9/4.5,32/16/4.5	面斜方格纹/橘叶脉纹/侧凹痕	南朝	50/同49。
穗沙河茶亭 M1	926	凸单	甬道/前室/过道/后室	后室过道纵横相同纵列"人"	券			重券(承券)/直枨半圆/后壁半圆柱状侧柱/前室祭台			面斜方格纹	南朝	51/广州市文物管理委员会:《广州六朝砖墓清理简讯》,《考古通讯》1956年第3期。

续附表一

地点/墓葬数	规格(长/宽/高cm)	形状	结构							墓砖			时代纪年	资料代码/来源
			组成	墓底	墓顶	墓门	墓壁	附属设施	其他	规格(cm)	纹饰			
穗糖望岗M3	760	凸单	羡道/前室/过道/后室	纵横相间	券		双隅	重券/券台/排水沟/砖托/砖柱	墓底分级			南朝?	52/同51。
穗黄埔M1	850	凸单	羡道/前室/过道/后室	"人"	券		双隅	砖柱/祭台	墓底分级			南朝	53/同51。
深圳南头/4		M3长单/M4甲单/M6异单/M17土坑	M3前后室/M4甬道前后室/M6异/M16耳室前后室	"人"	券			M3菱角牙子/窗/祭台/M4承券窗/祭台	M3、M4、M6分级			南朝	55/同54。
深圳宝安/16	240~410	长单	室。前后室	"人"	券			4座排水道/个别隔道/隔窗	6座分级			南朝早期?	56/文本亭等:《深圳市宝安》,《文物》南朝墓发掘简报,1990年第11期。
深圳宝安/M12	410	甲单	甬道/前室/后室	"人"为主	券			井/排水道/假直隔窗	分级			南朝早期?	57/同56。
深圳宝安/4	216	长单	室	双横双直	叠涩			井/排水道/假直隔窗				南朝早期?	58/同56。
始兴赤土岭M8		长单	室	纵铺	券						双线半圆车轮纹			61/同60。
始兴缫丝厂/3	M1:440。M2:残长180。M3:420	长单	室	M1:双横双直/M2、M3:平铺	券							纹饰	南朝	66/同65。

说明:
1)"时代纪年"内有同号者,原文墓葬时代(或原文墓葬时代)在韦正有《长江中下游(闽广地区六朝墓葬的分区和分期)》(北京大学2002年度博士研究生学位论文)一文中被重新确定。凡新定时代与原定时代有重合及墓葬公布资料不详或随葬品特征不典型者,本书皆依原定时代进行登记。对原定时代予以改定再做登记者,在"资料来源"栏内加注星号并略加说明。
2)"地点墓数"栏登记墓号或墓葬数量。
3)墓葬"形状"划分为单室及合葬两类,合葬墓数较少,不再细分;单室墓一般根据墓底正投影形状(不含墓壁和封门)加以区分(因墓底高度不同或墓室被放置承券等墓室被放置承券等墓室被放置承券等墓室被放置承券等仍登记为长方形),其中凸"凹""刀"字形墓皆带甬道,异形墓皆带耳室。原报告与本书据描述和线图按通行名称予以登记。未予命名者各墓据描述和线图按原始名称予以登记。统计分析时凡属于相同或相似的附属设施均按相似的附属设施皆合并归类,如"村券"计入"承券"等,不再说明。
4)"附属设施"栏一般按原报告采用的名称进行登记。

附表二　A

广东六朝墓葬特征分析表（始兴郡除外）

资料代码	时代纪年	时间代码	墓形·凸类 异	凸	刀	甲	中	串	墓形 长单	土坑	合	长度规格/米 <4	4~6	>6	人 人	人/其他	墓底 其他	分级	墓顶 券	叠涩	组合	附属设施 承券	砖柱	砖托/灯台	龛	祭台	菱角牙子窗	加券	排水	墓葬数量
14	290	A01	*													*					*	*				*				1
15b	307	A02					*							*						*						*	*			*	1
26	309	A03							*			*								*	*				*	*					1
23	311	A04				*			*				*							*					*	*					3
21	313	A08		*							*		*				*	*	*	*					*						1
22	316	A09		*					*					*		*		*	*	*					*	*	*				1
15a	西晋后期	A10	*														*	*		*					*	*	*				3
20a	西晋晚	A10		*		*			*					*				*	*	*					*	*	*				2
24	319	B01	*						*											*										*	1
10	325	B02	*						*					*				*	*	*					*	*	*			*	1
13	西晋末~东晋初	B13		*					*					*				*		*											1
9	西晋末~东晋初	B13		*					*					*			*	*	*	*			*	*	*	*					1
20b	两晋之际~东晋早	B13		*							*	*				*				*				*	*	*					1
16	东晋	B14				*			*				*							*											1
5	东晋	B14		*	*								*		*	*	*	*													2
17	东晋	B14		*					*				*				*	*	*							*					1
18	东晋	B14		*					*				*			*	*	*	*												1
3	东晋	B14								*				*		*	*	*		*			*	*							1
19	东晋	B14		*					*				*				*	*	*												1
11	东晋	B14			*				*					*						*		*	*	*							1
12a	东晋	B14		*					*				*							*											1
54	东晋	B14							*				*			*	*	*	*				*	*	*	*					9
25	东晋	B14		*					*				*	*			*														1
20c	东晋中晚	B15							*				*				*	*	*				*	*		*	*			*	1
12b	东晋晚	B16							*				*			*				*											1
2	晋	B17									*		*			*				*							*				1
小计	26		4	9	1	2	1	0	10	1	3	1	14	8	5	4	13	8	17	1	2	5	5	9	11	8	1	0	4	40
趋势概率%			15	35	4	8	4	0	38	4	12	4	54	31	19	15	50	31	65	4	8	19	19	35	42	31	4	0	15	

续附表二 A

资料代码	时代纪年	时间代码	异	凸(凸类)	刀	甲	中	串	长单	土坑	合	<4	4~6	>6	人	人其他	其他	分级	券	叠涩	组合	承券	砖柱	砖托/灯台	龛台	祭台	窗	菱角牙子	加券	排水	墓葬数量
39	435	C03							*						*																1
38a	482	C05							*					*	*					*											1
41	西晋晚~南朝初	C08		*									*		*		*	*	*		*	*								1
42	西晋晚~南朝初	C08							*			*			*																1
44	南朝初期	C10		*									*		*		*	*	*	*	*	*	*	*	*	*			1
45	南朝初期	C10		*										*	*		*	*	*	*	*	*	*	*	*	*			1
46	南朝初期	C10		*									*		*		*	*	*	*	*	*	*	*	*	*			1
47	南朝初期	C10		*									*		*		*	*	*	*	*	*	*	*	*	*			2
48	南朝初期	C10		*									*		*	*	*	*		*			*						1
40	南朝早期	C12							*				*		*	*	*	*	*	*	*	*	*	*	*	*		*	16
56	南朝早期	C12		*									*		*	*	*	*	*	*	*	*	*					*	1
57	南朝早期	C12							*		*		*		*	*	*			*			*						4
58	南朝早期	C12		*							*			*	*	*		*		*	*								1
35a	南朝早	C12		*						*		*		*	*	*	*	*	*	*	*	*	*					*	3
28	南朝	D01		*							*		*	*	*	*	*	*	*	*	*	*	*		*			*	12
38b	南朝	D01					*					*		*	*	*	*	*	*	*	*	*	*	*	*			1
51	南朝	D01		*									*	*	*	*	*		*	*	*	*	*					*	1
52	南朝	D01		*							*		*	*	*	*	*	*	*	*	*	*	*					*	1
53	南朝	D01							*				*	*	*	*		*		*		*						1
34	南朝	D01			*	*			*			*	*	*	*	*	*	*	*	*		*		*			4
50	南朝	D01			*		*	*				*	*	*	*		*	*	*	*	*	*	*	*			1
55	南朝	D01	*					*		*	*		*	*		*	*							*			4
43	南朝晚期	E01						*				*	*		*	*	*	*	*	*		*				1
35b	南朝晚期	E02			*		*	*			*	*	*	*	*	*	*	*	*	*		*		2
49	晋~南朝	F01						*			*	*	*	*	*	*	*						1
小计	25		1	11	0	2	1	1	11	1	2	3	10	10	9	8	9	13	17	3	0	11	13	5	2	9	8	3	0	5	61
趋势概率%			4	44	0	8	4	4	44	4	8	12	40	40	36	32	36	52	68	12	0	44	52	20	8	36	32	12	0	20	
合计	51		5	20	1	4	2	1	21	2	5	4	18	18	14	12	22	21	34	4	2	16	18	14	13	17	9	4	0	9	101
趋势概率%			10	39	2	8	4	2	41	4	10	8	47	35	27	24	43	41	67	8	4	31	35	27	25	33	18	8	0	18	

说明：

附表二据附表一统计而成。资料代码同附表一资料来源，同一资料中包含不同时期墓葬的，以a、b等字母加以区分。

附表二 B

始兴郡六朝墓葬特征分析表

资料代码	时代纪年	时间代码	异	凸	亚	甲	中	串	长单	合	土坑	土砖	<4	4~6	>6	人	人其他	其他	分级	券	叠涩	组合承券	砖承柱	砖托/灯台	龛	祭台	窗	类角牙子	加券	排水	墓葬数量
			\<墓形\> 凸类										\<长度规格米\>			\<墓底\>				\<墓顶\>							\<附属设施\>				
1	310-377	A03		*					*				*			*		*	*	*			*	*	*						11
64	329	B04							*					*				*		*	*			*							1
62	335	B04		*					*				*	*		*		*		*											1
4	342/343	B05							*				*					*												*		2
8	343/346	B07		*					*				*			*		*	*	*			*	*	*						*	1
6	344/371	B08							*				*	*		*		*		*	*										*	39
7	东晋	B14								*				*						*	*											2
65	东晋	B14							*	*				*						*												1
60	晋	B17		*					*				*			*		*	*	*			*	*	*						*	7
67	晋	B17										*		*				*		*												3
63	晋	B17							*					*		*		*		*												4
59	晋	B17			*				*				*	*				*		*												2
小计 12			0	4	1	0	0	0	10	2	0	1	7	8	0	6	0	10	3	11	3	0	3	4	3	0	0	0	1	3	74
趋势概率%			0	33	8	0	0	0	83	17	0	8	58	67	0	50	0	83	25	92	25	0	25	33	25	0	0	0	8	25	
27	421	C01							*				*	*		*				*											4
37	423/441	C02		*					*					*	*			*	*	*		*	*	*	*						13
31	497/499	C06							*				*			*															2
33	宋文帝前后	C11		*					*				*				*			*				*							11
29	南朝	D01							*				*	*				*		*		*	*	*	*		*				11
30	南朝	D01							*	*			*	*		*				*	*			*	*		*				4
32	南朝	D01							*	*				*		*		*		*					*						9
61	南朝	D01							*			*	*																		1
66	南朝	D01							*	*				*		*		*			*										3
36	南朝	D01							*				*			*		*		*											2
小计 10			0	2	0	0	0	0	10	3	0	1	7	6	1	6	1	5	1	7	2	2	2	3	5	0	2	0	0	0	60
趋势概率%			0	20	0	0	0	0	100	30	0	10	70	60	10	60	10	50	10	70	20	20	20	30	50	0	20	0	0	0	
合计 22			0	6	1	0	0	0	20	5	1	1	14	14	1	12	1	15	4	18	5	5	5	7	8	0	2	0	1	3	134
趋势概率%			0	27	5	0	0	0	91	23	5	5	64	64	5	55	5	68	18	82	23	23	23	32	36	0	9	0	5	14	

附录三

乳源泽桥山东汉墓和隋墓发掘简报

韶关市文物管理委员会办公室

乳源瑶族自治县民族博物馆

墟赴岭位于乳源瑶族自治县侯公渡镇东北约500米处，是泽桥山的组成部分，西距乳源县城4公里。1998年12月和2000年8月，乳源县民族博物馆与韶关市文物管理委员会办公室有关人员先后两次在侯公渡镇泽桥山一带进行野外文物调查时，在墟赴岭发现并抢救清理2座土坑墓和1座砖室墓，编号分别为98HXFLM1、2000HXFLM1、98HXFLM2。

一 土坑墓

1．98HXFLM1（简称98M1）

1）墓葬概况

位于墟赴岭东北。为长方形竖穴土坑墓，直壁、平底。墓底经夯实。长1.88、宽0.9、残深0.3米。方向96°。（图一）

墓内填土为黄色沙黏土，并夹杂少量直径约3~5厘米的卵石。未发现葬具和人骨的痕迹。因破坏严重，随葬器物散布于墓的中、前部，有陶罐、陶厄、石纺轮等9件。

2）出土器物

陶罐 7件。分2型。

A型 2件，1件残。98M1：2，泥质灰陶。敛口，圆唇，折沿外翻，溜肩鼓腹，底微内凹。腹部印方格纹。口径15、底径17.6、腹径20、高20.6厘米（图一；彩版一二一，1）。

B型 5件。分3式。

Ⅰ式 1件。98M1：1，泥质灰陶。侈口，圆唇，溜肩，鼓腹，底部微内凹。口沿内壁饰数条弦纹，腹部有拍印方格纹。口径11.4、腹径12.6、底径6.5、高11.2厘米（图一；彩版一二一，2）。

Ⅱ式 3件。98M1：3，侈口，折沿方唇，鼓腹，溜肩，底部内凹。腹部印方格纹，肩部饰一周阴刻的弦纹。口径10.6、腹径13.3、底径8.7、高10.8厘米（图一；彩版一二一，3）。98M1：4，灰胎。侈口，折沿方唇，溜肩，鼓腹，底部内凹。腹部折印方格纹。口径8.8、腹径12.5、底径8.8、高11.3厘米（图一；彩版一二一，4）。98M1：5，灰胎。侈口，折沿方唇，溜肩鼓腹，底部内凹。腹部拍印方格纹，口沿内壁饰有数条弦纹，肩部有一周阴刻（稍宽）的弦纹，

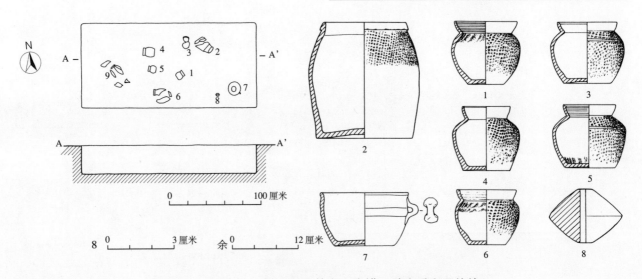

图一　98M1 平、剖面图及其出土陶罐、釉陶卮和石纺轮

1. B型Ⅰ式陶罐　2. A型陶罐　3~5. B型Ⅱ式陶罐　6. B型Ⅲ式陶罐　7. 釉陶卮　8. 石纺轮

内壁靠近底部有压制的波浪形痕迹。口径 9.6、腹径 13.2、底径 9.2、高 11.2 厘米（图一；彩版一二一，5）。

Ⅲ式　1件。98M1：6，灰胎。侈口，方唇溜肩，鼓腹，平底。口沿内壁饰有数条弦纹，腹部拍印方格纹，腹内壁靠近口沿处有压制的波浪形痕迹。口径 10.7、腹径 11.5、底径 6.5、高 9.8 厘米（图一；彩版一二一，6）。

釉陶卮　1件。98M1：7，灰胎，外施浅黄色釉，釉质较差，脱落严重。侈口，圆唇，深腹，内部内凹。腹部附一泥条形耳，底部外壁有一圈弦纹。口径 15.7、底径 10.7、高 9.5 厘米（图一；彩版一二二，1）。

石纺轮　1件。98M1：8，两端稍尖，中间较鼓，中间有一圆孔。直径 3.3、高 2.4 厘米（图一；彩版一二二，2）。

2．2000HXFLM1（简称 2000M1）

1）墓葬概况

位于墟赴岭东北山坡，距 98M1 约 10 米。因煤饼厂取土制煤饼，墓坑被毁。为长方形竖穴土坑墓，直壁，平底。墓底夯实。长 3、宽 1.4、残深 0.6 米。方向 102°。（图二）

墓内填土为黄色沙黏土。未发现葬具和人骨痕迹。

因挠乱严重，随葬器物散布在墓坑的中、前部。经清理出土器物 13 件，墓外采集 2 件，共15 件，有罐、壶、灶、熏炉、灯、盆、器盖、屋和仓。

2）出土器物

陶罐　4件。2000M1：2，灰胎，施酱黄色釉，釉质较差，脱落严重。直口，高领，弧肩，鼓腹，腹部隆圆，平底。肩部附有一对半圆形横耳。口沿、肩、腹部均饰有弦纹，肩部有戳印纹和阴刻菱格纹。口径 12.3、腹径 21.7、底径 13.8、高 18.2 厘米（图二；彩版一二二，3）。2000M1：4，泥质灰陶。口稍侈，斜折沿，方唇，短颈，直身如筒，平底。侧附两个半环形横耳，底与耳相对

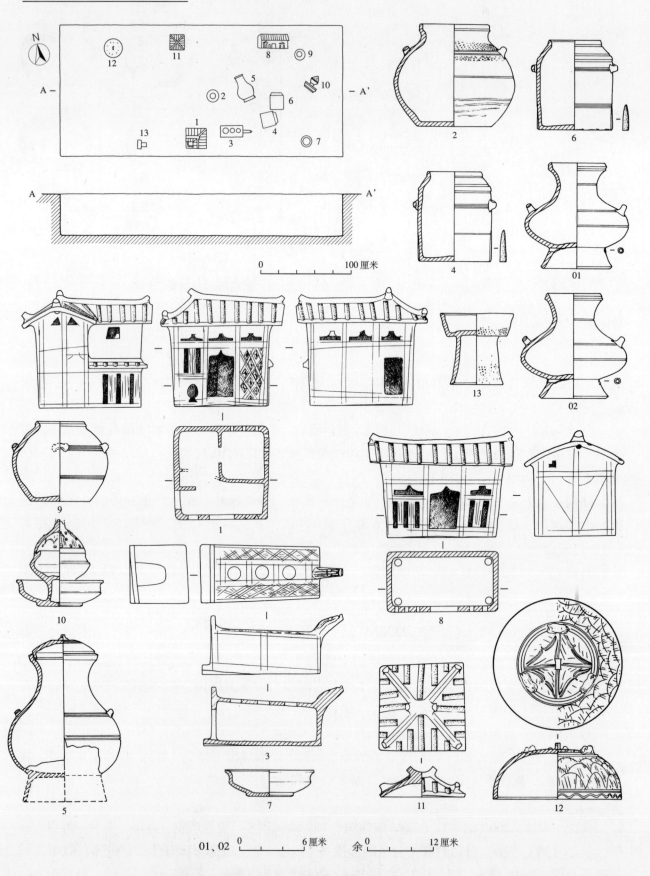

图二　2000M1 平、剖面图及其出土陶屋、罐、灶、壶、盆、仓、熏炉、器盖

1. 陶屋　2、4、6、9. 陶罐　3. 陶灶　5、01、02. 陶壶　7. 陶盆　8. 陶仓　10. 陶熏炉　11、12. 陶器盖

处有凹位，为固定提拿的绳索而设。口沿、肩部、腹部皆刻划有凹弦纹。口径9.9、底径13.1、高16厘米（图二；彩版一二二，4）。2000M1：6，灰胎。造型与2000M1：4相同。口径9.4、底径13.6、高16厘米（图二；彩版一二二，5）。2000M1：9，灰胎，酱黄色釉，釉质较差，脱落严重。口稍侈，低领，弧肩，鼓腹，腹部隆圆，平底。肩部附有四个半圆形横耳。口沿、肩、腹部均饰有弦纹。口径8.8、腹径17.2、底径11、高13.5厘米（图二；彩版一二二，6）。

陶壶 3件，2件采集。2000M1：5，灰胎，釉已脱落。盘口稍侈，长颈，圆鼓腹，足部残缺。肩部附两个半圆形横耳。有盖，盖面馒圆顶附半环纽，下沿折成方口。肩部、腹部均饰有浅细弦纹。口径11.6、腹径20.6、底径15.2、高29.8厘米（图二；彩版一二三，1）。2000M1：01，灰胎，陶质稍软。侈口，尖圆唇，长颈，圆鼓腹，腹部略扁突，喇叭口形圈足。足上有穿绳孔，肩部附两个泥条形耳。口沿、颈、腹部均饰有一圈弦纹。口径4.8、底径5.8、腹径9.6、高9.3厘米（图二；彩版一二三，2）。2000M1：02，造型与2000M1：01相同。口径4.9、底径6、腹径9.4、高9.4厘米（图二；彩版一二三，3）。

陶盆 1件。2000M1：7，灰胎。敞口，斜折沿，方唇，浅腹，平底。底部外棱旋削一周。口径16.3、底径8、高4.7厘米（图二；彩版一二三，4）。

陶灯 1件。2000M1：13，灰胎，陶质稍软。灯盘口沿斜折，尖唇，喇叭口状高圈足。器表饰有拍印的方格纹。口径13.1、底径9.5、高12.7厘米（图二；彩版一二三，5）。

陶灶 1件。2000M1：3，泥质灰胎，陶质较硬。平面前宽后窄呈梯形，龙首形烟突，灶门前有台地伸出，近拱形灶口，灶面设三个灶眼。灶面刻有菱格纹。长26.2、宽10.4、高10.6厘米（图二；彩版一二四，1）。

熏炉 1件。2000M1：10，黄灰胎。炉体如碗，腹部鼓凸，口沿出子口与盖套合，炉下连圆筒把足与托盘相接。托盘敞口方唇，折腹，假圈足。盖如塔尖形，顶部残缺，盖体为镂刻花瓣和一周的镂孔以透气，花瓣上还刻划有长短不一的竖条纹。底径7.4、通高15.6厘米（图二；彩版一二三，6）。

器盖 2件。2000M1：11，泥质灰胎。正方形井盖，四阿式顶，正中有短脊上翘，四垂脊斜出上翘，顶部塑出瓦脊及瓦垄。盖高5.5、边长15.7厘米（图二；彩版一二四，2）。2000M1：12，泥质灰胎，陶质较硬。盖面隆圆，盖顶面微弧稍平，中间附一半圆形纽。盖顶部有两圈凸棱，且凸棱上伏卧三个动物造型，动物四肢伏卧，尾部上翘卷帖于背部，头部残缺，难以辨别兽名；凸棱围成的圆周内以纽为中心，向四边幅射为短线，又将四点相连成近正方形；凸棱外围饰有花瓣纹，弦纹及波折纹，器表还饰有疏密相间，长短不一的阴刻短线。高10、口径23.2厘米（图二；彩版一二四，3）。

陶屋 1件。2000M1：1，泥质灰陶。曲尺形，两间房，房后有围栏式院落，院落与房之间有一拱形洞口相通。屋的正面有一长方形大门，大门两侧有镂刻的菱格和直栏式窗牖，直栏式窗的下面有一"Ω"形洞口与房内相通。陶屋的一侧面开一小门与室内相通。陶屋的周围表面均刻划有立柱形状的线条，某些部位还刻划有斗拱式样。屋顶有明显的屋脊及瓦垄形状，屋脊及垂脊上翘。长23.8、宽22.8、高21厘米（图二；彩版一二五，1）。

陶仓 1件。2000M1：8，泥质灰陶。正面有镂刻的直棂窗，四壁均有刻划的立柱，山墙上刻划斗拱式梁架式样，并各有一"⊔"形小窗。悬山式顶，屋顶塑有房脊、瓦垄，房脊上翘。底部四角有圆孔，可设柱把仓支高。长26.4、宽18、高18.8厘米（图二；彩版一二五，2）。

二 砖室墓

1座。编号98HXFLM2（简称98M2）。位于墟赴岭西南。长方形单券双室合葬墓。长6.57、宽3.02米，后壁高2.07米。方向78°。（图三）

1）墓葬概况

该墓由平面呈长方形的左、右两室组成，每个墓室均可分为天井、前室和后室三部分。

左室甚残。天井残宽1.18、长1.3米。天井抬高0.28米接前室，前室残宽1.08、长0.67米。前室抬高0.32米至后室，后室长4.6、宽1.51米。后壁高2.07米。

右室与左室基本相同。天井宽1.51、长1.3米。前室宽1.51、长0.67米。后室长4.6、宽1.51米。后壁高2.07米。

封门全毁。

左、右墓室的天井和前室间隔墙已毁，结构无法复原。墓壁单砖砌筑。左、右前室可能相通。

左、右后室之间的隔墙用双砖错缝垒砌。砌筑两层砖后，用两块竖直砖两块横平砖筑成两层直栏式窗牖。第二层窗牖上残存高0.36、底宽0.66米的"圭"形窗门一个。墓底用双砖两横两竖平铺两层。后壁用单砖错缝砌筑，侧壁高1.12米处起券，券顶用刀砖砌筑。

右前室用两块砖靠墙脚围成边长0.33、深0.15米的方形池子。两后室各砌四条长、宽皆0.33、高0.75米的砖柱。

墓砖有长方形和刀形两种。长方形砖一般长31~31.5、宽15~15.5、厚5厘米，刀形砖长31、宽15、刃部厚2.5~3、背部厚5厘米。砖饰叶脉纹、莲花瓣纹、方格纹、卷草叶纹等。

随葬器物共8件，全部有青釉瓷器。右墓天井中出土钵形碗2件，钵形杯1件；左墓天井中出土四耳罐2件，杯形碗1件；左前室和左后室出土钵形碗各1件。

2）出土器物

青瓷罐 2件。98M2∶2，青灰胎，釉全部剥落。圆唇，口微敞，溜肩，上腹弧内收，平底内凹。底部用绳子旋切的痕迹明显。器物底部墨画"肩"，肩部饰凹弦纹一道并附四个竖泥条耳。口径8.4、底径9.4、腹径13.8、高14.5厘米（图三；彩版一二六，1）。98M2∶3，青灰胎，施青黄釉，内满釉，外釉至下腹，大部分剥落。圆唇，敞口，溜肩，上腹鼓，下腹弧内收，饼足不规则。底部用绳子旋切痕迹明显。器物底部墨画"◇"，肩部饰凹弦纹一道并附四个泥条耳。口径8.5、底径9.4、腹径14.2、15.6厘米（图三；彩版一二六，2）。

钵形碗 4件。98M2∶1，青灰胎，施青黄釉，内满釉，外釉至腹下，釉层薄，着釉差，釉层大部分剥落。斜方唇，口微敛，浅腹，平底。底部饰三道凹弦纹，器物内饰有三层朵花并饰数道凹弦纹。口径20.4、底径8、高7.8厘米（图三；彩版一二六，3）。98M2∶4，青灰胎，施青黄釉，内满釉，外釉至腹下，釉层薄，着釉差，釉层剥落。圆唇，弧腹，平底微内凹。底部饰有一道凹弦纹，内底印花，内底心饰四道凹弦纹。口径11、底径4.2、高4厘米（图三；彩版一二六，4）。98M2∶5，灰胎偏黑，器物所施釉全部剥落，从痕迹观察，内满釉，外釉至下腹。圆唇，口微敛，浅腹外弧收至平底。内壁印花，沿下饰三道弦纹。口径11.8、底径3.6、高4.2厘米（图三；彩版一二六，5）。98M2∶6，青灰胎偏黑，施青黄釉，内满釉，外釉至腹下，釉层薄，着釉差，大部分剥落。圆唇，弧腹，平底。内壁饰细弦纹五道，内底印花。口径12、底径4.2、高4.2厘米（图三）。

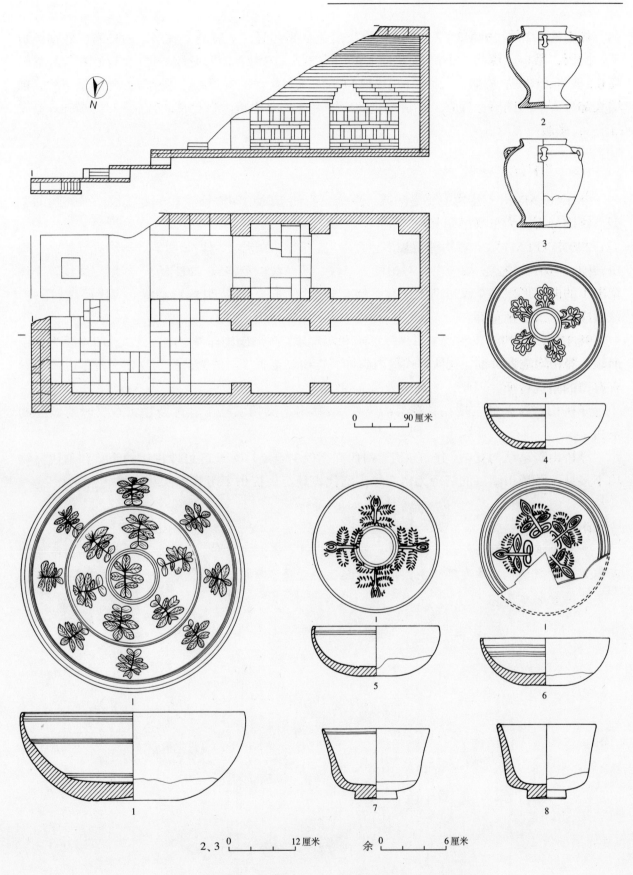

0　　90厘米

2、3 0 ┄━━━━ 12厘米　　　余 0 ┄━━━━ 6厘米

图三　98M2 平、剖面图及其出土青瓷钵形碗、杯形碗、罐
1、4、5、6.青瓷钵形碗　7、8.青瓷杯形碗　2、3.青瓷罐

杯形碗 2件。98M2：7，泥质灰胎，釉层全部剥落，从痕迹上观察，内釉满，外釉至腹下。圆唇，敞口，深腹，小饼足高，饼足上部内收。内沿下饰凹弦纹一道。口径10、底径4、高6.2厘米（图三；彩版一二六，6）。M2：8，泥质灰陶，施青黄釉，内满釉，外釉至下腹，釉层大部分剥落。圆唇，深腹，小饼足略高，饼足底部略内折。口径9.2、底径3.7、高6.6厘米（图三；彩版一二六，7）。

三 结语

98HXFLM1出土器物主要是陶罐，纹饰只有简单的拍印方格纹和刻划弦纹。从器物的造型、纹饰分析应为东汉早期墓。

2000HXFLM1随葬器物种类较多，有陶屋、仓、井、灶、熏炉等明器，器物火候较高，陶质较硬，但釉质较差。纹饰主要有拍印方格纹、凹弦纹、菱格纹、戳印纹、刻划短线纹等。该墓出土的曲尺形屋是东汉早期比较常见的随葬器物，但壶、罐、灯的形制特征时代偏晚。因此，该墓应为东汉中期墓葬。

98HXFLM2的随葬器物主要是钵形碗和四耳罐。钵形碗内印花，饰凹弦纹；四耳罐为亚腰形罐，器物均施青黄釉，施釉方式是内满釉，外釉只至腹下。器物造型、纹饰和施釉方式都具有典型的隋代特征。因此，该墓应为隋墓。

泽桥山东汉墓的发现在乳源县尚属首次，其出土文物填补了乳源博物馆东汉时期藏品的空白。

泽桥山隋墓结构复杂，建筑讲究。隋代立朝仅37年，广东地区可以肯定的隋墓和隋代器物均不多见，泽桥山隋墓的清理为研究岭南隋代丧葬习俗提供了可贵的实物资料。

附记：

参加发掘人员有陈松南、邓永发、曾雄伟、赵才银、龚庆华、赵雪华、林俊杰等，线图由齐雪芳、钟振远、邓永发等绘制，照片由黎飞艳拍摄。

执笔者邓永发。

后 记

　　2000年度乳源泽桥山墓地的发掘得到了广东省文化厅，韶关市文化局，中共乳源瑶族自治县委员会、自治县人民政府及自治县文化局、公安局、民族博物馆和侯公渡镇人民政府等单位的大力支持。

　　2000年度乳源泽桥山墓地发掘领队由广东省文物考古研究所李岩担任。主要发掘人员有广东省文物考古研究所邓宏文、尚杰、郭顺利和毛远广，乳源瑶族自治县民族博物馆邓永发、韶关市曲江区博物馆吴孝斌等，参加发掘工作的还有丁新功等。田野摄影由尚杰负责。同年年底完成了田野资料的初步室内整理工作。

　　发掘期间，先后到工地检查、指导、协调发掘工作，组织、参与墓地保护工作的有国家文物局、北京大学考古文博学院的领导、专家和时任中共乳源瑶族自治县县委书记的王功荣同志、县长赵志发同志、广东省文物考古研究所副所长古运泉研究员、中共乳源瑶族自治县县委常委及宣传部长陈松海同志、县人大副主任陈赞民同志、副县长赵卫东同志、韶关市文化局文物科科长陈松南同志、乳源瑶族自治县县府办主任宋维辉同志、县文化局局长赵才银同志以及县公安局、国土局、文化局的其他同志等。

　　广东已发表的六朝隋唐墓葬资料涉及墓葬总数超过200座，但多数均为简报形式，公布的信息颇多缺憾，相关研究亦殊为不便。2003年乳源泽桥山墓地被列入广东省文物考古研究所整理出版计划。该项目是广东省文物考古研究所进行的首次历史时期大型墓地发掘资料整理和报告编写工作，在项目统筹、经费保障、人员调配、时间安排等方面均得到支持。2004年6~11月，邓宏文同志负责对2000年度泽桥山墓地发掘资料进行了系统整理。参与整理工作的有齐雪芳、龚海珍、樊庆平、钟振远等。资料整理从查验、校对发掘记录、发掘日记、绘图、拓片、影像资料和出土器物开始，个别存在缺漏的资料，经核查发掘日记、现场照片和对已回填的墓葬进行重新揭露的方式，慎重予以补充；而后对全部出土陶瓷器物进行了拼对、修补，重新绘制了器物线图，填写了器物登记卡片，补充了部分拓片。在此基础上，进行了典型器物的型式划分和墓葬的排队分期。

　　整理期间时值盛夏酷暑，乳源瑶族自治县民族博物馆在邓永发馆长和龚庆华副馆长的带领下，倾全馆之力，为整理工作创造了良好的工作条件。韶关市文化局、中共乳源瑶族自治县县委、县府和县文化局非常关心整理工作进度。韶关市文化局的刘军同志、陈松南同志，中共乳源瑶族自治县县委的高振忠同志、自治县人民政府的周志军同志、自治县政协的赵才银同志、自治县文化局的张春林同志、谭群英同志和广东省文物考古研究所的黄道钦同志、尚杰同志，广东省博物馆的古运泉研究员等，还莅临现场，对整理工作提出了许多宝贵意见和建议。

　　本报告由邓宏文执笔完成。器物线图和全部描图工作由齐雪芳、龚海珍、樊庆平、钟振远等负责，并经广东省文物考古研究所陈红冰审阅；器物摄影由广东省文物考古研究所黎飞艳负责。

广东省文物考古研究所卜工研究员和李岩研究员审核了报告全文，提出许多修改意见。广东省文物考古研究所朱非素研究员和邱立诚研究员、中山大学人类学系姚崇新博士、广州市文物考古研究所朱海仁副研究员、乳源瑶族自治县民族博物馆邓永发馆长为报告的编写提供了参考资料或意见。初稿完成后，执笔者曾就相关问题与韶关市博物馆何露同志进行了探讨，获益非浅。韶关市博物馆、乳源瑶族自治县民族博物馆、韶关市曲江区博物馆和始兴县博物馆等兄弟单位积极协助笔者查阅了有关标本和方志文献。

就砖室墓砖建结构等问题，执笔者和广东省文物考古研究所毛远广、尚杰、曹劲等进行了交流。古建筑研究中常用的墙面砖缝形式划分，并不适合建造于地下的砖室墓。虽然泽桥山墓地的砖室墓在保证结构坚固的前提下，更加注重砌筑的方便、快捷、省时、省料而非规范的砖缝形式，但封门、侧壁和后壁的砌法和现代普通砖墙常见砌法仍有可比性。笔者将这些认识融入了报告的部分章节中。

谨对给予考古发掘、资料整理和报告编写工作以支持的单位和个人表示感谢！

报告的不足之处，欢迎批评指正。

Burials of the Six-Dynasties and the Sui and Tang Dynasties at Zeqiaoshan, Ruyuan

(Abstract)

The Zeqiaoshan 泽桥山 cemetery, at present a site under county-level protection, is located between the Zeqiaoshan, Xufuling 墟赴岭 and Linwubei 林屋背 hills of the Hougongdu 侯公渡 Township, Ruyuan 乳源 Autonomic County of the Yao 瑶 Nationality, Guangdong 广东 Province. It was discovered in a field survey conducted by the Ruyuan Ethnology Museum in 1984. Re-survey and small-scale salvage excavations were launched in 1985 and 1998. From the September to December of 2000, the Guangdong Provincial Institute of Archaeology and Cultural Relics conducted a systematic coring and a large scale excavation (8200 sq m) at the cemetery, during which 99 burials of the Six-Dynasties and the Sui 隋, Tang 唐, Song 宋 and Ming 明 Dynasties had been uncovered together with 590 pieces (sets) of artifacts. Twenty-six well-preserved burials in safety condition are kept untouched.

Zeqiaoshan, Xufuling and Linwubei are nearby small hills 100 to 120 m above the sea-level, about 30 m higher than the surrounding plain, and totally about 50 ha in area. Majority of the burials cluster at the Zeqiaoshan hill, hence the whole cemetery was named after the hill. The cemetery was divided into three sections during the 2000 excavation. Section I includes the Zeqiaoshan hill. Forty-seven grids (10 x 10 sq m each) were dug within this section and 58 burials were found. Sections II includes Xufuling hill and the area between Zeqiaoshan and Xufuling. Within the 22 grids of this section, were found 24 burials. Section III includes the Linwubei hill. Seventeen burials were found in the 13 grids within this section.

Most of the burials were discovered under the topsoil. Some even could be recognized on the surface. In section I, some later burials break the earlier burials. Among the 99 burials, two are incomplete, two are rectangular shaft burials, while all the others are brick-chambered burials. Some of the brick-chambered burials have a sloping passage or a shaft pit. The relatively well-preserved 85 burials of the Six-Dynasties and the Sui and Tang Dynasties form the main database of this monograph. The eight incomplete burials and four brick-chambered burials of the Ming Dynasty, all of which have no burial offerings, are just recorded in the attached table of all burials. Two pit burials of the Song Dynasty are described in an attached chapter at the end of the monograph.

The 85 burials of the Six-Dynasties and the Sui and Tang Dynasties consist of two types: the single chamber burial and the multi-chambers burial. Among the 58 single chamber burials, 53 each has a rectangular chamber, five each has a passage and is in the shape of the Chinese character 凸. Among the 27 multi-chambers burials, 24 each has two chambers, two each has three chambers, and one has been destroyed. The chamber of some of the multi-chamber burials has steps in the front to divided the chamber into two parts: the front chamber and the rear chamber. Some also have a dooryard (*tianjing* 天井 or *yinjing* 阴井). Some multi-chambers burials have doors between each chamber. The chamber of single-chamber burials is usually 3 to 4 m in length, and the width is usually about 1/3 to 1/4 of the length. The chamber of multi-chamber burials is 4 to 5 m in length, and the width is less than 1/4 of the length.

The chamber is build by laying bricks and sealed with a brick door. Floor of a chamber is made of bricks paved into 人 -shaped or "double vertical and double horizontal" designs. Corbel ceiling (*dieseding* 叠涩 顶) is just found in one burial. All the other burials have an arch ceiling each. Common attached establishments of a chamber include the arch ceiling support (*chengquan* 承券), the brick support (*zhuantuo* 砖托), the niche, the drainage ditch (or hole), the brick post, the window (only in multi-chamber burials) and the dooryard. Multi-chambers burials are usually more complex in structure and complete in attached establishments.

There are two types of bricks: the rectangular brick normally 25 to 34 cm in length （mostly around 30 cm in length）, and the knife-shaped brick. The nerve-like designs is common on the bricks. Some bricks have Chinese characters including 吉 (ji), 王十 (wang 十) and 大吉羊道 (dajixiangdao). The name and year of ancient reigns, including the third year of Taihe 泰和 , the eighteenth year of Taiyuan 泰元 (both Taihe and Taiyuan belong to the Eastern Jin 晋 Dynasty), the Yuanjia 元嘉 , the ninth year of Yuanjia, the tenth year of Yuanjia and the third year of Daming 大明 (both Yuanjia and Daming belong to the Liu Song 刘宋 Dynasty) were found on bricks in seven burials.

Neither coffins nor skeletons were found in these burials. Burial offerings were usually put in the front of the front chamber. While the richest burial has 23 offerings, some poor burials have only one or no goods. Celadon objects, including the pot with four (or six) rings, the wide-handle pot, the handled curved-belly pot, the bowl, the *bo* 钵 -shaped bowl, the wide-flared mouth bowl, the dish, the plate, the tray, the *bo*-bowl, the light calyx, the basin, the kettle and the ink-stone, are the most popular burials offerings. There are also some ceramic (the pot with four rings and the cauldron), iron (the scissors), bronze (the mirror, the *dou* 豆 stemmed plate and the cauterant), stone (the speck-stone pig figurine and the turquoise bead), wooden (the lion figurine), golden (the bead and the ring), silver (the bracelet, the ring and the hair-dress) offerings. Besides, *kaiyuantongbao* 开元通宝 coins were found in some burials.

Based on the dates recorded on bricks of the burials and the typological study on burial offerings, the burials can be divided into two phases, each of which has four sub-phases.

According to the dates on bricks and comparison with similar burials found in other regions within Guangdong, burials of the first phase of Zeqiaoshan cemetery can be dated to the Six-Dynasties period, approximately between the late Eastern Jin Dynasty and the late Chen Dynasty 陈 of the Southern Dynasties. The 11 凸 -shaped single chamber, rectangular single chamber or rectangular double-chambers burials of sub-phase Ⅰ can be dated to the late Eastern Jin Dynasty. Sub-phase Ⅱ, dating from the end of Eastern Jin Dynasty to the initial period of the Southern Dynasties, owns 3 凸 -shaped single chamber or rectangular single chamber burials. Sub-phase Ⅲ, dating to the early Southern Dynasties, has 22 凸 -shaped single chamber, rectangular single chamber or rectangular double-chambers burials. Sub-phase Ⅳ, dating to the late Southern Dynasties, has 12 rectangular single chamber or rectangular double-chambers burials.

The second phase covers the Sui and Tang Dynasties. Sub-phase Ⅴ (the earliest sub-phase of the second phase), dating to the Sui Dynasty, owns 5 rectangular single chamber, rectangular double-chambers or rectangular triple-chambers burials. Sub-phase Ⅵ, dating to the early Tang Dynasty, has 4 rectangular double-chambers or rectangular triple-chambers burials. Sub-phase Ⅶ, dating from the flourishing period to the middle period of the Tang Dynasty, has 13 rectangular single chamber or rectangular double-chambers burials. Sub-phase Ⅷ, dating to the late Tang Dynasty, has 3 rectangular single chamber burials.

Burials of the late Eastern Jin Dynasty, the early Southern Dynasties and the early Tang Dynasty cluster together in high density. Burials of other periods, especially those of the Sui Dynasty and the flourishing period to the late period Tang Dynasty, exhibit a rather dispersed distribution. It seems that the burials had been increasingly discrete through time. Family cemeteries had been popular from the Eastern Jin Dynasty to the early Southern Dynasties. However, in the Southern Dynasty, although still emphasized by some powerful families, family cemeteries became less popular for the weak families. Family cemeteries almost disappeared in the Sui Dynasty. This custom resuscitated in the early Tang Dynasty and completely disappeared after then.

In section I, earlier burials are usually bigger than later ones. Among the burials earlier than the late Tang Dynasty, no later burials break earlier burials. This indicates that when family cemeteries were popular, there might have been earth mounds or stone steles on the ground to mark the position of burials.

The 凸-shaped single chamber burial was popular in the late Eastern Jin Dynasty and disappeared in the early Southern Dynasties. The double-chamber burial had kept in fashion from the late Eastern Jin Dynasty to the Sui Dynasty. Only a few single chamber burials of the late Southern Dynasties are longer than 6 m. Those of other periods are relatively smaller. Though generally larger than single chamber burials, multi-chamber burials longer than 6 m just appeared in the early Tang Dynasty. Burials were quite different in size in the late Southern Dynasties. All burials had turned to be smaller since the flourish period of the Tang Dynasty. The length/width ratio of burials became increasingly bigger through time. All the floors in the burials before the late Southern Dynasties had the 人-shaped design. The "double vertical and double horizontal" design emerged in the late Southern Dynasties and became dominant after the Sui Dynasty. Doors between chambers were just popular in the late Eastern Jin Dynasty, the Sui Dynasty and the early Tang Dynasty. The brick support (*zhuantuo*) had been common in all the periods. The arch ceiling support (*chengquan*) was just popular in the Eastern Jin Dynasty and the early Southern Dynasties. Most of the drainage ditches or holes were found in burials of the Southern Dynasties, the Sui Dynasties and the Tang Dynasty. The windowed chamber and the dooryard were mainly found in multi-chambers burials of the Sui Dynasty and the early Tang Dynasty. A typical multi-chambers burial of the early Tang Dynasty was usually sealed with a brick door with double arches on the top. Burial chambers built with vertical bricks appeared in the late Southern Dynasty and became popular through the flourish period to the late period of the Tang Dynasty. Size of bricks had kept increase from the Sui Dynasty to the early Tang Dynasty and became to decrease after the flourish period of the Tang Dynasty.

In general, the Zeqiaoshan cemetery might have close relationship with the immigrants from the north. Cultural characteristics of the Han people obviously more influential than those of the aboriginal peoples.

1. 乳源瑶族自治县

2. 泽桥山墓地全景

彩版一　乳源瑶族自治县及泽桥山墓地全景

1. Ⅰ、Ⅱ区全景

2. Ⅲ区全景

彩版二　乳源泽桥山墓地Ⅰ、Ⅱ、Ⅲ区全景

1. Ⅰ M5发掘后全景（东—西）

3. Ⅰ M12结构全景（东—西）

2. Ⅱ式青瓷碗Ⅰ M5：01

4. Ⅰ M12墓内填土中器物出土情况

彩版三　Ⅰ M5、Ⅰ M12及其出土器物（第一期）

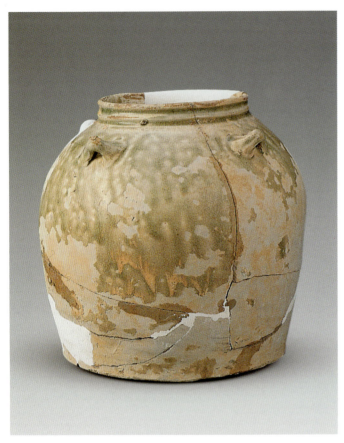

1. A型Ⅰ式 Ⅰ M12：012

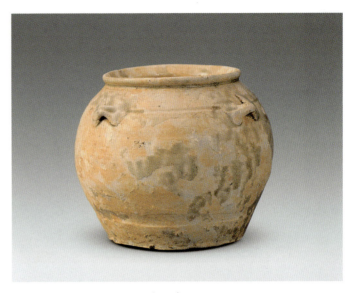

2. Ba型Ⅰ式 Ⅰ M12：04

4. Ba型Ⅰ式 Ⅰ M12：09

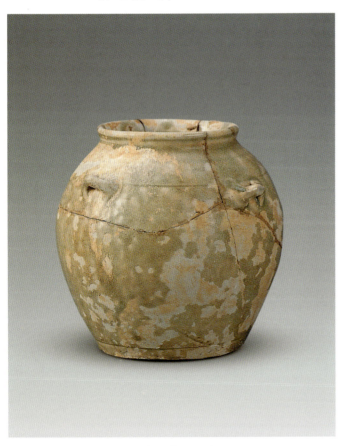

3. Ba型Ⅰ式 Ⅰ M12：08

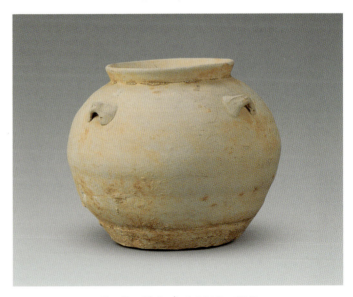

5. Ba型Ⅰ式 Ⅰ M12：010

彩版四　Ⅰ M12出土青瓷四耳罐（第一期）

1. Ⅰ式ⅠM12：05

4. Ⅰ式ⅠM12：1

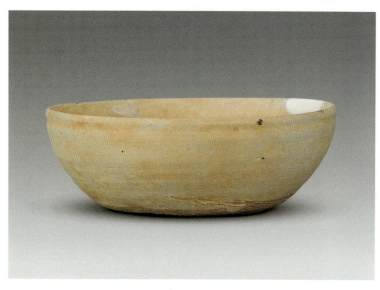

2. Ⅰ式ⅠM12：07

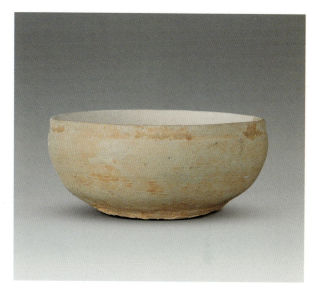

5. Ⅰ式ⅠM12：2

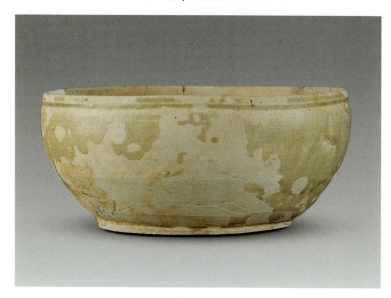

3. Ⅱ式ⅠM12：06

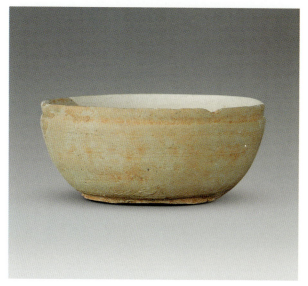

6. Ⅰ式ⅠM12：3

彩版五　ⅠM12出土青瓷碗（第一期）

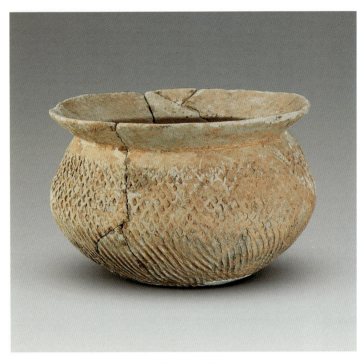

1. 陶釜 II M2:2

2. 滑石猪 II M2:1

3. I M14发掘中全景（东南－西北）

彩版六　II M2出土陶釜、滑石猪及 I M14发掘中全景（第一期）

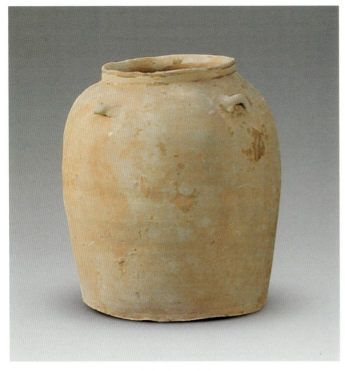

1. A型I式青瓷四耳罐 I M14：1

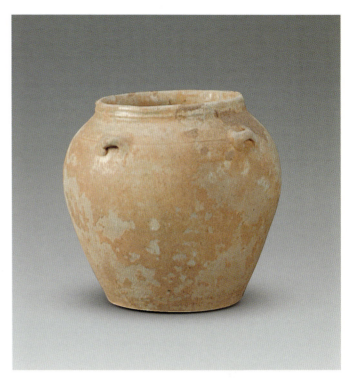

2. Bb型青瓷四耳罐 I M14：9

3. II式青瓷碗 I M14：3

4. II式青瓷碗 I M14：2

5. II式青瓷碗 I M14：4

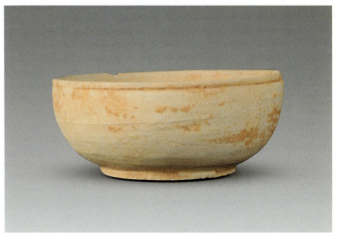

6. II式青瓷碗 I M14：5

彩版七　I M14出土青瓷四耳罐、碗（第一期）

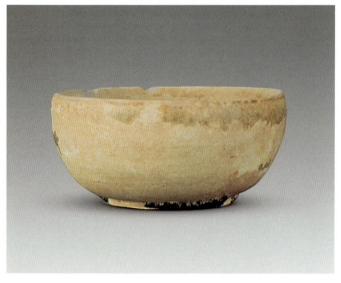

1. ⅠM14：6

2. ⅠM14：7

3. ⅠM14：8

4. ⅠM14：010

5. ⅠM14：011

彩版八　ⅠM14出土Ⅱ式青瓷碗（第一期）

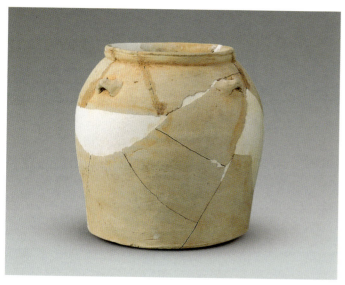

1. A型Ⅰ式青瓷四耳罐ⅠM50：03

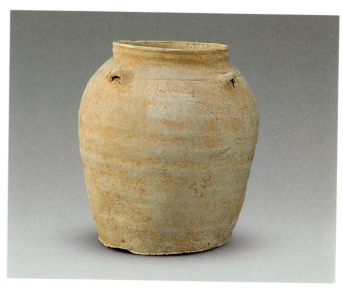

5. A型Ⅰ式青瓷四耳罐ⅠM52：1

2. Ⅱ式青瓷碗ⅠM50：01

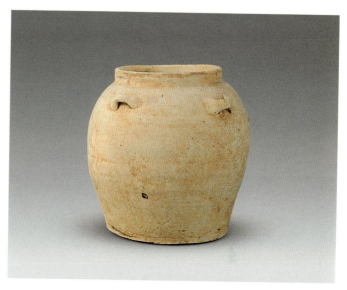

6. A型Ⅰ式青瓷四耳罐ⅠM52：3

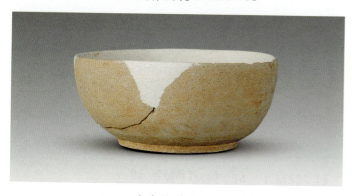

3. Ⅱ式青瓷碗ⅠM50：02

4. 青瓷托盘ⅠM52：4

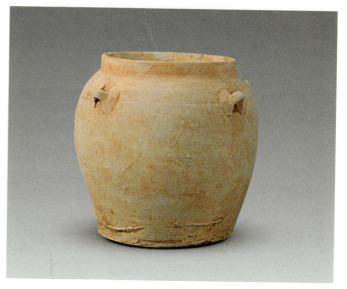

7. A型Ⅱ式青瓷四耳罐ⅠM52：2

彩版九　ⅠM50、ⅠM52出土青瓷四耳罐、碗、托盘（第一期）

1. ⅡM19：1

2. ⅡM19：2

彩版一六　ⅡM19出土A型Ⅰ式青瓷四耳罐（第一期）

1. ⅡM19：3

4. ⅡM19：6

2. ⅡM19：4

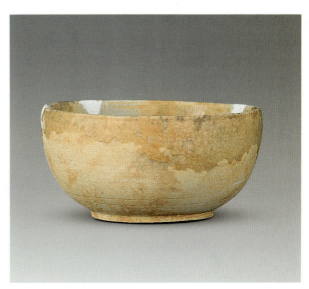

5. ⅡM19：7

3. ⅡM19：5

6. ⅡM19：08

彩版一七　ⅡM19出土Ⅱ式青瓷碗（第一期）

1. 发掘后全景（东南—西北）

2. Ⅰ式青瓷碗 ⅠM16：05

3. Ⅰ式青瓷碗 ⅠM16：06

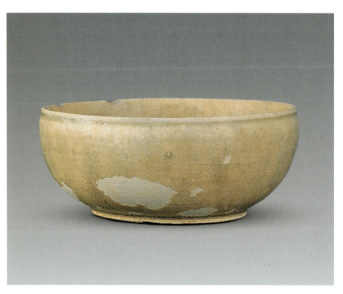

4. Ⅱ式青瓷碗 ⅠM16：07

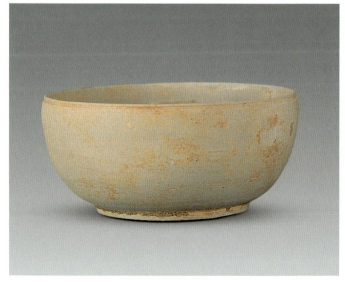

5. Ⅱ式青瓷碗 ⅠM16：08

彩版一八　Ⅰ M16 及其出土青瓷碗（第一期）

1. Ⅰ式ⅠM16：01

2. Ⅰ式ⅠM16：02

3. Ⅰ式ⅠM16：04

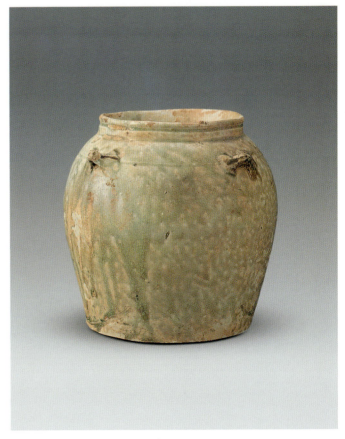

4. Ⅱ式ⅠM16：03

彩版一九　ⅠM16出土Ａ型青瓷四耳罐（第一期）

1. ⅡM1：1

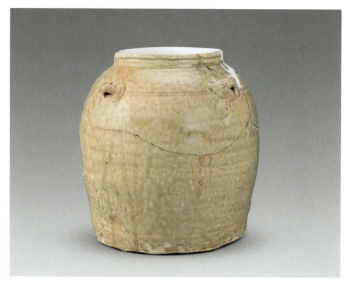

2. ⅡM1：2

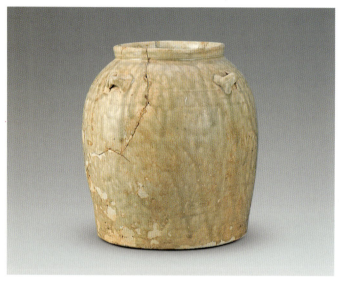

3. ⅡM1：3

4. ⅡM1：015

5. ⅡM1：016

6. ⅡM1：023

彩版二〇　ⅡM1出土A型Ⅰ式青瓷四耳罐（第一期）

1. A型Ⅱ式青瓷四耳罐ⅡM1:010

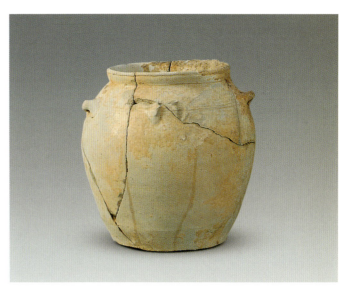

2. A型Ⅱ式青瓷四耳罐ⅡM1:012

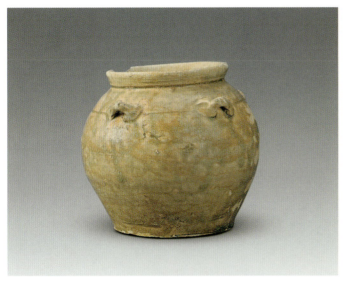

3. Ba型Ⅰ式青瓷四耳罐ⅡM1:7

4. 陶釜ⅡM1:013

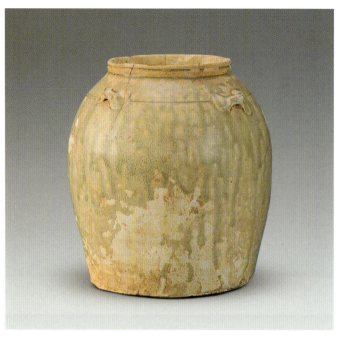

1．A型Ⅰ式青瓷四耳罐ⅡM15：1

2．A型Ⅰ式青瓷四耳罐ⅡM15：15

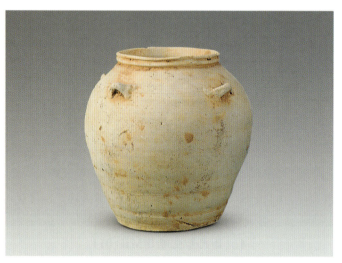

3．A型Ⅱ式青瓷四耳罐ⅡM15：2

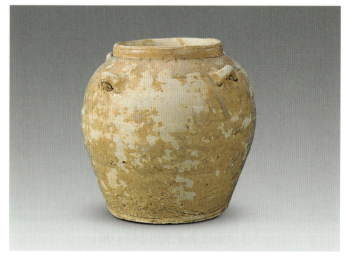

4．A型Ⅱ式青瓷四耳罐ⅡM15：16

5．Ⅱ式青瓷钵ⅡM15：17

6．滑石猪ⅡM15：13、ⅡM15：14

彩版二四　ⅡM15出土青瓷四耳罐、钵及滑石猪（第一期）

1. Ⅰ式ⅡM15:5

2. Ⅰ式ⅡM15:19

3. Ⅱ式ⅡM15:3

4. Ⅱ式ⅡM15:4

5. Ⅱ式ⅡM15:18

6. Ⅱ式ⅡM15:20

7. Ⅱ式ⅡM15:6

8. Ⅱ式ⅡM15:7

彩版二五　ⅡM15出土青瓷碗（第一期）

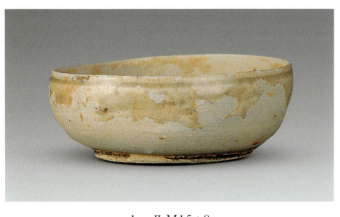

1. Ⅱ M15：8

2. Ⅱ M15：9

3. Ⅱ M15：10

4. Ⅱ M15：11

5. Ⅱ M15：12

6. Ⅱ M15：21

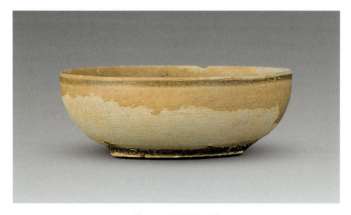

7. Ⅱ M15：22

8. Ⅱ M15：23

彩版二六　Ⅱ M15出土Ⅱ式青瓷碗（第一期）

1. A型 I 式青瓷四耳罐 II M14：1

4. I 式青瓷碗 II M14：3

2. Ba型 I 式青瓷四耳罐 II M14：2

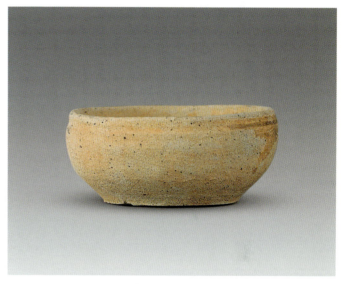

5. I 式青瓷碗 II M14：18

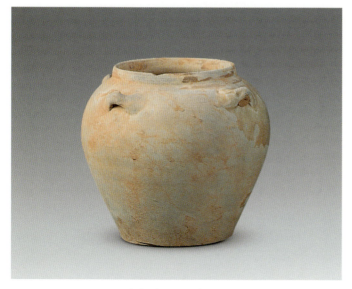

3. Bb型青瓷四耳罐 II M14：12

6. II 式青瓷碗 II M14：5

彩版二七　II M14 出土青瓷四耳罐、碗（第二期）

1. ⅡM14：7

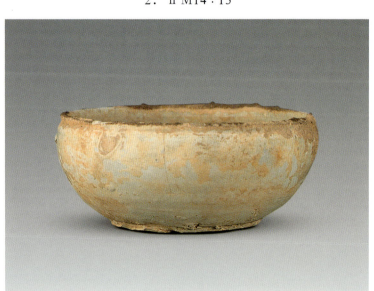

4. ⅡM14：8

2. ⅡM14：13

5. ⅡM14：11

3. ⅡM14：19

6. ⅡM14：15

彩版二八　ⅡM14出土Ⅱ式青瓷碗（第二期）

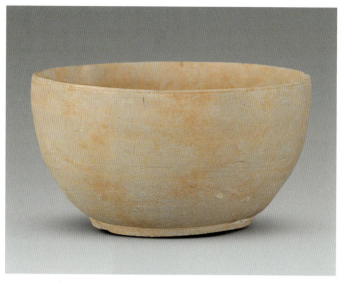

1. Ⅲ式青瓷碗ⅡM14：4

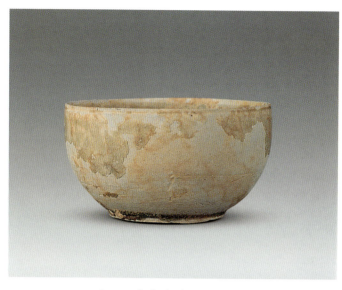

2. Ⅲ式青瓷碗ⅡM14：9

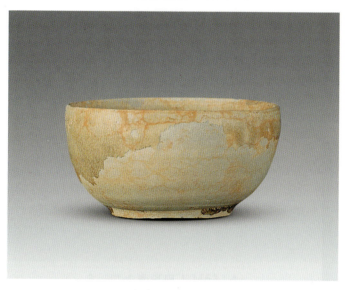

3. Ⅲ式青瓷碗ⅡM14：10

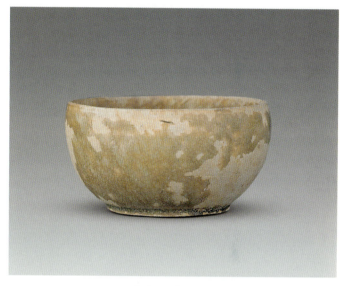

4. Ⅲ式青瓷碗ⅡM14：14

5. 陶釜ⅡM14：6

6. 铁镜ⅡM14：16

彩版二九　ⅡM14出土青瓷碗、陶釜、铁镜（第二期）

1. A型Ⅱ式青瓷四耳罐ⅡM22:1

2. Bb型青瓷四耳罐ⅡM22:2

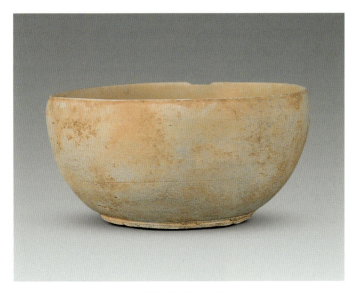

3. Ⅱ式青瓷碗ⅡM22:3

4. Ⅱ式青瓷碗ⅡM22:4

5. Ⅱ式青瓷碗ⅡM22:5

彩版三二　ⅡM22出土青瓷四耳罐、碗（第二期）

1. Ⅱ式ⅡM22：6

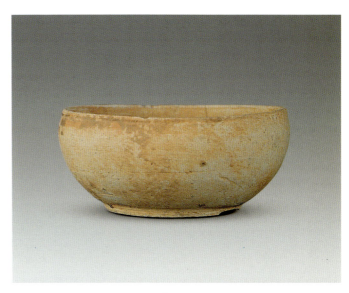

2. Ⅱ式ⅡM22：7

3. Ⅱ式ⅡM22：8

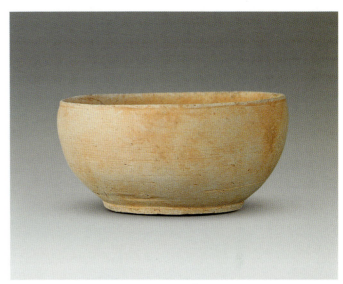

4. Ⅱ式ⅡM22：11

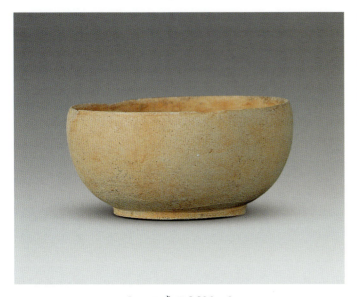

5. Ⅲ式ⅡM22：9

6. Ⅲ式ⅡM22：10

彩版三三　ⅡM22出土青瓷碗（第二期）

1. 发掘中全景（东—西）

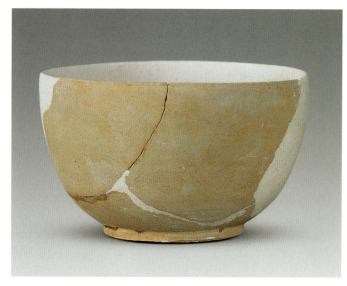

2. Ⅲ式青瓷碗 I M30：08

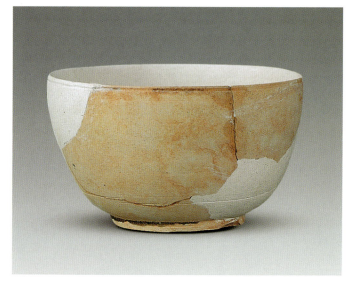

3. Ⅲ式青瓷碗 I M30：09

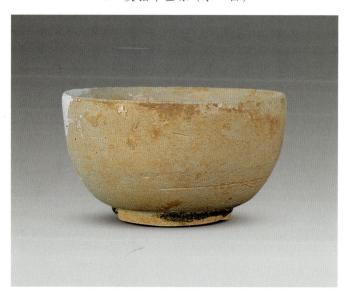

4. Ⅲ式青瓷碗 I M30：4

5. Ⅲ式青瓷碗 I M30：5

彩版三四　I M30 及其出土青瓷碗（第三期）

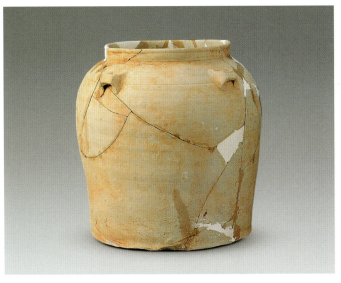

1. A型Ⅲ式青瓷四耳罐 Ⅰ M30：6

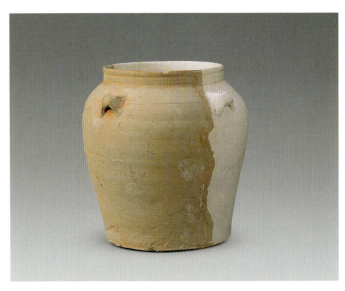

2. A型Ⅲ式青瓷四耳罐 Ⅰ M30：7

3. A型Ⅲ式青瓷四耳罐 Ⅰ M30：011

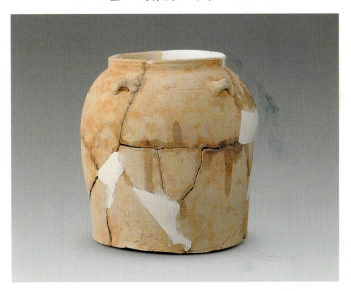

4. A型Ⅲ式青瓷四耳罐 Ⅰ M30：012

5. 青瓷砚 Ⅰ M30：3

6. 滑石猪 Ⅰ M30：2、Ⅰ M30：1

彩版三五　Ⅰ M30出土青瓷四耳罐、砚及滑石猪（第三期）

1. 结构全景（东南－西北）

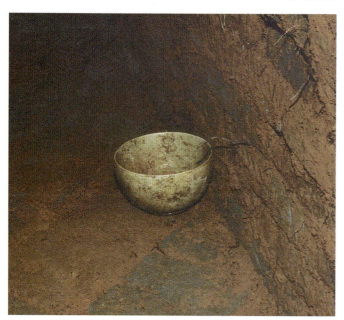

2. 器物出土情况（南－北）

3. Ⅲ式青瓷碗ⅠM13：1

彩版三六　ⅠM13及其出土青瓷碗（第三期）

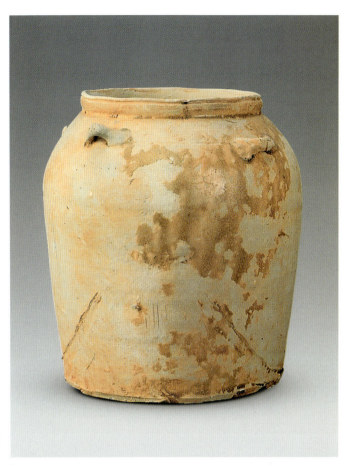

1. A型Ⅱ式青瓷四耳罐Ⅰ M20：2

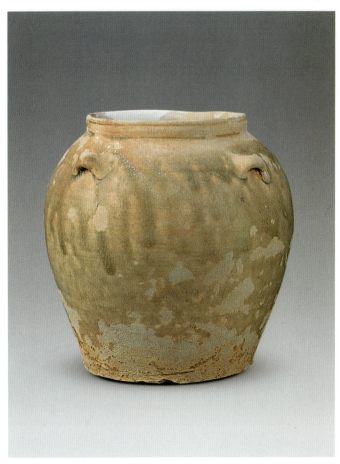

2. Bb型青瓷四耳罐Ⅰ M20：3

彩版三七　Ⅰ M20出土青瓷四耳罐（第三期）

1. Ⅱ式ⅠM20：7

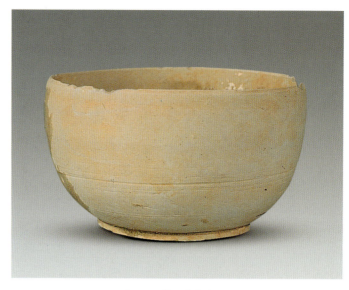

2. Ⅲ式ⅠM20：1

3. Ⅲ式ⅠM20：4

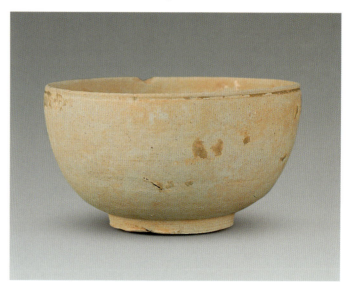

4. Ⅲ式ⅠM20：5

5. Ⅲ式ⅠM20：8

6. Ⅲ式ⅠM20：6

彩版三八　ⅠM20出土青瓷碗（第三期）

1. ⅠM27发掘中全景（东－西）

2. Ⅲ式青瓷碗ⅠM27：1

3. Ⅲ式青瓷碗ⅠM27：02

4. Ⅱ式青瓷碗ⅠM28：03

5. Ⅲ式青瓷碗ⅠM28：1

6. Ⅲ式青瓷碗ⅠM28：02

彩版三九　ⅠM27及ⅠM27、ⅠM28出土青瓷碗（第三期）

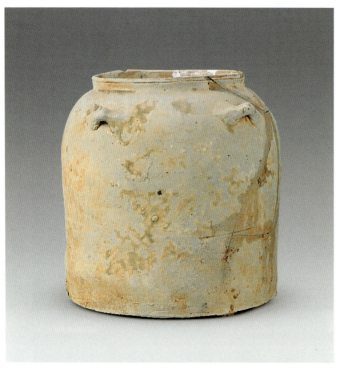

1. A型I式青瓷四耳罐 I M51：1

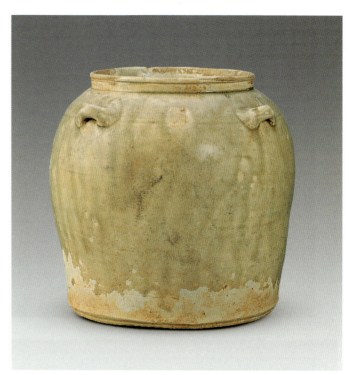

2. A型Ⅲ式青瓷四耳罐 I M51：2

3. Ⅱ式青瓷碗 I M51：10

4. Ⅱ式青瓷碗 I M51：11

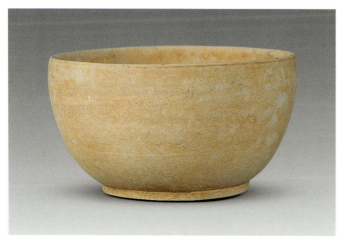

5. Ⅲ式青瓷碗 I M51：5

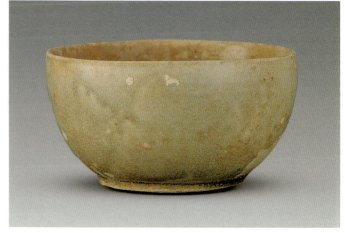

6. Ⅲ式青瓷碗 I M51：9

彩版四四　I M51出土青瓷四耳罐、碗（第三期）

1. Ⅲ式青瓷碗Ⅰ M51：4

2. Ⅲ式青瓷碗Ⅰ M51：6

3. Ⅲ式青瓷碗Ⅰ M51：7

4. Ⅲ式青瓷碗Ⅰ M51：8

5. 青瓷盆Ⅰ M51：3

6. 陶四耳罐Ⅰ M51：12

彩版四五　Ⅰ M51 出土青瓷碗、盆及陶四耳罐（第三期）

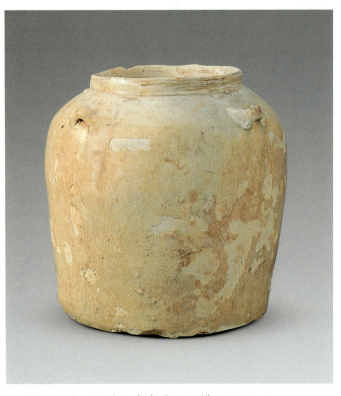

1．A型Ⅱ式青瓷四耳罐 ⅠM56∶6

2．A型Ⅲ式青瓷四耳罐 ⅠM56∶7

3．Ba型Ⅱ式青瓷四耳罐 ⅠM56∶10

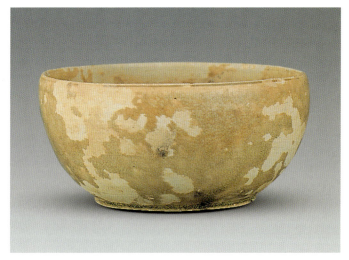

4．Ⅱ式青瓷碗 ⅠM56∶9

5．滑石猪 ⅠM56∶2、ⅠM56∶1

6．Ⅱ式青瓷碗 ⅠM56∶13

彩版四六　ⅠM56出土青瓷四耳罐、碗及滑石猪（第三期）

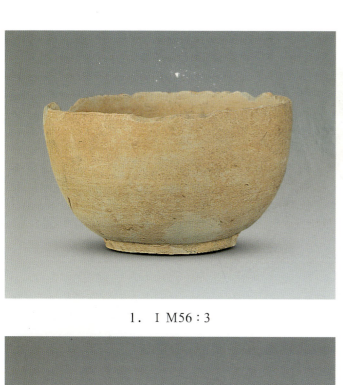

1. Ⅰ M56：3

2. Ⅰ M56：4

3. Ⅰ M56：12

4. Ⅰ M56：5

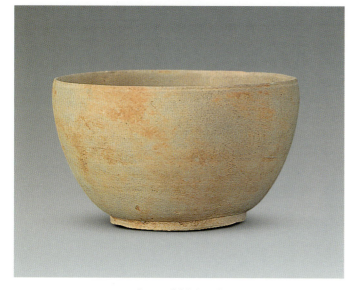

5. Ⅰ M56：8

6. Ⅰ M56：11

彩版四七　Ⅰ M56 出土Ⅲ式青瓷碗（第三期）

1. A型Ⅱ式青瓷四耳罐Ⅰ M57：1

2. A型Ⅲ式青瓷四耳罐Ⅰ M57：2

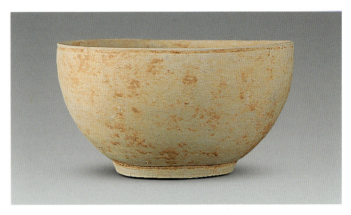

3. Ⅲ式青瓷碗Ⅰ M57：8

4. Ⅲ式青瓷碗Ⅰ M57：9

5. Ⅲ式青瓷碗Ⅰ M57：10

6. Ⅲ式青瓷碗Ⅰ M57：3

1. Ⅲ式青瓷碗 ⅠM57：4

2. Ⅲ式青瓷碗 ⅠM57：5

3. Ⅲ式青瓷碗 ⅠM57：6

4. Ⅲ式青瓷碗 ⅠM57：7

5. Ⅲ式青瓷碗 ⅠM57：13

6. Ⅲ式青瓷碗 ⅠM57：14

7. 滑石猪 ⅠM57：11、ⅠM57：12

8. 木狮子 ⅠM57：16

彩版四九　ⅠM57出土青瓷碗、滑石猪、木狮子（第三期）

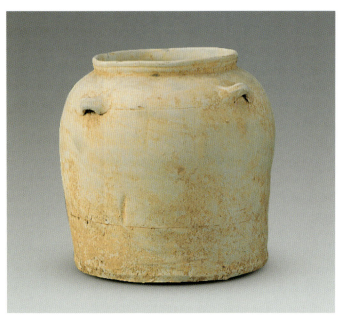

1．A型Ⅲ式青瓷四耳罐ⅡM18：5

2．A型Ⅲ式青瓷四耳罐ⅡM18：6

3．Ⅲ式青瓷碗ⅡM18：7

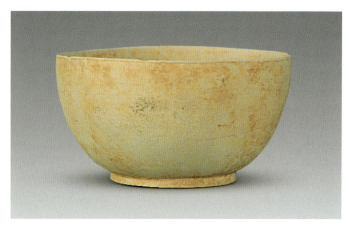

4．Ⅲ式青瓷碗ⅡM18：9

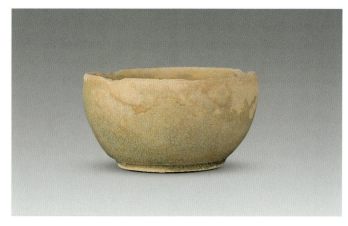

5．Ⅲ式青瓷碗ⅡM18：3

6．青瓷莲瓣碗ⅡM18：8

7．滑石猪ⅡM18：1、ⅡM18：2

彩版五〇　ⅡM18出土青瓷四耳罐、碗及滑石猪（第三期）

彩版五一　铜镜 II M18：4（第三期）

1. 发掘中全景（东－西）

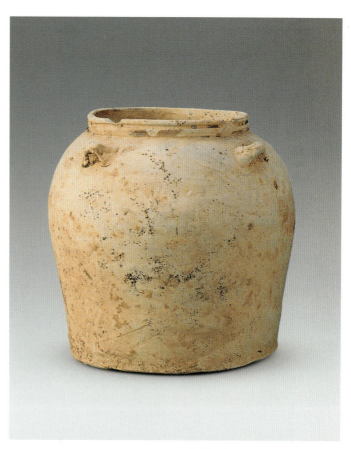

2. A型Ⅲ式青瓷四耳罐Ⅲ M2：1

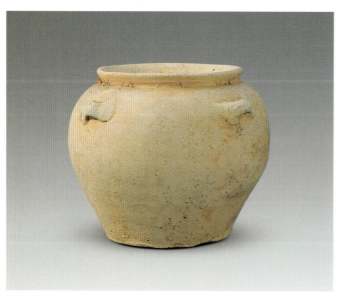

3. Ba型Ⅱ式青瓷四耳罐Ⅲ M2：3

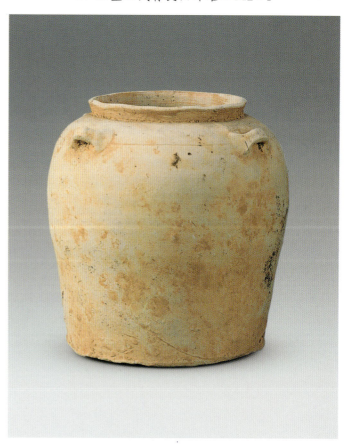

4. A型Ⅲ式青瓷四耳罐Ⅲ M2：2

彩版五二　Ⅲ M2及其出土青瓷四耳罐（第三期）

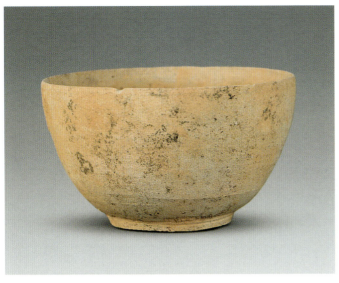

1．ⅢM2：4

4．ⅢM2：7

2．ⅢM2：5

5．ⅢM2：8

3．ⅢM2：6

6．ⅢM2：10

彩版五三　ⅢM2出土Ⅲ式青瓷碗（第三期）

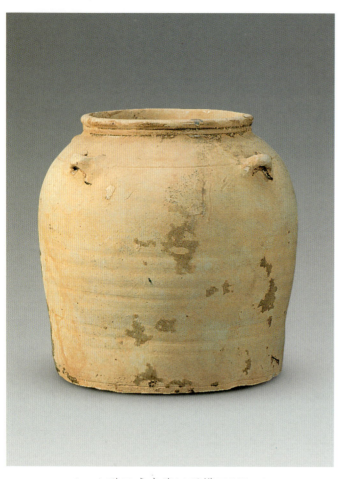

1. A型III式青瓷四耳罐 III M8:1

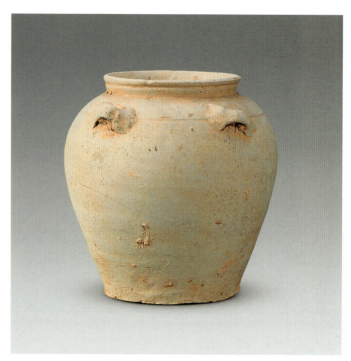

3. Ba型II式青瓷四耳罐 III M8:4

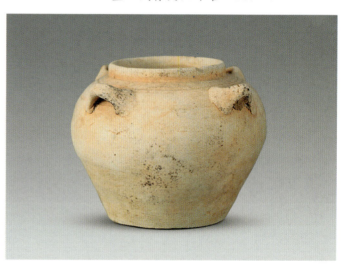

4. Bb型青瓷四耳罐 III M8:2

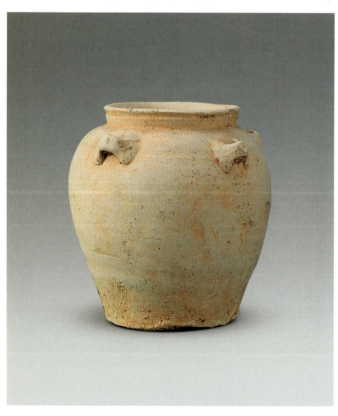

2. Ba型II式青瓷四耳罐 III M8:3

5. 滑石猪 III M8:12

彩版五四　III M8 出土青瓷四耳罐、滑石猪（第三期）

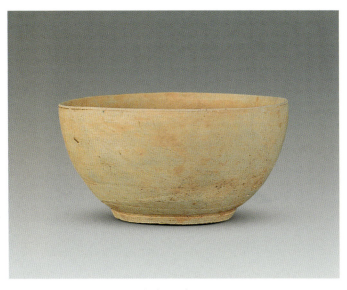

1. Ⅲ式青瓷碗 Ⅲ M8：5

2. Ⅲ式青瓷碗 Ⅲ M8：6

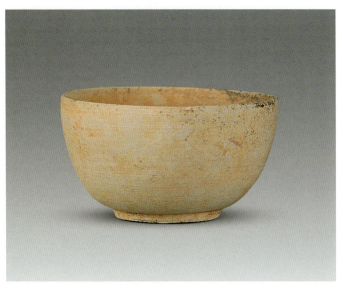

3. Ⅲ式青瓷碗 Ⅲ M8：7

4. 青瓷托盘 Ⅲ M8：8

5. 青瓷托盘 Ⅲ M8：9

6. 青瓷托盘 Ⅲ M8：10

7. 青瓷托盘 Ⅲ M8：11

彩版五五　Ⅲ M8 出土青瓷碗、托盘（第三期）

1. Ⅲ M11墓室后壁纪年砖

3. Ⅲ式青瓷碗Ⅲ M12：1

2. Ⅲ式青瓷碗Ⅲ M11：1

4. Ⅲ式青瓷碗Ⅲ M12：2

彩版五六　Ⅲ M11纪年砖及Ⅲ M11、Ⅲ M12出土青瓷碗（第三期）

1. Ａ型Ⅲ式青瓷四耳罐ⅢM13：4

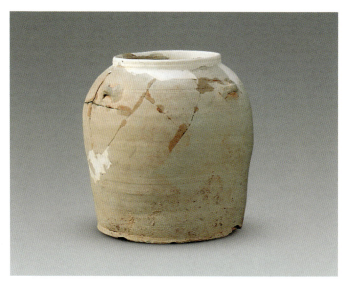

2. Ａ型Ⅲ式青瓷四耳罐ⅢM13：5

3. Ⅲ式青瓷碗ⅢM13：3

4. Ⅲ式青瓷碗ⅢM13：1

5. Ⅲ式青瓷碗ⅢM13：2

6. 青瓷盆ⅢM13：6

7. 滑石猪ⅢM13：8、ⅢM13：7

彩版五七　ⅢM13出土青瓷四耳罐、碗、盆及滑石猪（第三期）

1．Ⅲ式青瓷碗ⅠM2：02

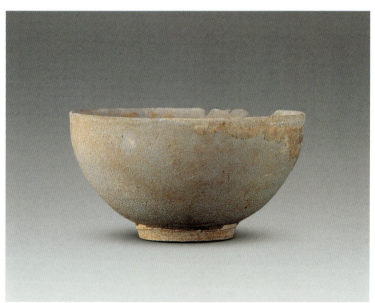

2．Ⅳ式青瓷碗ⅠM2：03

3．A型青瓷碟ⅠM2：1

1. A型Ⅲ式青瓷四耳罐 I M7：014

2. A型Ⅲ式青瓷四耳罐 I M7：015

3. 陶四耳罐 I M7：1

4. 陶四耳罐 I M7：2

彩版六一　I M7出土青瓷四耳罐、陶四耳罐（第三期）

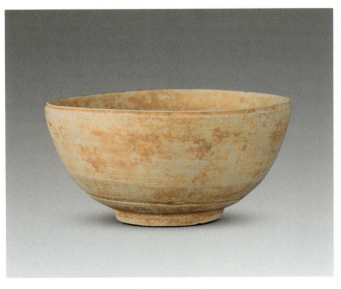

1. I M7：4

2. I M7：6

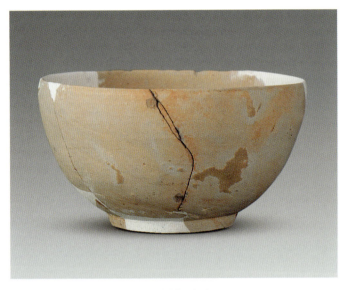

3. M7：012

4. I M7：013

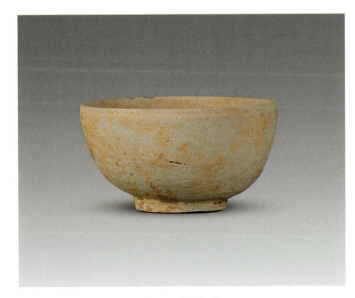

5. I M7：7

6. I M7：9

彩版六二　I M7出土Ⅲ式青瓷碗（第三期）

1. Ⅲ式ⅠM7：010

2. Ⅳ式ⅠM7：5

3. Ⅳ式ⅠM7：3

5. 特殊青瓷碗ⅠM7：011

4. Ⅳ式ⅠM7：8

彩版六三　ⅠM7出土青瓷碗（第三期）

1. 发掘全景（东南－西北）

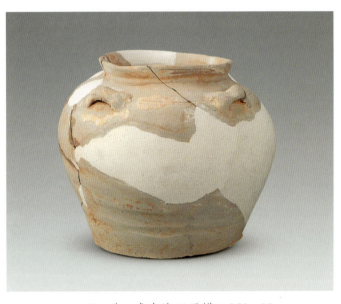

2. Ba型Ⅱ式青瓷四耳罐ⅠM9：09

3. 青瓷砚ⅠM9：1

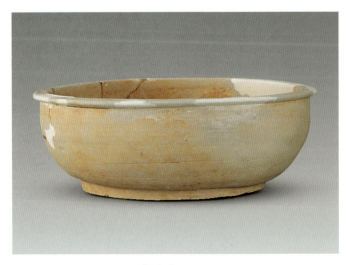

4. 青瓷盆ⅠM9：2

5. 滑石猪ⅠM9：3

彩版六四　ⅠM9及其出土青瓷四耳罐、砚、盆及滑石猪（第三期）

1. Ⅱ式ⅠM9：06

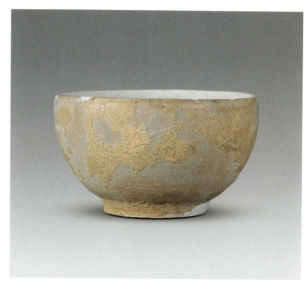

4. Ⅲ式ⅠM9：04

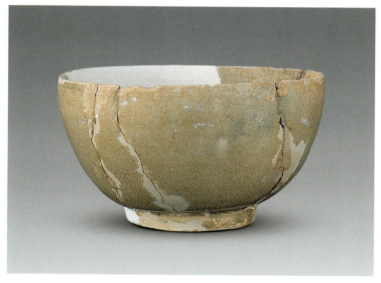

2. Ⅲ式ⅠM9：07

5. Ⅲ式ⅠM9：05

3. Ⅲ式ⅠM9：08

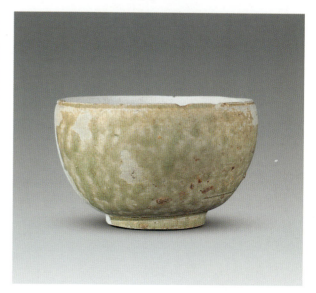

6. Ⅲ式ⅠM9：010

彩版六五　ⅠM9出土青瓷碗（第三期）

1. 发掘全景（东－西）

2. 右室局部器物出土情况（西－东）

3. Ⅲ式青瓷碗Ⅰ M22∶1

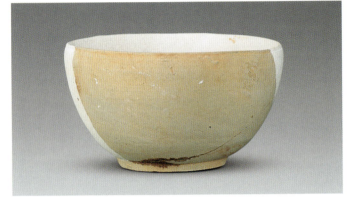

4. Ⅲ式青瓷碗Ⅰ M22∶016

5. 青瓷盆Ⅰ M22∶011

6. 青瓷盆Ⅰ M22∶012

彩版六六　Ⅰ M22 及其出土青瓷碗、盆（第三期）

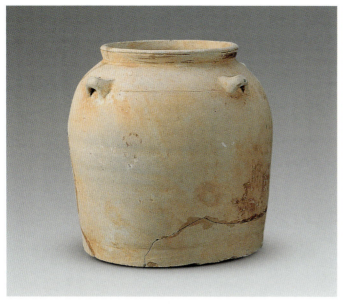

1. A型Ⅲ式ⅠM22：2

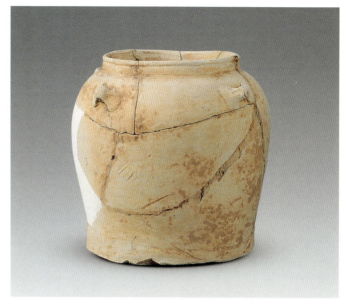

2. A型Ⅲ式ⅠM22：5

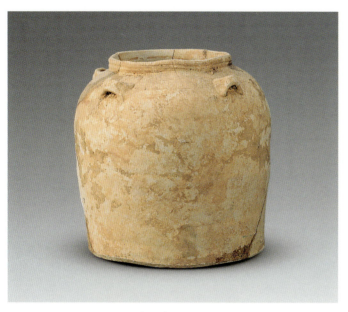

3. A型Ⅲ式ⅠM22：013

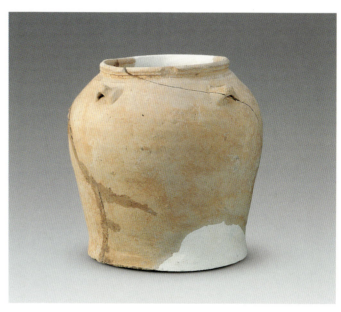

4. A型Ⅳ式ⅠM22：014

5. Ba型Ⅱ式ⅠM22：3

6. Ba型Ⅱ式ⅠM22：6

1. Ⅲ式青瓷碗 Ⅰ M22：4

5. Ⅰ M23封门重券情况（东南－西北）

2. Ⅲ式青瓷碗 Ⅰ M22：07

3. Ⅲ式青瓷碗 Ⅰ M22：08

6. Ⅲ式青瓷碗 Ⅰ M23：03

4. Ⅲ式青瓷碗 Ⅰ M22：010

7. 滑石猪 Ⅰ M23：2、Ⅰ M23：1

彩版六八　Ⅰ M23及Ⅰ M22、Ⅰ M23出土青瓷碗、滑石猪（第三期）

1. 发掘后全景（东南－西北）

2. Ⅳ式青瓷碗ⅠM21∶01

彩版六九　ⅠM21及其出土青瓷碗（第四期）

1. III式青瓷碗 I M29：03

4. B型青瓷碟 I M29：04

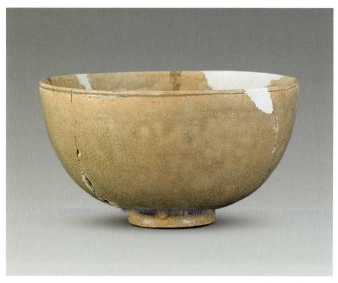

2. IV式青瓷碗 I M29：01

5. B型青瓷碟 I M29：05

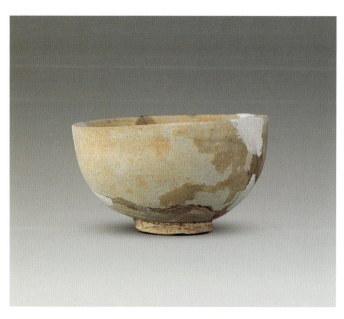

3. IV式青瓷碗 I M29：02

彩版七〇　I M29出土青瓷碗、碟（第四期）

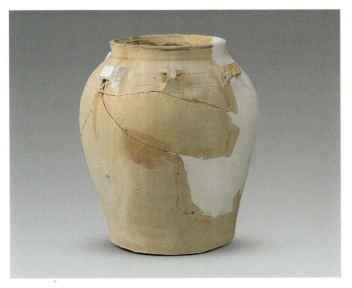

1．A 型 IV 式青瓷六耳罐 I M41：013

4．III 式青瓷碗 I M41：05

2．A 型 IV 式青瓷四耳罐 I M41：012

5．III 式青瓷碗 I M41：07

6．IV 式青瓷碗 I M41：04

3．A 型 IV 式青瓷四耳罐 I M41：014

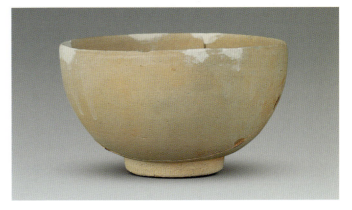

7．IV 式青瓷碗 I M41：06

彩版七一　I M41 出土青瓷罐、碗（第四期）

1. Ⅰ M41：01

2. Ⅰ M41：02

3. Ⅰ M41：03

4. Ⅰ M41：08

5. Ⅰ M41：09

6. Ⅰ M41：010

7. Ⅰ M41：011

彩版七二　Ⅰ M41 出土 A 型青瓷碟（第四期）

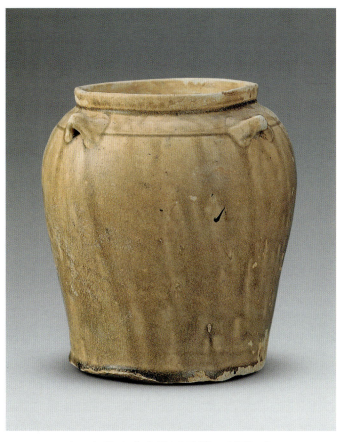

1. A型Ⅳ式青瓷四耳罐 I M55：2

2. Ⅳ式青瓷碗 I M55：1

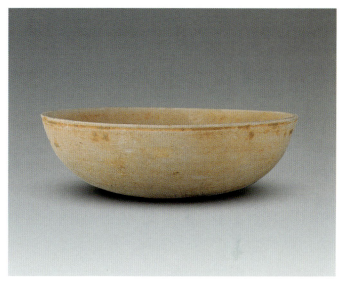

4. 青瓷钵形碗 I M55：3

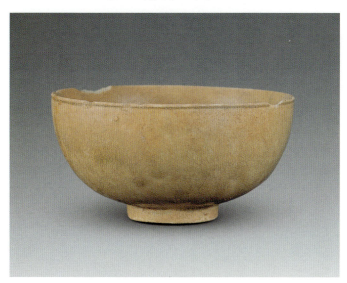

3. Ⅳ式青瓷碗 I M55：4

5. 滑石猪 I M55：11

彩版七三　I M55 出土青瓷四耳罐、碗及滑石猪（第四期）

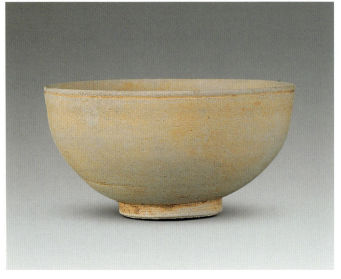

1. I M55：5

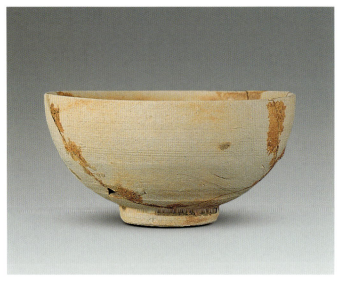

2. I M55：6

3. I M55：7

4. I M55：8

5. I M55：9

6. I M55：10

彩版七四　I M55出土Ⅳ式青瓷碗（第四期）

1. A型Ⅳ式青瓷四耳罐 Ⅰ M58：1

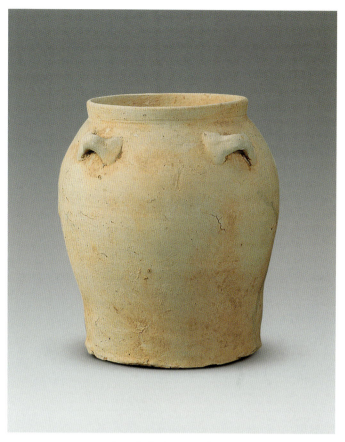

2. A型Ⅳ式青瓷四耳罐 Ⅰ M58：2

3. A型Ⅳ式青瓷四耳罐 Ⅰ M58：3

4. 滑石猪 Ⅰ M58：11、Ⅰ M58：12

彩版七五　Ⅰ M58出土青瓷四耳罐、滑石猪（第四期）

1. Ⅳ式青瓷碗 ⅠM58∶7

2. Ⅳ式青瓷碗 ⅠM58∶8

3. Ⅳ式青瓷碗 ⅠM58∶10

4. Ⅳ式青瓷碗 ⅠM58∶15

5. 青瓷钵形碗 ⅠM58∶9

6. B型青瓷碟 ⅠM58∶4

7. B型青瓷碟 ⅠM58∶5

8. B型青瓷碟 ⅠM58∶6

彩版七六　ⅠM58出土青瓷碗、碟（第四期）

1. Ⅳ式青瓷碗 Ⅱ M6：1

3. 青瓷钵形碗 Ⅱ M6：05

2. Ⅳ式青瓷碗 Ⅱ M6：2

4. 青瓷钵形碗 Ⅱ M6：06

5. 滑石猪 Ⅱ M6：3、Ⅱ M6：4

彩版七七　Ⅱ M6 出土青瓷碗、滑石猪（第四期）

1．Ⅴ式青瓷碗Ⅲ M1：1

2．滑石猪Ⅲ M1：2、Ⅲ M1：3

3．Ⅳ式青瓷碗Ⅲ M3：1

彩版七八　Ⅲ M1、Ⅲ M3 出土青瓷碗、滑石猪（第四期）

1. 发掘后全景（东－西）

2. 封门（东－西）

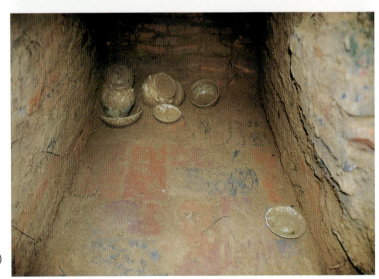

3. 左室局部器物出土情况（西－东）

彩版七九　Ⅰ M3 发掘后全景、封门及左室局部器物出土情况（第四期）

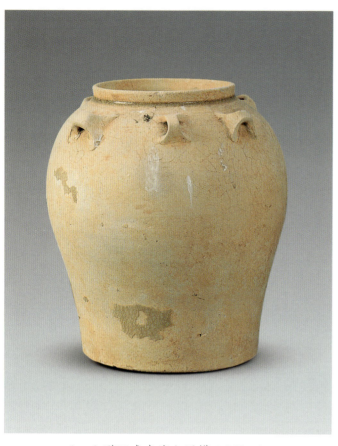

1. A型Ⅳ式青瓷六耳罐 I M3：1

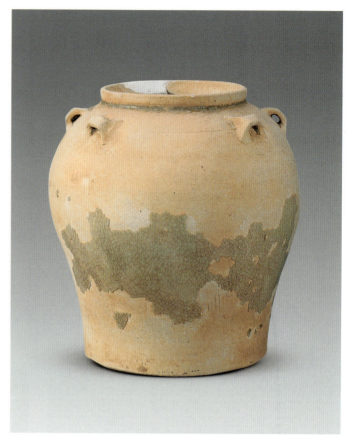

2. A型Ⅳ式青瓷六耳罐 I M3：2

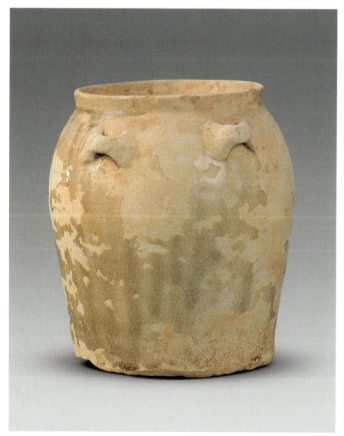

3. A型Ⅳ青瓷四耳罐 I M3：4

4. 滑石猪 I M3：10、 I M3：11

1. V式青瓷碗 I M3:5

2. V式青瓷碗 I M3:7

3. 青瓷钵形碗 I M3:3

4. 青瓷钵形碗 I M3:6

5. B型青瓷碟 I M3:8

6. B型青瓷碟 I M3:9

1．结构全景（东南－西北）

2．右室器物出土情况（东南－西北）

彩版八二　Ｉ Ｍ4结构全景及右室器物出土情况（第四期）

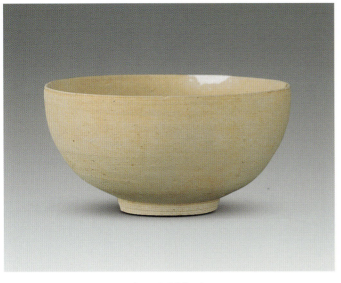

1. I M4：1

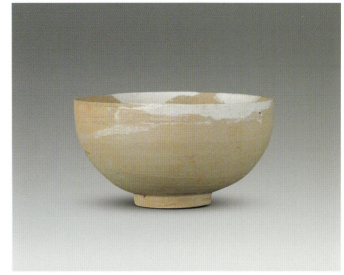

4. I M4：2

2. I M4：5

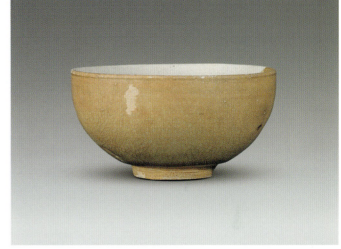

5. I M4：3

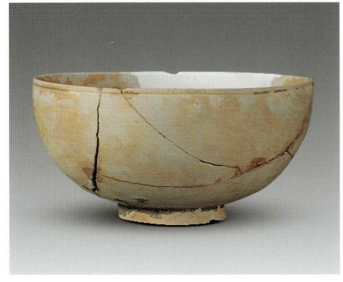

3. I M4：6

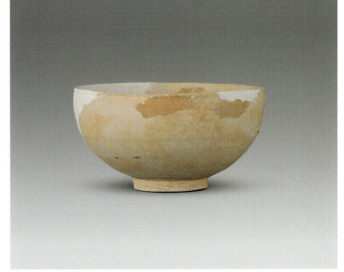

6. I M4：4

彩版八三　I M4出土Ⅳ式青瓷碗（第四期）

1. 发掘后全景（东-西）

2. 右室前池状结构（北-南）

3. Ⅳ式青瓷碗 I M11：1

4. Ⅳ式青瓷碗 I M11：2

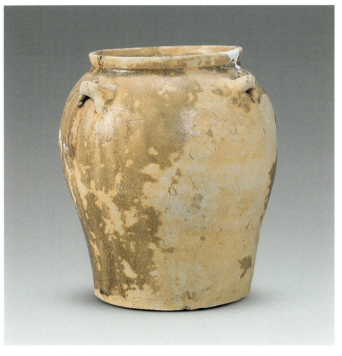

1. A型Ⅳ青瓷四耳罐 I M47：01

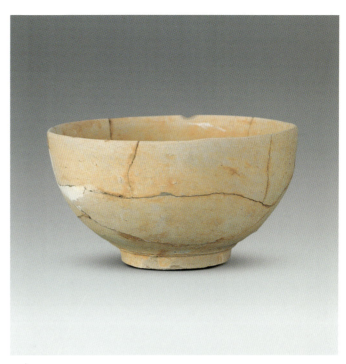

2. Ⅳ式青瓷碗 I M47：03

3. A型青瓷碟 I M47：05

4. A型青瓷碟 I M47：06

5. B型青瓷碟 I M47：04

6. 陶罐 I M47：02

彩版八五　I M47 出土青瓷四耳罐、碗、碟及陶罐（第四期）

1．ⅠM15发掘后全景（东南－西北）

2．ⅠM32发掘后全景（东北－西南）

3．ⅠM17发掘后全景（东南－西北）

彩版八六　ⅠM15、ⅠM32、ⅠM17发掘后全景（第一时期）

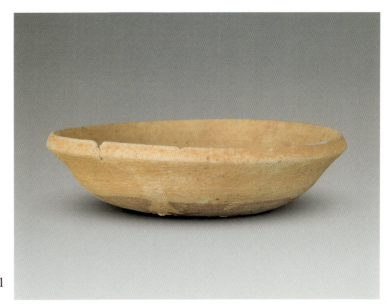

1. Ⅱ式青瓷钵形碗Ⅱ M7∶1

2. 滑石猪Ⅱ M7∶2、Ⅱ M7∶3

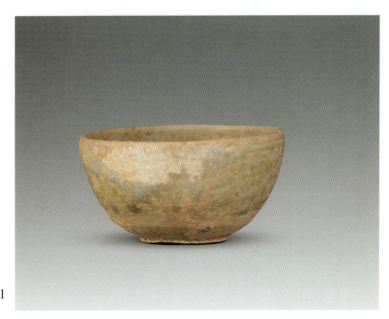

3. Ⅶ式青瓷碗Ⅱ M12∶1

彩版八七　Ⅱ M7、Ⅱ M12 出土青瓷碗、滑石猪（第五期）

1. A型Ⅴ式青瓷六耳罐Ⅲ M17：4

2. Ⅶ式青瓷碗Ⅲ M17：8

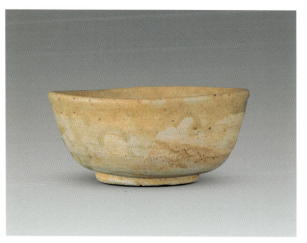

3. Ⅶ式青瓷碗Ⅲ M17：10

4. Ⅰ式青瓷大敞口碗Ⅲ M17：1

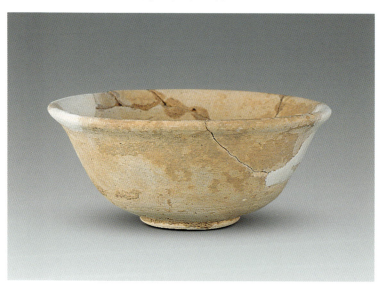

5. Ⅰ式青瓷大敞口碗Ⅲ M17：2

6. 青瓷壶Ⅲ M17：7

彩版八八　Ⅲ M17出土青瓷六耳罐、碗、壶（第五期）

1. 铜镳斗 Ⅲ M17 : 5

2. 铜盖豆 Ⅲ M17 : 3

4. 青瓷钵形碗 Ⅰ M42 : 3

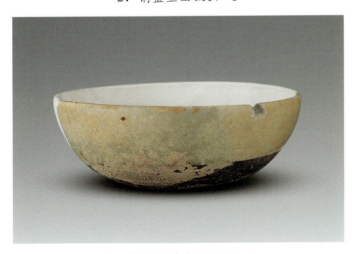

3. 青瓷钵形碗 Ⅰ M42 : 1

5. 滑石猪 Ⅰ M42 : 2

彩版八九　Ⅲ M17 出土铜镳斗、盖豆及 Ⅰ M42 出土青瓷钵形碗、滑石猪（第五期）

1. 全景（北－南）

2. 局部（北－南）

3. 滑石猪ⅡM11：05、ⅡM11：04、ⅡM11：01、ⅡM11：08、ⅡM11：07　　4. 银指环ⅡM11：09、ⅡM11：012

彩版九〇　　ⅡM11及其出土滑石猪、银指环（第五期）

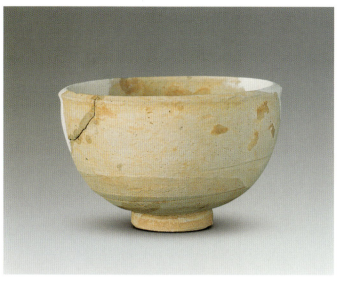

1. ⅡM11：02

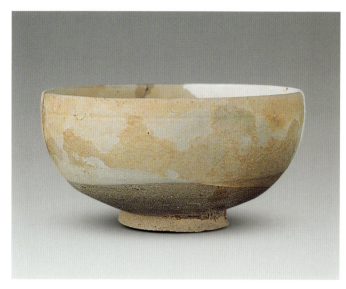

2. ⅡM11：03

3. ⅡM11：06

4. ⅡM11：013

5. ⅡM11：014

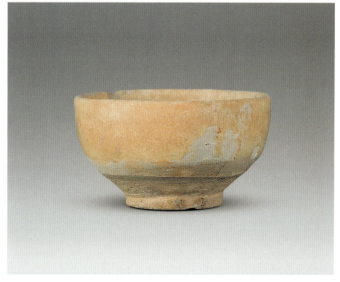

6. ⅡM11：015

彩版九一　　ⅡM11出土Ⅵ式青瓷碗（第五期）

1. 发掘中全景

2. 右室天井器物出土情况（西北－东南）

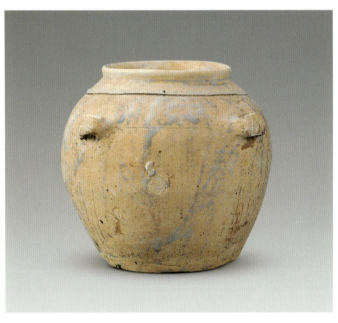

3. 青瓷宽耳罐 I M6：2

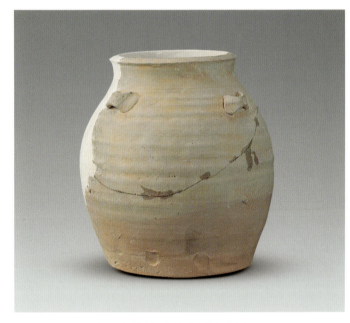

4. 青瓷四耳梭腹罐 I M6：4

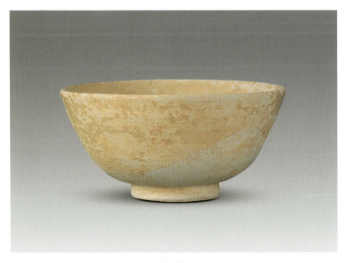

5. 青瓷假圈足碗 I M6：1

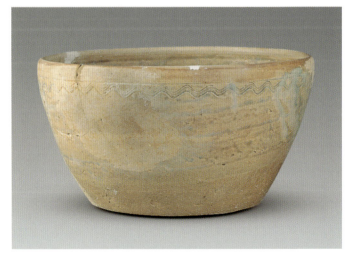

6. 青瓷盆 I M6：3

彩版九二　I M6 及其出土青瓷罐、碗、盆（第六期）

1. 墓室结构全景（东南－西北）

2. 右室天井、排水孔（西北－东南）

彩版九三　Ⅰ M8墓室结构全景及右室天井、排水孔（第六期）

1. 拱形通门及文字砖（东北－西南）

2. 直棱窗（东北－西南）

3. 左室天井出土器物（东北－西南）

4. 右室天井及天井台面出土器物（西南－东北）

1. 青瓷宽耳罐 I M8：1

2. II式青瓷钵形碗 I M8：2

3. II式青瓷钵形碗 I M8：3

4. II式青瓷钵形碗 I M8：4

5. II式青瓷钵形碗 I M8：5

6. II式青瓷钵形碗 I M8：6

7. II式青瓷钵形碗 I M8：7

8. II式青瓷钵形碗 I M8：9

彩版九五　I M8出土青瓷宽耳罐、钵形碗（第六期）

1. 发掘后全景（东南－西北）

3. 右后室前部出土器物（东南－西北）

2. 右室天井台面出土器物（西－东）

彩版九六　Ⅰ M10发掘后全景及右室器物出土情况（第六期）

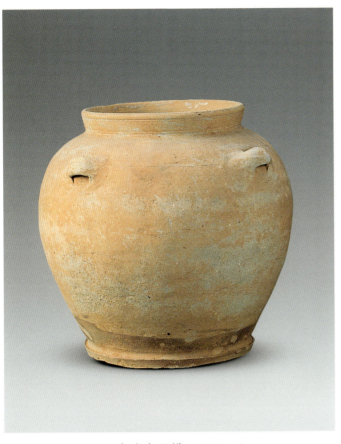

1. 青瓷宽耳罐 I M10：9

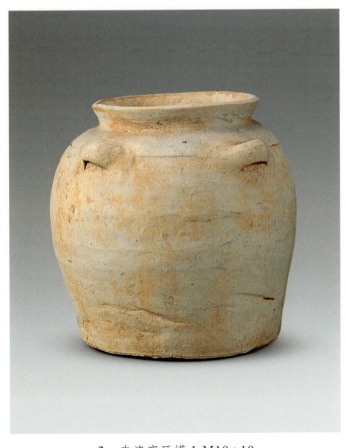

2. 青瓷宽耳罐 I M10：10

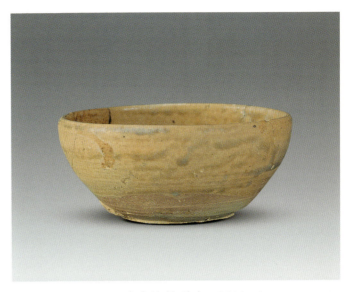

3. II式青瓷钵形碗 I M10：1

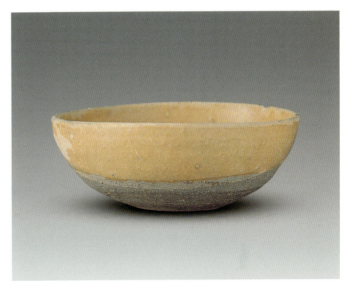

4. II式青瓷钵形碗 I M10：2

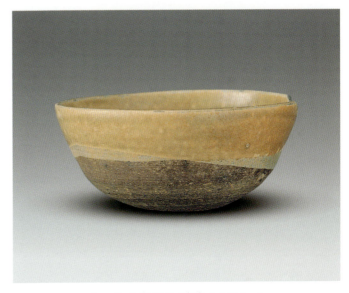

5. II式青瓷钵形碗 I M10：3

彩版九七　I M10 出土青瓷宽耳罐、钵形碗（第六期）

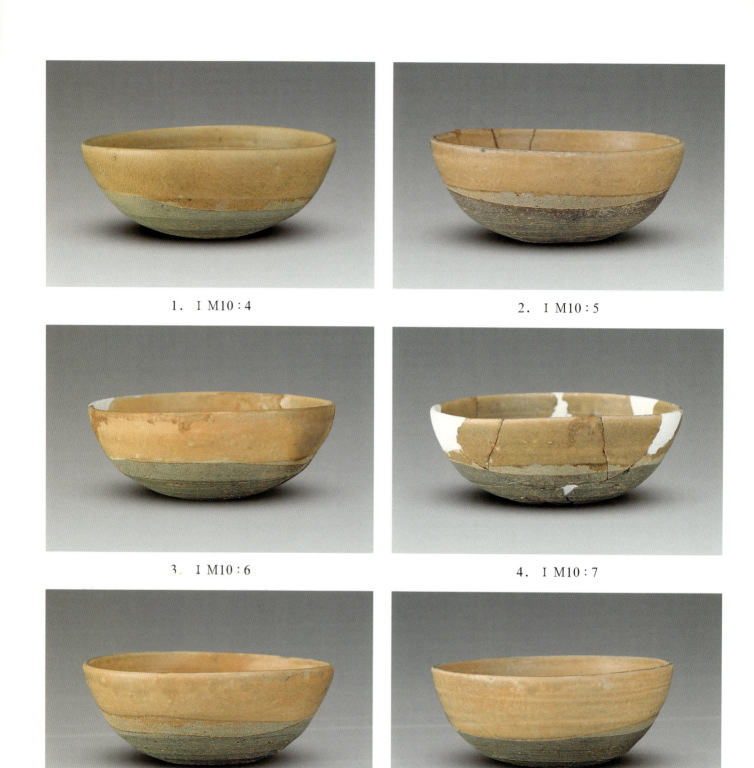

1. Ⅰ M10∶4

2. Ⅰ M10∶5

3. Ⅰ M10∶6

4. Ⅰ M10∶7

5. Ⅰ M10∶8

6. Ⅰ M10∶011

1. 左后室器物出土情况（东南—西北）

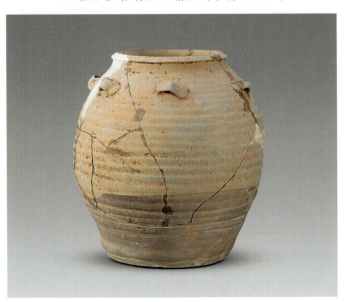

2. 青瓷六耳梭腹罐 I M18：4

3. 青瓷六耳梭腹罐 I M18：5

4. Ⅱ式青瓷大敞口碗 I M18：2

5. Ⅱ式青瓷钵形碗 I M18：1

6. 青瓷盆 I M18：3

彩版九九　Ⅰ M18 器物出土情况及其出土青瓷六耳梭腹罐、碗、盆（第六期）

1. 青瓷盘 I M19：1

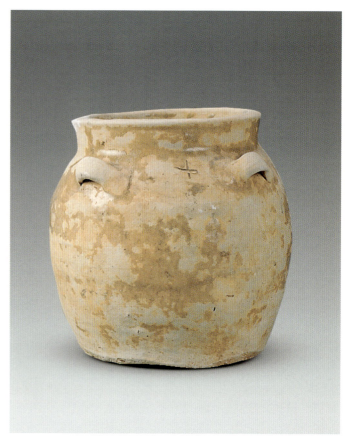

3. II式青瓷宽耳罐 I M34：1

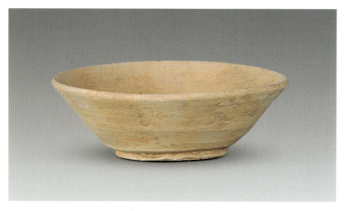

2. I式青瓷大敞口碗 I M37：1

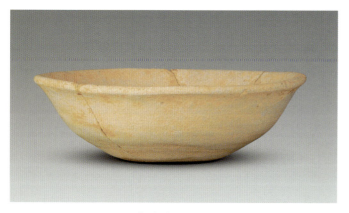

4. 青瓷盘 I M37：2

5. I式大敞口碗 I M43：1

6. I式青瓷大敞口碗 I M46：1

7. I式青瓷大敞口碗 I M46：2

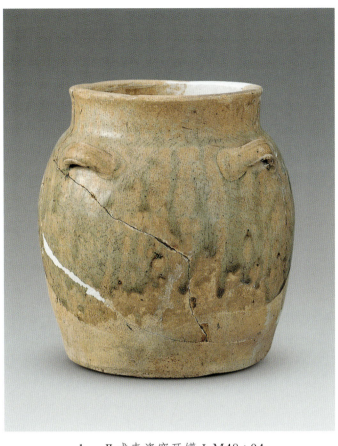

1．Ⅱ式青瓷宽耳罐ⅠM48：04

2．Ⅰ式青瓷大敞口碗ⅠM48：2

3．Ⅰ式青瓷大敞口碗ⅠM48：03

4．青瓷盘ⅠM48：1

1．Ⅱ式青瓷宽耳罐ⅡM9：1

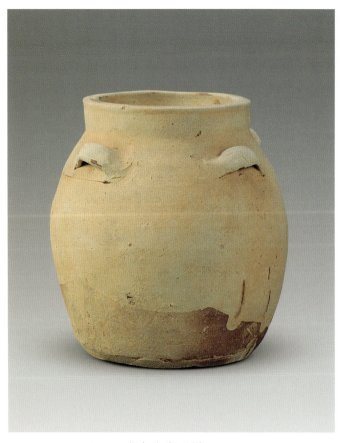

2．Ⅱ式青瓷宽耳罐ⅡM9：2

3．Ⅰ式青瓷大敞口碗ⅡM9：3

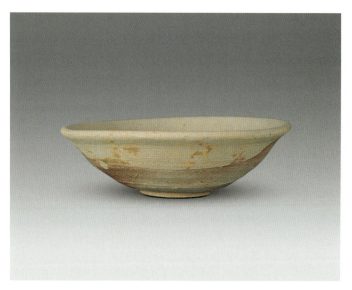

4．Ⅰ式青瓷大敞口碗ⅡM9：4

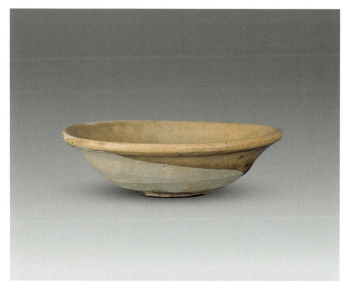

5．Ⅰ式青瓷大敞口碗ⅡM9：5

彩版一〇二　ⅡM9出土青瓷宽耳罐、大敞口碗（第七期）

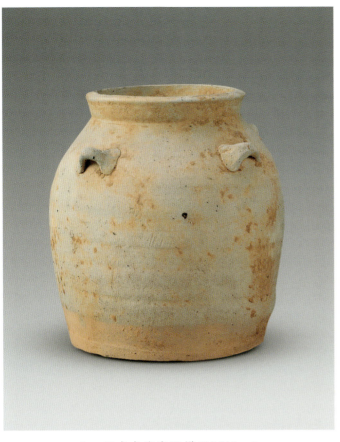

1. Ⅱ式青瓷宽耳罐ⅡM13：4

3. Ⅰ式青瓷大敞口碗ⅡM13：2

4. Ⅰ式青瓷大敞口碗ⅡM13：3

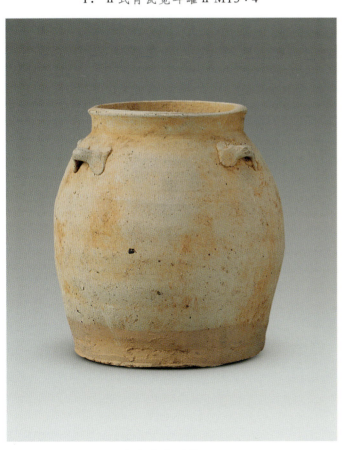

2. Ⅱ式青瓷宽耳罐ⅡM13：5

5. 青瓷盘ⅡM13：1

6. 青瓷盘ⅡM13：6

彩版一〇三　ⅡM13出土青瓷宽耳罐、大敞口碗、盘（第七期）

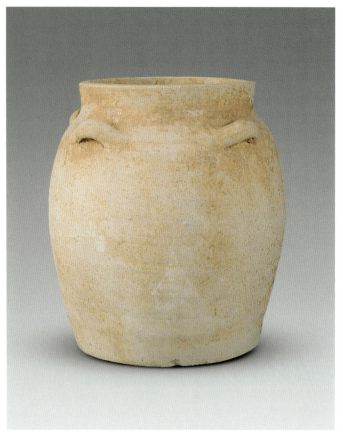

1. Ⅱ式青瓷宽耳罐ⅡM21：7

3. Ⅰ式青瓷大敞口碗ⅡM21：1

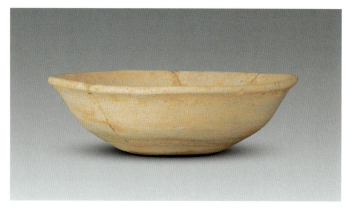

4. Ⅰ式青瓷大敞口碗ⅡM21：2

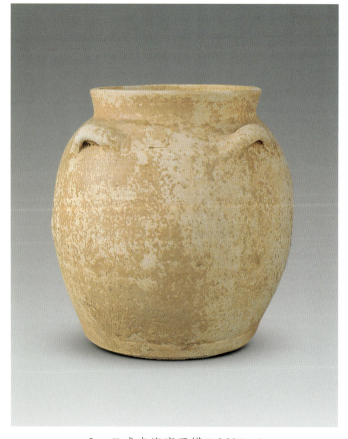

2. Ⅱ式青瓷宽耳罐ⅡM21：6

5. Ⅰ式青瓷大敞口碗ⅡM21：4

6. Ⅰ式青瓷大敞口碗ⅡM21：5

彩版一〇四　ⅡM21出土青瓷宽耳罐、大敞口碗（第七期）

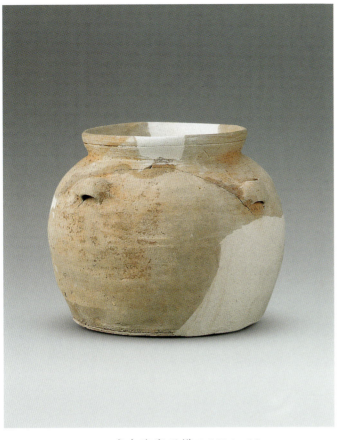

1. Ⅰ式青瓷宽耳罐ⅡM24:02

2. Ⅱ式青瓷宽耳罐ⅡM24:01

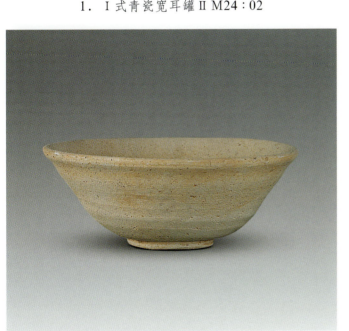

3. Ⅰ式青瓷大敞口碗ⅡM24:3

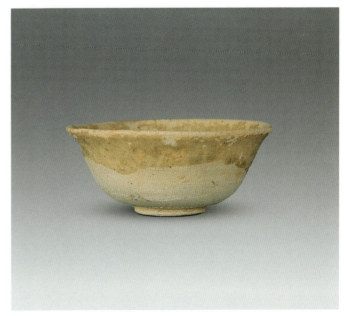

4. Ⅰ式青瓷大敞口碗ⅡM24:4

彩版一〇五　ⅡM24出土青瓷宽耳罐、大敞口碗（第七期）

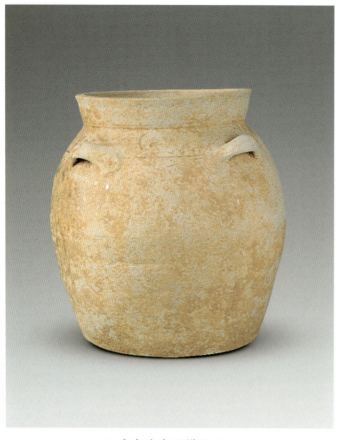

1．Ⅱ式青瓷宽耳罐Ⅲ M14：2

2．Ⅰ式青瓷大敞口碗Ⅲ M14：1

3．Ⅰ式青瓷大敞口碗Ⅲ M14：5

4．Ⅰ式青瓷大敞口碗Ⅲ M14：6

5．Ⅵ式青瓷碗Ⅲ M14：3

6．Ⅵ式青瓷碗Ⅲ M14：7

7．残铜器Ⅲ M14：8

彩版一〇六　Ⅲ M14出土青瓷宽耳罐、碗及残铜器（第七期）

彩版一〇七　铜镜 Ⅲ M14：4（第七期）

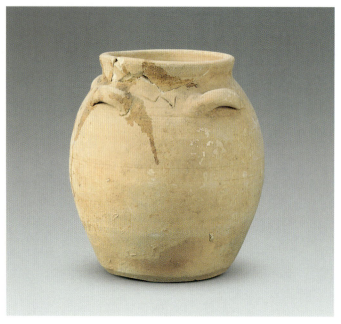
1. Ⅱ式青瓷宽耳罐ⅠM45：1

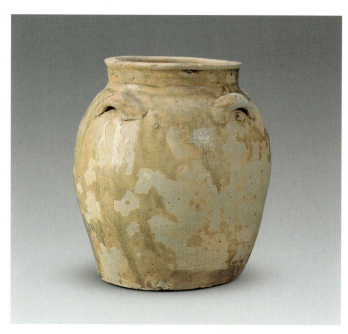
2. Ⅱ式青瓷宽耳罐ⅠM45：4

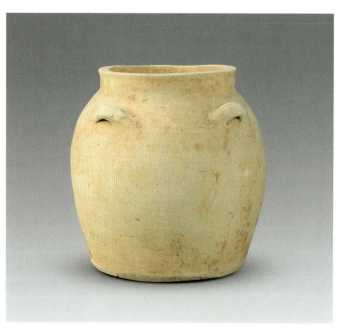
3. Ⅱ式青瓷宽耳罐ⅠM45：8

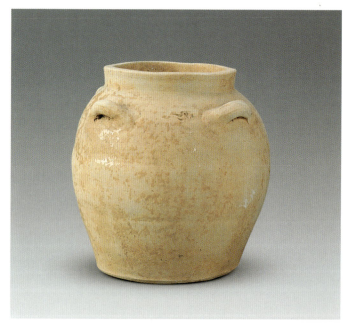
4. Ⅱ式青瓷宽耳罐ⅠM45：10

5. 青瓷盘ⅠM45：5

6. 青瓷盘ⅠM45：6

彩版一〇八　ⅠM45出土青瓷宽耳罐、盘（第七期）

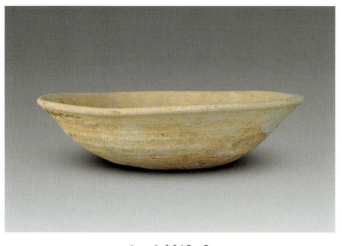

1. Ⅰ M45：2

2. Ⅰ M45：3

3. Ⅰ M45：7

4. Ⅰ M45：9

5. Ⅰ M45：11

6. Ⅰ M45：12

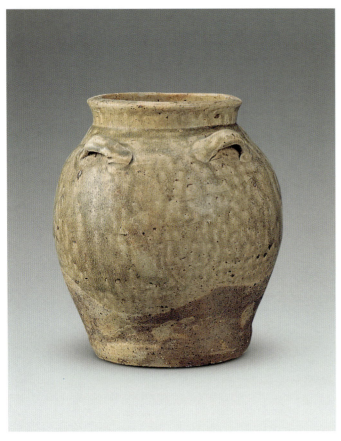

1. ⅡM10：1

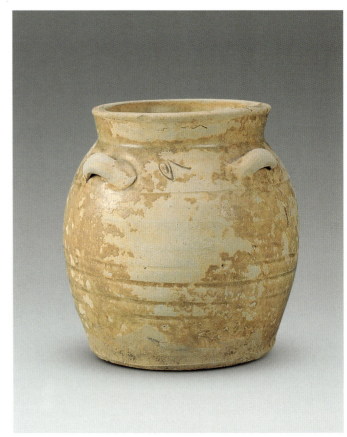

2. ⅡM10：2

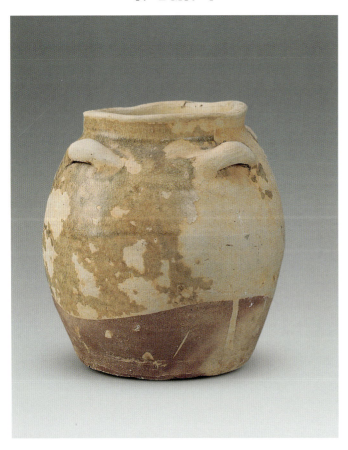

3. ⅡM10：5

彩版一一〇　ⅡM10出土Ⅱ式青瓷宽耳罐（第七期）

1. I式青瓷大敞口碗 II M10：3

2. I式青瓷大敞口碗 II M10：4

3. I式青瓷大敞口碗 II M10：6

4. I式青瓷大敞口碗 II M10：7

5. I式青瓷大敞口碗 II M10：9

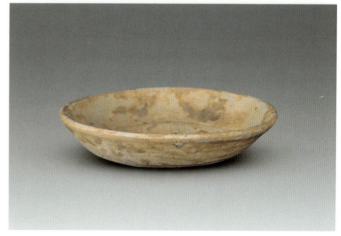

6. 青瓷盘 II M10：8

彩版一一一　II M10 出土青瓷大敞口碗、盘（第七期）

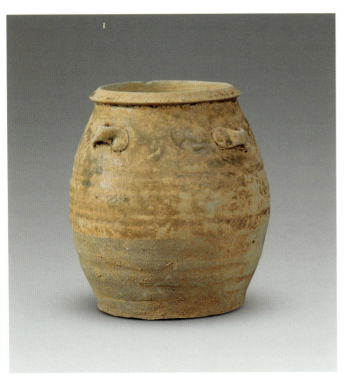

1. 青瓷四耳梭腹罐 ⅡM16：2

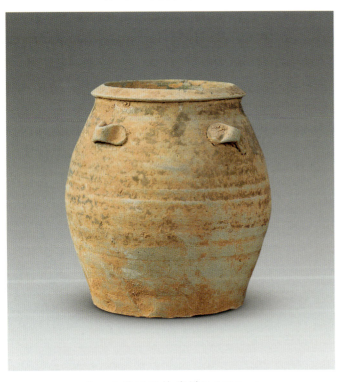

2. 青瓷四耳梭腹罐 ⅡM16：4

3. Ⅱ式青瓷大敞口碗 ⅡM16：1

4. Ⅱ式青瓷大敞口碗 ⅡM16：3

5. Ⅱ式青瓷大敞口碗 ⅡM16：5

彩版一一二　ⅡM16出土青瓷四耳梭腹罐、大敞口碗（第八期）

1．青瓷盖罐ⅡM17：4（5）

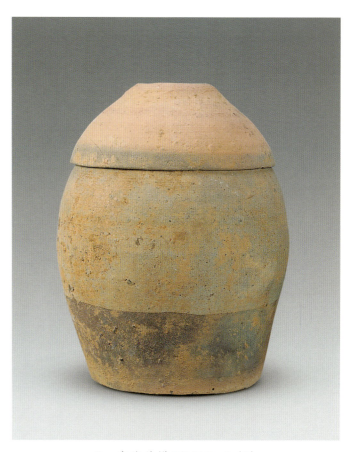

2．青瓷盖罐ⅡM17：6（7）

3．Ⅲ式青瓷大敞口碗ⅡM17：1

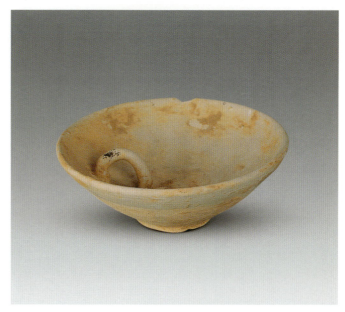

4．青瓷灯盏ⅡM17：2

彩版一一三　ⅡM17出土青瓷盖罐、大敞口碗、灯盏（第八期）

1. II式青瓷大敞口碗 II M23：3

4. 青瓷盘 II M23：1

2. II式青瓷大敞口碗 II M23：4

5. 青瓷盘 II M23：2

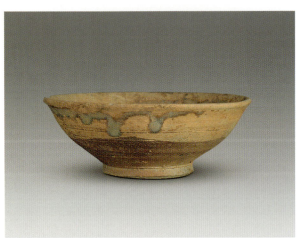

3. II式青瓷大敞口碗 II M23：5

彩版一一四　II M23出土青瓷大敞口碗、盘（第八期）

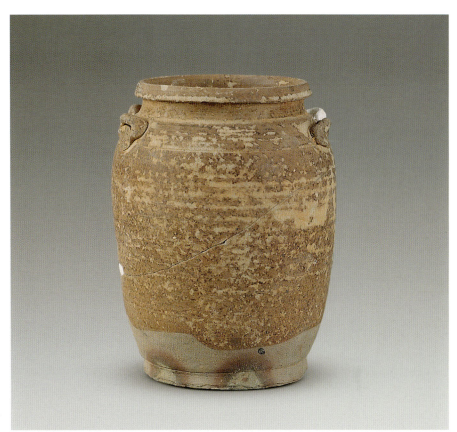

1. 酱褐釉四耳罐 I M33：014

2. 青白釉盘 I M33：012

3. 青白釉盘 I M33：013

彩版一一五　I M33 出土酱褐釉四耳罐、青白釉盘（北宋）

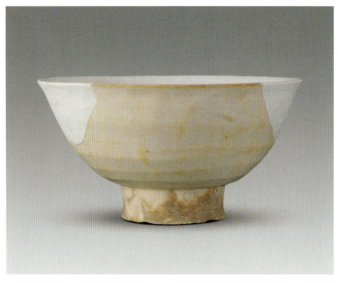

1. 高圈足碗 I M33：07

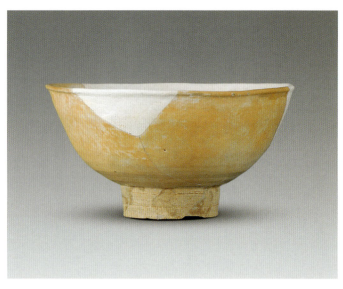

2. 高圈足碗 I M33：08

3. 高圈足碗 I M33：09

4. 高圈足碗 I M33：010

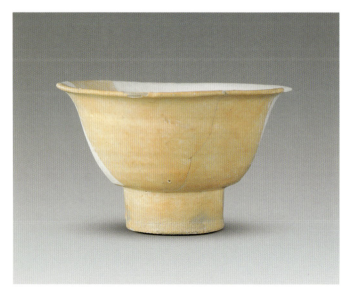

5. 五出葵口高圈足碗 I M33：01

6. 六出葵口高圈足碗 I M33：02

彩版一一六　I M33 出土青白釉高圈足碗（北宋）

彩版一一七　青白釉六耳罐 I M36：016（北宋）

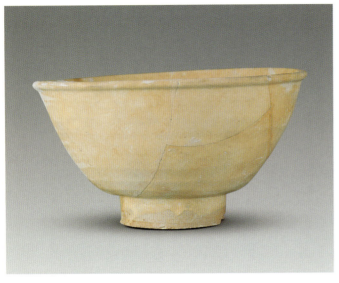

1. I M36：02

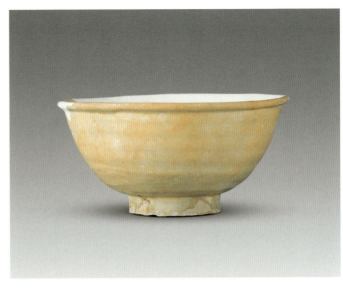

2. I M36：03

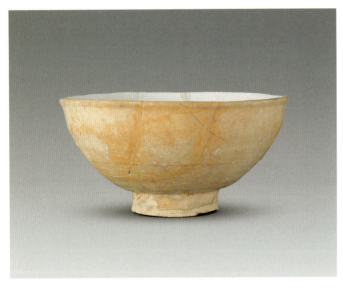

3. I M36：04

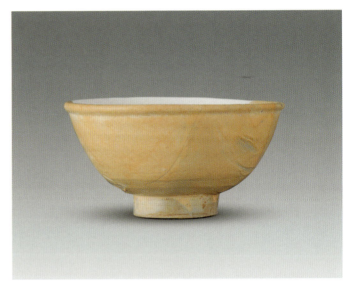

4. I M36：05

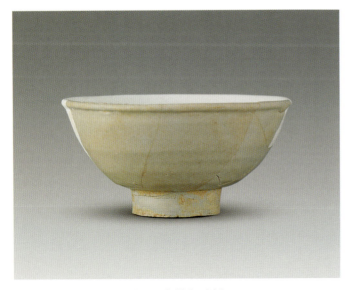

5. I M36：010

6. I M36：013

彩版一一八　I M36出土青白釉高圈足碗（北宋）

1．样品RZN1外表面

2．样品RZN1内表面

3．样品RZN2外表面

4．样品RZN2内表面

5．样品RZN3外表面

6．样品RZN3内表面

1. 样品RZT1外表面

2. 样品RZT1内表面

3. 样品RZS1外表面

4. 样品RZS1内表面

5. 样品RZJ1外表面

6. 样品RZJ1内表面

彩版一二〇 测试样品外观

1. A型98M1∶2

2. B型Ⅰ式98M1∶1

3. B型Ⅱ式98M1∶3

4. B型Ⅱ式98M1∶4

5. B型Ⅱ式98M1∶5

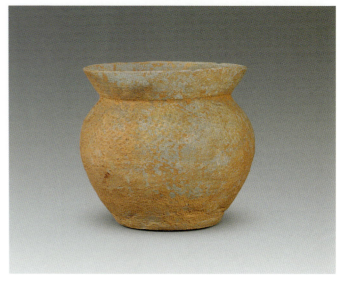

6. B型Ⅲ式98M1∶6

彩版一二一　98M1出土陶罐（东汉）

1. 釉陶卮98M1：7

2. 石纺轮98M1：8

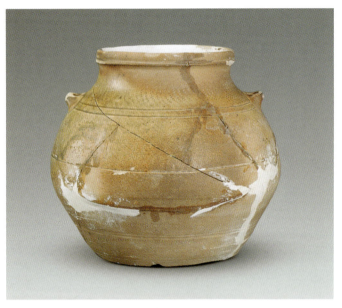

3. 陶罐2000M1：2

4. 陶罐2000M1：4

5. 陶罐2000M1：6

6. 陶罐2000M1：9

彩版一二二　98M1出土釉陶卮、石纺轮及2000M1出土陶罐（东汉）

1．陶壶 2000M1∶5

4．陶盆 2000M1∶7

2．陶壶 2000M1∶01

5．陶灯 2000M1∶13

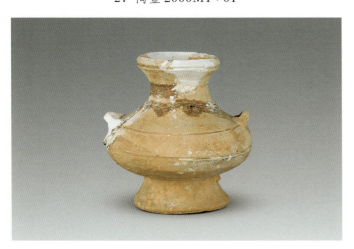

3．陶壶 2000M1∶02

6．陶熏炉 2000M1∶10

彩版一二三　　2000M1 出土陶壶、盆、灯、熏炉（东汉）

1. 陶灶 2000M1∶3

2. 陶器盖 2000M1∶11

3. 陶器盖 2000M1∶12

彩版一二四　2000M1出土陶灶、器盖（东汉）

1. 陶屋 2000M1：1

2. 陶仓 2000M1：8

彩版一二五　2000M1出土陶屋、仓（东汉）

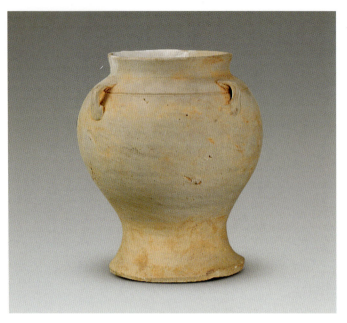

1．青瓷罐98M2：2

4．青瓷钵形碗98M2：4

5．青瓷钵形碗98M2：5

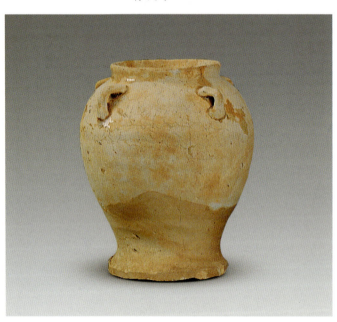

2．青瓷罐98M2：3

6．青瓷杯形碗98M2：7

3．青瓷钵形碗98M2：1

7．青瓷杯形碗98M2：8

彩版一二六　98M2出土青瓷罐、碗（隋代）